BIBLE in Hand 교양인을 위한 성경

구약 | 에스겔서·다니엘서

마른 뼈들의 꿈 : 생명 강을 건너 새벽별까지

해제 **김근주**

넘이다
프로젝트

해제 김근주 | 기독연구원 느헤미야 연구위원

서울대학교 경제학과를 졸업하고, 장로회신학대학교 신학대학원에서
목회학 석사(M.Div.)와 신학 석사(Th.M.) 학위를 받은 후,
영국 옥스퍼드대학교에서 칠십인역 이사야서의 신학적 특징을 다룬
논문(The Identity of the Jewish Diaspora in the Septuagint Isaiah)으로
박사(D.Phil.) 학위를 받았다.
기독연구원 느헤미야 연구위원이며, 일산은혜교회 협동목사로 섬기고 있다.
〈복음의 공공성〉(비아토르), 〈특강 예레미야〉〈특강 이사야〉(IVP),
〈나를 넘어서는 성경 읽기〉〈소예언서 어떻게 읽을 것인가 1, 2, 3〉(이상 성서유니온),
〈구약의 숲〉〈다니엘처럼〉〈네 이웃을 네 몸과 같이〉(이상 대장간),
〈구약으로 읽는 부활 신앙〉(SFC출판부) 등을 펴냈다.
봄이다 프로젝트가 펴내는
Bible in Hand | 교양인을 위한 성경 시리즈 중 구약편 해제를 집필했다.

구약 | 에스겔서·다니엘서

마른 뼈들의 꿈 :
생명 강을 건너
새벽별까지

믿음에 관심이 있거나 새로 예수를 믿게 된 사람들이 성경을 읽어야 하는데, 이때 전권을 주고 읽으라고 하면 질려서 잘 읽지를 못한다. 이런 사람들에게 이 책을 권하면 좋을 것 같다. 새번역을 사용하고 있고, 읽으면서 생길 수 있는 질문에 답을 주는 짧은 주석이 붙어 있어서 재미있게 읽을 수 있기 때문이다. 이 낱권 성경책은 특별히 비신자 전도에 집중하는 가정교회에서 잘 활용할 수 있을 것이다. 처음 성경을 접하는 분들이 성경을 쉽게 이해하고, 성경 읽는 데 자신감이 생길 것이다.

_ 최영기 | 휴스턴서울교회 은퇴목사, 국제가정교회사역원 초대원장

베스트셀러를 주로 읽는 요즘 사람들은 정작 인류 최고의 베스트셀러인 성경에는 무지하다. 일반인들이 성경을 읽으려면 먼저 성경은 종교적 경전의 모양새에서 벗어나야 한다. 이 책은 바로 그런 목적으로 출간되었다. 이제 종교적인 편견을 버리고 성경을 읽고, 세계 시민에 걸맞은 교양을 가져보자.

_ 방선기 | 일터개발원 이사장

거룩할 '성'과 날 '경' 자로 구성된 성경(聖經)은 우리 삶이 혼돈의 심연으로 빠져들지 않도록 지켜주는 수직의 중심이다. 사람들이 성경에는 오류가 없어야 한다고 믿는 것은 그 때문이다. 성경을 읽다가 모순되는 지점을 발견하는 순간 경건한 사람들은 마치 연모하던 이의 비밀스러운 모습을 본 것처럼 민망해한다. 기독교에 대해 반감을 가진 이들은 '잘코사니!' 하면서 공격의 빌미를 삼는다. 민망해할 것도 없고, 쾌재를 부를 것도 없다. 김근주 교수와 권연경 교수의 안내를 받아 성경 속을 거닐다 보면 그 모순 속에 담긴 삶의 심오함에 가닿을 것이다. 교회 밖의 사람들은 물론이고 기독교인에게도 이 책은 좋은 길잡이가 되어주리라 믿는다.

_ 김기석 | 작가, 청파교회 원로목사

01

이 책에 사용된 한글 번역본은 대한성서공회의 허락을 받아 〈성경전서 새번역〉(2001년)을 사용했습니다.

기독교 성서를 번역, 출판, 반포하는 대한성서공회는 〈성경전서 새번역〉에 대해 "원문의 뜻을 우리말 독자들이 이해할 수 있도록 정확하게 번역하고, 쉬운 현대어로, 우리말 어법에 맞게, 한국교회에서 사용할 수 있도록 번역된 성경"이며, "번역이 명확하지 못했던 본문과 의미 전달이 미흡한 본문은 뜻이 잘 전달되도록 고쳤다. 할 수 있는 대로 번역어투를 없애고, 뜻을 우리말로 표현하려고 노력했다. 그러나 신학적으로 중요한 본문에서는 원문을 그대로 반영하려고 노력했다. 대화문에서는 현대 우리말 존대법을 적용했다"고 밝히고 있습니다.

02

성경 본문 하단은 성경을 읽으면서 생기는 궁금한 내용에 대해 질문과 해제 형식으로 담아냈습니다. 질문은 편집부에서 만들고, 해제는 구약성경은 김근주 교수(기독연구원 느헤미야), 신약성경은 권연경 교수(숭실대 기독교학과)가 맡았습니다.

성경 본문입니다.

장을 말합니다.

절을
말합니다.

겠고, 나를 애써 찾을 것이지만, 나를 만나지 못할 것이다. 29 이것은 너희가 깨닫기를 싫어하며, 주님 경외하기를 즐거워하지 않으며, ●30 내 충고를 받아들이지 않으며, 내 모든 책망을 업신여긴 탓이다. 31 그러므로 그런 사람은 제가 한 일의 열매를 먹으며, 제 꾀에 배부를 것이다. 32 어수룩한 사람은 내게 등을 돌리고 살다가 자기를 죽이며, 미련한 사람은 안일하게 살다가 자기를 멸망시키지만, 33 오직 내 말을 듣는 사람은 안심하며 살겠고, 재앙을 두려워하지 않고 평안히 살 것이다.”

{ 제2장 }

지혜가 주는 유익

1 아이들아, 내 말을 받아들이고, 내 명령을 마음속 깊이 간직하여라. 2 지혜에 네 귀를 기울이고, 명철에 네 마음을 두어라. 3 슬기를 외쳐 부르고, 명철을 얻으려고 소리를 높여라. 4 은을 구하듯 그것을 구하고, 보화를 찾듯 그것을 찾아라. 5 그렇

약자를 말합니다.
〈성경의 구성〉(9p)을
참고하십시오.

갑자기 독자들을 '아이들'(1절)이라고 부르네요. 어린이들에게 주는 당부인가요? 어느 시대, 어느 사회에서든 마찬가지겠지만, 최초의 교육이면서 가장 중요한 교육이 일어나는 곳은 당연히 가정일 것입니다. 비록 많은 부모가 이를 잘 행하지 못해서 부끄럽기도 하지만, 가정이야말로 가장 근본적인 교육의 현장입니다. '아이들'이라는 표현은 가정에서 이루어진 교육을 반영합니다. 바울이 디모데를 자신의 아들이라 표현한듯이(딤전 1:2), 고대 세계에서 스승은 제자를 곧잘 '아들'이라 불렀습니다. 그래서 "아이들아"와 같은 표현은 스승 앞에 모여 있는 어리거나 젊은 제자들의 모습을 떠올리게 합니다.

성경의 해당 부분
책 이름입니다.

●잠언

질문과 해제입니다.

성경, 구약 39권 + 신약 27권

성경은 한 권의 책이 아닙니다. 기원전 1천 년 전부터 기원후 2세기에 이르기까지 아주 긴 시간 동안 쓰여진 다양한 책들의 묶음입니다. 성경은 66권의 책으로 구성되어 있습니다. 그 책들은 저자도, 내용도, 형식도, 분량도 모두 다릅니다. 성경은 크게 구약과 신약으로 구분되며, 구약은 39권, 신약은 27권으로 구성되어 있습니다.

또 성경에는 여러 종류의 번역판이 있는데, 이 책은 대한성서 공회가 최근에 번역해 출간한 〈성경전서 새번역〉(2001년)을 채택하고 있습니다.

성경의 구성

구약

율법서 { 창세기(창) 출애굽기(출) 레위기(레) 민수기(민) 신명기(신)

역사서 { 여호수아기(수) 사사기(삿) 룻기(룻) 사무엘기상(삼상)
사무엘기하(삼하) 열왕기상(왕상) 열왕기하(왕하) 역대지상(대상)
역대지하(대하) 에스라기(라) 느헤미야기(느) 에스더기(더)

시가서 { 욥기(욥) 시편(시) 잠언(잠) 전도서(전) 아가(아)

대선지서 { 이사야서(사) 예레미야서(렘) 예레미야 애가(애) 에스겔서(겔)
다니엘서(단)

소선지서 { 호세아서(호) 요엘서(욜) 아모스서(암) 오바댜서(옵) 요나서(욘)
미가서(미) 나훔서(나) 하박국서(합) 스바냐서(습) 학개서(학)
스가랴서(슥) 말라기서(말)

신약

복음서 { 마태복음서(마) 마가복음서(막) 누가복음서(눅) 요한복음서(요)

역사서 { 사도행전(행)

바울서신 { 로마서(롬) 고린도전서(고전) 고린도후서(고후)
갈라디아서(갈) 에베소서(엡) 빌립보서(빌) 골로새서(골)
데살로니가전서(살전) 데살로니가후서(살후)
디모데전서(딤전) 디모데후서(딤후) 디도서(딛) 빌레몬서(몬)

공동서신 { 히브리서(히) 야고보서(약) 베드로전서(벧전) 베드로후서(벧후)
요한1서(요일) 요한2서(요이) 요한3서(요삼) 유다서(유)

예언서 { 요한계시록(계)

※괄호 안은 각 책을 줄여서 표기할 때 쓰는 약자입니다.

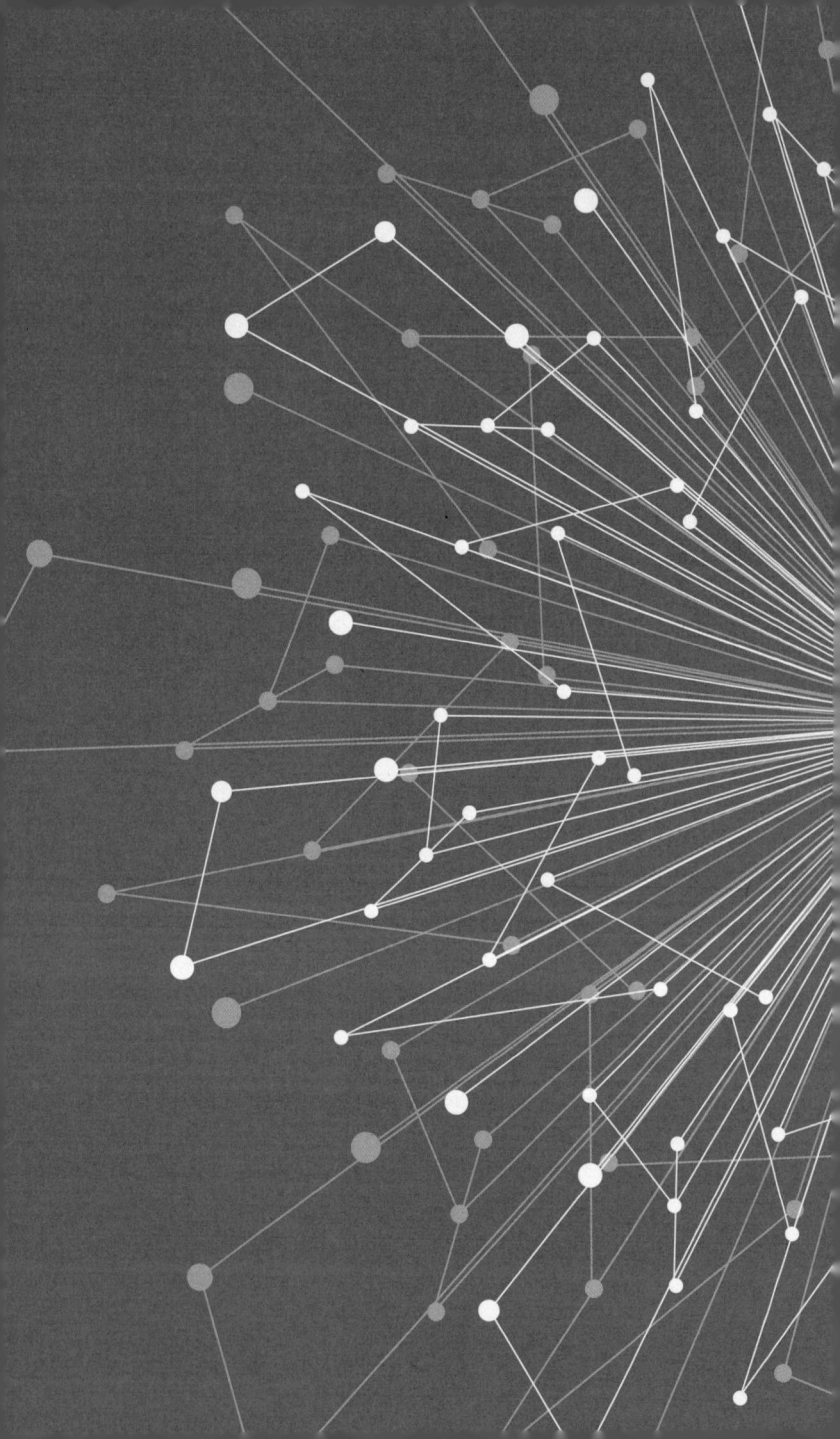

에스겔서

Ezekiel

참담한 상황 속에서도
미래를 꿈꾸다

전체적으로 에스겔서는 '심판에서 회복으로'라는 구조로 이루어져 있으며,
이러한 틀은 다른 예언서들과도 비슷합니다.
심판에서 회복으로 바뀌는 결정적인 사건이자 계기는 예루살렘의 멸망입니다.
에스겔을 비롯한 예언자들에게 예루살렘의 멸망은 세상의 종말이 아닌,
새로운 미래의 출발점이었다고 할 수 있습니다.

예레미야와 에스겔은 거의 같은 시기를 살았습니다. 예레미야서는 첫머리에 예언자의 활동 시기를 요시야 13년에서 시드기야 11년, 즉 주전 626년부터 587년까지로 제시하는데(렘 1:2-3), 에스겔서는 에스겔의 활동이 여호야긴 왕이 포로로 끌려간 지 5년째 되던 해, 즉 주전 593년에 시작되었다고 전합니다(겔 1:2-3). 예레미야는 유다가 쇠락해가는 40년간 내내 유다 땅에서 활동하면서 나라의 멸망을 겪었고, 에스겔은 주전 597년 여호야긴 왕이 바빌로니아에 포로로 끌려갈 때 같이 포로로 끌려갔던 사람입니다.

두 사람 모두 나라와 민족이 최악의 상황에 처했던 시절을 살았고, 그 참담한 상황 속에서 하나님의 말씀을 선포했습니다. 나라는 망했지만 하나님의 말씀은 여전히 백성을 향해 선포되고 있음을 이 두 사람은 생생히 보여줍니다.

예루살렘의 멸망, 새로운 미래의 출발점

에스겔서의 짜임새는 매우 명확하게 구분됩니다. 여호야긴 왕이 사로잡혀 끌려갔다는 사실을 1장 1절, 33장 21절, 40장 1절에 언급함으로써, 각 부분을 두드러지게 만듭니다. 25-32장은 유다를 둘러싼 열방 나라들에 관한 말씀이라는 점에서 앞뒤 내용과 확연하게 구분됩니다. 하나님께서 에스겔을 하나님의 말씀을 전하는 '파수꾼'으로 세우시는 내용이 3장에 나오고, 33장에도 나와 서로 대응됩니다. 예루살렘이 함락될 때까지 에스겔의 입이 닫힐 것이라는 말씀이 24장 25-27절에 있고, 마침내 에스겔의 입이 열렸다는 내용이 33장 22절에 언급되어 있어서, 이 역시 서로 대응됩니다.

이런 내용을 고려할 때 에스겔서는 1-24장, 25-32장, 33-48장, 이렇게 크게 세 부분으로 나눌 수 있습니다.

첫 번째 부분이 장차 유다와 예루살렘에 임할 심판을 다룬다면, 두 번째 부분은 열방을 향한 심판을 이야기합니다. 열방을 향한 심판의 말씀은 하나님께서 그저 유다와 예루살렘만의 하나님이 아니라, 온 세상을 다스리고 주관하는 분이심을 증언합니다. 마지막 세 번째 부분은 장차 유다와 예루살렘에 임할 회복과 구원을 다룹니다. 세 번째 부분인 33-48장을 살펴보면, 33-39장이 예루살렘의 멸망과 회복을, 40-48장은 회복될 새 성전을 둘러싼 환상을 다루기 때문에 서로 구분할 수 있습니다.

전체적으로 에스겔서는 '심판에서 회복으로'라는 구조로 이루어져 있으며, 이러한 틀은 다른 예언서들과도 비슷합니다. 심판에서 회복으로 바뀌는 결정적인 사건이자 계기는 예루살렘의 멸망입니다. 에스겔을 비롯한 예언자들에게 예루살렘의 멸망은 세상의 종말이 아닌, 새로운 미래의 출발점이었다고 할 수 있습니다.

삶으로 하나님의 말씀을 선포한 예언자

에스겔서에서 매우 두드러진 내용 가운데 하나는 하나님께서 타시는 수레에 관한 환상입니다(1장). 수레라고 한 까닭은 여기에 바퀴가 여럿 달려 있어서, 동서남북 어디로 가든 방향을 돌릴 필요 없이 그대로 갈 수 있기 때문입니다. 그리고 이 바퀴의 둘레에는 무수한 눈이 달려 있습니다. 정확하게 어떤 모양인지 그려낼 순 없지만, 이 '수레' 환상이 말하는 바는 분명합니다. 그것은 주 하나님께서 어디든 그 뜻대로 움직이고 어디든 가신다는 점입니다. 그리고 무수한 눈에서 보듯, 주 하나님께서는 온 세상 어디든 살피십니다. 그래서 에스겔서 1장의 수레 환상은 바빌로니아의 포로라 해서 하나님의 함께하심이나 살피심에서 배제되는 것이 아님을 증언하고 선포합니다.

에스겔서의 또 다른 특징은 예언자가 행하는 매우 특이한 행동들입니다. 예언자는 왼쪽으로 390일, 오른쪽으로 40일 동안 누워 있기도 하고(4:4-6), 쇠똥으로 구운 떡을 먹기도 하며(4:9-17), 수염과 머리털을 깎은 뒤 삼분의 일씩 나눠서 불에 태우고 칼로 치고 바람에 날려버리기도 합니다(5:1-4). 포로의 행색으로 성벽을 뚫고 나가기도 하고(12:1-7), 자신의 아내가 죽었는데도 일체 애곡하지 않는 모습을 보이기도 합니다(24:15-24).

이러한 행동은 모두 유다와 예루살렘이 겪게 될 재앙이 하나님의 심판임을 알리는 상징적인 행위입니다. 에스겔은 그저 말로만이 아니라, 자기 삶의 모든 것을 통해 하나님의 말씀을 전했습니다. 예언자는 그야말로 그의 삶 전체가 하나님께 사로잡혀 쓰이는 자였습니다.

환상을 통해 본 심판과 회복의 소망

에스겔서에서는 환상이 중요한 소재로 반복해서 다루어집니다. 하나님의 수레에 관한 내용도 환상이었고, 예루살렘이 얼마나 부패하고 불법 가득한 곳인지 드러내는 내용 역시 환상으로 표현됩니다(8–11장). 환상은 이스라엘의 죄악상을 폭로하는 것뿐 아니라, 도무지 불가능해 보이는 이스라엘의 회복을 알리는 데도 쓰입니다. 그래서 37장은 죽은 지 오래되어 완전히 말라버린 뼈로 가득 찬 골짜기를 보여주는 환상을 통해, 오직 하나님의 생기가 들어갈 때 마른 뼈와 같은 유다가 회복될 것을 약속하며 선포합니다.

무엇보다도 40–48장은 회복될 세상에서 세워지는 새 성전을 환상으로 보여줍니다. 회복의 미래는 새롭게 세워질 성전과 그곳에서 사역할 제사장과 레위인, 그리고 성전을 중심으로 살아가는 통치자와 백성들의 삶의 질서를 중심으로 전개됩니다. 이 환상의 마지막 부분은 통치자와 제사장, 레위인을 비롯해 온 이스라엘에게 새롭게 땅을 분배하는 내용입니

다(47:13-48:29). 놀랍게도 이때 이스라엘 땅에서 함께 살아
가는 외국인인 거류민들에게도 땅이 분배되는데(47:22-23),
외국인에게 땅을 분배하는 모습은 구약성경 가운데 유일하게
이곳에서만 볼 수 있습니다. 이것은 회복된 세상이 같은 종교
와 같은 핏줄을 가진 사람들만의 세상이 아니라, 그야말로 모
든 이들이 함께 살아가는 세상임을 상징적으로 보여준다고
할 수 있습니다.

에스겔서의 마지막 몇 구절은 새로운 세상 가운데 건축되는
성읍에 관한 것입니다(48:30-35). 이 성읍에는 이스라엘 열
두 지파에서 뽑힌 이들이 살게 됩니다(45:6; 48:18-19). 이
성읍의 이름은 '여호와샤마'로(48:35), "주님께서 거기 계시
다"라는 뜻입니다. 그래서 회복의 새 세상은 성전만이 초점인
세상이 아니라 성전과 성읍으로 이루어진 세상이라고 말할
수 있습니다.

에스겔서에서 중요한 역할을 하는 환상은 온갖 일과 상황으로
뒤섞여 뭐가 뭔지 알기 어려운 현실의 본질을 파악하도록 돕
습니다. 현실은 복잡하지만, 환상은 그 본질을 드러내 폭로합
니다. 아울러 환상은 현실이 너무나 참혹해서 희망찬 미래를
도저히 꿈꿀 수 없는 시기에, 다가올 영광의 날을 상상하고 그
려가도록 돕습니다. 우리는 이를 그저 '몽상' 혹은 '망상'이라
여길지 모르지만, 에스겔은 그 참담한 상황 속에서도 환상을
통해 민족의 죄악을 직시했고, 다가올 미래를 꿈꿨습니다.

{ 제1장 }

하나님의 보좌

1 때는 제삼십 년 넷째 달 오 일이었다. 그때에 내가 포로로 잡혀온 사람들과 함께 그발강 가에 있었다. 나는 하나님이 하늘을 열어 보여주신 환상을 보았다. 2 여호야긴 왕이 포로로 잡혀온 지 오 년째가 되는 그달 오 일에, 3 주님께서 바빌로니아 땅의 그발강 가에서 부시의 아들인 나 에스겔 제사장에게 특별히 말씀하셨으며, 거기에서 주님의 권능이 나를 사로잡았다.

4 ○ 그때에 내가 바라보니, 북쪽에서 폭풍이 불어오는데, 큰 구름이 밀려오고, 불빛이 계속 번쩍이며, 그 구름 둘레에는 광채가 나고, 그 광채 한가운데서는 불 속에서 빛나는 금붙이의 광채와 같은 것이 반짝였다. 5 그러더니 그 광채 한가운데서 네 생물의 형상이 나타나는데, 그들의 모습은 사람의 형상과 같았다. 6 얼굴이 각각 넷이요, 날개도 각각 넷이었다. 7 그들의 다리는 모두 곧고, 그 발바닥은 송아지의 발바닥과 같고,

---

'제삼십 년'(1절)은 무얼 기준으로 한 햇수입니까? 서기로 환산할 수 있는 시점인가요? 갑작스럽게 언급된 '제삼십 년'이 무엇을 뜻하는지는 정확하게 알기 어렵습니다. 가장 자연스러운 해석은 에스겔의 나이를 일컫는다고 보는 것입니다. 이어지는 2절에서는 이때를 가리켜 '여호야긴 왕이 포로로 잡혀온 지 오 년째'라고 하는데, 여호야긴은 주전 597년에 바빌로니아 느부갓네살 왕의 침공을 받아 포로로 끌려온 왕입니다. 그래서 에스겔서 첫머리의 시대적 배경은 주전 593년경입니다. 에스겔은 제사장 가문에서 태어났습니다. 만일 그가 예루살렘에 계속 머물렀더라면 서른 살에 제사장 직무를 시작했을 것입니다(민 4:3; 대상 23:3). 그러나 그는 스물다섯 살에 이방 땅에 포로로 끌려왔고, 제사장 직무를 시작했을 그 시기에 하나님의 환상을 보고 예언자로서의 사역을 시작하게 되었습니다.

광낸 놋과 같이 반짝거렸다. 8 그 생물의 사면에 달린 날개 밑에는 사람의 손이 있으며, 네 생물에게는 얼굴과 날개가 있었다. 9 그들의 날개 끝은 서로 닿아 있으며, 앞으로 나아갈 때에는 몸을 돌리지 않고, 각각 앞으로 곧게 나아갔다.

10 ○ 그 네 생물의 얼굴 모양은, 제각기, 앞쪽은 사람의 얼굴이요, 오른쪽은 사자의 얼굴이요, 왼쪽은 황소의 얼굴이요, 뒤쪽은 독수리의 얼굴이었다. 11 이것이 그들의 얼굴 모양이었다. 그들의 날개는 위로 펼쳐져 있는데, 두 날개로는 서로 끝을 맞대고 있고, 또 두 날개로는 그들의 몸을 가리고 있었다. 12 그들은 영이 가고자 하는 곳으로 갈 때에는, 각각 앞으로 곧게 나아갔다. 그들은 몸을 돌리지 않고 앞으로 나아갔다.

13 ○ 그 생물들의 모양은 마치 활활 타는 숯불이나 횃불과 같이 보였다. 그 불은 그 생물들 사이를 오가며 빛을 냈고, 불 속에서는 번개가 튀어나오고 있었다. 14 그 생물들은 이쪽저쪽으로 번개처럼 빠르게 달렸다.

성경에 나오는 '환상'이나 '꿈'을 어떤 마음가짐으로 읽어야 하나요? 해석이 첨부되지 않아 무슨 말을 하는지 전혀 모르겠습니다. 나라가 패망해 임금이 이방 땅에 포로로 끌려오기까지 하는 신세가 되었습니다. 그럼에도 불구하고 살아남은 이들은 여전히 자신들의 잘못이 무엇인지도 모른 채 헛된 희망을 품으며, 죄악을 돌이킬 생각조차 하지 않고 있습니다. 이러한 현실 속에서 단지 국력이 약해 패망한 것이 아니라 하나님의 규례를 어기고 하나님을 떠났기 때문임을 증언하는 것, 그리고 이러한 패망이 끝이 아니며 심판 이후에 하나님께서 베푸실 새로운 회복과 희망의 날을 선포하는 것, 그것이 에스겔의 역할이었습니다. 지극히 참담한 현실에서 마치 돌처럼 마음과 지각이 굳어 있는 이들을 향해 하나님의 뜻을 전달하기 위한 방편이 환상입니다. 하나님의 나타나심을 포함하는 이러한 환상은 에스겔이 선포하는 내용이 하나님께로부터 온 것임을 뒷받침하면서, 참혹한 현실을 한편으론 냉정하게 직시하게 하고, 다른 한편으로는 그 현실 너머의 희망을 바라보게 합니다.

15 ○ 그때에 내가 그 생물들을 바라보니, 그 생물들의 곁 땅 위에는 바퀴가 하나 있는데, 그 바퀴는 네 얼굴을 따라 하나씩 있었다. 16 그 바퀴의 형상과 구조를 보니, 그 형상은 빛나는 녹주석과 같고 네 바퀴의 형상이 모두 똑같으며, 그 구조는 마치 바퀴 안에 바퀴가 들어 있는 것처럼 보였다. 17 그 바퀴들은 사방 어디로 가든지, 방향을 돌이키지 않고서도 앞으로 나아갔다. 18 그 바퀴의 둘레는 모두 높고, 보기에도 무서우며, 그 네 둘레로 돌아가면서, 눈이 가득하였다. 19 그 생물들이 나아가면, 바퀴들도 생물들의 곁에서 함께 나아갔고, 생물들이 땅에서 떠오르면, 바퀴들도 함께 떠올랐다. 20 그 생물들은 어디든지, 영이 가고자 하면, 그 영이 가고자 하는 곳으로 갔다. 바퀴들도 그들과 함께 떠올랐는데, 생물들의 영이 바퀴 속에 들어 있었기 때문이다. 21 생물들이 나아가면 그 바퀴들도 나아갔고, 생물들이 멈추어 서 있으면, 바퀴들도 멈추어 서 있었다. 또 생물들이 땅에서 떠오르면, 바퀴도 그들과 똑같이 떠올랐는데, 생물들의 영이 바퀴들 속에 들어 있었기 때문이다.

'같은', '처럼' 따위의 비슷함을 나타내는 조사가 수없이 반복됩니다. 글쓴이는 모든 장면을 생생하게 목격했을 텐데, 설명은 왜 이렇게 모호합니까? 에스겔의 환상 묘사에서 두드러지는 특징이 바로 '같은', '처럼' 등의 표현이 반복된다는 점입니다. 이 같은 표현은 에스겔이 목격한 장면을 독자와 청중에게 최대한 생생하게 묘사해 전달한다는 인상을 줍니다. 실제로 에스겔이 본 것은 이 세상에 존재하는 그 어떤 것과도 정확하게 비견할 수 없는 초월적인 경험이었습니다. 그래서 그는 어쩔 수 없이 일부분 비슷한 것을 찾아 빗대어 표현했습니다. 짧지 않은 분량으로 묘사했지만, 결국 1장이 묘사하는 장면을 독자와 청중이 정확하게 상상하거나 구현해내기는 어렵습니다. 사실 하나님의 영광스러운 임재를 한계가 있는 사람의 감각으로 온전하게 충분히 파악하는 것 자체가 모순일 것입니다. 에스겔은 하나님의 영광을 명백하게 목격했지만, 그의 묘사는 여전히 그 영광을 어슴푸레하게 전달할 뿐입니다.

22 ○ 그 생물들의 머리 위에는 창공 모양의 덮개와 같은 것이 있는데, 수정과 같은 빛을 내서, 보기에 심히 두려웠으며, 그 생물들의 머리 위에 펼쳐져 있었다. 23 그런데 창공 모양의 덮개 밑에는 그 생물들이 펼친 날개가 서로 맞닿아 있었다. 이쪽 생물들이 두 날개로 자기의 몸을 가리고 있고, 저쪽 생물들도 두 날개로 자기의 몸을 가리고 있었다. 24 그들이 움직일 때에는, 나는, 그들이 날개 치는 소리를 들었다. 그 소리는 마치 힘찬 물소리와도 같고, 전능하신 분의 천둥소리와도 같고, 떠드는 소리 곧 군인들의 진영에서 나는 함성과도 같았다. 그들은 멈추어 서 있을 때에는 날개를 드리웠다. 25 그들의 머리 위에 있는 창공 모양의 덮개 위에서 소리가 들렸다. 그들은 멈추어 서 있을 때에는 날개를 드리웠다.

26 ○ 또 그들의 머리 위에 있는 창공 모양의 덮개 위에는, 청옥처럼 보이는 보석으로 만든 보좌 형상을 한 것이 있었고, 그 보좌 형상 위에는, 사람의 모습과 비슷한 형상이 있었다. 27 또

하나님이 예언자에게 보여준 생물들의 실체는 무엇이며, 에스겔에게 환상을 보여준 의도는 무엇입니까? 네 생물은 가만히 머물러 있는 존재가 아니라, 날개와 바퀴가 있어 움직이는 존재입니다. 특히 네 생물로 이루어진 이 존재는 방향을 전환하지 않고도 사방 어느 쪽이든 원하는 대로 곧장 갈 수 있습니다(12, 17, 20절). 이 존재의 위에는 넓고 얇은 판과 같은 구조물이 있고, 그 위에는 보좌가 있으며, 보좌에 앉은 이는 무지개처럼 보이는 광채로 둘러싸여 있습니다. 결국 네 생물은 하나님께서 앉으시는 보좌를 받치는 존재이며, 아주 간단히 말해 '하나님의 수레'라고 할 수 있습니다. 그래서 이 환상은 하나님께서 동서남북 어디든 원하는 대로 움직이시는 분임을 증언합니다. 한 장소에 매여 있지 않고 어디든 움직이시며, 그래서 어디든 존재하시는 분임을 증언합니다. 지금 유다 백성은 예루살렘으로부터 바빌로니아에 포로로 끌려갔지만, 하나님께서는 그 어디든 그 백성과 함께하실 것입니다. 에스겔 역시 놀랍게도 예루살렘이 아닌 바빌로니아의 그발강 가에서 하나님의 영광을 보았습니다.

나는 그의 허리처럼 보이는 그 위쪽에서 금붙이의 광채와 같은 것이 불꽃처럼 안팎으로 그를 둘러싼 것을 보았는데, 그의 허리처럼 보이는 그 아래쪽에서도, 나는 불꽃과 같은 모양을 보았다. 이렇게 그는 광채로 둘러싸여 있었다. 28 그를 둘러싼 광채의 모양은, 비 오는 날 구름 속에 나타나는 무지개같이 보였는데, 그것은 주님의 영광이 나타난 모양과 같았다. 그 모습을 보고, 나는 얼굴을 땅에 대고 엎드렸다. 그때에 말씀하시는 이의 음성을 내가 들었다.

{ 제2장 }

에스겔을 예언자로 부르시다

1 그가 나에게 말씀하셨다.

○ "사람아, 일어서라. 내가 너에게 할 말이 있다." 2 그가 나에게 이 말씀을 하실 때에, 한 영이 내 속으로 들어와서, 나를 일으켜 세웠다. 나는 그가 나에게 하시는 말씀을 계속 듣고 있었다. 3 그가 나에게 말씀하셨다.

○ "사람아, 내가 너를 이스라엘 자손에게, 곧 나에게 반역만 해온 한 반역 민족에게 보낸다. 그들은 그들의 조상처럼 이날까지 나에게 죄만 지었다. 4 얼굴이 뻔뻔하고 마음이 굳을 대로 굳어진 바로 그 자손에게, 내가 너를 보낸다. 너는 그들에

하나님이 에스겔을 부르는 호칭이 낯섭니다. 이름 대신 '사람아'(1절)라고 부르는 특별한 뜻이 있습니까? 에스겔서에서 하나님께서는 에스겔을 히브리어로 '벤 아담'이라 부르시는데, 이는 '사람의 아들'을 뜻합니다. 이러한 표현은 영원하지 못하며 한계가 많은 죽을 인간이라는 의미를 지닙니다(욥 5:7; 14:1, 10; 25:6; 시 82:7; 144:3-4). 그래서 에스겔은 본질적으로 모든 이스라엘과 똑같은 존재로 하나님 앞에 서 있습니다. 하나님께서 부르고 보내실 이에게 필요한 것은 특별한 능력이나 자질이 아니며, '사람'이면 충분할 것입니다. 에스겔은 초월적이고 영광스러운 하나님의 신성과 대면하지만, 그와는 대비되는 한 인간임을 이러한 호칭이 상기시킵니다. 이를 통해 에스겔은 자신을 보내신 이가 아닌, 자신의 청중과 동일시된다고 설명할 수도 있습니다. 그저 평범한 사람이기에 '가시와 찔레', '전갈 떼' 같은 표현에서 짐작되는, 이제 그에게 닥쳐올 어려움을 견디기는 쉽지 않을 것입니다. 2절에서 보듯, 그를 일으켜 세우는 것은 그의 힘이 아니라 그 안에 행하시는 하나님의 영입니다. 그래서 에스겔은 나머지 백성들과 대조됩니다. 같은 사람임에도 누군가는 하나님의 말씀에 귀 기울이며 나아가는 한편, 누군가는 끝까지 그 말씀에 귀 기울이지 않고 거역합니다. 에스겔의 삶 자체가 사람으로서 하나님과 함께 걸어가는 본이 됩니다.

게 '주 하나님께서 이와 같이 말씀하신다' 하고 말하여라. 5 그들은 반역하는 족속이다. 듣든지 말든지, 자기들 가운데 예언자가 있다는 것만은 알게 될 것이다.

6 ○ 너 사람아, 비록 네가 가시와 찔레 속에서 살고, 전갈 떼 가운데서 살고 있더라도, 너는 그들을 두려워하지 말고, 그들이 하는 말도 두려워하지 말아라. 그들이 하는 말을 너는 두려워하지 말고, 그들의 얼굴 앞에서 너는 떨지 말아라. 그들은 반역하는 족속이다. 7 그들이 듣든지 말든지 오직 너는 그들에게 나의 말을 전하여라. 그들은 반역하는 족속이다.

8 ○ 너 사람아, 내가 너에게 하는 말을 들어라. 너는 저 반역하는 족속처럼 반역하지 말고, 입을 벌려, 내가 너에게 주는 것을 받아먹어라." 9 그래서 내가 바라보니, 손 하나가 내 앞으로 뻗쳐 있었고, 그 손에는 두루마리 책이 있었다. 10 그가 그 두루마리 책을 내 앞에 펴서 보여주셨는데, 앞뒤로 글이 적혀 있고, 거기에는 온갖 조가와 탄식과 재앙의 글이 적혀 있었다.

하나님이 예언자의 존재를 알리는 데(5절) 그토록 큰 의미를 두는 까닭은 무엇입니까? 에스겔은 하나님께서 그에게 전하라 하신 말씀을 전할 것이지만, 그가 맞닥뜨릴 이들은 '반역하는 족속'입니다. 도무지 듣지 않고 거역을 반복하는 백성 가운데 존재한다는 것은 결코 쉬운 일이 아닐 겁니다. 에스겔을 부르신 하나님께서는 그에게 낙심하거나 좌절하지 말고, 그를 위협하고 반대하는 이들을 두려워하지 말라고 이르십니다. 이를 통해 에스겔을 격려하고 준비시키십니다. 예언자의 말을 전혀 듣지 않을 것이 예상되는데도 예언자를 보내시는 까닭은, 훗날 재앙과 심판이 임했을 때 그것이 우연이나 불운의 결과가 아니라 이미 하나님께서 그에 대해 이르셨음을 깨닫게 하기 위해서입니다. 그를 통해 우리가 홀로 있었던 것이 아니라 하나님께서 예언자를 보내 우리와 함께하셨음을 깨닫게 하고, 그때라도 하나님의 뜻을 알고 돌이켜 하나님께로 향하게 하려는 뜻이 있습니다.

{ 제3장 }

1 그가 또 나에게 말씀하셨다.

○ "사람아, 너에게 보여주는 것을 받아먹어라. 너는 이 두루마리를 먹고 가서, 이스라엘 족속에게 알려주어라."

2 ○ 그래서 내가 입을 벌렸더니, 그가 그 두루마리를 먹여주시며, 3 나에게 말씀하셨다.

○ "사람아, 내가 너에게 주는 이 두루마리를 먹고, 너의 배를 불리며, 너의 속을 그것으로 가득히 채워라." 그래서 내가 그것을 먹었더니, 그것이 나의 입에 꿀같이 달았다.

4 ○ 그가 또 나에게 말씀하셨다.

○ "사람아, 어서 이스라엘 족속에게 가서, 내가 하는 바로 이 말을 그들에게 전하여라. 5 나는 너를 이스라엘 족속에게 보낸다. 어렵고 알기 힘든 외국말을 하는 민족에게 내가 너를 보내는 것이 아니다. 6 알아들을 수 없는 말, 알기 힘든 외국어를 사용하는 여러 민족에게 내가 너를 보내는 것이 아니다.

읽거나 읽히는 게 문서의 쓰임새인데 하나님은 어째서 예언자에게 '받아먹으라'(1절)고 합니까? 에스겔 예언자의 특징적인 행동 가운데 하나가 '상징 행위'입니다. 그는 말로만이 아니라, 행동으로도 메시지를 전합니다. 하나님께서 주시는 두루마리를 먹는 행위 역시 그렇게 볼 수 있습니다. 하나님의 말씀을 듣고 받는 것을 흔히 '말씀을 먹는다'고 표현할 수 있고, 에스겔서는 이런 표현을 생생하게 직접 보여줍니다. 하나님께서 주신 두루마리 책에는 앞뒤로 온갖 조가와 탄식과 재앙의 글이 적혀 있었습니다(2:10). 예언자가 두루마리를 먹는다는 것은 그가 전해야 하는 말씀을 받았다는 의미입니다. 온통 재앙에 대한 내용만 있었지만, 그 말씀은 먹을 때는 달았습니다(3:3). 하나님께서 재앙을 내리신다 해도 그 목적은 재앙의 대상을 없애는 것이 아니라 바로잡는 데 있기에, 근본적으로 하나님의 말씀은 믿음으로 받을 때 다디단 말씀입니다.

차라리 너를 그들에게 보내면, 그들은 너의 말을 들을 것이다. 7 그러나 이스라엘 족속은 너의 말을 들으려고 하지 않을 것이다. 온 이스라엘 족속은 얼굴에 쇠가죽을 쓴 고집 센 자들이어서, 나의 말을 들을 생각이 없기 때문이다. 8 내가 네 얼굴도 그들의 얼굴과 맞먹도록 억세게 만들었고, 네 얼굴에도 그들의 얼굴과 맞먹도록 쇠가죽을 씌웠다. 9 내가 네 이마를 바윗돌보다 더 굳게 하여, 금강석처럼 만들어놓았다. 그들은 반역하는 족속이니, 너는 그들을 두려워하지 말고, 그들의 얼굴 앞에서 떨지도 말아라."

10 ㅇ 그런 다음에, 그가 나에게 말씀하셨다. "사람아, 내가 너에게 하는 모든 말을 마음속에 받아들이고, 귀를 기울여 들어라. 11 그리고 가서, 포로로 끌려간 네 민족의 자손에게 이르러, 그들에게 전하여라. 그들이 듣든지 말든지 '주 하나님께서 이렇게 말씀하신다' 하고 그들에게 말하여라."

12 ㅇ 그때에 주님의 영이 나를 들어 올리시는데, 주님의 영

귀 기울여 들을 생각조차 없는(7절) 이스라엘 족속에게 집착하는 하나님을 이해할 수 없습니다. 관계를 청산하고 다른 착한 민족을 선택하면 되잖아요. 하나님께서 에스겔을 하나님의 말씀을 전하는 자로 부르시는 내용인 2~3장에는 에스겔이 보내지는 대상인 이스라엘 백성을 '반역하는 족속'이라 이르시는 표현이 여러 번 반복됩니다(2:3, 5, 6, 7; 3:9, 26, 27). 그런데도 하나님께서는 이 백성을 포기하지 않고 예언자를 보내십니다. 정말로 이런 못된 백성은 버리고 다른 백성을 찾는 것이 낫겠다 싶지만, 곰곰이 생각해보면 그렇게 착한 백성은 또 어디에 있을까 싶습니다. 만일 하나님께서 착하고 괜찮은 사람을 찾고 사랑하신다면, 아마도 우리는 하나님의 사랑을 받기 어려울 것입니다. 성경 전체에 일관되게 흐르는 핵심은, 하나님께서 죄인을 사랑하신다는 것입니다. 세상은 스스로 어찌할 바를 알지 못하는 이들을 쓸모없다고 버릴 테지만, 하나님께서는 그러한 이들을 끝까지 사랑하십니다. 그래서 에스겔서와 성경을 읽으며 만나는 죄인은 사실 오늘의 우리, 나 자신을 상징합니다.

광이 그 처소에서 나타날 때에, 내 뒤에서 지진이 터지는 것 같이 크고 요란한 소리가 들렸다. 13 생물들의 날개가 서로 부딪히는 소리와, 생물들의 곁에 달린 바퀴들의 소리가, 그렇게 크고 요란하게 들렸다. 14 주님의 영이 나를 들어 올려서 데리고 가실 때에, 나는 괴롭고 분통이 터지는 심정에 잠겨 있었는데, 주님의 손이 나를 무겁게 짓눌렀다. 15 나는 델아빕으로 갔다. 그곳 그발강 가에는 포로로 끌려온 백성이 살고 있었다. 나는 그들과 함께 이레 동안 머물러 있었는데, 얼이 빠진 사람처럼 앉아 있었다.

파수꾼 에스겔(겔 33:1-9)

16 ○ 이레가 지난 다음에 주님께서 나에게 말씀하셨다.
17 ○ "사람아, 내가 너를 이스라엘 족속의 파수꾼으로 세웠다. 그러므로 너는 내가 하는 말을 듣고, 나를 대신하여 그들에게 경고하여라. 18 가령 내가 악인에게 말하기를 '너는 반

하나님이 맡기는 파수꾼의 역할이 너무 무겁습니다(17-21절). 제 몫을 다하지 못하면 죽음으로 책임을 묻겠다는 뜻 아닙니까? 에스겔은 파수꾼이라는 소명을 받았습니다. 파수꾼은 사람을 변화시키거나 바로잡는 존재가 아닙니다. 하나님을 거역하는 이들에게 나아가, "당신들이 악을 행했으니 이제라도 돌이키지 않으면 죽을 것"이라고 전하는 역할입니다. 그렇게 전했는데도 그들이 듣지 않으면 죽을 것이고, 파수꾼에게는 아무런 책임이 없습니다. 그러나 만약 파수꾼이 악인들의 악을 고발하고 책망하지 않아서 그들이 그대로 살다가 죽는다면, 그 악인들은 자신들의 죄로 죽는 것이되, 그들에게 나아가지 않은 파수꾼은 그들의 죽음에 책임이 있습니다. 파수꾼이 해야 할 일은 악인을 변화시키는 것이 아니라, 악인을 향해 악을 악이라고, 죄를 죄라고 고발하고 규탄하며 하나님의 심판을 전하는 것입니다. 그리고 그 말을 듣고 돌이키는 것은 전적으로 악인의 책임입니다.

드시 죽을 것이다' 할 때에, 네가 그 악인을 깨우쳐주지 않거나, 그 악인에게 말로 타일러서 그가 악한 길을 버리고 떠나 생명이 구원받도록 경고해주지 않으면, 그 악인은 자신의 악한 행실 때문에 죽을 것이지만 그 사람이 죽은 책임은 내가 너에게 묻겠다. 19 그러나 네가 악인을 깨우쳐주었는데도, 그 악인이 그의 악한 행실과 그릇된 길을 버리고 돌아서지 않았다면, 그는 자신의 악행 때문에 죽을 것이다. 그러나 너는 네 목숨을 보존할 것이다.

20 ○ 또 만약 의인이 지금까지 걸어온 올바른 길에서 떠나서 악한 일을 할 때에는, 내가 그 앞에 올무를 놓아, 그 의인 역시 죽게 할 것이다. 네가 그를 깨우쳐주지 않으면, 그는 자기가 지은 그 죄 때문에 죽을 것이다. 그리고 그가 이미 행한 의로운 행실은 하나도 기억되지 않을 것이다. 그러나 그 사람이 죽은 책임은 내가 너에게 묻겠다. 21 그러나 의인이 범죄하지 않도록 네가 깨우쳐주어서, 그 의인이 범죄하지 않았으면, 그는

이 시대에도 파수꾼의 역할을 맡은 예언자가 존재합니까? 목회자들을 예언자로 봐야 합니까? 에스겔이 파수꾼의 책임을 맡았다는 내용은 이렇게 기록되어 오늘까지 전해졌습니다. 그래서 이 본문을 읽는 독자는 언제든 에스겔의 소명을 보면서 자신의 소명도 생각하게 됩니다. 그럴 때 에스겔이 받은 소명은 에스겔처럼 하나님을 신뢰하고 따르고자 하는 모든 이들에게 해당되는 것이라 할 수 있습니다. 우리 주변에 명백한 불의가 있다면, 그 불의에 대해 고발하고 책망하는 것이 파수꾼이 해야 하는 일입니다. 만약 불의를 보고도 침묵한다면 침묵한 이들 역시 하나님의 심판을 받을 것입니다. 에스겔서가 그렇게 논리를 전개하지만, 이것은 에스겔서를 떠나서도 납득할 수 있습니다. 불의를 보고도 무서워서, 혹은 나는 당하지 않았다는 이유로 침묵한다면, 다음번에 내가 부당한 일을 겪을 때도 아무도 나서지 않을 것이며, 내가 바로 그 불의를 당하는 피해자가 될 것입니다. 이런 일을 우리는 이 세상에서 무수히 겪고 있습니다. 그래서 에스겔이 받은 파수꾼의 역할은 오늘날 교회와 그리스도인, 나아가 양심을 지닌 모든 이들이 함께 맡은 역할이라고 할 수 있습니다.

경고를 달게 받았기 때문에 반드시 살게 되고, 너도 네 목숨을 보존할 것이다."

에스겔이 벙어리가 되다

22 ○ 거기서 주님의 능력이 내 위에 내렸다. 주님께서 나에게 말씀하셨다.

○ "일어나서 들로 나가거라. 거기에서 너에게 할 말이 있다."

23 ○ 그래서 내가 일어나 들로 나가서 보니, 그곳에는 주님의 영광이 머물러 있었는데, 전에 그발강 가에서 보던 영광과 똑같았다. 나는 땅에 엎드렸다. 24 그때에 주님의 영이 나의 마음속으로 들어오셔서 나를 일으켜 세우시고, 나에게 이렇게 일러주셨다.

○ "너는 집으로 가서 문을 잠그고 집 안에 있거라. 25 너 사람아, 사람들이 너를 밧줄로 묶어놓아서, 네가 사람들에게로

예언자가 기이한 행동으로 하나님의 뜻을 전하는 경우가 있다고 들었습니다. 단단히 묶이고 입도 벙긋 못 하는 상황에는(25-26절) 어떤 메시지가 담겼습니까? 하나님께서는 에스겔에게 집에 가서 문을 잠그고 있으라고 명령하셨는데, 이 역시 일종의 상징 행위로 볼 수 있습니다. 이 행위는 사람들이 에스겔을 밧줄로 묶어서 사람들을 만나지 못하도록 가두어둘 것임을 의미합니다. 파수꾼의 존재 이유는 다가오는 위험을 먼저 보고 알려서 사람들로 하여금 대비하게 하는 데 있습니다. 에스겔 같은 이들이 그 역할을 맡았습니다. 그러나 사람들은 에스겔의 말을 듣기 싫어서, 그를 밧줄로 묶어 어딘가에 처박아두고 사람들을 만나지 못하게 할 것입니다. 에스겔의 말을 들어야 잘못을 깨닫고 돌이킬 수 있습니다. 하지만 에스겔과의 만남을 차단하고 아무 말도 듣지 못하게 한다면, 결국 이 백성을 기다리는 것은 완전한 멸망뿐입니다. 잘못을 고칠 기회조차 얻지 못하는 것입니다. 에스겔 같은 예언자를 가두고 격리시키는 세상은 그 자체로 멸망을 향해 치닫는 세상이라 할 수 있습니다.

나가지 못할 것이다. 26 더욱이 내가 네 혀를 입천장에 붙여 너를 말 못 하는 사람으로 만들어서, 그들을 꾸짖지도 못하게 하겠다. 그들은 반역하는 족속이기 때문이다. 27 그러나 내가 너에게 다시 말할 때에, 네 입을 열어줄 것이니, 너는 '주 하나 님이 이렇게 말씀하신다' 하고 그들에게 말하여라. 들을 사람 은 들을 것이고, 듣기를 거절하는 사람은 거절할 것이다. 그들 은 반역하는 족속이기 때문이다."

{ 제4장 }

예루살렘이 포위될 것을 예고하시다

1 "너 사람아, 너는 이제 흙벽돌을 한 장 가져다가 네 앞에 놓 고, 한 성읍 곧 예루살렘을 그 위에 새겨라. 2 그다음에 그 성 읍에 포위망을 쳐라. 그 성읍을 공격하는 높은 사다리를 세우 고, 흙 언덕을 쌓고, 진을 치고, 성벽을 부수는 무기를 성 둘 레에 설치하여라. 3 너는 또 철판을 가져다가 너와 그 성읍

390일(5절)과 40일(6절)은 어떤 기간을 염두에 둔 수치입니까? 에스겔은 상징적인 행동을 통해 하나님의 선포를 전한 예언자이며, 4-5장은 그러한 행동들을 여럿 보 여줍니다. '상징적' 행동은 그 의미가 '다의적'일 수 있습니다. 만약 일 년이 하루를 뜻한다면, 390일은 390년을 상징합니다. 여호야긴의 포로 사건이 주전 597년이니, 390년 전은 대략 솔로몬 시대가 됩니다. 그래서 390일은 '이스라엘이 이제까지 저 지른 죄악의 역사'를 가리킨다고 볼 수 있습니다. 40일은 40년을 의미하며, 40년은 이스라엘이 광야에서 하나님을 믿지 않아 방랑해야 했던 세월입니다. 특히 구약성 경 민수기 14장 34절에 따르면, 40일간 가나안 땅을 살피고 돌아온 정탐꾼의 보고

사이에 철벽을 세워라. 그 도성을 포위하고 지켜보아라. 네가 그 도성을 포위하고 있거라. 이것이 이스라엘 족속에게 보여 주는 징조다.

4 ○ 너는 또 왼쪽으로 누워서, 이스라엘 족속의 죄악을 네 몸에 지고 있거라. 옆으로 누워 있는 날수만큼, 너는 그들의 죄악을 떠맡아라. 5 나는 그들이 범죄한 햇수대로 네 날수를 정하였다. 그러니 네가 삼백구십 일 동안 이스라엘 족속의 죄악을 떠맡아야 할 것이다. 6 이 기간을 다 채운 다음에는, 네 가 다시 오른쪽으로 누워서, 유다 족속의 죄악을 사십 일 동안 떠맡고 있거라. 나는 너에게 일 년을 하루씩 계산하여주었다.

7 ○ 너는 이제 예루살렘의 포위망을 응시하면서, 네 팔을 걷 어붙이고, 그 성읍을 심판하는 예언을 하여라. 8 내가 너를 줄로 묶어서, 네가 갇혀 있는 기한이 다 찰 때까지, 네가 몸을 이쪽저쪽으로 돌려 눕지 못하도록 하겠다.

9 ○ 너는 밀과 보리와 콩과 팥과 조와 귀리를 준비하여 한 그릇에 담고, 그것으로 빵을 만들어 네가 옆으로 누워 있는 삼백구십 일 동안 내내 먹어라. 10 너는 음식을 하루에 이십 세겔씩 달아서, 시간을 정해놓고 먹어라. 11 물도 되어서 하

를 들은 백성들이 온갖 불평과 원망을 내뱉자, 하나님께서는 정탐한 40일에 대응해 40년간 "죄의 짐을 져야 한다" 이르셨습니다. 그런 의미에서 에스겔이 오른쪽으로 돌아누운 40일은 이제 이스라엘 백성에게 닥칠 심판의 기간을 상징하는 것으로 이해할 수 있습니다. 즉 왼쪽의 390일은 이스라엘의 죄악의 역사를, 오른쪽의 40일은 심판의 기간을 상징한다고 볼 수 있습니다.

루에 육분의 일 힌씩, 시간을 정해놓고 따라 마셔라. 12 너는 그것을 보리빵처럼 구워서 먹되, 그들이 보는 앞에서, 인분으로 불을 피워서 빵을 구워라."

13 ○ 주님께서 또 말씀하셨다.

○ "내가 이스라엘 자손을 다른 민족들 속으로 내쫓으면, 그들이 거기에서 이와 같이 더러운 빵을 먹을 것이다."

14 ○ 그래서 내가 아뢰었다. "주 하나님, 저는 이제까지 저 자신을 더럽힌 일이 없습니다. 어려서부터 지금까지 저절로 죽거나 물려 죽은 짐승의 고기를 먹은 적이 없고, 부정한 고기를 제 입에 넣은 적도 없습니다."

15 ○ 그러자 주님께서 나에게 말씀하셨다.

○ "좋다! 그렇다면, 인분 대신에 쇠똥을 쓰도록 허락해준다. 너는 쇠똥으로 불을 피워 빵을 구워라."

16 ○ 주님께서 또 나에게 말씀하셨다.

○ "사람아, 내가 예루살렘에서 사람들이 의지하는 빵을 끊어

하나님은 예언자에게 왼편과 오른편으로 번갈아 누워 자라고 명령합니다(4~6절). 이 불편한 자세는 이스라엘의 어떤 미래를 상징합니까? 하나님께서 예언자에게 명령하시는 기이한 행동은 모두 하나님의 백성인 이스라엘에게 하나님의 뜻을 전달하시기 위한 것입니다. 그 점에서 에스겔 같은 예언자는 자신의 민족이 겪을 고난을 먼저 몸소 감당합니다. 자신의 죄가 아닌, 민족의 죄로 인해 겪는 고초입니다. 성경에서 누워 있는 것이나 잠자는 행위는 종종 '죽음'과 비교됩니다. 그래서 에스겔의 행동은 죽은 자와 같은 이스라엘을 상징하기도 합니다. 이스라엘은 390이라는 상징적 숫자로 표현된 긴 세월 동안 줄기차게 하나님을 거역하고 배반했습니다. 390은 이스라엘의 현재 상태가 단순한 불운이나 일시적인 문제가 아니라, 그들의 지속적인 거역과 불순종 때문임을 보여줍니다. 이제 그들을 기다리는 것은 하나님의 심판입니다. 그토록 불순종하고도 여전히 헛된 희망을 품는 이들에게 40이라는 숫자는 반드시 닥쳐올 심판의 날을 증언합니다.

버리겠다. 그들이 빵을 달아서 걱정에 싸인 채 먹고, 물을 되어서 벌벌 떨며 마실 것이다. 17 그들은 빵과 물이 부족하여 누구나 절망에 빠질 것이며, 마침내 자기들의 죄악 속에서 말라 죽을 것이다."

여러 곡식을 섞어 똥에 구우라는(9-12절) 하나님의 레시피는 무얼 뜻합니까? 식량과 물을 마음대로 먹을 수 없고 매일 정해진 분량만 허락된다는 점에서, 본문은 예루살렘이 이방 나라에 포위되어 극심한 어려움을 겪게 될 것을 미리 보여줍니다. '의지하는 빵'(16절)이라는 표현에서 짐작할 수 있듯, 이스라엘은 가진 것이 있어서 끝까지 하나님의 말씀에 귀 기울이지 않았습니다. 이제 하나님께서는 그 모든 것을 끊어버리실 것입니다. 똥으로 빵을 굽는 행위는 부정해진다는 의미입니다(14절). 신명기 규례에 따르면, 이스라엘 진영은 하나님께서 함께하시는 거룩한 곳이므로 대변을 볼 때는 진 바깥으로 나가야 합니다(신 23:9-14). 이를 생각하면 '똥으로 구운 빵'과 '부정'은 더 이상 이스라엘 백성이 하나님께서 주신 '정한 땅'에 거할 수 없음을 가리키는 것으로 이해할 수 있습니다. 그들은 '부정한 땅'인 이방 여러 나라로 쫓겨날 것입니다.

{ 제5장 }

머리카락과 수염을 깎는 상징 행위

1 "너 사람아, 너는 날카로운 칼을 한 자루 가져와서, 그 칼을 삭도로 삼아 네 머리카락과 수염을 깎고, 그것을 저울로 달아 나누어놓아라. 2 그리고 그 성읍의 포위 기간이 끝난 다음에, 그 털의 삼분의 일을 성읍 한가운데서 불로 태우고, 또 삼분의 일은 성읍 둘레를 돌면서 칼로 내려치고, 또 삼분의 일은 바람에 날려 흩어지게 하여라. 그러면 내가 칼을 빼어 들고, 그 흩어지는 것들을 뒤쫓아가겠다. 3 그러나 너는 그것들 가운데서 조금을 남겨두었다가 네 옷자락으로 싸매어라. 4 너는 또 그것들 가운데서 얼마를 꺼내서 불 한가운데 집어 던져서 살라 버려라. 그 속에서 불이 나와서 온 이스라엘 족속에게 번질 것이다."

5 ○ 주 하나님이 이렇게 말씀하신다. "이것이 예루살렘이다. 내가 그 성읍을 이방 사람들 한가운데 두고, 나라들이 둘러 있

머리칼과 수염을 깎는 건(1절) 상징적인 행위인데, 굳이 저울로 정확하게 계산해서 나누게 하는 하나님의 의도가 궁금합니다. '저울'이 상징하는 것은 '조금도 오차가 없는 정확함'일 것입니다. 하나님께 드리는 제물은 그 양이 명확하게 정해져 있어서(예, 겔 45:10~14), 성전에는 늘 저울이 구비되어 있고 제사장은 저울을 일상적으로 사용했습니다. '성소의 세겔 표준'(레 5:15) 같은 표현을 생각하면, 성전에 표준이 되는 측량 단위가 있었음을 보여줍니다. 저울로 정확히 삼분의 일씩 측량한 다음 이 모든 것들을 각각 불사르고 칼로 내려치고 바람에 날려 흩어지게 한다는 점에서, 이 상징 행위는 하나님께서 이스라엘을 완전하게 심판하시되 한 치의 오차 없이 그 일을 이루실 것임을 상징합니다.

게 하였다. 6 그런데도 그 성읍은 다른 민족들보다 더 악하여 내 규례를 거스르고, 둘러 있는 이방 사람들보다 더 내 율례를 지키지 않았다. 그들은 내 규례를 거역하고, 내 율례를 지키지 않았다.

7 ○ 그러므로 나 주 하나님이 이렇게 말한다. 너희는 너희를 둘러 있는 이방 사람들보다 더 거스르는 사람이 되어서, 내 율례를 따르지도 않고, 내 규례를 지키지도 않고, 심지어는 너희를 둘러 있는 이방 사람들이 지키는 규례를 따라 살지도 않았다.

8 ○ 그러므로 나 주 하나님이 이렇게 말한다. 내가 친히 너희를 대적하겠다. 그리고 뭇 이방 사람이 보는 앞에서 내가 너희 가운데 벌을 내리겠다. 9 너희의 온갖 역겨운 일들 때문에, 전에도 없었고 앞으로도 다시는 없을 그런 일을, 내가 너희 가운데서 일으키겠다. 10 너희 가운데서 아버지가 자식을 잡아먹고, 자식이 아버지를 잡아먹을 것이다. 나는 너희 가운데 벌을 내리고, 너희에게 남은 사람들을 사방으로 흩어버리겠다.

11 ○ 그러므로 내가 나의 삶을 두고 맹세한다. 나 주 하나님

'이방 사람들 한가운데' 두었다는(5절) 말은 무슨 뜻입니까? 하나님께서 예루살렘을 이방 사람들 한가운데 두었다는 표현은 언뜻 예루살렘이 온 세상의 중심이라는 의미로 들리기도 합니다. 그렇지만 그보다는 세상 모든 사람들 중에서 오직 예루살렘에게 하나님의 규례와 율례를 행하도록 명하셨음을 강조하는 표현이라 볼 수 있습니다. 예루살렘의 특별함은 하나님의 규례를 행함으로 하나님을 증언하는 데 있습니다. 그러나 예루살렘은 하나님의 규례를 전혀 지키지 않았고, 하나님을 거슬렀으며, 때론 이방 사람들보다 더 심하게 어겼습니다. 이방인들이 그들 나름대로 지키는 규례에도 못 미치는 삶을 살았던 것입니다(7절). 예루살렘을 특별하게 만드는 것은 핏줄이나 지역이나 능력이 아닌, 하나님의 규례를 지키는 것입니다. 그러나 예루살렘은 오히려 하나님을 알지 못하는 이방 백성들보다도 훨씬 못한 삶을 살았습니다.

의 말이다. 진실로 너희가 온갖 보기 싫은 우상과 역겨운 일로 내 성소를 더럽혀놓았기 때문에, 내가 너희를 넘어뜨리겠고, 너희를 아끼지 않겠으며, 너희를 불쌍하게 여기지도 않겠다. 12 너희 가운데서 삼분의 일은 전염병에 걸려 죽거나 굶어 죽을 것이며, 또 삼분의 일은 성읍의 둘레에서 칼에 맞아 쓰러질 것이며, 나머지 삼분의 일은 내가 사방으로 흩어버리고, 칼을 빼어 들고 그들의 뒤를 쫓아가겠다.

13 ○ 이렇게 나의 분을 다 쏟아야, 그들에게 품었던 분이 풀려서, 내 마음도 시원하게 될 것이다. 내가 내 분을 그들에게 다 쏟을 때에, 그들은 비로소 나 주가 질투하기 때문에 그와 같이 말하였다는 것을 알게 될 것이다. 14 또 내가, 둘러 있는 이방 사람 가운데서 너를 폐허 더미와 웃음거리로 만들어, 지나다니는 사람마다 너를 비웃게 하겠다.

15 ○ 그래서 내가 분과 노를 품고 무서운 형벌을 내리면서 너를 심판할 때에는, 너를 둘러 있는 이방 사람에게 네가 수치와 조롱을 당하고, 네가 받은 심판은 그들에게 두려움과 경고가 될 것이다. 나 주가 말하였다.

'온갖 역겨운 일'(9절)이란 표현이 너무 두루뭉술합니다. 하나님의 격노를 부른 가장 치명적인 범죄는 무엇입니까? 5장까지는 구체적인 죄악상을 자세히 나열하지 않고, 그저 뭉뚱그려서 하나님의 규례와 율례를 어겼다고 표현했습니다. '역겨운 일'은 기본적으로 거룩하신 하나님 앞에서는 결코 있을 수 없는 행위를 가리킵니다. 근본적으로는 하나님 아닌 다른 것들을 끌어들이는 행위를 뜻합니다. 이스라엘은 하나님의 백성임에도 불구하고, 다른 우상이나 이웃의 크고 강한 나라들을 열심히 쫓아다녔습니다. 이러한 행동은 하나님 앞에 설 수 없는 역겨운 짓입니다. 아울러 하나님께서 명하신 여러 규례들, 즉 일상을 하나님 앞에서 살아가게 하는 여러 규례들을 손쉽게 어기고, 불의를 행하며 다른 이들을 괴롭히는 행위들 역시 하나님 앞에 도무지 설 수 없는 역겨운 일입니다.

16 ○ 내가 너희에게 쏘는 기근의 화살과 재난의 화살 곧 멸망시키는 화살은, 너희를 죽이려고 쏘는 것이다. 나는 너희에게 기근을 더 심하게 하여, 너희가 의지하는 빵을 끊어버리겠다. 17 내가 너희에게 기근과 사나운 짐승들을 보내어, 너희 자식들을 앗아가도록 하겠다. 너희는 전염병과 유혈 사태를 너희 한가운데서 겪을 것이다. 내가 너희에게 전쟁이 들이닥치게 하겠다. 나 주가 말하였다.”

하나님의 분노가 너무 맹렬하고 심판은 지나치게 가혹합니다(11-12절). 이런 신을 어떻게 '사랑의 하나님'이라고 부를 수 있습니까? 하나님께서 이스라엘의 죄악에 노해 완전히 심판하신다고 표현하지만, 실제로 하나님께서 어떤 형상으로 인간 세상에 나타나 친히 벼락을 내려 사람을 죽이시는 경우는 없습니다. 이스라엘이 이렇게 하나님을 무시하고 이웃을 짓밟으며 강대국에 굽신거리며 살아갈 때, 그로 인해 국력이 약화되고 사회가 붕괴되며, 결국 강성한 이웃 나라의 침공을 받게 될 것입니다. 그런 상황에서도 이스라엘은 올바르게 분별하지 못해 재앙을 더욱 크게 만드는 결정을 내릴 것이며, 결국 불살라지고 칼에 맞고, 온 천지에 흩어지게 될 것입니다. 죄악을 저지르는 백성은 실제 역사에서 당연히 패망의 길, 완전한 멸망의 길로 나아가기 마련입니다. 에스겔서는 역사적 사건을 이렇게 하나님의 강력한 심판이라 해석합니다. 그래서 '심판자 하나님'은 하나님이 무섭고 거친 분이라는 뜻이 아니라, 악을 행하고 하나님을 떠난 이들에게 반드시 재앙이 임할 것임을 의미한다고 볼 수 있습니다.

{ 제6장 }

주님께서 우상숭배를 심판하시다

1 주님께서 나에게 말씀하셨다.

2 ○ "사람아, 너는 이스라엘의 산들을 바라보면서, 그것들에게 내릴 심판을 예언하여라. 3 너는 이렇게 외쳐라. 이스라엘의 산들아, 너희는 주 하나님의 말씀을 들어라. 산과 언덕에게, 계곡과 골짜기에게, 주 하나님이 이렇게 말씀하신다. 보아라, 내가 너희에게 전쟁이 들이닥치게 하여 너희의 산당을 없애버리겠다. 4 또 번제물을 바치는 너희의 제단이 폐허가 되고, 너희가 분향하는 제단이 부서질 것이다. 너희 가운데서 칼에 맞아 죽은 사람들을, 너희의 우상들 앞에 던져버리겠다. 5 또 나는 이스라엘 백성의 시체를 가져다가 그들의 우상 앞에 놓고, 너희의 해골을 모든 제단의 둘레에 흩어놓겠다. 6 너희가 거주하는 모든 성읍마다 황무지로 변하고, 산당들도 황폐하게 될 것이다. 너희의 제단들도 무너져 못 쓰게 되고, 너

하나님은 어째서 이스라엘 백성이 아니라 산을 향해 심판을 예언하게(2절) 합니까? 산은 죄악의 주체일 수 없으니, 이 표현은 비유적이고 상징적인 의미를 지닌 것입니다. 이스라엘 백성들은 산과 언덕, 계곡과 골짜기마다 우상을 숭배하는 산당을 세우고, 제단을 만들었습니다(3~4절). 모든 그런 곳들에서 우상에게 제물을 바치고 향을 피웠습니다(13절). 그래서 산을 향한 심판 선포는 사실상 산을 비롯한 곳곳에서 우상숭배를 일삼던 이스라엘 백성에 대한 심판 선포를 의미합니다. 훗날 하나님께서 그 백성들을 다시 회복시키실 때, 다시 산을 향해 축복을 선포하십니다(36:1~15). 말하자면, 사람들이 저지르는 죄로 인해 산에 저주와 심판이 임하고, 사람들의 돌이킴과 회복과 함께 산이 회복되는 셈입니다. 오늘날에도 우리가 살아가는 지구가 파괴되는 이유는 단연 그 위에서 살아가는 사람들의 죄악 때문인 것처럼요.

희의 우상들이 산산조각으로 깨어져 사라지고, 너희가 분향하는 제단들이 파괴되고, 너희가 손으로 만든 것들이 모두 말끔히 없어지게 하려는 것이다. 7 너희 한가운데서는 칼에 맞아 죽은 사람들이 널려 있을 것이니, 그때에야 비로소 너희는 내가 주인 줄 알게 될 것이다.

8 ○ 그러나 나는 너희 가운데서 얼마를 남겨, 전쟁을 모면하게 하고 여러 나라에 흩어져 여러 민족들 사이에서 살아가게 하겠다. 9 전쟁을 모면한 사람들은 포로가 되어 끌려가, 이방 사람들 속에서 살면서, 비로소 나를 기억할 것이다. 그들이 음란한 마음으로 내게서 떠나갔고, 음욕을 품은 눈으로 그들의 우상들을 따라가서, 내 마음을 상하게 하였으므로, 그들은 자기들이 저지른 악행과 그 모든 혐오스러운 일을 기억하고, 스스로 몸서리를 칠 것이다. 10 그때에야 그들이 비로소 내가 주인 줄 알게 될 것이다. 내가 그들에게 이런 재앙을 내리겠다고 공연히 말한 것이 아님도 알게 될 것이다.

11 ○ 나 주 하나님이 이렇게 말한다. 너는 손뼉을 치고, 발을 구르면서 외쳐라. 아, 이스라엘 족속이 온갖 흉악한 일을 저질

'음욕'과 '음란'이란 말이 불쑥 등장합니다(9절). 이스라엘 백성들이 특별히 문란한 삶을 살았기 때문입니까? 에스겔을 비롯한 예언자들에게서 볼 수 있는 매우 특이한 비유 가운데 하나가 이스라엘의 죄악을 '성적인 음란함'으로 묘사하는 것입니다. 이스라엘이 하나님을 신뢰하지 않고, 자신들에게 더 큰 부귀를 가져다주기를 바라며 우상들에게 굽신거리는 행태를 두고 예언자들은 이스라엘이 '음란하다'고 규정합니다. 하나님의 도우심을 구하는 것이 아니라, 주변 강대국에 몹시도 간절하게 도움을 청하며 그들 나라와 화친하고 그들 나라를 따르려는 이스라엘의 외교 정책에 대해서도 예언자들은 이스라엘이 '음란하다'고 단언합니다. 에스겔과 예언자들은 이스라엘과 하나님의 관계를 아내와 남편의 관계에 빗대어 설명하면서, 이스라엘이 남편 되신 하나님을 버리고 다른 남자들을 찾아 악을 행했다고 선포합니다.

렀으니, 모두 전쟁과 기근과 전염병 때문에 쓰러질 것이다. 12 먼 곳에 있는 사람은 전염병에 걸려서 죽고, 가까운 곳에 있는 사람은 전쟁에서 쓰러지고, 아직도 살아남아서 포위된 사람들은 굶어서 죽을 것이다. 내가 이와 같이 나의 분노를 그들에게 모두 쏟아놓겠다. 13 그리하여 그들 가운데서 전쟁에서 죽은 시체들은 그들의 우상들 사이에서 뒹굴고, 그들의 제단을 둘레에서도 뒹굴고, 높은 언덕마다, 산봉우리마다, 푸른 나무 밑에마다, 가지가 무성한 상수리나무 밑에마다, 자기들이 모든 우상에게 향기로운 제물을 바치던 곳에는, 어디에나 그 시체들이 뒹굴 것이다. 그때에야 비로소 내가 주인 줄, 너희가 알게 될 것이다.

14 ㅇ 내가 그렇게 나의 손을 펴서 그들을 치고, 그 땅을 남쪽의 광야에서부터 북쪽의 디블라에 이르기까지, 그들이 거주하는 모든 곳을 황무지로 만들어버리겠다. 그때에야 비로소 내가 주인 줄 그들이 알게 될 것이다."

'내가 주인 줄 알게 될 것'이나 '나를 기억할 것'이란 말을(7, 9, 10, 13절) 후렴처럼 되풀이하는 하나님의 의도는 무엇입니까? "내가 주인 줄 알리라"라는 말은 에스겔서에 매우 빈번하게 언급되는 표현이며, 에스겔서의 특징이라고도 할 수 있습니다. 이러한 표현은 이스라엘에게 어떤 재앙이 닥친 후에 비로소 얻게 되는 깨달음을 뜻합니다. 이스라엘은 하나님을 거스르는 악을 뉘우치고 돌아서라는 말씀에 순종하지 않아 결국 멸망에 이르렀습니다. 그러나 이스라엘에게 중요한 것은 멸망을 그저 불운이나 우연으로 여기지 않고, 하나님을 거역함으로 인해 하나님께서 내리신 심판임을 깨닫는 것입니다. 재앙 이후라도 이 재앙의 의미를 깨닫는다면, 주 하나님께서 그들의 하나님이심을, 하나님께서 이스라엘뿐 아니라 역사를 주관하시는 분임을 알게 될 것입니다. 에스겔서와 같은 책이 지금 같은 형태로 완성된 것은 훗날에라도 이스라엘이 현재 겪는 어려움이 자신들의 불순종 때문임을 깨닫고 주 하나님을 알게 하려는 것, 그래서 그때라도 하나님의 말씀을 따라 올바르게 살아가게 하려는 목적에서 비롯되었습니다.

{ 제7장 }

이스라엘의 종말이 다가오다

1 주님께서 나에게 말씀하셨다.

2 ○ "너 사람아, 이스라엘에게 전하여라. 나 주 하나님이 이스라엘 땅을 두고 말한다. 끝이 왔다. 이 땅의 사방 구석구석에 끝이 왔다. 3 이스라엘아, 이제는 너희에게 끝이 왔다. 나는 이제 너희에게 내 분노를 쏟고, 너희 행실에 따라 너희를 심판하며, 너희의 역겨운 일들을 너희에게 보응하겠다. 4 내가 너희를 아끼지도 않고, 불쌍히 여기지도 않겠다. 오히려 나는 너희의 모든 행실에 따라 너희를 벌하여, 역겨운 일들이 바로 너희의 한가운데서 벌어지게 하겠다. 그때에야 비로소 내가 주인 줄 너희가 알게 될 것이다." 5 주 하나님이 이렇게 말씀하신다. "재앙이다. 너희가 들어보지 못한 재앙이다. 이미 다가왔다. 6 끝이 왔다. 너희를 덮치려고 일어났다. 이미 다가

'역겨운 일'에 보응하겠다고(3절) 하면서 그 일이 이스라엘 '한가운데서 벌어지게' 하겠다는(4절) 하나님의 속내는 무엇입니까? 3절과 8절, 4절과 9절은 거의 같은 내용입니다. 서로 대응되는 두 개의 단락(2~4절, 5~9절)을 나란히 배열하면서, 주 하나님께서 그 백성 이스라엘을 심판하실 날이 임박했음을 선포합니다. 이러한 반복 표현은 이 일이 확정되어 반드시 이루어질 것임을 의미합니다. 그런데 이스라엘에 닥칠 재앙은 갑작스러운 일이 아니라, 그들이 저지른 죄악과 역겨운 짓에 대한 하나님의 심판입니다. 역겨운 일에 대한 보응을 그들 가운데서 벌어지게 하겠다는 것은 곧 이스라엘이 다른 이들에게 저질렀던 대로 되돌려받는 것이라고 이해할 수 있습니다. 이미 이스라엘이 약한 자를 짓밟고, 억울한 사람을 희생시키며, 피눈물이 흐르게 했으니, 이제 그들은 짓밟히고, 희생당하며, 피눈물을 흘릴 것입니다. 그들은 행한 대로 돌려받을 것입니다.

왔다. 7 이 땅에 사는 사람들아, 정해진 멸망이 너희에게 들이 닥쳤다. 그 시각이 왔고, 그날이 다가왔다. 산에서 즐겁게 환호하지 못할 당황할 날이 가까이 왔다. 8 나는 이제 너희에게 내 분노를, 나의 분을 너희에게 쏟아서, 너희 행실에 따라 너희를 심판하며, 너희의 역겨운 일들을 너희에게 갚아주겠다. 9 내가 너희를 아끼지도 않고, 불쌍히 여기지도 않겠다. 오히려 나는 너희의 모든 행실에 따라 너희를 벌하여, 역겨운 일들이 바로 너희의 한가운데서 벌어지게 하겠다. 그때에야 비로소 주가 이렇게 치는 것임을, 너희가 알게 될 것이다. 10 그날이다. 보아라, 들이닥쳤다. 정해진 멸망이 시작되었다. 매질할 몽둥이가 꽃을 피우고 교만을 꺾을 채찍이 싹터 나왔다. 11 폭력이 일어나서 죄악을 징벌하는 몽둥이가 되었다. 이 백성 가운데서 한 사람도 남지 않고, 이 백성의 무리들 가운데서도 더 이상 남을 사람이 없고, 그들의 재물이나 그들이 가진 것들 가운데서 눈에 띌 만한 것은 하나도 남아 있지 않을

"매질할 몽둥이가 꽃을 피운다"(10절)는 말은 무슨 뜻입니까? 못 쓰게 된다는 의미인가요? "매질할 몽둥이가 꽃을 피우고 교만을 꺾을 채찍이 싹터 나왔다"라는 표현은 그 의미가 다소 모호합니다. 다만 '몽둥이'라는 단어가 11절에서 "폭력이 일어나서 죄악을 벌하는 몽둥이가 되었다"라고 사용된 것으로 보건대, 여기서 '몽둥이'는 이스라엘의 죄악상과 연관된다고 이해할 수 있습니다. '폭력'의 상징으로 적합한 단어는 단연코 '몽둥이'일 것입니다. 그런 관점에서 '폭력을 저지른 자들에게 폭력의 몽둥이'는 3절이나 8절의 "행실에 따라 심판받는다"라는 표현과 잘 어울립니다. 이스라엘은 남에게 폭력을 가하는 몽둥이 같은 존재입니다. 자신의 힘과 세력을 휘둘러 다른 사람을 때리고 죽이는 자들이며(또한 23절), 제 힘을 믿는 교만한 자들입니다. 이렇게 그들이 교만하며 폭력을 휘둘러 악을 자행할 때야말로 하나님의 심판의 날이 임박한 순간입니다. 그들의 폭력이 꽃피우는 날이, 주님께서 그들을 완전히 심판하시는 그날일 것입니다.

것이다. 12 그 시각이 왔고, 그날이 이르고야 말았다. 사는 사람도 기뻐하지 말고, 파는 사람도 슬퍼하지 말아라. 이 땅의 모든 무리에게 진노가 내릴 것이기 때문이다.

13 ○ 판 사람이 아직 살아 있다 하여도, 팔린 것을 되찾으려고 돌아갈 수가 없을 것이니, 이 땅의 모든 무리에게 보여준 묵시는 돌이킬 수가 없기 때문이다. 죄를 짓고서는, 어느 누구도 자기 목숨을 굳게 부지할 수가 없다. 14 그들이 나팔을 불고 모든 장비를 갖춘다 하여도, 전쟁에 나갈 사람이 아무도 없는 것은, 내 진노가 이 땅의 모든 무리에게 미쳤기 때문이다."

이스라엘이 받는 형벌

15 "거리에는 전쟁이 있고, 집 안에는 전염병과 기근이 있다. 들녘에 있는 사람은 칼에 찔려 죽고, 성읍 안에 있는 사람은 기근과 전염병으로 죽는다. 16 더러는 살아남아서, 계곡에서 놀란 비둘기처럼 산으로 피하겠지만, 저지른 죄를 생각하며 슬피 울 것이다. 17 사람들은 모두 손에 맥이 풀리고, 무릎을

"모든 머리는 대머리가 될 것"(18절)이라는 말은 어떤 상황을 가리킵니까? 머리에 멋진 장식을 달고 치장하는 행위는 풍요롭고 부유하며 아름답고 즐거운 시기를 반영할 것입니다. 반대로 모든 머리가 대머리가 된다는 것은 머리의 모든 장식이 사라질 뿐 아니라, 머리카락 자체가 전부 없어지는 것이니, 재앙의 날을 상징할 것입니다. 예언자들은 하나님을 거역한 백성들의 잘못으로 인해 하나님께서 이스라엘을 심판하셔서 크나큰 재앙이 일어난 상황을 묘사할 때, 그들의 머리가 대머리가 되었다는 표현을 자주 사용합니다(사 3:24; 렘 47:5; 48:37; 암 8:10; 미 1:16). 또 이러한 참상이 일어났을 때, 그로 인해 슬퍼하고 탄식하며 스스로 머리를 깎아 대머리가 되기도 합니다(사 15:2; 겔 27:31).

떨 것이다. 18 굵은 베옷을 입고, 두려워서 온몸을 떨 것이다. 모든 얼굴에는 부끄러움이 가득할 것이요, 모든 머리는 대머리가 될 것이다. 19 그들은 은을 길거리에 내던질 것이며, 금을 오물 보듯 할 것이다. 내가 진노하는 날에, 은과 금이 그들을 건져줄 수 없을 것이다. 은과 금이 그들의 마음을 흡족하게 못 하고, 허기진 배를 채워주지 못할 것이다. 오히려 은과 금은 그들을 걸어서 넘어뜨려, 죄를 짓게 하였을 뿐이다. 20 그들이 자랑하던 아름다운 보석으로, 역겹고도 보기 싫은 우상들을 만들었으므로, 내가 보석을 오물이 되게 하겠다. 21 또 내가 그 보석을 외국 사람에게 넘겨주어 약탈하게 하고, 세상의 악인들에게 넘겨주어 약탈하고 더럽히게 하겠다. 22 내가 간섭하지 않을 것이니, 외국 사람들이 나의 은밀한 성소를 더럽히고, 도둑들이 그곳에 들어가서 약탈할 것이다. 23 너는 쇠사슬을 만들어라. 이 땅에 살육이 가득 차 있고, 이 도성에는 폭력이 가득 차 있기 때문이다. 24 나는 세상에서 가장 악한 이방 사람들을 데려다가 그들의 집들을 차지하게 하겠다. 강

하나님은 왜 쇠사슬을 만들라고(23절) 합니까? 쇠사슬은 무엇에 쓰기 위한 도구입니까? 본문에서 '쇠사슬'로 번역된 단어는 구약성경 다른 곳에서는 쓰인 적이 없는 용어라 정확히 이해하기 어렵습니다. 다만 이 구절이 속한 문맥을 고려할 때, 포로로 끌려가는 자에게 사용하는 사슬이라고 볼 수 있습니다. 에스겔은 여러 차례 상징적인 행동을 보여주었고, '쇠사슬을 만드는 일' 역시 이스라엘에 닥칠 일을 보여주는 상징 행위라고 볼 수 있습니다. 이들이 포로로 끌려가는 까닭은 그 땅에 가득한 살육과 폭력 때문입니다. 이러한 살육과 폭력은 당연히 힘 있는 이들이 힘없는 자들에게 저지르는 행태입니다. 당대 이스라엘은 약자를 향해 폭력을 저질러 수많은 약자들이 쓰러지고 죽어갔으며, 이러한 현실로 인해 나라 자체가 망할 것입니다. 약자를 무시하며 짓밟고도 살아남을 수 있는 곳은 없습니다. 하나님께서 살아 계시기 때문입니다.

한 사람들의 교만을 꺾고, 그들의 성소들이 모두 더럽혀지게 하겠다. 25 파멸이 이미 이르렀다. 그들이 평안을 찾지만, 전혀 없을 것이다. 26 재앙에 재앙이 겹치고, 불길한 기별이 꼬리를 물 것이다. 그때에는 사람들이 예언자에게 묵시를 구하여도 얻지 못할 것이며, 제사장에게는 가르쳐줄 율법이 없어질 것이고, 장로들에게서는 지혜가 사라질 것이다. 27 왕은 통곡하고, 지도자들은 절망에 빠지고, 이 땅의 백성은 무서워서 벌벌 떨 것이다. 내가 그들의 행실대로 그들에게 갚아주고, 그들이 심판받아야 하는 그대로 그들을 심판하겠다. 그때에야 그들이 비로소 내가 주인 줄 알게 될 것이다."

이스라엘이 제 손으로 성소를 더럽혔는데, 외국인이 성소를 더럽히도록 버려두는 것이 어떻게 징벌이 될 수 있습니까?(22, 24절) 22절의 '나의 은밀한 성소'는 직역하면 '내가 보물을 쌓은 곳'입니다. 그래서 예루살렘 혹은 하나님의 백성인 이스라엘을 가리키는 표현이라 볼 수 있습니다. 21–22절은 악한 사람들과 낯선 사람들, 도둑들이 와서 이스라엘과 예루살렘을 짓밟고 약탈할 것이라 말합니다. 24절 역시 '가장 악한 이방 사람들'이 와서 이스라엘 백성들의 집을 차지하고 약탈할 것이라 선언합니다. '성소'는 예루살렘 성전을 가리키는데, 이것을 '나의 성소'가 아닌 '그들의 성소'로 표현한다는 점에서, 하나님께서 하나님의 백성과 완전히 거리를 두고 있음을 보여줍니다. 그들이 성소로 피하며 간절하게 도움을 구할지라도 아무 소용이 없을 것임을, 그들의 성소가 더럽혀질 것이라는 말씀으로 표현한다고 볼 수 있습니다. 재앙의 그날에 성전을 찾아가도 아무 소용이 없을 것입니다. 그날에 성전은 그저 약탈하기 좋은 건물일 따름입니다.

{ 제8장 }

예루살렘의 우상숭배

1 제육 년 여섯째 달 오 일에 나는 집에 앉아 있고, 유다 장로 들은 내 앞에 앉아 있을 때에, 주 하나님의 능력이 거기에서 나를 사로잡으셨다. 2 내가 바라보니, 사람의 형상이 보였는 데, 허리 밑으로는 모양이 불처럼 보이고, 허리 위로는 환하 게 빛나는 금붙이의 광채처럼 보였다. 3 그때에 그 형상이 손 처럼 생긴 것을 뻗쳐서, 내 머리채를 잡았다. 하나님이 보이신 환상 속에서, 주님의 영이 나를 들어서 하늘과 땅 사이로 올리 셔서, 나를 예루살렘으로 데려다가, 안뜰로 들어가는 북쪽 문 어귀에 내려놓으셨다. 그곳은 질투를 자극시키는 질투의 우상

'질투의 우상'(3절)은 실물인가요, 아니면 환상 가운데 일부인가요? 우상은 누구의 질투를 자극합니까? 하나님인가요, 인간인가요? 8–11장은 전부 에스겔이 보고 겪 는 환상입니다. 그는 바빌로니아에 있지만, 하나님께서는 환상 속에서 그를 예루살 렘으로 데려가십니다. 그러므로 이 장에서 다루는 모든 내용은 기본적으로 환상 속 에서 본 것들입니다. 환상은 겉으로 보이는 것과 달리, 상황의 본질을 드러내는 방 편이라 할 수 있습니다. 이전의 므낫세 왕 시대에 실제로 성전에 우상을 세웠고(왕 하 21:5, 7), 다음 왕인 요시야는 이를 완전히 제거했습니다(왕하 23:6-7). 에스겔 당 시 예루살렘 성전에 실제로 우상이 존재하지는 않았을 겁니다. 다만 예루살렘 사람 들이 저지르는 행태가 성전에서 우상을 섬기는 것과 조금도 다를 바가 없다는 격렬 한 고발을 이러한 환상으로 표현한다고 볼 수 있습니다. '질투'는 하나님의 질투입 니다. 이스라엘의 하나님은 사람의 손으로 만들어 눈에 보이는 형상으로 표현되는 분이 아닙니다. 그런데 이스라엘이 아무것도 아닌, 한낱 사람이 만든 것에 경배할 때, 그 행태를 보는 하나님의 마음을 이렇게 '질투'로 표현합니다. 사람의 질투는 상 대를 독점해서 나만 보게 하는 데 목적이 있지만, 하나님의 질투는 사람들로 하여 금 헛되고 허황되며 텅 빈 것들에 굴복하지 않도록 하는 데 목적이 있습니다.

이 자리 잡고 있는 곳이다. 4 이스라엘 하나님의 영광이 거기에 있는데, 내가 전에 들에서 본 환상과 같았다.

5 ○ 그때에 하나님께서 나에게 말씀하셨다. "사람아, 너는 어서 눈을 들어 북쪽을 바라보아라." 내가 눈을 들어 북쪽을 바라보니, 문의 북쪽에 제단이 있고, 문어귀에 바로 그 질투의 우상이 있었다.

6 ○ 그가 또 나에게 말씀하셨다. "사람아, 이스라엘 족속이 무슨 일을 하고 있는지 보이느냐? 그들은 여기서 가장 역겨운 일을 하여, 나의 성소에서 나를 멀리 떠나가게 하고 있다. 그러나 너는 더 역겨운 일들을 보게 될 것이다."

7 ○ 그는 나를 이끌고, 뜰로 들어가는 어귀로 데리고 가셨다. 내가 거기에서 바라보니, 담 벽에 구멍이 하나 있었다. 8 그가 나에게 말씀하셨다. "사람아, 어서 그 담 벽을 헐어라." 내가 그 담 벽을 헐었더니, 거기에 문이 하나 있었다. 9 그가 나에게 말씀하셨다. "너는 들어가서, 그들이 거기서 하고 있는 그

'사반의 아들 야아사냐'(11절)는 어떤 인물입니까? 환상에 이 인물을 등장시킨 이유는 무엇입니까? 성전의 한곳에 70명의 장로들이 모인 장면은 시내산에서 하나님과 언약을 체결할 때 함께 참여했던 70명의 장로들을 떠올리게 합니다(출 24:1, 9-11). 아울러 모세와 아론에 대적해 자신들의 권위를 내세우며 반역했던 장로들이 향로를 들고 있는 장면과도 겹칩니다(민 16:1-40). 그래서 에스겔서 본문은 이스라엘을 이끄는 지도자인 70명의 장로들이 하나님의 성전에서 온갖 우상숭배에 몰두하고 있음을 고발합니다. 야아사냐는 그들의 대표라고 할 수 있습니다. 그가 어떤 사람인지는 전혀 알 수 없지만, '야아사냐'라는 그의 이름은 "주님께서 들으신다"를 의미합니다. 주 하나님에 대한 믿음과 신뢰를 담고 있는 이름이지만, 정작 야아사냐와 70명의 장로들은 우상에게 분향하고 있습니다. 중요한 것은 입술이나 이름으로 하는 신앙고백이 아니라, 참으로 하나님을 신뢰하며 그 앞에서 돌이켜 삶을 바로잡는 것입니다.

흉악하고 역겨운 일들을 보아라." 10 내가 들어가서 보니, 놀랍게도, 온갖 벌레와 불결한 짐승들과 이스라엘 족속의 모든 우상이 담 벽 사면으로 돌아가며 그려져 있었다. 11 그런데 이스라엘 족속의 장로들 가운데서 일흔 명이 그 우상들 앞에 서 있고, 사반의 아들 야아사냐는 그들의 한가운데 서 있었다. 그들은 각각 손에 향로를 들고 있었는데, 그 향의 연기가 구름처럼 올라가고 있었다. 12 그가 나에게 말씀하셨다. "사람아, 너는 이스라엘 족속의 장로들이 각각 자기가 섬기는 우상의 방에서, 그 컴컴한 곳에서 무슨 일을 하고 있는지 보았느냐? 그들은 '주님께서 우리를 돌보고 있지 않으시며, 주님께서 이 나라를 버리셨다'고 말하고 있다."

13 ○ 그가 나에게 말씀하셨다. "너는, 그들이 하고 있는 더 역겨운 일을 보게 될 것이다." 14 그리고 나서 그는 나를 주님의 성전으로 들어가는 북문 어귀로 데리고 가셨다. 그런데 이것이 웬일인가! 그곳에는 여인들이 앉아서 담무스 신을 애도하고 있지 않은가!

애도는 '죽음을 슬퍼하는' 것을 가리킵니다. 신을 애도한다는(14절) 건 어떤 의미입니까? 담무스는 메소포타미아 지방에서 비롯된 신으로, 매년 죽음을 맞이하고 다시 부활하는 존재로 여겨졌습니다. 매해 반복되는 그의 죽음은 한 해의 부패와 썩음을, 그의 부활은 다시 새롭게 움트는 생명을 상징합니다. 그래서 담무스를 숭배하는 이들은 그의 죽음을 애도하는 의례를 치르며 그의 부활이 가져다줄 풍요와 결실을 기다립니다. 이스라엘은 주 하나님을 경외하고 신뢰해야 하는 하나님의 백성이지만, 어느새 이러한 이방 우상숭배가 이스라엘과 예루살렘 곳곳에 퍼졌습니다. 구약성경이 고발하는 우상숭배의 본질은 언제나 '온 정성을 다해 예배'를 드리면 그 신이 '약속된 풍요'를 부어준다는 것입니다. '풍요에 대한 갈망'은 결국 '더 많은 부, 더 많은 돈'에 대한 갈망입니다. 담무스 숭배는 당시 예루살렘 사람들의 탐욕과 물질 숭배를 단적으로 보여줍니다.

15 ○ 그가 나에게 말씀하셨다. "사람아, 너는 잘 보았느냐? 이것들보다 더 역겨운 일을 또 보게 될 것이다." 16 그가 나를 주님의 성전 안뜰로 데리고 가셨는데, 주님의 성전 어귀에, 바로 그 현관과 제단 사이에 사람이 스물다섯 명이나 있었다. 그들은 주님의 성전을 등지고, 얼굴을 동쪽으로 하고 서서, 동쪽 태양에게 절을 하고 있었다.

17 ○ 그가 나에게 말씀하셨다. "사람아, 네가 잘 보았느냐? 유다 족속이 여기서 하고 있는, 저렇게 역겨운 일을 작은 일이라고 하겠느냐? 그런데도 그들은 온 나라를 폭력으로 가득 채워놓으며, 나의 분노를 터뜨리는 일을 더 하였다. 그들은 나뭇가지를 자기들의 코에 갖다 대는 이교 의식까지 서슴지 않고 하였다. 18 그러므로 나도 이제는 내 분노를 쏟아서, 그들을 불쌍히 여기지도 않고, 조금도 가엾게 여기지도 않겠다. 그들이 큰 소리로 나에게 부르짖어도, 내가 그들의 말을 듣지 않겠다."

17절 전후반부를 연결하는 '그런데도'라는 접속부사가 어색합니다. 전반부에서 말하는 우상숭배와 후반부의 폭력 사이에 무슨 연관 관계가 있습니까? 성전 안에는 질투의 우상이 자리하고 있고, 성전 한쪽에서는 공동체의 대표자라 할 수 있는 70인의 장로들이 온갖 우상숭배를 자행하고 있으며, 여성들은 담무스 숭배에 열을 올리고 있습니다. 어떤 이들은 동쪽을 향해 엎드려 태양 숭배에 몰두하고 있습니다. 그야말로 성전 곳곳이 우상숭배로 가득 차 하나님을 참담하게 거역하는 현실이 펼쳐지고 있습니다. '그런데도'. 즉 그것으로도 부족하다는 듯이 온 나라에 폭력이 가득한 현실을 에스겔서 본문은 격렬하게 고발합니다. 언제나 우상숭배는 폭력으로 대표되는 사회적 불의로 이어집니다. 이러한 우상숭배의 특징은 올바른 삶, 정의로운 삶에는 조금도 관심을 두지 않는다는 것입니다. 오로지 자신의 신을 향해 온 마음과 정성을 다해 종교 의식을 행하는 데만 몰두하기 때문입니다. 여기에는 일상에서의 정의로운 삶이 들어설 여지가 전혀 없습니다.

{ 제9장 }

예루살렘이 심판을 받다

1 또 그가 큰 소리로 외치시는데 그 소리가 내 귀에까지 들렸다. "이 성읍을 벌할 사람들아, 각자 사람을 죽이는 무기를 손에 들고, 가까이 나오너라." 2 그러자 여섯 사람이 북쪽으로 향한 윗문 길에서 오는데, 각자가 부수는 연장을 손에 들고 있었으며, 그들 가운데 한 사람은 모시옷을 입고, 허리에는 서기관의 먹통을 차고 있었다. 그들이 들어와서 놋으로 만든 제단 곁에 섰다.

3 ○ 이스라엘 하나님의 영광이 이제까지 머물러 있던 그룹에서 떠올라 성전 문지방으로 옮겨갔다. 그는 모시옷을 입고 허리에 서기관의 먹통을 찬 그 사람을 부르셨다. 4 주님께서 그에게 말씀하셨다. "너는 저 성읍 가운데로 곧 예루살렘으로 두루 돌아다니면서, 그 안에서 일어나는 모든 역겨운 일 때문에 슬퍼하고 신음하는 사람들의 이마에 표를 그려놓아라."

'성읍을 벌할 사람들'(1절)이 모인 지점이 범상치 않습니다. '놋으로 만든 제단'(2절)은 무얼 하던 자리입니까? 9장은 하나님께서 예루살렘 성읍을 벌하기 위해 심판하는 존재를 부르시는 장면을 환상으로 묘사합니다. 이들은 북쪽 문으로 들어오는데, 고대 세계에서는 재앙이 언제나 북쪽으로부터 임했습니다(예, 렘 1:14-15). 북문 근처에는 놋으로 만든 제단이 있었습니다. 이 제단은 원래 성소로 들어가는 문 근처에 있었는데, 아하스에 의해 북쪽으로 옮겨졌습니다(왕하 16:14). 제단에서는 주로 제물을 도살하고 태우는 일을 행했다는 점에서, 이제 제단 근처에 모인 이들을 통해 벌어질 일을 미리 보여준다고 할 수 있습니다. 그들은 지금 하나님의 명령을 기다리고 있으며, 곧 그 명령을 따라 예루살렘에 대한 심판이 시작될 것입니다.

5 ○ 또 그는, 내가 듣는 앞에서, 다른 사람들에게 말씀하셨다. "너희는 저 사람의 뒤를 따라 성읍 가운데로 돌아다니면서 사람들을 쳐서 죽여라. 불쌍히 여기지도 말고, 가엾게 여기지도 말아라. 6 노인과 젊은이와 처녀와 어린아이와 부녀들을 다 죽여 없애라. 그러나 이마에 표가 있는 사람에게는 손을 대지 말아라. 너희는 이제 내 성소에서부터 시작하여라." 그러자 그들은 성전 앞에 서 있던 장로들부터 죽이기 시작하였다.

7 ○ 그가 또 그들에게 말씀하셨다. "너희는 성전을 더럽혀라. 모든 뜰을 시체로 가득 채워라. 이제 나가보아라." 그러자 그들이 성읍 가운데로 나가서, 사람들을 죽였다.

8 ○ 살육이 계속되는 동안, 나는 혼자 거기에 있었다. 나는 엎드려 얼굴을 땅에 대고, 부르짖으며 아뢰었다. "주 하나님, 예루살렘에다가 이렇듯 주님의 진노를 쏟으시다니, 이스라엘의 남은 사람들을 주님께서 친히 다 멸하실 작정입니까?"

9 ○ 그가 나에게 말씀하셨다. "이스라엘과 유다 족속의 죄악

살육을 성전, 그것도 성소에서부터 시작할(6절) 뿐만 아니라, 성전을 더럽히라고(7절) 명령하는 의도는 무엇입니까? 하나님의 심판이 성소에서부터 시작된다는 것은 성소로 상징되는 예배와 찬양과 제사를 드린다 해도 결코 심판을 피할 수 없음을 증언합니다. 올바른 삶의 모습은 없고 온통 불법과 약자를 짓밟는 피가 가득하다면(9절), 그 어떤 예배로도 심판을 면할 수 없습니다. 성전에서 제사드리다 죽임을 당하니, 거룩한 성전이 시체로 더럽혀집니다. 이것은 하나님의 분노가 그만큼 깊고 크며, 제사와 예배로도 결코 피할 수 없음을 보여줍니다. 한편 하나님께서는 서기관의 먹통을 지닌 자에게 명령하셔서 특정한 사람들의 이마에 표시를 하게 하셨고, 그들은 심판을 면했습니다. 그들은 예루살렘에서 벌어지는 못된 죄악으로 인해 '슬퍼하고 신음하는 사람들'입니다(4절). 대다수가 불의에 가담했을지라도, 하나님께서는 그런 현실에 탄식하며 애통하고 괴로워하는 이들을 찾으십니다.

이 너무나 크고, 땅은 피로 가득 차 있고, 이 성읍은 불법으로 꽉 차 있다. 그들은 '내가 이 땅을 버렸으며, 쳐다보지도 않는다'는 말이나 하고 있다. 10 그렇기 때문에 나도 그들을 불쌍히 여기지 않으며, 가엾게 여기지 않을 것이다. 나는 그들의 행실을 따라서, 그들의 머리 위에 그대로 갚아줄 뿐이다."

11 ○ 그런데 모시옷을 입고 허리에 먹통을 찬 사람이 와서 보고하였다. "주님께서 저에게 명하신 대로, 제가 다 수행하였습니다."

무한정 용서할 듯하다가 어쩌면 이토록 혹독하게 벌할 수가 있습니까? 어느 편이 하나님의 참모습입니까? 하나님의 심판이 없다면, 사람들이 약하고 가난한 자들을 짓밟고 이용하며 죄 짓는 행태를 어찌 그만두겠습니까? 죄악에 대한 하나님의 벌이 없다면, 세상은 결국 힘세고 재물을 더 많이 가진 사람들이 지배하는 끔찍한 곳이 되고 말 것입니다. 그래서 악을 행한 권력자와 부자, 귀족들이 벌을 받는 현실은 그 땅을 살아가는 힘없고 가난한 이들에게 하나님께서 살아계심을 깨닫게 해줍니다. 또 모든 이들이 하나님을 두려워하게 합니다. 이러한 심판 가운데서도 하나님께서는 참혹한 현실에 안타까워하며 슬퍼하고 신음하는 이들을 반드시 지키고 건지실 것입니다. 무엇보다 하나님의 심판은 무원칙적인 것이 아니라, '그들의 행실을 따라서'(10절) 이루어집니다. 그리고 하나님께서는 예언자를 보내 죄악에서 돌이키도록 촉구하시기도 합니다. 결국 하나님의 심판은 실질적으로 하나님의 백성을 향한 사랑과 자비의 또 다른 표현입니다.

제10장

주님께서 성전을 떠나시다

1 내가 보니, 그룹들의 머리 위에 있는 창공 모양의 덮개 위에 청옥과 같은 것이 있는데, 그 모양은 보좌의 형상과 비슷하였다. 2 그때에 주님께서 모시옷을 입은 사람에게 이렇게 말씀하셨다. "너는 그룹들 밑에 있는 저 바퀴들 사이로 들어가서, 숯불을 두 손 가득히 움켜쥐어서, 이 성읍 위에 뿌려라." 그러자 그 사람은, 내가 보는 앞에서 그곳으로 들어갔다. 3 그 사람이 들어갈 때에, 그룹들은 성전의 오른쪽에 서 있고, 안뜰에는 구름이 가득 차 있었다. 4 그때에 주님의 영광이 그룹들에게서 떠올라 성전 문지방으로 옮겨갔고, 성전에는 구름이 가득 차고, 안뜰은 주님의 영광에서 나오는 광채로 가득 찼다. 5 그리고 그룹들이 날개 치는 소리가 바깥뜰에까지 들리는데, 그 소리는 전능하신 하나님께서 말씀하시는 음성과 같았다.

6 ○ 주님께서 모시옷을 입은 사람에게 명하셨다. "저 바퀴들

보좌 비슷하게 생긴 물건(1절) 얘기를 첫머리에 꺼낸 이유를 모르겠습니다. 이후에 나오는 내용과 무슨 상관입니까? 그룹들이 받치고 있는 창공 모양의 덮개 위에는 보좌가 있습니다. 따라서 이 그룹들은 주 하나님께서 앉으시는 보좌를 받치는 존재들이라 할 수 있습니다. 그룹들이 성전 안쪽까지 들어가서 대기했고, 이제 하나님께서는 성전 안 지성소에 있는 그룹들에게서 떠올라 성전 문지방으로 이동하셨습니다(4절). 그리고 마침내 성전 안을 떠나 그룹들 위로 가서 머무르셨습니다(18절). 즉, 하나님께서 그룹들 위의 보좌에 앉으셨다는 것입니다. 이후 그룹들은 날개를 펴고 땅에서 떠올라 성전을 떠납니다. 10장 본문은 성전 안에 계시던 하나님께서 성전을 떠나시는 장면을 이렇게 묘사합니다. 이것을 설명하기 위해 1절에서 하나님께서 이동하는 보좌를 받치는 그룹들에 대해 언급한 것입니다.

사이 곧 그룹들 사이에서 불을 가져가거라.” 그는 안으로 들어가서 바퀴 옆에 섰다. 7 그때에 한 그룹이 자기 손을 그룹들 사이에서 내뻗어, 그룹들 사이에 있는 불을 집어서, 모시 옷을 입은 사람의 두 손에 넘겨주니, 그는 그것을 받아 들고 바깥으로 나갔다. 8 그룹들의 날개 밑에는 사람의 손과 같은 것이 보였다.

9 ○ 내가 또 보니, 네 바퀴가 그룹들 곁에 있는데, 이 그룹 곁에도 바퀴가 하나 있고, 저 그룹 곁에도 바퀴가 하나 있었으며, 그 바퀴들의 모습은 빛나는 녹주석 같았다. 10 그 바퀴들의 모양은 넷이 똑같이 보여서, 마치 바퀴 안에 다른 바퀴가 있는 것과 같았다. 11 그들이 출발할 때에는, 네 방향으로 나아가는데, 그들이 어느 방향으로 출발하든지 돌 필요가 없었다. 어느 방향이든지 그곳으로 머리를 두면, 모두 그 뒤를 따라갔다. 그래서 그들은 돌지 않고서도 어느 방향으로든지 다녔다. 12 그들의 등과 손과 날개 할 것 없이, 그들의 온몸과 네 바퀴의 온 둘레에 눈이 가득 차 있었다. 13 내가 들으니, 그 바퀴들의 이름은 ‘도는 것’이라고 하였다.

‘숯불을 뿌리는’(2–8절) 행위가 설명하는 것은 무엇입니까? 무언가를 손에 가득 쥐고 뿌리는 행위는 제사장이 성소에서 분향할 때의 동작이나(레 16:12), 제사 때 피를 제단 사방에 뿌리는 모습과 비슷해 보입니다(레 1:5; 3:2). 그런데 본문에서 그룹이 숯불을 손에 가득 쥐고 뿌리는 것은 예루살렘에 임할 불의 재앙을 상징합니다. 제사 때의 이 동작은 하나님 앞에서 이스라엘을 살게 하는 것이었다면, 지금 숯불을 뿌리는 행위는 예루살렘에 임할 전면적이고 철저한 심판을 상징합니다. 이집트를 떠날 때 모세와 아론이 화덕의 재를 손바닥 가득 모아 이집트 하늘을 향해 뿌리자, 이집트에 재앙이 임했습니다(출 9:8–12). 이와 마찬가지로 이번에는 제사장처럼 가는 베옷을 입은 이가 이집트가 아닌 예루살렘에 재앙의 불을 뿌릴 것입니다. 악을 행한다면, 하나님께서 택하신 백성이라 할지라도 심판을 면할 길이 없습니다.

14 ○ 그룹마다 얼굴이 넷이 있는데, 첫째는 그룹의 얼굴이요, 둘째는 사람의 얼굴이요, 셋째는 사자의 얼굴이요, 넷째는 독수리의 얼굴이었다. 15 그룹들이 치솟았다. 그들은 내가 그발강 가에서 보았던 바로 그 생물들이었다. 16 그룹들이 나아가면 바퀴들도 그 곁에서 함께 갔고, 그룹들이 땅에서 떠올라 가려고 그들의 날개를 펼칠 때에도, 그 바퀴들이 그룹들의 곁에서 떨어져나가지 않았다. 17 그룹들이 멈추면 바퀴들도 멈추고, 그룹들이 치솟으면 바퀴들도 그들과 함께 치솟았다. 그 생물의 영이 그 바퀴들 속에 있기 때문이었다.

18 ○ 주님의 영광이 성전 문지방을 떠나, 그룹들 위로 가서 머물렀다. 19 그룹들이 내가 보는 데서 날개를 펴고 땅에서 떠올라 가는데, 그들이 떠날 때에, 바퀴들도 그들과 함께 떠났다. 그룹들은 주님의 성전으로 들어가는 동문에 머무르고, 이스라엘 하나님의 영광이 그들 위에 머물렀다. 20 그들은, 내가 그발강 가에서 환상을 보았을 때에 본 것으로, 이스라엘 하

글쓴이는 그룹의 모양이 그발강 가에서 보았던 생물과(1:5-11) 같다고 했지만(15절), 얼굴을 구성하는 요소가 황소와 그룹으로 차이가 납니다. 무슨 의미인가요? 엄밀히 말하면 1장에서는 네 생물이 각각 네 개의 얼굴을 지녔는데, 그 얼굴이 앞쪽은 사람, 오른쪽은 사자, 왼쪽은 황소, 뒤쪽은 독수리로 네 종류였습니다. 반면 10장에서는 첫 번째 생물은 네 얼굴 모두가 그룹의 얼굴, 두 번째 생물은 네 얼굴 모두 사람의 얼굴, 세 번째 생물은 모두 사자의 얼굴, 네 번째 생물은 모두 독수리의 얼굴을 지녔습니다. '그룹'으로 옮겨진 히브리어의 어근은 '카라브'로, '밭을 갈다'라는 뜻입니다. 그래서 1장에서 등장한 '밭 가는 소'의 얼굴을 10장에서는 그룹의 얼굴로 표현했다고 볼 수 있습니다. 다른 견해로는 황소가 우상숭배의 대상이던 '금송아지'를 떠올리게 하므로 그룹으로 대치된 것이라고 보기도 합니다. 또 1장에서는 일관되게 '생물'이라 부르던 존재를 10장에서는 '그룹'으로 명명했기 때문에, 첫 번째 얼굴을 '밭 가는 소'를 함축하는 '그룹'으로 표현했다고 볼 수도 있습니다.

나님을 떠받들고 있던 생물들이다. 나는, 그들이 그룹임을 알 수 있었다.

21 ○ 그룹마다 얼굴이 넷이요, 날개가 넷이었다. 그리고 그들의 날개 밑에는 사람의 손과 같은 것이 있었다. 22 또 그들의 얼굴 형상은, 내가 그발강 가에서 본 바로 그 얼굴이었다. 그들은 각각 앞으로 곧게 나아갔다.

'주님의 영광이 떠나는'(18–19절) 사건은 이스라엘 백성들에게 어떤 의미가 있습니까? '주님의 영광'은 주 하나님의 임재를 상징합니다. 성전의 지성소에 머무르던 주님의 영광이 성전 안뜰에 대기 중이던 그룹들 위에 앉았고, 이제 그룹들은 주님을 모신 채 땅에서 떠올라 성전으로 들어가는 가장 바깥의 동문으로 이동했습니다. 그룹들 위의 주님은 에스겔이 그발강 가에서 보았던 모습이니(20절), 주님의 영광이 성전을 떠나 바빌로니아로 가셨음을 알 수 있습니다. 10장은 이 그룹이 바퀴와 날개를 통해 원하는 방향 어디든 움직일 수 있음을 길게 묘사합니다(9–13절, 15–19절). 당대 이스라엘은 주님께서 언제나 성전에서 그들과 함께 계시리라 믿었지만, 주님의 영광은 결코 성전 건물에 매이지 않고 주님께서 원하는 곳 어디로든 움직이십니다. 사람이 만든 성전은 하나님을 가두지 못하지만, 사람들은 그때의 성전이나 오늘의 교회당 건물 안에 주님을 가둘 수 있는 것처럼 착각합니다. 주님께서는 어디든 움직이십니다. 화려하고 거대한 교회당일지라도 주님께서는 그곳을 떠나실 수 있으며, 마침내 그 건물에는 숯불의 재앙이 임할 것입니다.

{ 제11장 }

예루살렘이 심판받다

1 그때에 주님의 영이 나를 들어 올리셔서, 주님의 성전 동쪽으로 난 동문으로 데리고 가셨다. 그 문의 어귀에는 사람 스물다섯 명이 있었다. 나는 그들 가운데 백성의 지도자들인 앗술의 아들 야아사냐와 브나야의 아들 블라댜가 있는 것을 보았다.

2 ○ 주님께서 나에게 말씀하셨다. "사람아, 이 사람들은 이 성읍에서 포악한 일을 꾸며내며 악독한 일을 꾀하는 자들이다. 3 그들은 모두 '집을 지을 때가 가까이 오지 않았다. 이 성읍은 가마솥이고, 우리는 그 안에 담긴 고기다' 하고 말한다. 4 그러므로 너는 그들을 규탄하여 예언하여라. 사람아, 예언하여라."

5 ○ 그때에 주님의 영이 내 위에 내리셔서, 내게 말씀하셨다.

가마솥과 고기의 비유가(3절) 선뜻 와닿지 않습니다. 야아사냐와 블라댜는 무슨 얘기 하고 싶었던 걸까요? 가마솥과 고기에 관한 언급은 7절과 11절에도 반복됩니다. 특히 11절은 이 성읍이 '보호하는 가마솥'이 아니며, 너희는 '보호받는 고기'가 아니라고 분명하게 이야기합니다. 주전 597년 여호야긴 왕과 많은 사람들이 바빌로니아 땅에 포로로 끌려갈 때, 야아사냐와 그 무리는 유다 땅에 남았습니다. 그들은 앞으로도 계속 안전하게 유다 땅에 살 수 있을 거라고 생각했던 것 같습니다. 그 옛날 히스기야 시대에 앗시리아의 침공에도 예루살렘이 안전했던 것처럼, 이번에도 자신들이 안전하리라 여긴 것입니다. 그러나 실상은 다른 힘없는 이들을 짓밟고 온갖 못된 짓을 저지르면서도, 자신들은 안전할 것이라 착각한 것에 불과합니다. 하나님께서는 그런 그들에게 반드시 심판이 임할 것이라고 에스겔을 통해 선언하십니다. 그들은 가마솥이라 여겼던 이 성읍의 밖으로 전부 끌려나가 외국인의 손에 멸망하게 될 것입니다.

16 ○ 그러므로 너는 그들에게 일러라.

○ '나 주 하나님이 이렇게 말한다. 비록 내가 그들을 멀리 이방 사람들 가운데로 쫓아버렸고, 여러 나라에 흩어놓았어도, 그들이 가 있는 여러 나라에서 내가 잠시 그들의 성소가 되어주겠다' 하여라.

17 ○ 그러므로 너는 포로가 된 동포들에게 이르기를 '나 주 하나님이 이렇게 말한다. 내가 여러 민족 속에서 너희를 모아들이고, 너희가 흩어져 살고 있는 그 여러 나라에서 너희를 모아, 이스라엘 땅을 너희에게 주겠다' 하여라. 18 그들이 그 곳으로 가서, 그 땅의 보기 싫고 역겨운 우상들을 그 땅에서 다 없애버릴 것이다. 19 그때에 내가 그들에게 일치된 마음을 주고, 새로운 영을 그들 속에 넣어주겠다. 내가 그들의 몸에서 돌같이 굳은 마음을 없애고, 살같이 부드러운 마음을 주겠다. 20 그래서 그들은 나의 율례대로 생활하고, 나의 규례를 지키고 그대로 실천하여, 내 백성이 되고, 나는 그들의 하나

'잠시'(16절)라는 표현이 마음에 걸립니다. 하나님은 이스라엘 백성들에게 늘 '영원토록' 함께하겠다고 약속하지 않았습니까? 바빌론에 포로로 끌려간 이들을 향한 하나님의 말씀이 16절부터 21절까지 이어집니다. 이미 심판을 받아 끝장났다고 여겨지는 이들에게 하나님께서는 회복의 미래, 다시 돌아오는 영광의 날이 있을 거라고 알려주십니다. 그래서 17절의 '잠시'는 기본적으로 우호적이고 긍정적인 의미를 담고 있습니다. 포로로 사는 땅에서 '일시적으로' 하나님께서 그들과 함께하시며, 궁극적으로는 다시 본토로 돌아오게 하신다는 점에서, 시간적 한시성을 뜻하는 '잠시'로 이해할 수 있습니다. 하나님과 온전하게 함께하며 살아가는 삶에 비하면, 포로로 살아가는 동안의 함께함은 '잠시'라고 표현할 수 있습니다. 그래서 '잠시'라는 표현이 결코 모자란다거나 부족하다는 의미는 아닙니다. 사실 성경 전체의 흐름 속에서 기독교는 훗날 하나님과 함께하는 영원한 삶을 증언합니다. 그 영원한 삶에 견주어볼 때, 이 땅에서 주님과 함께하는 시간은 '잠시'라고 말할 수 있습니다.

님이 될 것이다. 21 그러나 마음속으로 보기 싫고 역겨운 우상을 따르는 사람들에게는, 내가 그들의 행실대로 그들의 머리 위에 갚아주겠다. 나 주 하나님의 말이다."

주님께서 예루살렘을 떠나시다

22 ○ 그때에 그룹들이 날개를 펼치고, 바퀴들은 그들 곁에 있었는데, 이스라엘 하나님의 영광이 그들 위에 머물렀다. 23 그리고 주님의 영광이 그 성읍 가운데서 떠올라, 성읍 동쪽에 있는 산꼭대기에 머물렀다. 24 주님의 영이 나를 높이 들어 올려, 하나님의 영으로 환상 가운데 나를, 바빌로니아에 포로로 끌려온 사람들에게로 데리고 오셨다. 그런 다음에, 내가 본 환상이 내게서 떠나갔다. 25 그래서 나는, 주님께서 내게 보여주신 모든 일을, 포로로 끌려온 사람들에게 이야기하였다.

포로로 잡혀간 이스라엘 백성들이 어떻게 그 땅의 우상들을 다 없앨 수 있습니까?(18절) 포로로 끌려가서 사방에 흩어지게 되었지만, 하나님께서는 다시 그들을 모으고 이스라엘 땅을 주실 것입니다(17절). 그리고 돌아온 이스라엘은 하나님께서 다시 주신 땅에서 이전에 섬기던 역겨운 우상들을 완전히 없애버릴 것입니다(18절). 이어지는 19절은 이러한 변화가 가능한 까닭을 설명합니다. 바로 하나님께서 돌아온 이들에게 '일치된 마음', '새로운 영'을 주시고, 하나님의 말씀을 기록하기 어려운 '돌같이 굳은 마음'을 없애고 그 말씀을 기록할 수 있는 '부드러운 살과 같은 마음'을 주시기 때문입니다. 하나님의 말씀을 듣고도 도무지 따르지 않고 거역만 일삼는 백성을 하나님께서 마침내 돌아오게 하실 때, 그들 마음까지도 부드럽게 하는 '새로운 영'을 주신다는 것입니다. 이와 같은 내용은 36장에서 다시 볼 수 있습니다. 에스겔서는 인간의 고집스러운 불순종에도 불구하고 하나님께서 그 마음까지 새롭게 하시는 미래를 증언합니다.

{ 제12장 }

망국에 대한 상징적인 행위

1 주님께서 나에게 말씀하셨다.

2 ○ "사람아, 너는 반역하는 백성 가운데 살고 있다. 그들은 볼 눈이 있어도 보려고 하지 않고, 들을 귀가 있어도 들으려고 하지 않는다. 그들은 반역하는 족속이기 때문이다.

3 ○ 그러므로 너 사람아, 그들이 보는 앞에서 포로로 끌려가는 사람처럼, 대낮에 짐을 싸 가지고 길을 떠나거라. 그들이 보는 앞에서, 포로로 끌려가는 것처럼, 네가 살고 있는 그곳에서 다른 곳으로 떠나가거라. 그들이 반역하는 백성이기는 하지만, 혹시 그것을 보고서 깨달을 수도 있을 것이다. 4 또 너는, 그들이 보는 앞에서, 네 짐은 포로로 끌려가는 사람의 짐처럼 대낮에 내다 놓고, 너는 저녁때에 그들이 보는 앞에서

이스라엘 백성들이 눈과 귀를 가리고 듣지 않았던(2절) 진실은 무엇입니까? 그들은 무엇을 잘못했으며 어떻게 살아야 하는지, 또 그렇지 않을 경우 어떤 재앙이 임할지에 대해 눈과 귀를 막아버렸습니다. 11장까지 이어진 본문에서 하나님께서 에스겔을 통해 요구하거나 고발하신 내용은 분명합니다. 이 백성은 악한 길을 떠나라는(3:18) 경고를 듣지 않았으며, 하나님의 율례를 거스르며 행하지 않았고(5:7; 11:12), 곳곳에서 우상숭배를 벌이고(6:3–6; 8:5–16), 이웃을 짓밟아 억울한 피가 흐르게(7:23; 9:9; 11:2) 했습니다. 당연히 이러한 행위를 중단하고 버려야 하며, 하나님의 규례와 율례에 귀를 기울여야 합니다. 또한 멸망의 재앙이 임할 때 이마에 표를 받은 이들은 살아남는데, 이들은 현실에서 벌어지는 역겨운 일을 애통해하는 사람들이었다는 점에서(9:4), 악이 가득한 현실을 슬퍼하고 괴로워하는 자들을 하나님께서 찾고 기뻐하신다는 것을 알 수 있습니다. 이를 거역하면 반드시 하나님의 심판이 있을 것입니다. 그러나 이 백성은 심판의 날이 임할 것이라는 경고를 생각하지 않았고, 들으려 하지도 않았습니다.

포로로 끌려가듯 나가거라. 5 너는, 그들이 보는 앞에서 성벽에 구멍을 뚫고, 네 짐을 그곳으로 내다 놓아라. 6 너는 그들이 보는 앞에서 어깨에 짐을 메고, 어두울 때에 나가거라. 너는 얼굴을 가리고, 다시는 더 그 땅을 보지 말아라. 내가 너를 이스라엘 백성에게 주는 징조로 삼았기 때문이다."

7 ○ 그래서 나는 명을 받은 그대로 하였다. 내 짐을, 포로로 끌려가는 사람의 짐처럼, 대낮에 내다 놓았다. 그리고 저녁 때에 손으로 성벽에 구멍을 뚫고, 어두울 때에 나가서 그들이 보는 앞에서 어깨에 짐을 메었다.

8 ○ 이튿날 아침에 주님께서 나에게 말씀하셨다.

9 ○ "사람아, 저 반역하는 족속 이스라엘 족속이 '네가 지금 무슨 일을 하고 있느냐?' 하고 너에게 묻지 않았느냐? 10 너는, 그들에게 이르기를 '주 하나님께서 이렇게 말씀하신다. 이 짐은 예루살렘에서 다스리는 왕과 그 도성 가운데 사는 이스라엘 족속 전체에 대한 징조다' 하여라. 11 너는 또 그들에게, 네가 그들의 징조라고, 네가 하는 것과 똑같은 일을 그들

1장에서 에스겔은 그발강 가에 있었습니다. 그럼 12장은 포로로 잡혀온 땅에서 고향 예루살렘의 운명을 예언하고 있는 셈인가요? 12장에서 에스겔이 어디에 있는지는 분명하지 않지만, 기본적으로 그는 포로로 끌려간 땅 바빌론에서 살고 있는 것으로 보입니다. 8~11장에는 그가 예루살렘에 가서 본 환상이 기록되어 있고, 11장 마지막 부분에서 에스겔은 함께 포로가 된 자들에게 자신이 본 환상을 설명했습니다. 이를 고려할 때 12장 내용은 바빌론에서 벌어진 일로 볼 수 있습니다. 597년에 여호야긴과 함께 포로로 끌려온 이들 또한 여전히 곧 돌아갈 수 있으리라고 기대했던 것으로 보입니다. 그러나 에스겔은 심판을 돌이킬 수 없다는 사실을 이 같은 특이한 상징 행동을 통해 명확히 증언합니다. 이는 저 멀리 예루살렘에 마침내 임할 재앙의 날을 가리키는 동시에, 귀환에 대한 헛된 기대를 품고 있는 포로들을 향한 명료한 가르침이기도 합니다.

이 하게 될 것이라고, 그들이 추방되어 이렇게 짐을 메고 포로로 끌려갈 것이라고. 12 왕도 그들과 함께 어깨에 짐을 메고, 어두울 때에 성 바깥으로 나가게 될 것이라고, 사람들이 성벽에 구멍을 뚫고, 짐을 내다 놓을 것이며, 왕은 눈으로 그 땅을 안 보려고 얼굴을 가릴 것이라고 말하여라. 13 내가 그물을 쳐서 왕을 망으로 옭아 그를 바빌로니아 백성의 땅 바빌론으로 끌어가겠다. 그러나 그는 거기에서 그 땅도 못 보고 죽을 것이다. 14 내가 왕의 경호원과 경호부대를 다 사방으로 흩어버리고, 뒤에서 내가 칼을 빼어 들고 쫓아가겠다.

15 ○ 내가 그들을 이방 사람들 가운데로 흩어지게 하며, 모든 나라 가운데로 쫓아버릴 그때에야 그들이 비로소, 내가 주인 줄을 알게 될 것이다. 16 그러나 나는 그들 가운데서 몇 사람을 남겨서 전쟁과 굶주림과 전염병으로 죽지 않게 하고, 그들이 이르는 이방 사람들 가운데서 자기들이 전에 저지른 역겨운 일을 모두 자백하게 할 것이다. 그때에야 비로소 그들이, 내가 주인 줄 알 것이다."

이스라엘 민족의 일부를 남겨 그 죄상을 고백하게 하겠다지만(16절), 모두 쫓겨나고 죽은 뒤일 텐데 누구한테 증언합니까? 에스겔서가 현재와 같은 형태로 편집되어 완성된 시기는 에스겔 당대가 아니라, 그로부터 적지 않은 시간이 흐른 뒤입니다. 에스겔 당시 그의 상징 행위는 "반드시 곧 심판이 임하리라"를 의미했습니다. 그리고 한참의 시간이 흐른 뒤 이 본문은 '유다의 멸망이 단순한 우연이나 불운이 아닌, 하나님을 거역한 데 따른 심판'이었음을 깨닫게 하는 역할을 했습니다. 그래서 훗날 이 말씀을 읽는 독자들이 자신들의 불순종 때문에 참상이 일어났음을 인정하는 것, 그리고 참담한 현실에 체념하거나 포기하지 않고 도리어 잘못을 인정하며 하나님께로 돌이키는 것이 현재와 같은 에스겔서의 목적이요 의도라고 할 수 있습니다. 그런 점에서 16절 말씀이야말로 이 책 전체의 목적을 가장 잘 드러내는 구절이라 할 수 있습니다.

떨면서 먹고 마시는 상징 행위

17 ○ 주님께서 나에게 말씀하셨다.

18 ○ "사람아, 너는 떨면서 네 음식을 먹고, 두려움과 근심에 싸여 물을 마셔라. 19 그리고 너는 이 땅 백성에게 말하여라. 나주 하나님이 예루살렘과 이스라엘 땅의 주민이 당하게 될 일을 말한다. 그들이 근심에 싸여 음식을 먹고, 놀라움에 싸여 물을 마실 것이다. 이 땅의 모든 주민이 저지른 폭행 때문에, 이 땅의 풍요가 다 사라지고, 황폐하게 될 것이기 때문이다. 20 사람들이 거주하던 성읍도 적막해지고, 땅은 황무지가 되어버릴 것이다. 그때에야 비로소 그들이, 내가 주인 줄 알 것이다."

속담과 예언

21 ○ 주님께서 나에게 말씀하셨다.

22 ○ "사람아, 이스라엘 땅에서 너희가 말하는 '세월이 이

"내가 주인 줄 알 것"(15, 20절)이란 말이 되풀이됩니다. 하나님은 왜 그 사실을 반복해 지적하고 강조합니까? 하나님께서는 에스겔이라는 예언자를 보내 하나님의 백성을 향해 하나님의 말씀에 귀 기울이라고 촉구하십니다. 그리고 장차 일어날 재앙이 갑작스러운 일이 아니라, 하나님께서 이미 하신 말씀에 따른 것임을 알리십니다. 이 백성의 불순종으로 인해 결국 예고된 심판이 임한다 할지라도, 최소한 그때라도 이 모든 일이 이미 하나님께서 말씀하신 바였음을 깨닫게 하려 하신 것입니다. 에스겔서 전체에 걸쳐 반복되는 "너희는 내가 주인 줄 알리라"라는 말씀은 그 목적을 분명하게 보여줍니다. 벌어진 상황이 우연이 아니라 하나님께서 미리 말씀하신 대로 이루어진 것이며, 이 모든 일을 주관하는 이가 바빌론이 아니라 주 하나님이심을 알게 하려는 목적입니다. 역사는 바빌론 같은 강대국의 손아귀가 아닌, 오직 하나님의 뜻에 달려 있다는 사실을 이러한 반복 표현이 증언합니다.

만큼 흐르는 동안, 환상으로 본 것치고 그대로 이루어진 것이 있더냐' 하는 속담이 어찌 된 일이냐? 23 그러므로 너는, 그들에게 말하여라. '나 주 하나님이 말한다. 내가 이 속담을 그치게 할 것이니, 이스라엘에서 다시는 이 속담을 말하지 못할 것이다' 하여라. 오히려 너는 그들에게 일러라. '환상으로 본 것이 이루어질 그날이 가까이 왔다. 24 이스라엘 족속 가운데서 다시는 헛된 환상이나 아첨하는 점괘가 없을 것이다. 25 나는 주다. 내가 말하는 그 말은 무엇이든지 그대로 이루어지고, 더 이상 지체하지 않을 것이다. 너희 반역하는 족속아, 너희가 살아 있는 동안에 내가 말한 것을 그대로 이루겠다. 나 주 하나님의 말이다.'"

26 ○ 주님께서 나에게 말씀하셨다.

27 ○ "사람아, 이스라엘 족속이 하는 말을 들어보아라. 네가 보는 환상은 먼 훗날에나 이루어질 것이며, 네가 예언하는 말은 아득히 먼 훗날을 두고 한 것이라고 한다. 28 그러므로 너는, 그들에게 일러라. '주 하나님이 말한다. 나의 모

에스겔을 통해 거푸 경고하는 걸 보면, 하나님의 예언은 통고가 아니라 "제발 내 말을 들어달라"는 애원처럼 보입니다. 그렇습니다. 실제로 12장까지만 봐도 하나님께서는 에스겔에게 여러 번의 상징적인 행위를 하게 하셨습니다. 그러한 상징 행위로 전하려는 본질적인 내용은 거의 비슷합니다. 이 모든 반복의 목적은 이제라도 하나님의 말씀에 귀 기울이고 하나님께로 돌이키라는 것입니다. 죄악을 거듭하며 불순종을 반복하는 쪽은 백성들이건만, 하나님과 그 백성의 관계에서는 마치 하나님이 약자인 것처럼 계속해서 그들을 향해 호소하고 부탁하고 애원하십니다. 늘 그렇듯이, 더 사랑하는 쪽이 더 간절한 것 같습니다. 하나님의 반복된 말씀은 그 백성을 향한 하나님의 사랑입니다. 반드시 심판의 날이 다가올 것이라는 의미를 담은 여러 상징 행위의 핵심은 미래가 이미 정해졌다는 것이 아니라, '이제라도 제발'이라는 간절한 의도를 담고 있습니다.

든 말은 더 지체하지 않는다. 내가 한 번 말한 것은 이루어지고 만다. 나 주 하나님의 말이다.'"

{ 제13장 }

거짓 예언자들의 종말

1 주님께서 나에게 말씀하셨다.

2 ○ "사람아, 너는, 예언한다고 하는 이스라엘의 예언자들을 규탄하여 예언하여라. 자기들의 마음대로 예언하는 사람들에게, 나 주가 하는 말을 들으라고 하여라.

3 ○ 나 주 하나님이 말한다. 내가 보여준 환상을 보지도 못하고 저희들의 생각을 따라서 예언하는, 어리석은 예언자들에게 화가 있을 것이다. 4 이스라엘아, 너희 예언자들은 폐허더미에 있는 여우와 같다. 5 너희의 성벽이 무너졌는데도, 너희 예언자들은 성벽 무너진 곳에 올라가지도 않았으며, 이스

에스겔의 시대에 '자기들의 마음대로 예언하는 사람들'(2절)이 판을 치게 된 배경은 무엇입니까? 이런 사람들은 언제나 안팎의 사정이 뒤숭숭하고 흉흉할 때 등장하기 마련입니다. 에스겔과 비슷한 시기에 유다 지역에서 예언자로 활동했던 예레미야 역시 '거짓 예언자'들을 향해 매우 격렬한 규탄을 쏟아냈습니다(렘 6:13-14; 23:9-32; 27-28장). 유다가 멸망을 향해 기울어가던 시절, 자기 마음대로 내뱉는 말을 하나님의 말씀이라고 속이는 예언자들이 도처에 있었던 것으로 추측할 수 있습니다. 물론 그들은 자신들이 정말 하나님의 말씀을 받았다고 여겼지만, 주 하나님께서는 그들에게 아무런 말씀도 하지 않았다고 단호하게 선언하십니다. 나라와 백성의 불안한 마음을 파고들어, 허황된 말로 현실을 도외시하고 망상에 사로잡히게 하는 자가 이 같은 거짓 예언자들입니다.

라엘 족속을 위하여 주의 날에 전쟁에 대비하려고 성벽을 보수하지도 않았다. 6 그들은 헛된 환상을 보고, 속이는 점괘를 보며, 내가 그들을 보내지도 않았는데 내가 일러준 말이라고 하면서 예언을 하고 또 그 말이 이루어지기를 기다리고 있다! 7 나는 너희에게 전혀 말한 일이 없는데, 너희는 나에게 받은 말씀이라고 하면서, 헛된 환상과 속이는 점괘를 말한 것이 아니냐?

8 ○ 그러므로 나 주 하나님이 말한다. 너희가 헛된 것을 말하고 속이는 것을 보았기 때문에, 내가 너희를 치겠다. 나 주 하나님의 말이다. 9 헛된 환상을 보고 속이는 점괘를 말하는 그 예언자들을 내가 직접 치겠다. 그들은 내 백성의 공회에 들어올 수도 없고, 이스라엘 족속의 호적에 등록될 수도 없고, 이스라엘 땅으로 들어갈 수도 없을 것이다. 그때에야 비로소 너희는, 내가 주 하나님인 줄 알게 될 것이다.

10 ○ 내가 이렇게 그들을 치는 까닭은, 그들이 내 백성을 잘

'회칠이나 하는 자들'(10절)은 어떤 이들을 가리킵니까? 회칠은 어떤 면모를 강조하는 비유입니까? 여기서 회칠은 담이나 벽에 하얗게 칠하는 것을 의미합니다. 백성들이 세운 담은 절대 튼튼하지 않아 스스로를 지킬 수 없었으나, 거짓 예언자들은 그 담에 회칠을 해서 꽤 그럴싸하고 든든한 담인 것처럼 보이게 했습니다. 그래서 본문의 '회칠'은 실제로는 전혀 기댈 수 없는 위험한 벽을 겉으로만 튼튼해 보이도록 꾸미는 행위를 가리킵니다. 이스라엘의 현실에 결코 평화가 없으며, 이렇게 살다가는 반드시 패망과 멸망이 닥쳐올 상황인데도, 당대의 예언자들은 백성들에게 '평화, 평화'를 외쳤습니다. 예언자들의 이러한 행위를 에스겔은 '회칠'이라고 고발했습니다. "하나님이 함께하신다"고 외친다고 해서, 그 말이 현실이 되는 것은 결코 아닙니다. 하나님을 믿는다고 고백한다고 해서 평화가 자동으로 오는 것도 아닙니다. 하나님의 규례를 따라 돌이킬 때 진정한 평화가 옵니다. 그러나 당대 예언자들은 죄악에 대한 고발은 전혀 없이, 오직 위로와 평화만을 외쳤습니다.

못 인도하였기 때문이다. 무엇 하나 잘되는 것이 없는데도 잘 되어간다고 하여 백성을 속였기 때문이다. 내 백성이 담을 세 우면, 그들은 그 위에 회칠이나 하는 자들이다. 11 그러므로 너는, 회칠하는 자들에게, 그 담이 무너질 것이라고 말하여 라. 내가 소나기를 퍼붓고, 우박을 쏟아 내리고, 폭풍을 일으 킬 것이니, 12 그 담이 무너질 때에, 그들이 발랐던 그 회칠이 다 어찌되었느냐고, 비난하여 추궁할 것이라고 하여라.

13 ○ 그러므로 나 주 하나님이 말한다. 내가 분노하여 폭풍 을 일으키고, 내가 진노하여 폭우를 퍼붓고, 내가 분노하여 우박을 쏟으면, 그 담이 무너질 것이다. 14 너희가 회칠한 그 담을, 내가 허물어서 땅바닥에 쓰러뜨리고, 그 기초가 드러나 게 하겠다. 그 담이 무너지면, 너희가 그 밑에 깔려서 죽을 것 이다. 그때에야 비로소 너희는, 내가 주인 줄 알 것이다.

15 ○ 내가 이렇게 그 담과 그것을 회칠한 자들에게 내 분노 를 다 쏟고 나서, 너희에게 말할 것이다. '그 담은 사라졌고,

거짓 예언자들이 전한 '평화의 환상'(16절)은 구체적으로 어떤 내용을 담고 있습니까? 본문은 구체적인 설명보다는, 오직 '회칠'과 '거짓 평화'를 비판하는 데 집중합니다. 예언자들이 회칠을 하며 헛된 환상을 본다는 내용은 22장 28절에도 있습니다. 22장 26-27절과 30절은 그 땅의 제사장들이 온통 하나님의 율법을 위반했고, 지도자들 은 이리 떼처럼 불의한 이득을 얻으려고 사람을 죽였으며, 백성들 역시 폭력을 휘 두르고 강탈을 일삼으며 가난한 이들을 압제하고 나그네를 학대했다고 고발합니다. 그런데도 예언자들은 하나님께서 환상을 보여주셨다고 말하면서, 그들의 죄악을 덮 어주고 그들을 축복했습니다. "무엇 하나 잘되는 것이 없는데도 잘되어간다고 속이 는"(10절) 짓은 22장과 연결해보면 이해하기 쉽습니다. 이렇게 범죄한 이들을 향해 평화, 평화를 전한 것입니다. 그들이 본 환상의 내용이 바로 그런 거짓 평화입니다. 하나님께 불순종하고 약자를 짓밟는 곳에 어떻게 평화가 올 수 있을까요? 가난한 사람들이 눈물을 흘리는 평화는 하나님의 나라에 존재하지 않습니다.

그것을 회칠한 자들도 사라졌다. 16 예루살렘을 두고 예언한 이스라엘의 예언자들과, 전혀 평화가 없는데도 예루살렘에 대하여 평화의 환상을 본 사람들이 사라졌다' 할 것이다. 나 주 하나님의 말이다."

거짓 예언자들(여자)

17 ○ "너 사람아, 네 백성 가운데서 자기들의 마음대로 예언하는 여자들을 주목해 보고, 그들을 규탄하여 예언하여라. 18 너는 전하여라. '주 하나님이 말한다. 사람의 영혼을 사냥하려고 팔목마다 부적 띠를 꿰매고, 각 사람의 키에 맞도록 너울을 만들어 머리에 씌워주는 여자들에게 화가 있을 것이다. 너희가 내 백성의 영혼을 사냥하여 죽이려고 하면서도, 자신의 영혼은 살아남기를 바라느냐? 19 너희는 몇 줌의 보리와 몇 조각의 빵 때문에, 내 백성이 보는 앞에서 나를 욕되게 하였다. 너희는 거짓말을 곧이듣는 내 백성에게 거짓말을 함으로써, 죽어서는 안 될 영혼들은 죽이고 살아서는 안 될 영혼들

거짓 예언자들 가운데 여자를 따로 지목해서 규탄하는(17절) 이유는 무엇입니까? 에스겔서 13장은 거짓 예언자를 다룹니다. 그중 2–16절은 남성 거짓 예언자를, 17–23절에서는 여성 거짓 예언자를 비판합니다. 성전에 관한 환상에서도 에스겔이 담무스를 위해 애곡하는 여성들을 보는 장면이 있습니다(8:14). 사실 우리나라 전통 무속에서는 여성 무당의 존재가 두드러집니다. 고대 세계 역시 여성들이 하늘의 뜻을 매개하는 '영매' 역할을 하는 경우가 흔했습니다. 18절과 20절로 미루어볼 때, 아마도 당시에는 손목에 차는 띠와 머리를 덮는 수건 같은 것이 예언자라는 표시였던 것 같습니다. 그리고 그런 띠와 수건이 하나님의 뜻을 분간하는 도구로 쓰였을 것으로 추측됩니다. 그런데 이 여성 예언자들 역시 올바르게 하나님의 뜻을 구하는 것이 아니라, 경제적 이익의 크기에 따라 제 마음대로 예언했습니다(19절).

은 살리려고 한다.

20 ○ 그러므로 나 주가 말한다. 새 잡듯이 사람의 영혼을 사냥하는 데 사용하는 너희의 부적 띠를, 내가 물리치겠다. 내가 그것을 너희의 팔목에서 떼어내고, 너희가 새 잡듯이 사냥한 영혼들을 풀어놓겠다. 21 또 내가 너희의 너울을 찢어서, 너희 손에서 내 백성을 구해내고, 그들이 다시는 너희 손에 사냥감이 되지 않게 하겠다. 그때에야 비로소 너희는, 내가 주인 줄 알 것이다.

22 ○ 나는 의인의 마음을 슬프게 하지 않았으나, 너희가 거짓말로 그를 괴롭혔으며, 악인의 손을 너희가 강하게 만들어주어서, 그가 자신의 악한 길에서 돌아서서 살 길을 찾을 수 없게 하였기 때문에, 23 너희 여자들이 다시는 헛된 환상을 못 보게 하며, 점괘를 말하지도 못하게 할 것이다. 내가 내 백성을 너희 손에서 구해낼 것이다. 그때에야 비로소 너희는, 내가 주인 줄 알 것이다.'"

요즘도 듣기 좋은 말만 늘어놓는 거짓 선지자 노릇을 하는 이들이 있습니다. 거짓과 참을 어떻게 구별할 수 있습니까? 당시 유다 전역은 나라가 기울어가면서 흉흉한 분위기가 가득했습니다. 언제나 그렇듯, 거짓 예언자들이나 사이비 종교는 이런 틈을 타고 기승을 부렸습니다. 이들의 특징은 막대한 돈과 평화에 관한 신의 계시가 매우 단단하게 얽혀 있다는 점입니다. 재물을 많이 바칠수록 약속된 평화가 커진다는 것입니다. 그러나 정말로 두렵고 무서운 종말의 날이 다가올 때, 우리가 해야 할 일은 교회로 달려가는 것이 아닙니다. 누구든지 안전하게 일상을 살아갈 수 있도록 돌보는 것이 우선입니다. 불안한 나날이 이어진다면, 하나님의 뜻을 구하며 기도할 것이 아니라, 우리 주변에 억울한 사람이 없는지, 홀로 피눈물 흘리는 이가 없는지 돌아봐야 합니다. 즉 '정의를 행하는 것'이 최우선으로 해야 할 일입니다. 하나님께서 원하시는 것은 일상에서 정의를 행하는 것입니다. 그래서 돈을 요구하거나 종교적 행동을 유별나게 요구하는 이들은 거짓 예언자라고 볼 수 있습니다.

{ 제14장 }

하나님께서 우상숭배를 심판하시다

1 이스라엘의 장로들 가운데서 몇 사람이 내게로 와서, 내 앞에 앉았다. 2 그때에 주님께서 나에게 말씀하셨다.

3 ○ "사람아, 이들은 여러 우상을 마음으로 떠받드는 사람들이며, 걸려 넘어져서 죄를 짓게 하는 올가미를 자기들 앞에 둔 사람들인데, 내가 과연 이런 사람들에게 질문을 받을 수가 있겠느냐?

4 ○ 그러므로 네가 그들에게 말하고, 그들에게 일러주어라. '나 주 하나님이 말한다. 이스라엘 족속 가운데서 누구든지, 우상들을 마음으로 떠받들고, 걸려 넘어져서 죄를 짓게 하는 그 올가미를 자기들 앞에 두고, 예언자에게 오면, 나 주가 직접, 그 많은 우상에 걸맞게 그에게 답변하겠다. 5 이스라엘 족속이 모두 우상 때문에 나에게서 떠났으니, 이제는 내가 직

'우상을 마음으로 떠받드는 사람들'(3절)이 굳이 하나님의 예언자를 찾아온 까닭은 무엇입니까? 주 하나님을 믿는다고 하면서, 정의롭고 올바르게 살기 위해 우상을 찾는 사람은 없을 것입니다. 우상은 불안과 두려움, 탐욕이 결합할 때 나타나는 종교라 할 수 있습니다. 하나님께 순종하며 올바르게 살아가는 것은 그리 간단치 않습니다. 반면 우상에게 잔뜩 돈을 바치거나 정성이 가득한 종교 행위를 하는 일은 마음만 먹으면 가능하기에, 우상숭배와 종교행위는 늘 매력적입니다. 이들에게는 주 하나님이나 우상이나 사실 별다른 차이가 없습니다. 이들은 우상을 쫓아다니다가도 언제든지 예언자를 찾아가 하나님의 뜻을 묻기도 합니다. 불안과 욕심 때문에 상황에 따라 얼마든지 예언자를 찾는 것입니다. 심지어 오늘날에도 점치는 이들을 찾아가 사업이나 정치에 관해 묻는 사람들이 많습니다. 탐욕과 불안은 무엇이든 가능하게 한다는 것을 알 수 있습니다.

접 그들의 마음을 사로잡겠다' 하여라.

6 ○ 그러므로 너는, 이스라엘 족속에게 말하여라.

○ '나 주 하나님이 말한다. 너희는 회개하여라. 너희의 우상들에게서 돌아서라. 너희의 모든 역겨운 것에서 얼굴을 돌려라.'

7 ○ 이스라엘 족속 가운데서나 이스라엘에 머무는 외국 사람들 가운데서 누구든지, 나를 떠나서 우상들을 마음으로 떠받들며, 걸려 넘어져서 죄를 짓게 하는 올가미를 자기들 앞에 두고, 예언자를 찾아와 나에게 물어본다면, 나 주가 직접 그에게 답변하겠다. 8 내가 이 사람을 정면으로 보고, 그를 징표와 속담거리로 만들며, 마침내 나는 그를 내 백성 가운데서 끊어버릴 것이다. 그때에야 비로소 너희는, 내가 주인 줄 알 것이다.

9 ○ 그런데 예언자가 만약 꾀임에 빠져 어떤 말을 선포하면, 나 주가 친히 그 예언자를 꾀임에 빠지도록 버려둘 것이다. 내가 내 손을 그에게 뻗쳐, 그를 내 백성 이스라엘 가운데

'물어보는 사람'과 거짓 예언자의 죄를 같은 무게로(10절) 재는 건 불공평합니다. 예언자 쪽에 더 큰 죄를 물어야 하는 게 아닐까요? 당시 사람들은 하나님의 규례와 명령과는 완전히 동떨어진 삶을 살아갔습니다. 그런데 대부분의 예언자들은 자신들에게 찾아오는 이들이 내놓는 돈을 챙기며 그들에게 '평화, 평화'를 전했습니다(13:9-10). '몇 줌의 보리와 몇 조각의 빵'을 받고, 사람들의 입맛에 맞는 말을 전해주었습니다(13:19). 이런 현실을 예언자만의 책임으로 돌리기는 어려울 것입니다. 사실 종교 지도자와 신앙인이 이런 식으로 결탁하는 사례는 예나 지금이나 흔히 볼 수 있습니다. 예수 그리스도를 믿는다고 고백하는 교회 안에서도, 교인들이 듣고 싶어 하는 설교를 품위 있게 전하고, 교인들은 그것을 듣고 감사하다며 헌금을 바치는 일이 흔합니다. 이런 행태는 교회에만 국한된 것이 아닙니다. 그런 예언자와 그런 예배자는 서로 딱 맞춘 듯 결합해 서로가 서로를 지탱하는 셈입니다. 어느 한쪽만 벌한다고 해결될 문제가 아닙니다. 하나님께서 이 둘 모두를 벌하실 때, 비로소 사람들은 예언자가 아닌 하나님을 찾고 하나님의 백성으로 살아가게 될 것입니다(11절). 종교적인 중재자가 사라지는 날이 온다는 의미입니다.

서 멸망시키겠다. 10 물어보는 사람의 죄나 예언자의 죄가 같기 때문에, 그들이 저마다 자기의 죗값을 치를 것이다. 11 그래서 이스라엘 족속이 다시는 나를 떠나서 길을 잃지도 않고, 다시는 온갖 죄악으로 더러워지지도 않게 하여, 그들은 나의 백성이 되고, 나는 그들의 하나님이 되게 하려는 것이다. 나 주 하나님의 말이다."

막을 수 없는 하나님의 심판

12 ○ 주님께서 나에게 말씀하셨다.
13 ○ "사람아, 만약 어떤 나라가 가장 불성실하여 나에게 죄를 지으므로, 내가 그 나라 위에 손을 펴서 그들이 의지하는 양식을 끊어버리고, 그 나라에 기근을 보내며, 그 나라에서 사람과 짐승을 사라지게 한다고 하자. 14 비록 그 나라 가운데 노아와 다니엘과 욥, 이 세 사람이 있다 하더라도, 그 세 사람은 자신의 의로 말미암아 자신의 목숨만 겨우 건질 것이

성경의 숱한 인물들 가운데 왜 노아와 다니엘, 욥을(14절) 뽑아 이야기하는 걸까요? 노아는 '그 당대에 의롭고 흠이 없는 사람'으로 알려졌습니다(창 6:9). 욥 역시 흠이 없고 정직하며, 하나님을 경외하고 악을 떠난 사람이었습니다(욥 1:1, 8; 2:3). 반면 다니엘은 설명하기 어렵습니다. 다니엘서는 다니엘을 에스겔보다 조금 일찍 바빌론에 끌려간 인물로 소개하는데, 에스겔 시대에 이미 '그의 의로움'이 널리 알려져 있었다고 보기는 어렵습니다. 고대 중동 이야기에 '다넬'이라는 인물이 등장하는데, 그는 성문에 앉아 과부와 고아의 재판을 해결하는 사람이었습니다. 재판은 '의로움'과 깊이 연관된 자리라는 점에서, 아마도 고대 세계에서 유명했을 이 '다넬'이 에스겔서가 언급하는 '다니엘'일 수 있습니다. 에스겔서 28장 3절에 나오는 다니엘 역시 이 다넬로 추측됩니다. 다니엘 부분이 모호하지만, 분명한 것은 노아, 다니엘, 욥, 이 세 사람이 고대 세계에서 '의로움'을 대표하는 인물로 알려져 있었다는 점입니다.

다. 나 주 하나님의 말이다.

15 ○ 가령 내가 그 나라에 사나운 짐승들이 돌아다니게 하여, 아이들까지 없애버리고, 또 그 짐승들이 무서워서 그 땅에 돌아다니는 사람이 없기 때문에 그 땅이 황무지가 된다고 하자. 16 내가 나의 삶을 두고 맹세하건대, 비록 이 세 사람이 그 가운데 있다 하더라도, 그들은 아들이나 딸도 건져내지 못하고, 그들 자신만 겨우 구출할 것이며, 그 땅은 황무지가 될 것이다. 나 주 하나님의 말이다.

17 ○ 가령 내가 그 나라에 전쟁의 칼이 들이닥치게 하고, 명령을 내려 '칼아, 이 땅을 돌아다니며 휘둘러라' 하여, 내가 그 땅에서 사람과 짐승을 사라지게 한다고 하자. 18 비록 이 세 사람이 그 가운데 있다 하더라도, 내가 나의 삶을 두고 맹세하건대, 그들은 아들이나 딸도 건지지 못하고 그들 자신의 목숨만 겨우 건질 것이다. 나 주 하나님의 말이다.

19 ○ 가령 내가 그 땅에 전염병을 퍼뜨리고, 내 분노를 그 땅에 쏟아부어, 거기에서 사람과 짐승이 피투성이가 되어 사라

노아라 해도 아들딸을 건지지 못하는 상황에서 '재앙을 피하고 아들딸을 데리고 나오는 이들'(22절)은 도대체 어떤 사람들입니까? 이 부분은 다르게 번역할 수 있습니다. 일례로 새한글성경은 22절 첫머리를 "그렇지만, 보라, 빠져나온 사람들이 그 땅에 남아 있게 될 것이다. 이끌려나온 사람들로는 아들들과 딸들이 있을 것이다. 보라, 그들이 나와서 너희에게로 올 것이다"라고 옮겼습니다. 즉 재앙에서 살아남아서 마침내 그 땅을 떠나는 이들은 재앙을 겪던 세대가 아니라, 그들의 자녀 세대라는 의미입니다. 개역개정과 많은 영어성경들이 이처럼 번역했으며, 이것이 히브리어 본문이나 문맥에 더 부합한다고 여겨집니다. 의인인 노아도 자신밖에 못 건지는 상황인데, 거기서 살아남아 자녀를 데리고 나온다는 해석은 앞뒤가 맞지 않기 때문입니다. 결국 하나님을 거역하는 세대는 그 누구도 재앙과 멸망을 피할 수 없지만, 그들의 자녀 세대는 살아남아 다음의 역사를 이어갈 것입니다.

진다고 하자. 20 비록 노아와 다니엘과 욥이 그 가운데 있을
지라도, 내가 나의 삶을 두고 맹세하건대, 그들은 아들이나
딸도 건지지 못할 것이다. 그들마저도 자신의 의로 말미암아
그들의 목숨만 겨우 건질 것이다. 나 주 하나님의 말이다.

21 ○ 나 주 하나님이 이렇게 말한다. 내가 예루살렘에서 사
람과 짐승이 사라지게 하려고 나의 네 가지 맹렬한 재앙들 곧
전쟁과 기근과 사나운 짐승과 전염병을 거기에 보낼 때에, 그
해가 얼마나 크겠느냐! 22 그러나 그 속에서도 재앙을 피한
사람들이 있어서 아들딸들을 데리고 나올 것이다. 그들이 너
희에게로 나올 때에, 너희가 그들의 그 악한 행실과 행동을
보면, 내가 예루살렘에 내린 재앙 곧 내가 그곳에 내린 모든
것에 대하여 너희가 위로를 받을 것이다. 23 너희가 그들의
악한 행실과 행동을 보면 너희가 위로를 받고, 내가 예루살렘
에서 한 모든 일이 공연한 것이 아님을 알게 될 것이다. 나 주
하나님의 말이다.”

“악한 행실을 보고 하나님의 징계에 대해 위로를 받는다”(23절)는 건 무슨 말입니까?
에스겔의 기본 청중은 바빌론에 먼저 끌려온 이들입니다. 그들은 자신들이 포로로
끌려온 이유가 무엇인지, 혹시 하나님께 버림받고 심판받은 것은 아닌지, 또 포로
를 면하고 예루살렘에 남은 자들은 더 의로운 사람인지, 숱하게 고민하며 괴로워했
을 것입니다. 그런데 최종적으로 예루살렘이 멸망하고 재앙이 임하는 현실, 그리고
그 가운데 자손 세대가 겨우 살아남아 포로로 끌려오는 상황을 보면서, 포로 1세대
는 재앙이 우연이 아니었음을 알게 될 것입니다. 에스겔 같은 예언자의 선포를 통
해 현실의 재앙이 죄악에 대한 하나님의 심판임을 깨닫는다면, 앞으로 유일한 살
길은 하나님께로 돌이켜서 하나님의 규례를 따라 살아가는 것임도 분명히 알게 될
것입니다. 지금 겪는 참상의 원인과 의미를 모를 때는 삶이 절망적이지만, 이렇게
원인을 깨닫고 납득하게 되면 살 수 있는 길도 생깁니다. 또 미래에 대해 새로운 희
망도 품을 수 있을 것입니다. 그래서 '하나님의 징계는 위로'입니다.

{ 제15장 }

예루살렘은 타버린 포도나무

1 주님께서 나에게 말씀하셨다. 2 "사람아, 포도나무 곧 삼림 가운데 있는 그 덩굴이, 다른 모든 나무에 비해 나은 점이 있느냐? 3 거기에서 무슨 물건을 만들 목재가 나오느냐? 그것으로 나무못을 만들어서 무슨 물건을 거기에다 걸어둘 수 있느냐? 4 그것은 땔감으로 불 속에나 던져버릴 것이다. 그 양쪽 끝은 타 없어졌고, 그 가운데 부분도 그을었는데, 그것이 물건을 만드는 데 무슨 소용이 있겠느냐? 5 그 포도나무가 온전할 때에도 무슨 물건을 만드는 데 쓰일 수 없었거늘, 하물며 그것이 불에 타고 그을었으니, 무슨 쓸모가 더 있겠느냐?

6 ○ 그러므로 나 주 하나님이 말한다. 삼림 가운데 있는 포도

포도나무의 위치가 뜻밖입니다. 왜 포도원이 아니라 '삼림 가운데 있는 포도나무'(2, 6절)라고 했을까요? 포도나무의 쓸모는 나무 자체가 아니라 그 나무의 열매, 즉 포도에 있습니다. '덩굴'로 옮겨진 표현은 '나뭇가지'라고 옮길 수도 있습니다. 덩굴이든 나뭇가지든 포도나무의 쓸모는 오직 열매에 있습니다. '삼림 가운데 있는 포도나무'라는 표현은 다른 나무들과 비교하기 위한 서술로 이해할 수 있습니다. 그래서 본문 4절에 나무 자체만 보면 포도나무는 전혀 쓸모가 없어 오직 땔감으로 불 속에 던져버린다는 내용이 이어집니다. 이스라엘 백성은 종종 포도원이나 포도원에 심겨진 포도나무에 비유되곤 합니다(또한 사 5:1-7). 하나님께서 이스라엘에게 원하시는 것은 포도 열매입니다. 여기서 '열매'가 상징하는 것은 14장에서 보듯 '의' 혹은 '의로운 삶'입니다(겔 14:14, 16, 20). 이것은 '악한 행실과 행동'(겔 14:23)의 반대말입니다. 다른 곳에서는 포도 열매가 '선한 일과 옳은 일'을 의미하기도 합니다(사 5:7). 이스라엘의 존재 이유는 선하고 옳은 일, 즉 의로운 삶에 있습니다. 이것이 없다면, 이스라엘의 존재 이유도 사라집니다.

나무를 내가 불 속에 땔감으로 던져 넣듯이, 예루살렘의 주민을 불 속에 던지겠다. 7 내가 그들을 대적하겠다. 비록 그들이 불 속에서 피하여 나온다 해도, 불이 다시 그들을 삼킬 것이다. 내가 그들을 대적하면, 그때에야 비로소 너희는, 내가 주인 줄 알 것이다. 그들이 크게 배신하였기 때문에, 내가 그 땅을 황무지가 되게 하겠다. 나 주 하나님의 말이다."

포도나무의 쓸모없음을 설명하면서 타고 그을린 부분을 구체적으로 표현하는(4절) 의도는 무엇입니까? 3-5절은 포도나무가 열매를 제외하면 아무런 쓸모가 없음을, 불 속에 던져진 포도나무 가지라는 일상적인 소재를 통해 표현합니다. 불 속에 던져 넣은 포도나무 가지는 양 끝에서부터 불이 붙어 가운데로 타들어갑니다. 끝은 타고 가운데는 그을린 채 남는데, 이것은 포도나무가 불에 잘 타지 않아 땔감으로도 큰 쓸모가 없음을 보여주는 것일 수도 있습니다. 다른 한편으로는 현재 유다의 처지가 양 끝은 불타버린 채 가운데 부분만 남아 검게 그을린 나뭇가지와 같다는 비유로도 이해할 수 있습니다. 멀쩡할 때도 아무 쓸모가 없었던 포도나무 가지가 이렇게 그을린 상태라면 더더욱 아무런 필요가 없음을 강조하는 것입니다. 하나님의 규례를 따라 의로운 삶의 열매를 맺어야 하는 하나님의 백성인 이스라엘이 열매를 맺지 않는다면, 그들은 양쪽 끝은 불타버린 채 그을린 나뭇조각과도 같습니다. 결국은 불 속에서 완전히 타버리게 될 것입니다.

{ 제16장 }

음녀와 같은 예루살렘

1 주님께서 나에게 말씀하셨다.

2 o "사람아, 너는 예루살렘 사람들에게, 그들이 얼마나 역겨운 일을 저질렀는지를 알려주어라. 3 이렇게 말하여주어라.

o '나 주 하나님이 예루살렘을 두고 말한다. 너의 고향, 네가 태어난 땅은 가나안이고, 네 아버지는 아모리 사람이고, 네 어머니는 헷 사람이다. 4 네가 태어난 것을 말하자면, 네가 태어나던 날, 아무도 네 탯줄을 잘라주지 않았고, 네 몸을 물로 깨끗하게 씻어주지 않았고, 네 몸을 소금으로 문질러주지 않았고, 네 몸을 포대기로 감싸주지도 않았다. 5 이 모든 것 가운데서 한 가지만이라도 너에게 해줄 만큼 너를 불쌍하게 여기고 돌보아준 사람이 없다. 오히려 네가 태어나던 바로 그날에, 사람들이 네 목숨을 천하게 여기고, 너를 내다가 들판에 버렸다.

6 o 그때에 내가 네 곁으로 지나가다가, 핏덩이로 버둥거리

왜 예루살렘의 아버지는 아모리, 어머니는 헷 사람이라고(2절) 합니까? 둘 다 이스라엘과 혈통이 완전히 다른 민족 아닌가요? 아모리와 헷은 이스라엘이 몰아내야 하는 이방 민족의 목록에 늘 등장합니다(예. 출 3:8, 17; 민 13:29; 수 9:1 등). 에스겔서 16장 뒷부분에서는 예루살렘의 언니를 사마리아, 동생을 소돔이라고 표현하는데, 이것은 '역사적 사실'을 전달하는 것이 아닙니다. 예루살렘의 부모가 아모리와 헷이라는 진술도 마찬가지입니다. 이것은 예루살렘의 출발이 하나도 내세울 것 없는 비천한 출발이었음을 강조하기 위한 표현이라 볼 수 있습니다. 아모리와 헷이 천하다고 평가하는 것이 아니라, 이스라엘은 스스로를 특별하다고 생각하겠지만 실제로는 그들이 몰아내야 하는 이방 민족과 조금도 다를 바가 없는 존재였음을 강조하는 것입니다.

는 너를 보고, 핏덩이로 누워 있는 너에게, 제발 살아만 달라고 했다. (핏덩이로 누워 있는 너에게, 제발 살아만 달라고 했다.) 7 그러고서 내가 너를 키워 들의 풀처럼 무성하게 하였더니, 네가 크게 자라 보석 가운데서도 가장 아름다운 보석처럼 되었고, 네 가슴이 뚜렷하고, 머리카락도 길게 자랐는데, 너는 아직 벌거벗고 있었다.

8 ○ 그때에 내가 네 곁으로 지나가다가 너를 보니, 너는 한창 사랑스러운 때였다. 그래서 내가 네 몸 위에 나의 겉옷 자락을 펴서 네 벗은 몸을 가리고, 너에게 맹세하고, 너와 언약을 맺어서, 너는 나의 사람이 되었다. 나 주 하나님의 말이다.

9 ○ 내가 너를 목욕을 시켜서 네 몸에 묻은 피를 씻어내고, 기름을 발라주었다. 10 수놓은 옷을 네게 입혀주었고, 물개 가죽 신을 네게 신겨주고, 모시로 네 몸을 감싸주고, 비단으로 겉옷을 만들어주었다. 11 내가 온갖 보물로 너를 장식하여, 두 팔에는 팔찌를 끼워주고, 목에는 목걸이를 걸어주고, 12 코에는 코

괄호 안에 같은 문장이(6절) 되풀이됩니다. 특별히 강조하려는 의도입니까? 거의 같은 표현이 반복되기에 몇몇 고대 사본에서는 괄호 안의 내용이 빠져 있기도 합니다. 이러한 사본의 특징을 새번역 성경은 괄호 처리로 반영했습니다. 그러나 에스겔서는 곳곳에서 같은 표현을 반복하는 경우가 많기 때문에, 여기서도 반복을 통해 강조하기 위한 목적이라 보는 편이 타당합니다. 3–5절은 갓 태어난 예루살렘이라는 여자아이의 상황이 얼마나 참담했는지 비유적으로 보여줍니다. 누구도 이 아이를 사랑하거나 보살피지 않았고, 이 아이는 생명으로서 최소한의 돌봄조차 받지 못했습니다. '핏덩이'와 같은 삶이지만, 지나가는 '나'(하나님을 상징합니다)는 이 핏덩이 아이를 향해 "살아라, 살아라"라고 말합니다. 그 누구라도, 그 어떤 처지일지라도, 삶은 소중합니다. 하지만 갓난아이는 스스로 살아갈 수가 없습니다. 그래서 이 본문은 모든 생명이 마땅히 보살핌을 받아야 하며, 그 어떠한 상황에서도 생명과 안전은 소중히 여겨야 한다는 것을 강조합니다.

걸이를 걸어주고, 두 귀에는 귀고리를 달아주고, 머리에는 화려한 면류관을 씌워주었다. 13 이렇게 너는 금과 은으로 장식하고, 모시옷과 비단옷과 수놓은 옷을 입었다. 또 너는, 고운 밀가루와 꿀과 기름으로 만든 음식을 먹어서, 아주 아름답게 되고, 마침내 왕비처럼 되었다. 14 네 아름다움 때문에 네 명성이 여러 이방 나라에 퍼져나갔다. 내가 네게 베푼 화려함으로 네 아름다움이 완전하게 된 것이다. 나 주 하나님의 말이다.

15 ○ 그런데 너는 네 아름다움을 믿고, 네 명성을 의지하여, 음행을 하였다. 지나가는 남자가 원하기만 하면, 누구하고나 음행을 하여, 네 이름을 그의 것이 되게 하였다. 16 너는 네 옷을 가져다가, 가지각색의 산당들을 꾸미고, 그 위에서 음행을 하였다. 이런 일은 전에도 없었고, 앞으로도 없을 것이다. 17 너는, 내가 네게 준 나의 금과 은으로 만든 장식품들을 가져다가 남자의 형상들을 만들어놓고, 그것들과 음행을 하였다. 18 너는, 수놓은 옷을 가져다가 그 형상들에게 입혀주고, 내가 준 기름과 향을 그것들 앞에 가져다 놓았다. 19 또 너는,

---

"네 이름을 그의 것이 되게 하였다"(15절)는 말은 무슨 뜻입니까? 음행과 이름을 연결 짓는 까닭을 모르겠습니다. 15절 마지막 문장은 "그것이 그의 것이 되게 하였다"로 옮길 수 있습니다. 여기서 주어인 '그것'을 새번역 성경은 '네 이름'이라고 표현했지만, 다른 많은 번역본은 '네 아름다움'이라 옮겼습니다. 어느 쪽이든 말하고자 하는 바는 분명합니다. 하나님께서 버려진 이 여성을 돌보고 참으로 아름답게 하셨으나, 이 사람은 자신의 아름다움과 명성을 믿고 지나가는 아무나와 음행을 저질렀습니다. 16장에서 '음란한 여성'은 하나님의 사랑과 은혜를 잊고 열방 나라들과 우상숭배에 몰두했던 예루살렘을 비유합니다. 하나님께서는 예루살렘을 택하고 존귀하게 하셨으나, 정작 예루살렘은 하나님을 버리고 다른 강한 나라들을 향해 손짓하며 그들과 동맹을 맺고 그들의 도움을 얻기 위해 안달했습니다. 본문은 이러한 예루살렘의 행실을 '음란한 여성' 비유를 사용해 무척이나 격렬하고 선정적으로 표현합니다.

내가 너에게 준 음식 곧 내가 너를 먹여 살린 고운 밀가루와 기름과 꿀을 그것들 앞에 가져다 놓고, 향기 나는 제물로 삼았다. 네가 정말로 그렇게 하였다. 나 주 하나님의 말이다.

20 ○ 또 너는, 우리 사이에서 태어난 아들들과 네 딸들을 데려다가, 우상들에게 제물로 바쳐 불사르게 하였다. 너의 음욕이 덜 찼느냐? 21 네가 내 아들딸마저 제물로 바쳤다. 또 네가 그들을 불 속으로 지나가게 하였다. 22 너는, 핏덩이로 버둥거리던 때와 벌거벗은 몸으로 지내던 네 어린 시절을 기억하지 않고, 온갖 역겨운 일과 음행을 저질렀다.'"

창녀 예루살렘

23 ○ "나 주 하나님의 말이다. 네게 재앙이 닥친다. 재앙이 닥친다. 네가 그 모든 악행을 저지른 다음에도 24 너는, 길거리마다 네가 올라갈 누각을 짓고, 네가 누울 높은 단을 만들

예루살렘은 무슨 목적으로 길거리에 누각을 짓고 단을 만듭니까?(24절) 예루살렘을 상징하는 여성은 길거리마다 누각과 높은 단을 만들고는, 지나가는 사람을 유혹하며 자신에게 오도록 부릅니다. 마치 창녀가 지나가는 행인을 부르는 것과 같습니다. 에스겔은 이 비유를 통해 예루살렘이 자신의 하나님을 버리고 지나가는 행인, 즉 주변의 열강들을 향해 손짓하며 도움을 청했다고 고발합니다. 사실 팔레스타인에 기반을 둔 이스라엘은 강력한 나라였던 적이 한 번도 없습니다. 그렇기에 이집트나 바빌로니아 같은 강한 나라들에 휘둘리는 경우가 많았습니다. 그러나 주 하나님께서는 이스라엘에게 이집트 같은 강대국을 의지할 것이 아니라, 오직 주 하나님을 신뢰하며 하나님의 계명과 규례를 행할 때 이스라엘의 안전이 있고 평화가 있다고 가르치셨습니다. 주변 강대국들이 아닌, 오직 주 하나님으로 인해 안전하다는 것입니다. 그렇지만 에스겔의 이 선정적인 비유처럼, 예루살렘은 끊임없이 열강을 향해 손짓하며 도움을 청하고, 그들의 호의를 구했습니다.

었다. 25 너는, 길머리마다 높은 단을 만들어놓고, 네 아름다움을 흉측하게 더럽히고, 지나가는 모든 남자에게 네 두 다리를 벌려, 음행을 많이 하였다. 26 너는, 이집트 남자들 곧 하체가 큰 이웃 나라 남자들과 음행을 하였다. 너는, 수도 없이 아주 음란하게 음행을 하여, 내 분노를 터뜨렸다.

27 ○ 그러므로 내가 내 손을 펴서 너를 치고, 네가 날마다 먹을 양식을 줄이고, 또 너를 미워하는 블레셋 여자들 곧 네 추잡한 행실을 보고 역겨워하는 여자들에게 너를 넘겨주어서, 마음대로 하게 하였다.

28 ○ 그런데도 너는 음욕이 차지 않아서, 앗시리아 남자들과 음행을 하였다. 그들과 음행을 한 다음에도 네 음욕이 차지 않아서, 29 너는 저 장사하는 나라 바빌로니아 남자들과 더 많이 음행을 하였다. 그래도 너의 음욕은 차지 않았다.

30 ○ 나 주 하나님의 말이다. 네가 방자한 창녀와 똑같이 이 모든 일을 했으면서도, 너는 마음이 왜 그렇게 약하냐! 31 네

몸을 팔며 화대를 받지 않고, 심지어 몸값을 주고 음행을 한다는 말은(31, 33절) 이스라엘의 어떤 행태를 염두에 둔 표현입니까? 에스겔서 16장은 예루살렘을 길 가는 사람을 유혹해 부르는 창녀로 비유하는데, 31절 이하에서는 예루살렘의 실태를 더욱 격렬한 비유의 말로 표현합니다. 창녀는 돈을 받고 몸을 파는 사람인데, 놀랍게도 예루살렘은 도리어 돈을 주면서까지 지나가는 사람을 유혹하며 불러들인다는 것입니다. 예루살렘이 열방 나라에 준 돈은 사실 그들의 남편이신 주 하나님께서 주신 것입니다. 그런데 예루살렘을 상징하는 여성은 하나님께서 주신 이 돈을 열방 나라들에, 크고 강한 이방 나라들에 갖다 바치면서까지 그들의 호의를 구하고 그들의 보호를 열망했습니다. 에스겔의 비유는 정말 지독합니다. 예루살렘은 하나님께서 사랑하고 택하신 도시이며, 하나님의 성전이 존재하는 곳입니다. 그러나 에스겔은 이스라엘을 끝도 없는 욕망에 사로잡혀 지나가는 사람이 조금이라도 힘이나 명성이 있어 보이면 언제라도 찾아가 구걸하는 음란한 사람으로 표현합니다.

가 길머리마다 높은 단을 만들어놓고, 길거리마다 누각을 세워놓고, 몸을 팔면서도, 네가 화대를 받지 않으니, 너는 창녀와 같지도 않구나! 32 너는 제 남편이 아닌 다른 남자들과 간통하는 음란한 유부녀로구나. 33 창녀들은 화대를 받는 법이다. 그러나 너는 네 모든 정부에게 선물을 주어가며 사방에서 불러다가, 너와 음행을 하자고, 남자들에게 돈까지 주었다. 34 이렇게 너는 다른 여자들과는 정반대로 음행을 하였다. 정부들이 너를 따라다니는 것도 아니고, 네가 몸값을 받는 것도 아니고, 오히려 네가 몸값을 주어가면서 음행을 하니, 너는 다른 여자들과는 정반대다."

주님께서 예루살렘을 심판하시다

35 ○ "그러므로 창녀야, 너는 나 주의 말을 들어라.

이집트, 앗시리아, 바빌로니아(26, 28, 29절) 같은 나라들이 '함께 즐기던 정부'라면, '미워하던 남자'는 누굴 가리킬까?(37절) 새번역 성경이 '미워하던 남자'라고 옮겼지만, 직역하면 '미워하던 모든 사람'입니다. '예루살렘이 미워했던 이'로는 27절에 언급된 블레셋을 들 수 있습니다. 구약성경에서 블레셋은 언제나 이스라엘의 경쟁자이고 맞수로 등장한다는 점에서, '미워하는 사람'을 대표한다고 볼 수 있습니다. 블레셋 역시 올바르거나 바람직한 민족은 절대 아니었지만, 그 블레셋조차 예루살렘의 행위를 보고 역겨워했습니다. 그래서 블레셋은 우상과 강한 나라를 열렬히 숭배하며 이방 민족보다 더 역겹게 살아가는 예루살렘의 추악함을 보여주기에 적격입니다. 예루살렘은 오늘날의 교회를, 본문의 블레셋은 기독교 교회가 비난하는 세상 사람을 상징하는 것으로 볼 수 있습니다. 기독교 교회들은 세상 사람들이 죄를 많이 지으며 하나님을 거역한다고 비판하지만, 에스겔서 본문은 그러한 세상 사람이 교인들을 보며 그들의 역겨움을 도무지 견딜 수 없었다고 말합니다. 기독교인들은 종종 세상을 정죄하지만, 도리어 세상이 교회보다 훨씬 올바르고 낫다는 것이 에스겔의 증언입니다.

36 ○ 나 주 하나님이 말한다. 네가 정부들과 음행을 하고, 네 모든 역겨운 우상과 음행을 할 때에, 너는 재산을 쏟아붓고, 네 벗은 몸을 드러내었다. 너는 온갖 가증한 우상들에게 네 자식들의 피를 바쳤다. 37 그러므로 네가 함께 즐기던 네 정부들과 네가 좋아하던 모든 남자뿐 아니라, 네가 미워하던 남자도, 내가 모두 모아서 너를 치게 하겠다. 내가 그들을 사방에서 모아 너를 치게 하고, 네 벌거벗은 몸을 드러내놓아, 그들이 모두 네 벌거벗은 몸을 보게 하겠다. 38 그리고 나는 너를, 간음을 하고 살인을 한 여인을 재판하듯이 재판하며, 내 분노와 질투로 네게 살인죄의 벌을 내리겠다. 39 내가 너를 그들의 손에 넘겨주면, 그들이 네 누각을 헐고, 네 높은 단을 무너뜨릴 것이며, 네 옷을 벗겨버리고, 네 모든 장식품을 빼앗은 다음에, 너를 벌거벗겨 알몸으로 버려둘 것이다.

40 ○ 그들은 너를 대항하여 한 무리를 끌고 와서 너를 돌로 치

예루살렘, 소돔, 사마리아를 어미, 딸, 언니, 창녀 등 전부 여성에 빗대는(35, 44, 46절) 이유는 무엇입니까? 고대 세계에서 도시나 나라는 여성형 명사입니다. 영어를 비롯한 많은 현대어에서도 도시나 나라를 여성 명사로 취급합니다. 이런 배경 속에서 에스겔서 16장은 예루살렘의 죄악상을 고발하고 폭로하기 위해 도성 예루살렘을 여성으로 의인화했습니다. 따라서 16장에 등장하는 '음란한 여성'은 여성의 성적 타락을 말하는 것이 결코 아닙니다. 오직 하나님의 백성이라는 예루살렘이 이토록 지독하게 하나님을 떠나 우상을 쫓아다니며, 조금이라도 강하고 힘 있는 나라에게 굽신거렸음을 폭로하기 위한 표현입니다. 추악하고 비굴한 예루살렘을 여성에 비유한 탓에, 16장은 고대와 오늘날의 독자들에게 오해를 불러일으키곤 합니다. 특히 음란한 여성 예루살렘에 대한 처벌로 뭇 남자들이 전부 모여 그의 벌거벗은 것을 보게 하겠다는 말씀(37절)은 여성들에게 매우 불편하고 부적절하게 다가옵니다. 그래서 16장도(23장도 마찬가지입니다)을 읽을 때는 이 본문이 여성이 아닌, 추악한 예루살렘과 추악한 교회에 대해 고발하고 있다는 점을 분명하게 인식해야 합니다.

고, 칼로 찔러 죽일 것이다. 41 그들은 네 집을 불사르고, 많은 여인이 보는 앞에서 너에게 벌을 내릴 것이다. 내가 이렇게 네 음행을 끝장내서, 네가 다시는 그들에게 선물을 줄 수 없게 하겠다. 42 그제야 너에 대한 내 분이 풀리고, 내 질투가 사그라지고, 마음이 평온해져서, 다시는 화를 내지 않게 될 것이다.

43 ○ 네가 어린 시절을 기억하지 않고, 이 모든 일로 내 분노를 터뜨려놓았으니, 나도 네 행실대로 네게 그대로 갚을 것이니, 네가 다시는 역겨운 우상을 섬기는 일에다가 음행까지 더하는 일을 하지 못할 것이다. 나 주 하나님의 말이다."

그 어머니에 그 딸

44 ○ "사람들마다 너를 비꼬아서 '그 어머니에 그 딸'이라는 속담을 말할 것이다. 45 네가 바로 남편과 자식들을 미워하던 네 어머니의 딸이며, 네가 바로 남편과 자녀들을 미워하던

하나님이 예루살렘의 죄를 소돔과 사마리아의 곱절 이상으로(51절) 계산하는 근거는 무엇입니까? 하나님의 심판으로 멸망한 도시인 소돔은 '죄악 가득한 도시'의 상징입니다. 사마리아, 즉 북왕국 역시 하나님을 거역하고 우상을 숭배한 까닭에 백여 년 전에 멸망했습니다. 유다와 예루살렘은 자신들이 그들보다 훨씬 낫다고 생각했지만, 에스겔은 도리어 소돔과 사마리아의 죄는 예루살렘의 절반에도 미치지 못한다고 표현합니다. 죄악의 절대적인 양을 말하려는 것이 아니라, 소돔의 죄악이 아무리 크다 해도 예루살렘의 죄악이 훨씬 더 크고 심각하다는 것을 강조하는 것입니다. 오늘날의 교회는 소돔이 '동성애' 때문에 심판받았다고 하지만, 에스겔은 소돔이 나그네를 짓밟았다고 비판합니다. 자신들은 풍요와 부유를 누리면서 가난하고 궁핍한 이들의 손을 붙잡아주지 않은 것입니다. 오늘의 교회는 '동성애'가 가장 큰 죄인 것처럼 말하지만, 에스겔은 가난한 사람을 돌아보지 않은 것이 소돔의 죄라고 규탄합니다. 그리고 예루살렘으로 상징되는 교회가 소돔보다 훨씬 더 추악하다고 고발합니다.

네 언니들의 동생이다. 너희의 어머니는 헷 사람이며, 아버지는 아모리 사람이다.

46 ○ 그리고 네 언니는 그 딸들을 데리고 북쪽에 사는 사마리아이고, 네 동생은 딸들을 데리고 남쪽에 사는 소돔이다.

47 너는, 그들의 행실만을 따라가거나 그들의 역겨운 일들만을 따라 하는 것만이 아니라, 그것도 오히려 부족한 듯이, 네 모든 행실이 그들보다 더 타락하였다.

48 ○ 나 주 하나님의 말이다. 내가 나의 삶을 두고 맹세한다. 네 동생 소돔 곧 그와 그 딸들은 너와 네 딸들처럼 행동하지는 않았다. 49 네 동생 소돔의 죄악은 이러하다. 소돔과 그의 딸들은 교만하였다. 또 양식이 많아서 배부르고 한가하여 평안하게 살면서도, 가난하고 못사는 사람들의 손을 붙잡아 주지 않았다. 50 오히려 그들은 교만하였으며, 내 눈앞에서 역겨운 일을 하였다. 그러므로 내가 그것을 보고는, 그들을 없애버렸다.

53절부터 갑자기 회복을 이야기하지만, 용서의 이유나 조건을 찾아볼 수 없습니다. 징계와 회복 사이에 어떤 사연이 생략되어 있습니까? 하나님의 심판은 멸망이나 멸종, 완전한 제거 그 자체가 목적이 아닙니다. 이것은 이스라엘만이 아니라, 소돔 같은 이방 나라들도 마찬가지입니다. 에스겔은 역사 속에서 멸망한 나라들을 두고 그들의 죄악 때문에 하나님께서 심판하신 것이라 증언합니다. 그런 점에서 에스겔을 비롯한 예언자들의 선포는 역사를 바라보는 시각, 세계관이라고 할 수 있습니다. 이스라엘이건 열방 나라이건, 하나님께서는 그들이 올바른 길을 걸어가길 원하시며, 그들이 올바른 길을 걸어갈 때 기뻐하십니다. 그래서 마침내 그들을 다시 회복시키실 것입니다. 하나님의 회복에는 이유나 조건이 없습니다. 이스라엘에게나 이방 나라들에게나 오직 하나님께서 원하시는 것은 그들이 스스로를 돌아보고 이전의 잘못된 삶을 되풀이하지 않는 것입니다. 그런 점에서 하나님은 언제나 인류에게 두 번째 기회, 새로운 기회를 주시는 분임을 알 수 있습니다.

51 ○ 사마리아는 네가 저지른 모든 죄의 반만큼도 죄를 짓지 않았다. 네가 그들보다 역겨운 일들을 더 많이 하였기 때문에, 네가 저지른 그 온갖 역겨운 일들로, 너는 네 언니와 아우의 죄가 없는 것처럼 보이게 하였다. 52 네가 네 언니와 아우보다 더 역겨운 죄를 지으므로, 네 언니와 아우가 유리한 판단을 받았으니, 너는 마땅한 수치를 당해야 할 것이다. 너 때문에 그들이 의로운 것처럼 보이게 되었다. 네가 이렇게 네 언니와 아우를 의롭게 보이게 하였으니, 너도 부끄러운 줄 알아라. 네가 마땅한 수치를 당할 것이다."

소돔과 사마리아도 회복될 것이다

53 ○ "내가 그들을 다시 잘 살게 해주겠다. 소돔과 그 딸들을 다시 잘 살게 해주고, 사마리아와 그 딸들을 다시 잘 살게

잘 살게 해주면 치욕을 받아들이고 죄를 수치스럽게 생각하게 될 것이라는 논리를 (53~54절) 납득하기 어렵습니다. 예루살렘과 유다가 겪게 될 심판의 원인은 국력이 약하거나 경제가 어려워서, 혹은 더 강한 나라에 줄을 서지 못해서가 아닙니다. 오직 그들이 하나님을 거역하고 떠났기 때문이라는 것이 에스겔을 비롯한 예언자들의 일관된 해석이며 선포입니다. 하나님께서는 예루살렘을 심판하실 것이지만, 훗날에 그들을 다시 불쌍히 여기고 회복시키실 것입니다. 하나님께서 원하시는 것은, 그때라도 예루살렘이 멸망의 원인을 깨닫고 그들을 향한 하나님의 회복의 은혜를 아는 것입니다. 죄를 지었음에도 불구하고 다시 회복시키시는 하나님의 은혜를 경험할 때 가장 자연스러운 반응은 스스로 이전 삶을 부끄러워하는 것입니다. 죄를 안 짓는 사람이 누가 있겠습니까? 중요한 것은 죄를 지은 이후에라도 자신의 행실을 부끄러워하고 수치스러워하는 태도입니다. 에스겔서는 이 점을 매우 중요하게 여기며 여러 차례 강조합니다(6:9; 12:16; 16:61, 63; 20:43; 36:31, 32; 43:10~11). 부끄러움을 아는 마음, 이전의 행실을 수치스럽게 여기는 마음이 있을 때 비로소 진정한 삶의 변화가 시작됩니다.

해주겠다. 또 내가 그들과 함께 너도 다시 잘 살게 해주겠다. 54 그제야 너는 네 치욕을 감당하고, 네가 저지른 모든 죄를 부끄러운 줄 알게 될 것이다. 네 언니와 아우는 네가 당하는 수치를 보고, 자신들이 얼마나 유복한지를 알게 될 것이다. 55 네 아우 소돔과 그 딸들이 예전 상태로 회복되고, 네 언니 사마리아와 그 딸들이 예전 상태로 회복될 때에, 너와 네 딸들도 예전 상태로 회복될 것이다. 56 네가 교만하던 시절에는, 네가 네 아우 소돔의 추문을 들을 때에 그를 비웃었다. 57 그러나 그것은 네 죄악이 드러나기 전에 있었던 일이다. 오히려 이제는 네가 그들의 놀림감이 되었다. 사방에서 너를 멸시하는 사람들 곧 에돔의 딸들과 그 모든 이웃이 너를 비웃고, 블레셋 딸들이 너를 조롱한다. 58 네가 음행을 저지르고, 또 그처럼 역겨운 일들을 저질렀으니, 그 벌을 면할 것이라고는 생각하지 말아라. 나 주의 말이다."

'젊은 시절에 맺은 언약'과 새로 맺을 '영원한 언약'은(60절) 각각 어떤 약속을 의미합니까? 젊은 시절에 맺은 언약은 핏덩이인 채 버려졌던 아이를 거두어 아름답게 하셨던 일을 뜻하며, 구체적으로는 이집트를 떠난 이스라엘이 광야에서 하나님과 맺은 언약을 가리킵니다. 예루살렘은 이 언약을 배반했고(59절), 그 결과로 심판을 받게 되었습니다. 그러나 심판이 끝이 아닙니다. 하나님께서는 이전에 맺은 언약을 기억하시고, 쫓겨난 이들과 다시 언약을 맺으십니다. 결코 그 백성을 포기하지 않고, 다시 찾아 회복시키며 새롭게 맺는 이 언약을 '영원한 언약'이라 표현합니다(또한 렘 32:40; 50:5). 자격 없는 이들, 즉 하나님을 거역해 심판받은 이들을 오직 사랑과 은혜로 하나님께서 주도하시는 언약입니다. 전적으로 하나님의 은혜로 이루어지는 이 언약은 에스겔서 11장과(11:16-20) 36장에서도(36:24-31) 반복적으로 강조됩니다. 예레미야 예언자는 이 언약을 '새 언약'이라 불렀습니다(렘 31:31-34). 어떻게 부르든, 오직 신실하며 포기하지 않으시는 하나님의 은혜로 맺어지는 언약임을 명확히 드러냅니다.

영원한 언약

59 ○ "나 주 하나님이 말한다. 너는, 네가 한 맹세를 하찮게 여겨, 그 언약을 깼으니, 나도 네가 한 것과 똑같이 너에게 하겠다. 60 그러나 나는 네 젊은 시절에 내가 너와 맺은 언약을 기억해서, 너와 영원한 언약을 세우겠다. 61 비록 이것은 너와 나 사이에 세운 언약 속에 들어 있는 것은 아니라 하더라도, 내가 너보다 더 큰 네 언니와 너보다 작은 네 아우를 모두 네 딸로 삼아주면, 너는 네가 저지른 악한 행실을 기억하고, 부끄러워할 것이다. 62 이렇게 내가 직접 너와 언약을 세우면, 그때에야 비로소 너는, 내가 주인 줄 알 것이다. 63 내가 이렇게 하는 까닭은, 네가 저지른 모든 악한 일을 용서받은 다음에, 네가 지난 일들을 기억하고, 놀라고, 그리고 부끄러워서 다시는 입도 열지 못하게 하려는 데 있는 것이다. 나 주 하나님의 말이다."

{ 제17장 }

독수리와 포도나무의 비유

1 주님께서 나에게 말씀하셨다.

2 ㅇ "사람아, 너는 이스라엘 족속에게 수수께끼를 내고, 비유를 들어 말하여라. 3 너는 그들에게 말하여라. '나 주 하나님이 말한다. 큰 독수리 한 마리가 레바논으로 갔다. 큰 날개, 긴 깃, 알록달록한 깃털을 가진 그 독수리는 백향목 끝에 돋은 순을 땄다. 4 독수리는 그 연한 햇순을 잘라서, 상인들의 땅으로 물고 가서, 상인들의 성읍에 놓아두었다. 5 그리고 그 땅에서 난 씨앗을 가져다가 옥토에 심었다. 시냇가에다가 버드나무를 심듯, 물이 많은 시냇가에 그 씨앗을 심었다. 6 그 씨앗은 싹이 나고, 낮게 퍼지며 자라서, 무성한 포도나무가 되었다. 그 가지들은 독수리에게로 뻗어 올라갔고, 그 뿌리는 땅에 박고 있었다. 그 씨가 포도나무가 되어, 가지를 내뻗고,

---

독수리가 어째서 레바논으로(3절) 날아갑니까? 이스라엘에 관한 비유라면 당연히 예루살렘으로 갔다고 해야 하지 않을까요? 레바논은 백향목으로 유명한 지역입니다. 백향목은 팔레스타인 지역에서 가장 좋은 나무 가운데 하나로, 특히 높게 잘 자라는 나무라 빼어남과 특별함, 탁월함을 상징하는 데 쓰이곤 합니다(예. 욥 40:17; 시 80:10; 아 5:15; 암 2:9). 예레미야서는 유다 왕가를 레바논의 백향목으로 표현했으며(렘 22:6-7), 에스겔서 31장에서는 이집트와 앗시리아의 탁월함을 레바논 백향목에 비유했습니다(겔 31:3-9). 본문에서 레바논의 백향목은 다윗 왕가를 가리키는 것으로 보입니다. 독수리가 잘라낸 '연한 햇순'은 왕위에 오른 지 얼마 되지 않은 여호야긴을 상징하며, 이 순을 상인들의 성읍에 두었다는 표현은 여호야긴 왕이 바빌로니아에 포로로 끌려간 사건을 가리킵니다. 이 독수리가 옥토에 심은 씨앗은 여호야긴의 포로 사건 이후 바빌로니아가 유다에 세운 왕 시드기야를 의미합니다.

덩굴손을 뻗쳤다. 7 다른 큰 독수리 한 마리가 나타났다. 날 개가 크고 깃이 많은 독수리다. 그런데 보아라, 이 포도나무가 뿌리를 그 독수리에게로 뻗고, 가지도 그 독수리에게로 뻗는 것이 아닌가! 이 포도나무는 새로 나타난 그 독수리를 보고 옥토에서 멀리 떨어진 곳에 물을 대달라고 하였다. 8 그 포도나무를 옥토 곧 물이 많은 곳에 심은 것은, 가지를 뻗고 열매를 맺어서 아름다운 포도나무가 되도록 한 것인데, 이 모양이 되고 말았다.' 9 그러므로 너는 그들에게 전하여라. '나주 하나님이 말한다. 그 포도나무가 무성해질 수 있겠느냐? 그 뿌리가 뽑히지 않겠느냐? 그 열매가 떨어지거나, 그 새싹이 말라 죽지 않겠느냐? 그 뿌리를 뽑아버리는 데는, 큰 힘이나 많은 군대를 동원하지 않아도 될 것이다. 10 그러므로 그것을 심어놓았지만 무성해질 수가 있겠느냐? 동쪽 열풍이 불어오면 곧 마르지 않겠느냐? 자라던 그 밭에서 말라버리지 않겠느냐?'"

'알록달록한 깃털을 가진 독수리'(3절)와 '날개가 크고 깃이 많은 독수리'(7절)는 각각 무얼 의미합니까? 3절에서 말하는 독수리는 백향목 끝에 돋은 연한 순을 바빌론으로 가져가고, 다른 씨앗을 가져와 옥토에 심는 존재입니다. 그래서 바빌로니아와 느부갓네살 왕을 가리킨다고 볼 수 있습니다(12-14절). 바빌로니아가 세운 유다의 왕 시드기야는 바빌로니아의 지배로부터 벗어나려 애썼고, 이를 위해 이집트를 비롯한 주변 나라들의 도움을 구했습니다. 바빌로니아가 심은 씨앗, 즉 시드기야의 유다는 자신들을 존재하게 만들어준 첫 번째 독수리가 아닌, 새로 나타난 '날개가 크고 깃이 많은 독수리'(7절)를 향해 물을 대달라고 청하는데, 이 독수리는 이집트를 가리킵니다(15절). 바빌로니아가 시드기야 체제를 성립시켰지만, 정작 시드기야는 이집트에 도움을 요청했습니다.

비유의 해석

11 ○ 주님께서 나에게 말씀하셨다.

12 ○ "너는 저 반역하는 족속에게, 이 비유가 무엇을 뜻하는지 알지 못하겠느냐고 물어보고, 그들에게 일러주어라. 바빌로니아 왕이 예루살렘으로 와서, 왕과 지도자들을 붙잡아 바빌로니아로 끌어갔고, 13 이 나라의 왕족 가운데서 한 사람을 선택하여, 그와 언약을 맺고, 그에게 맹세를 시킨 다음에, 이 나라의 유능한 사람들을 붙잡아갔다. 14 이것은 바빌로니아가 이 나라를 굴복시켜 독립하지 못하게 하고, 그 언약을 지켜야만 명맥을 유지해나가도록 하려 한 것이다.

15 ○ 그런데도 그는 바빌로니아 왕에게 반역하여, 이집트로 사람을 보내서, 자기에게 많은 군마와 군인을 파견해달라고 요청하였다. 그가 성공할 수 있겠느냐? 그런 일을 한 사람이 죽음을 피할 수 있겠느냐? 언약을 어긴 사람이 죽음을 피할 수 있겠느냐?

16 ○ 나 주 하나님의 말이다. 내가 나의 삶을 두고 맹세한다.

이스라엘 왕의 주권을 찾기 위해 외교적인 노력을 기울이는 걸 하나님이 꾸짖는(15절) 이유를 모르겠습니다. 얼핏 이 비유는 바빌로니아에 의해 탄생한 시드기야 정권이 자신들의 존립 근거를 내팽개치고 이집트를 향해 손을 벌렸다고 비난하는 것처럼 보입니다. 그러나 이 본문을 근거로, 시드기야가 바빌로니아에 충성했어야 한다고 결론 내릴 수는 없습니다. 바빌로니아 같은 제국의 본질은 제국의 영향권 아래에 있는 나라가 제국의 그늘에서 절대 벗어나지 못하도록 의존적인 존재로 만드는 데 있습니다(14절). 그래서 이 비유의 진정한 초점은 예루살렘의 근본적인 존재의 근거가 되시는 주 하나님을 버리고 강대국의 그늘 아래서 살아가려 하는 유다의 불신앙을 규탄하는 데 있습니다. 진정으로 예루살렘을 지키는 길은 강대국의 그늘이 아닌, 주 하나님을 신뢰하며 하나님의 규례를 따라 살아가는 삶에 있습니다.

그는 분명히 죽을 것이다. 바빌로니아 왕이 그를 왕으로 세워 주었는데, 그 왕에게 한 맹세를 무시하고, 그와 맺은 언약을 깨뜨렸으니, 왕의 땅인 바빌로니아에서 그와 함께 있다가 죽을 것이다. 17 바빌로니아 군대가 많은 사람을 죽이려고, 그의 성읍 옆에 흙 언덕을 쌓고 높은 사다리를 세울 때에는, 이집트의 바로가 강력한 군사력과 많은 군사로도 전쟁에서 그를 도울 수가 없을 것이다. 18 그가 맹세를 무시하고 언약을 깨뜨렸다. 그가 언약을 어기고 이런 모든 일을 하였기 때문에, 죽음을 피할 수 없을 것이다.

19 ○ 그러므로 나 주 하나님이 말한다. 내가 나의 삶을 두고 맹세한다. 그는 나의 이름을 두고 한 맹세를 업신여겼으며, 나의 이름을 걸고 맺은 언약을 깨뜨렸으므로, 내가 벌을 주어서, 그 죄를 그의 머리로 돌리겠다. 20 내가 그물을 쳐서 그를 망으로 옭아 바빌로니아로 끌고 가서, 거기에서 내가 나를 반역한 그의 반역을 심판하겠다. 21 그의 모든 군대 가운데서 도망한 사람들은 모두 칼에 쓰러질 것이며, 살아남은 사람들은 모

'나의 이름을 두고 한 맹세'와 '나의 이름을 걸고 맺은 언약'의(19절) 실체는 무엇입니까? 16장 60절에서 말하는 언약과 같은 내용입니까? 본문의 배경에는 고대 국가들 사이에 체결하는 조약이 있습니다. 이는 상대 나라를 정복한 주군 국가와 정복당한 봉신 국가가 체결하는 조약으로, 주군 국가는 봉신 국가를 보호하고, 봉신 국가는 주군 국가에 충성을 바칩니다. 구약성경 신명기는 하나님과 이스라엘의 관계를 이렇게 고대 국가의 조약 형식으로 표현했고, 에스겔 17장도 그러한 조약을 배경으로 합니다. 에스겔서는 하나님과 이스라엘 사이에 맺은 조약을 이스라엘이 깨뜨리고 하나님 아닌 다른 것을 쫓았다고 고발합니다. 16장은 이스라엘이 하나님을 배반한 구체적 행태로 우상숭배와 열강 추구를 언급했습니다. 그래서 16장과 17장은 하나님과 이스라엘이 맺은 언약을 배경으로 합니다. 국가 사이의 조약을 깬 나라에 응징이 따르는 것처럼, 언약을 깬 이스라엘에 하나님의 심판이 임할 것입니다.

두 사방으로 흩어질 것이다. 그때에야 비로소 너희는, 이렇게 말한 것이 나 주인 줄 알게 될 것이다."

희망의 약속

22 "주 하나님이 말한다. 내가 백향목 끝에 돋은 가지를 꺾어다가 심겠다. 내가 그 나무의 맨 꼭대기에 돋은 어린 가지들 가운데서 연한 가지를 하나 꺾어다가, 내가 직접 높이 우뚝 솟은 산 위에 심겠다. 23 이스라엘의 높은 산 위에 내가 그 가지를 심어놓으면, 거기에서 가지가 뻗어 나오고, 열매를 맺으며, 아름다운 백향목이 될 것이다. 그때에는 온갖 새들이 그 나무에 깃들이고, 온갖 날짐승들이 그 가지 끝에서 보금자리를 만들 것이다. 24 그때에야 들의 모든 나무가, 나 주가, 높은 나무는 낮추고 낮은 나무는 높이고 푸른 나무는 시들게 하고 마른 나무는 무성하게 하는 줄을, 알게 될 것이다. 나 주가 말하였으니, 내가 그대로 이루겠다."

하나님이 말하는 '백향목 맨 꼭대기에 돋은 연한 가지'(22절)는 무얼 가리킵니까? '연한 가지'는 4절의 '연한 햇순'과 같은 표현입니다. 4절 이하의 내용이 바빌로니아가 제 뜻대로 예루살렘에 왕을 세운 일을 가리킨다면, 22절 이하의 내용은 이제 하나님께서 예루살렘에 행하실 일을 증언합니다. 하나님께서는 예루살렘을 높이 우뚝 솟은 산 위에 심으실 것이고, 그 가지는 쑥쑥 자라서 열매를 맺고 아름다운 백향목이 될 것입니다. 그 나무에는 온갖 새들이 깃들고, 여러 날짐승들이 그 가지 끝에 보금자리를 마련할 것입니다. 하나님께서는 연한 가지로 표현된 작고 약한 것들을 새를 비롯한 온갖 날짐승들이 깃드는 아름다운 백향목으로 자라게 하실 것입니다. 그래서 하나님께서는 높은 나무를 낮추고 낮은 나무를 높이는 분이심이 드러날 것입니다. 작고 작은 겨자씨를 심었더니 잘 자라서 공중의 새들이 깃들었다는 예수님의 비유(마 13:31-32) 또한 이 내용과 본질적으로 같은 메시지를 전합니다.

제18장

개인의 책임

1 주님께서 나에게 말씀하셨다.

2 ○ "너희가 어찌하여 이스라엘 땅에서 아직도 '아버지가 신 포도를 먹으면, 아들의 이가 시다' 하는 속담을 입에 담고 있 느냐?

3 ○ 나 주 하나님의 말이다. 내가 나의 삶을 두고 맹세한다. 너희 가운데서 어느 누구도 다시는 이스라엘에서 이런 속담 을 입에 담지 못할 것이다. 4 모든 영혼은 나의 것이다. 아버 지의 영혼이나 아들의 영혼이 똑같이 나의 것이니, 범죄하는 그 영혼이 죽을 것이다.

5 ○ 어떤 사람이 의로워서 법과 의를 실천한다고 하자. 6 그 가 산 위에서 우상에게 바친 제물을 먹지 않으며, 이스라엘 족속의 우상들에게 눈을 팔지 않으며, 이웃의 아내를 범하지 않으며, 월경을 하고 있는 아내를 가까이 하지 않으며, 7 사

'모든 영혼이 하나님의 것'이라는 사실이 '범죄하는 그 영혼이 죽을 것'이라는 원칙의 (4절) 근거가 될 수 있습니까? 우리말 성경에서 '영혼'으로 옮긴 히브리어('네페쉬') 는 오늘날 우리가 떠올리는 '영혼'이 아니라, '그 사람 자체' 혹은 '목숨'을 의미합니 다. 그래서 이 구절은 "모든 생명이 하나님의 것"이라는 선언입니다. 아버지의 잘못 때문에 아들이 함께 심판받지 않으며, 자손의 죄를 아버지 세대가 책임지지 않습니 다. 아버지는 아버지대로, 아들은 아들대로, 각자가 모두 하나님께 속하며, 하나님 께서 그 생명을 주관하십니다. 그렇기에 아버지가 어떤 삶을 살았든 상관없이 아들 은 아들대로, 아버지는 아버지대로 하나님 앞에 서서 자기가 행한 삶의 길을 따라 심판을 받습니다.

람을 학대하지 않으며, 빚진 사람의 전당물을 돌려주며, 아무것도 강제로 빼앗지 않으며, 굶주린 사람에게 먹을 것을 주며, 헐벗은 사람에게 옷을 입혀주며, 8 돈놀이를 하지 않으며, 이자를 받지 않으며, 흉악한 일에서 손을 떼며, 사람과 사람 사이에서 공정한 판결을 내리며, 9 나의 모든 율례대로 살아가며, 나의 모든 규례를 지켜서 진실하게 행동하면, 그는 의로운 사람이니, 반드시 살 것이다. 나 주 하나님의 말이다. 10 ○ 그런데 그가 아들을 하나 낳았다고 하자. 그 아들이 이 모든 선은 하나도 행하지 않고, 이들 악 가운데서 하나를 범하여 폭력을 휘두르거나, 사람을 죽여 피를 흘리게 하거나, 11 아버지와는 반대로 산 위에서 우상에게 바친 제물을 먹거나, 이웃의 아내를 범하거나, 12 가난하고 어려운 사람을 학대하거나, 강제로 빼앗거나, 전당물을 돌려주지 않거나, 온갖 우상들에게 눈을 팔거나, 역겨운 일을 하거나, 13 돈놀이를 하거나, 이자를 받거나 하면, 그가 살 수 있겠느냐? 그는 절대로 살지 못할 것이니, 이 모든 역겨운 일을 하였으므로, 죽을 수밖에 없다. 자기의 피가 자기에게로 돌아갈 것이다.

'이자'를 죄악시하는(8절) 이유를 모르겠습니다. 이자가 없다면 돈을 꾸어줄 사람이 없을 테고, 가난한 이들로선 자금 융통이 더 어려워지지 않을까요? 아예 투자를 위한 목적이나 다른 상업적 목적의 대출은 성경에서도 허용된다고 볼 수 있습니다(예, 마 25:27). 반면 구약성경에서 금지하는 이자 받기는 함께 살아가는 이웃들 사이에서 이자 받는 행위를 뜻합니다. 이자는 상대방의 어려움과 곤경을 이용해 돈을 버는 행위이며, 구약성경은 이런 행위를 금지함으로써 이웃의 곤경이 나의 유익의 통로가 되어서는 안 된다는 원칙을 명확하게 보여줍니다. 구약성경이 증언하는 공동체는 서로 지탱하고 지지하며 함께 살아가는 공동체라는 것을 여기에서 알 수 있습니다. "서로를 위하고 서로를 돌본다"라는 다소 추상적인 개념을 이 본문은 서로를 위한 무이자 대출이라는 구체적인 모습으로 표현했습니다.

14 ○ 그런데 이 의롭지 못한 그가 아들을 하나 낳았다고 하자. 그 아들이 자기 아버지가 지은 모든 죄를 보고 두려워하여서, 그대로 따라 하지 않고, 15 산 위에서 우상에게 바친 제물을 먹지도 않으며, 이스라엘 족속의 우상들에게 눈을 팔지도 않으며, 이웃의 아내를 범하지도 않으며, 16 아무도 학대하지 않으며, 전당물을 잡아두지도 않으며, 강제로 빼앗지도 않고, 굶주린 사람에게 먹을 것을 주며, 벗은 사람에게 옷을 입혀주며, 17 흉악한 일에서 손을 떼고, 가난한 자를 압제하지 않으며, 돈놀이를 하지 않으며, 이자를 받지 않으며, 나의 규례를 실천하고, 나의 율례대로 살아가면, 이 사람은 자기 아버지의 죄악 때문에 죽지 않고, 반드시 살 것이다. 18 그렇지만 그의 아버지는 심히 난폭하여 동족을 학대하고, 친척의 것을 강제로 빼앗고, 자기 민족 가운데서 좋지 않은 일을 하였으므로, 그는 자신의 죄악 때문에 죽을 것이다.

19 ○ 그런데 너희는, 왜 그 아들이 아버지의 죄에 대한 벌을

죄를 지은 바로 그 사람이 벌을 받는 건(20절) 당연한 일인데, 옛 이스라엘에선 그렇지 않았나 봅니다. 죄 지은 이가 벌을 받는 것은 당연합니다. 그러나 우리 누구도 죄를 전혀 짓지 않고 살지는 못합니다. 하나님께서는 에스겔을 파수꾼으로 부르셨는데, 파수꾼의 사명을 받은 예언자의 직무는 사람이 죄를 지은 다음부터 작동합니다. 예언자는 죄를 지은 악인에게 가서 그가 마땅히 받을 하나님의 심판을 전합니다. 그 경고를 들은 악인이 그간 저지른 악에서 돌이키면, 놀랍게도 그는 죄를 지은 자임에도 불구하고 살게 됩니다. 그런데 그가 예언자의 말을 듣고도 돌이키지 않으면, 예언자가 선포했던 대로 하나님의 심판이 그에게 임합니다. 이때 그의 아들이나 아버지가 어떤 삶을 살았는지는 조금도 고려하지 않습니다. 오직 자신의 잘못에 대해 책망받을 때 그가 어떻게 대응하느냐에 따라 하나님의 심판이 실제로 임하기도 하고, 거두어지기도 합니다. 하나님의 심판은 악인을 없애버리는 것이 아닌, 그 어떤 사람이라도 살리고 회복하는 데 목적이 있기 때문입니다.

받지 않느냐고 묻는다. 그러나 그 아들은 법과 의를 실천하며, 나의 율례를 다 지키고 그것들을 실천하였으므로, 그는 반드시 살 것이다. 20 죄를 지은 영혼 바로 그 사람이 죽을 것이며, 아들은 아버지의 죄에 대한 벌을 받지 않을 것이며, 아버지가 아들의 죄에 대한 벌도 받지 않을 것이다. 의인의 의도 자신에게로 돌아가고, 악인의 악도 자신에게로 돌아갈 것이다.

21 ○ 그러나 악인이라도 자기가 저지른 모든 죄악에서 떠나 돌이켜서, 나의 율례를 다 지키고 법과 의를 실천하면, 그는 반드시 살고, 죽지 않을 것이다. 22 그가 지은 모든 죄악을, 내가 다시는 더 기억하지 않을 것이다. 그는 자신이 지킨 의 때문에 살 것이다. 23 나 주 하나님의 말이다. 악인이 죽는 것을, 내가 조금이라도 기뻐하겠느냐? 오히려 악인이 자신의 모든

하나님의 재판 기준에 동의하기 어렵습니다. 공정한 재판이 되려면 이전의 허물이나 공로까지(21, 24절) 참작해야 하지 않을까요? 공정한 재판을 위해 과거의 허물이나 공로를 모두 참작한다면, 우리 인생은 일종의 대차대조표와 같을 것입니다. 한쪽에는 우리가 저질렀던 잘못을, 다른 쪽에는 우리가 행했던 선한 일을 기록한 뒤, 인생의 마지막 시간에 전체를 합산해 최종 판단을 내리는 것입니다. 이런 재판이야말로 철저하게 '행위에 따른 재판', '잘잘못에 따른 재판'입니다. 오로지 그가 행한 대로 구원과 심판을 받는 이러한 방식을 교회에서는 '행위 구원'이라 표현합니다. 그러나 만일 하나님께서 그렇게 재판하신다면, 큰 악을 저지른 자는 회복이 거의 불가능할 것입니다. 반대로 큰 선을 행한 자는 이후에 엄청난 잘못을 저지르지 않는 한, 구원이 보장될 것입니다. 과연 이것을 공정이라 말할 수 있을까요? 도리어 하나님께서는 그가 과거에 어떤 삶을 살았는지와 상관없이, 지금 악과 죄에서 돌이켜 선을 행한다면 그에게 구원을 선포하십니다. 반대로 이전에 제아무리 많은 선을 쌓았더라도 지금 다른 사람을 괴롭히고 압제한다면 하나님의 심판을 받을 것입니다. 지금 하나님의 말씀 앞에서 어떻게 반응하는가, 그것이 하나님의 재판 기준입니다. 이 기준으로 인해 누구라도 언제든 새로 시작할 수 있으며, 여기에는 하나님의 뜻과 사랑, 은혜가 담겨 있습니다.

길에서 돌이켜서 사는 것을, 내가 참으로 기뻐하지 않겠느냐?

24 ○ 그러나 의인이 자신의 의를 버리고 돌아서서 죄를 범하고, 악인이 저지르는 모든 역겨운 일을 똑같이 하면, 그가 살수가 있겠느냐? 그가 지킨 모든 의는 전혀 기억되지 않을 것이다. 그는 자신의 불성실과 자신이 지은 죄 때문에 죽을 것이다.

25 ○ 그런데 너희는, 내가 일을 처리하는 방법이 공평하지 못하다는 말을 하는구나. 이스라엘 족속아, 너희는 잘 들어라. 내가 일하는 방법이 어찌 공평하지 않으냐? 너희가 하는 행실이 오히려 공평하지 않은 것이 아니냐? 26 의인이 자신의 의를 버리고 돌아서서, 죄를 짓다가, 그것 때문에 죽는다면, 그는 자신이 지은 죄 때문에 죽는 것이다. 27 그러나 악인이라도, 자신이 저지른 죄에서 떠나 돌이켜서, 법대로 살며, 의를 행하면, 자기의 목숨을 보전할 것이다. 28 그가 스스로 깨닫고, 자신이 지은 모든 죄에서 떠나 돌이켰으니, 그는 반드시 살 것이요, 죽지 않을 것이다.

29 ○ 그런데도 이스라엘 족속은, 내가 일하는 방법이 공평하지 않다는 말을 하는구나. 이스라엘 족속아, 내가 일하는

'법대로'(27절)라는 말은 무슨 뜻입니까? 여기서 말하는 법은 무슨 법입니까? 18장에서 '법'으로 번역된 표현은 기본적으로 '정의'로 이해할 수 있으며, 여기에 '의'와 결합한 형태인 '정의와 공의'(새번역 성경은 '법과 의'로 번역. 5, 19, 21, 27절)는 하나님께서 그 백성에게 요구하시는 삶을 가리키는 전형적인 표현입니다. '법' 혹은 '정의'는 억울한 일이 없도록 집행하는 재판을 가리키며, 공정한 재판의 결과로 실현되는 정의를 의미하기도 합니다. '법'과 '의'가 결합된 '법과 의' 혹은 '정의와 공의'의 내용을 5~9절에서 볼 수 있습니다. 법과 의를 행하는 삶은 우상숭배를 멀리하는 등의 종교적인 규례, 그리고 이웃을 학대하지 않고, 빚을 이용해 이웃을 압제하지 않으며, 굶주리고 헐벗은 이를 돕는 것, 이자를 받지 않는 것, 누구라도 공정한 재판을 받을 수 있도록 하는 것과 같은 사회적 규례로 이루어집니다.

방법이 어찌 공평하지 않으냐? 너희가 하는 행실이 오히려 공평하지 않은 것이 아니냐?

30 ○ 나 주 하나님의 말이다. 그러므로 이스라엘 족속아, 나는 너희 각 사람이 한 일에 따라서 너희를 심판하겠다. 너희는 회개하고, 너희의 모든 범죄에서 떠나 돌이켜라. 그렇게 하면, 죄가 장애물이 되어 너희를 넘어뜨리는 일이 없을 것이다. 31 너희는, 너희가 지은 죄를 모두 너희 자신에게서 떨쳐 내버리고, 마음과 영을 새롭게 하여라. 이스라엘 족속아, 너희가 왜 죽고자 하느냐? 32 죽을 죄를 지은 사람이라도, 그가 죽는 것을 나는 절대로 기뻐하지 않는다. 그러므로 너희는 회개하고 살아라. 나 주 하나님의 말이다."

하나님이 같은 내용을 세 번이나 되풀이해 가며(5-18절) 전달하려는 메시지는 무엇입니까? 죄가 대물림되지 않음을 강조하려는 것입니까? 이 본문의 배경에는 유다 사람들의 불평이 깔려 있습니다. 바빌로니아에 포로로 끌려간 유다 사람들은 조상들의 불순종 때문에 포로 생활을 겪어야 하는 자신들의 처지를 한탄하며, 이러한 상황이 올바르지 않다고 하나님께 불평했습니다. 이러한 세대를 향해 에스겔은 언제라도 하나님께서 요구하시는 정의와 공의를 행한다면 하나님께서 반드시 그들과 함께하시며 그들을 살리고 회복하실 것이라 전합니다. 조상들의 불순종으로 인해 포로가 되는 심판을 겪고 있지만, 부모 세대의 잘못을 핑계 삼지 말고 언제든 어느 땅에서든 하나님의 규례대로 걸어가는 것이 중요하다고 에스겔은 강조합니다. 결국 에스겔의 메시지는 30-32절로 집약됩니다. "지금이라도 마음과 영을 새롭게 하고, 악에서 돌이켜라." 이것이 에스겔의 촉구입니다.

제19장

애가

1 "너는 이스라엘의 지도자들에게 불러줄 애가를 지어라. 2 너는 이렇게 불러라. '너의 어머니는 누구였느냐? 사자들 가운데 엎드려 있으면서, 젊은 사자들 틈에서 제 새끼들을 기르던 암사자였다. 3 그 새끼들 가운데서 하나를 키웠더니, 젊은 사자가 되었다. 그가 사냥하는 것을 배워, 사람을 잡아먹으니, 4 이방 민족들이 이 소식을 듣고, 함정을 파서 그를 잡아 갈고리로 꿰서, 이집트 땅으로 끌어갔다. 5 암사자는 새끼를 기다리다가 희망이 끊어진 것을 깨닫고, 제 새끼들 가운데서 다른 것을 하나 골라, 젊은 사자로 키웠더니, 6 그가 사자들 가운데서 어울리며, 젊은 사자가 되었다. 그가 사냥하는 것을 배워, 사람을 잡아먹으며 7 그들의 거처를 모두 파괴하니, 성읍들이 황량해지고 그의 으르렁대는 소리에 땅과 그 안에 가득 찬 것이 황폐해졌다. 8 그러자 이방 민족들이 그를 치려고

'암사자'(2절)와 '물가에 심은 포도나무'(10절)는 무얼 말합니까? 같은 대상을 가리키는 다른 상징입니까? 2–9절에서 '암사자'가 낳은 젊은 사자들이 이집트와 바빌로니아로 끌려갔다는 내용으로 볼 때, 끌려간 젊은 사자들은 유다의 마지막 왕들을 가리킨다고 볼 수 있습니다. 여기서 암사자는 특정 인물이라기보다는, 이 왕들을 배출한 '다윗 왕가'를 가리킨다고 이해할 수 있습니다. 10–14절에서는 전반부의 '젊은 사자들'에 대응하는 것으로 '포도나무'와 그 '가지'를 제시합니다. 이 단락에서도 포도나무가 뽑혀 가지들이 전부 꺾이고 말라버렸다고 서술하는데, 이 역시 다윗 왕가의 완전한 몰락을 가리키는 것으로 이해할 수 있습니다. 전반부의 비유가 다윗 왕가의 왕들이 저지르는 악행을 좀 더 강조했다면(3, 6–7절), 후반부 비유는 완전히 초라하게 몰락해버린 다윗 왕가의 실상을 강렬하게 그려내고 있습니다.

사방 여러 지역에서 와서, 그의 위에 그물을 치고 함정을 파서 잡아 9 갈고리로 그의 코를 꿰어 철창에 넣어서, 바빌로니아 왕에게로 데리고 갔다. 그들은 그의 으르렁대는 소리가 다시는 이스라엘의 모든 산에 들리지 않게, 그를 감옥에 가두었다. 10 네 어머니는 네 포도원 안에 있는 물가에 심은 포도나무 같아서, 물이 많으므로 열매가 많고 가지가 무성하며, 11 그 가지 가운데 가장 센 가지가 통치자의 통치 지팡이가 되었다. 그 하나가 굵고 큰 가지들보다 더 높이 솟았고 많은 가지 가운데서 우뚝 솟았으나 12 그 포도나무가 분노 가운데 뽑혀서 땅바닥에 던져지니, 그 열매가 동풍에 마르고, 그 튼튼한 가지들은 꺾이고 말라서, 불에 타버렸다. 13 이제는 그 나무가 광야에, 가물고 메마른 땅에 심겨 있다. 14 그 가운데 큰 가지에서 불이 솟아 나와 그 가지와 열매를 태워버리니, 통치자들의 통치 지팡이가 될 만한 튼튼한 가지가 하나도 남지 않았다.'"
○ 이것은 애가인데, 사람들이 부르고 또 불렀다.

이 애가는 비유와 상징으로 가득합니다. 이스라엘 지도자와 백성들은 그 뜻과 하나님의 의도를 정확하게 깨달을 수 있었을까요? '애가'는 누군가의 죽음을 슬퍼하며 장례식장이나 초상집에서 부르는 노래입니다. 우리말로는 잘 구별되지 않지만, 히브리어 원문 19장은 그러한 '애가'의 운율을 따르고 있습니다. 에스겔은 아직 유다 나라가 존재하고 있음에도 불구하고 이 같은 '애가'를 부릅니다. 이를 통해 유다가 살았으나 이미 죽은 것과 다를 바 없으며, 닥쳐올 멸망을 결코 피할 수 없을 것임을 강력하게 전달합니다. 오늘날 우리가 읽을 때는 '애가'의 운율도 느낄 수 없고, 비유의 의미도 다소 불분명해서 효과적인 전달 방식이 아니라고 생각될 수도 있습니다. 그러나 고대 이스라엘 사람들에게는 이러한 비유와 상징이 유다의 멸망을 강렬하게 표현하는 데 매우 효과적인 방식이었을 것입니다. 또한 운율에 맞춘 함축적인 표현이라는 점에서, 19장의 내용은 입에서 입으로 전하며 기억하기에도 훨씬 더 적절한 표현 방식이었을 것입니다.

{ 제20장 }

하나님의 뜻, 사람의 반역

1 제칠 년 다섯째 달 십 일에 이스라엘의 장로들 가운데서 몇 사람이, 주님의 뜻을 물으려고 나에게 와서, 내 앞에 앉았다. 2 그때에 주님께서 나에게 말씀하셨다. 3 "사람아, 너는 이스라엘의 장로들에게 이야기하고, 그들에게 전하여라. '나 주 하나님이 말한다. 너희가 나의 뜻을 물으려고 와 있느냐? 내가 나의 삶을 두고 맹세한다. 나는 너희가 묻는 것을 허락하지 않겠다. 나 주 하나님의 말이다' 하고 말하여라.

4 ○ 너 사람아, 오히려 네가 그들을 심판해야 하지 않겠느냐? 사람아, 네가 그들을 심판해야 하지 않겠느냐? 그들의 조상이 저지른 역겨운 일을 그들에게 알려주어라. 5 너는 '주 하나님께서 이렇게 말씀하신다' 하고 그들에게 일러주어라. 내가 옛날에 이스라엘을 선택하고, 야곱 집의 자손에게 손을 들어 맹세하고, 이집트 땅에서 나 자신을 그들에게 알려주고,

---

하나님이 뜻을 물으러 온 장로들에게 입조차 떼지 못하게 막는(3절) 이유는 무엇입니까? 묻는 것을 허락하지 않겠다는 표현은 31절에도 등장합니다. 4절부터 30절까지는 지금 에스겔에게 나아온 이들과 그들의 조상들이 이제까지 이스라엘의 역사 안에서 줄기차고도 끈질기게 하나님을 거역해온 행위들을 열거합니다. 그리고 이러한 거역은 현재에도 이어지고 있습니다. 그런데도 사람들은 하나님께 나아와 무언가를 묻고자 합니다. 구체적으로 무엇을 묻는지는 본문에 나오지 않지만, 대개 앞날의 평안과 안전, 성공, 복을 얻고자 미래에 대해 묻는다고 볼 수 있습니다. 하나님께 순종하며 하나님의 규례를 따라 살아가는 삶이 결여된 채로 평안과 복만을 구하는 것은 주 하나님의 뜻에 절대 맞지 않습니다. 사이비 종교에서는 그런 일이 가능할지 몰라도, 주 하나님의 뜻 안에서는 용납될 수 없습니다.

그들에게 손을 들고 맹세할 때에 내가 그들의 주 하나님이라고 일러주었다. 6 그날에 나는 그들에게 손을 들어 맹세하기를, 그들을 이집트 땅에서 이끌어내서, 내가 이미 그들에게 주려고 골라두었던 땅, 곧 젖과 꿀이 흐르는 땅이요, 모든 땅 가운데서 가장 아름다운 땅으로 인도하겠다고 하였다.

7 ○ 내가 또 그들에게 일러주었다. 각자 눈을 팔게 하는 우상들을 내던지고, 이집트의 우상들로 그들 자신을 더럽히지 말라고 하였다. 나는 주 그들의 하나님이라고 말하였는데도 8 그들은 나에게 반역하고, 나의 말을 들으려고 하지 않았다. 어느 누구도 그들을 현혹시키는 우상들을 내던지지 않았고, 이집트의 우상들도 버리지 않았다. 그래서 나는 이집트 땅의 한복판에서 그들 위에 나의 진노를 쏟아부어, 그들에게 나의 분노를 풀겠다고 말하였다. 9 그러나 나는 나의 이름 때문에, 이방 민족의 한가운데 살던 이스라엘이, 그 모든 이방 민족이 보는 앞에서 나의 이름을 더럽히지 않게 하였으니, 바로 그

이스라엘 백성들은 이집트에서 종살이하던 시절에도 신앙적으로 온전하지 못했다는 말처럼 들립니다(8절). 사실입니까? 이스라엘이 이집트 시절부터 하나님을 거역했다는 내용은 오직 에스겔서에서만 볼 수 있습니다. 이러한 내용은 23장에도 반복됩니다(23:3, 8, 19–21, 27). 이집트를 떠나 40년간 광야를 떠돌 당시 이스라엘은 이집트 시절을 그리워했는데(출 16:2–3; 민 11:5–6; 20:5), 어쩌면 그러한 배경 때문에 이집트 시절에 대한 부정적인 시각이 형성되었을 수 있습니다. 여호수아기는 "여러분의 조상이 … 이집트에서 섬기던 신들"(수 24:14)이라는 구절을 통해 이집트 시절의 우상숭배를 간접적으로 보여주기도 합니다. 그러나 지극히 단편적인 이러한 언급들과 달리, 에스겔서는 이스라엘의 이집트 시절을 강렬한 어조로 증언합니다. 에스겔에 따르면 이스라엘의 죄악과 불순종은 우연이거나 일시적인 현상이 아니라, 하나님께서 그들을 이집트에서 건져내겠다고 하신 바로 그때에도 이미 존재하던 뿌리 깊은 문제입니다.

여러 민족이 보는 앞에서, 내가 그들을 이집트 땅에서 이끌어 냄으로써, 나 자신을 그들에게 알려주었었다.

10 ○ 그래서 나는 그들을 이집트 땅에서 이끌어내서, 광야로 데리고 나갔다. 11 나는 그들에게, 누구나 그대로 실천하면 살 수 있는 율례를 정하여주고, 내 규례를 알려주었다. 12 또 나는 그들에게 안식일도 정하여주어서, 이것이 나와 그들 사이에 표징이 되어, 내가 그들을 거룩하게 하는 주인 줄 알게 하였다. 13 그러나 이스라엘 족속이 광야에서 나에게 반역하였다. 누구나 그대로 실천하면 살 수 있는 내 율례를 그들은 지키지 않았고, 내 규례를 배척하였다. 그들은 내 안식일도 크게 더럽혔다. 그래서 내가 이르기를, 광야에서 그들의 머리 위에 내 진노를 쏟아, 그들을 모두 멸망시키겠다고 하였다. 14 그러나 나는, 내 이름에 욕이 될까 봐, 그렇게 하지 못하였다. 이방 민족들이 보는 앞에서 이스라엘을 이끌어냈는데, 바

안식일이 어떻게 하나님을 '거룩하게 하는 주인 줄 알게 하는 표징'(12절)이 될 수 있습니까? 본문에 따르면 안식일은 하나님께서 그 백성을 '거룩하게', 즉 다른 백성들과 구별하시는 표징입니다. 이스라엘이 하나님의 백성임을 시각적으로 드러내는 제도가 바로 안식일이라는 의미입니다. 규례와 법도는 대개 "무엇을 하라"라는 명령으로 이루어지는데, "아무 일도 하지 말라"가 핵심 명령인 안식일을 표징으로 삼은 것은 매우 특이합니다. 안식일이 고대 중동 종교와 법전에서 찾아볼 수 없는 제도라는 사실은, 안식일이 하나님의 백성의 표징이라는 에스겔서의 표현을 더 깊이 생각하게 합니다. 하나님께서 엿새 동안 세상을 창조하고 이레째 되는 날에 쉬셨듯이, 모든 이스라엘은 안식일에 아무 일도 하지 않고 쉽니다. 자신만 쉬는 것이 아니라, 자기 집에 함께 거하는 가족과 종, 가축과 잠시 머무는 나그네까지 쉬게 합니다. 그런 면에서 에스겔에게 하나님의 규례와 법도는 전적으로 하나님의 긍휼로 건짐을 받은 백성에게 베풀어주신 은혜로운 새 삶을 확인하게 됩니다. 율법을 지키면 살고, 안식일을 지켜 아무 일도 하지 않고 쉬면 삽니다. 이를 통해 이스라엘을 구별하시는 하나님을 세상에 증언하게 됩니다.

로 그 이방 사람들의 눈앞에서, 내 이름을 더럽히고 싶지 않았다. 15 또 나는 광야에서 그들에게 손을 들어 맹세하기를, 내가 그들에게 주기로 한 땅, 젖과 꿀이 흐르는 땅, 모든 땅 가운데서 가장 아름다운 땅으로, 그들을 데리고 들어가지 않겠다고 하였다. 16 그것은 그들이 자기들의 마음대로 우상을 따라가서 나의 규례를 업신여기며, 나의 율례를 지키지 않으며, 나의 안식일을 더럽혔기 때문이다. 17 그런데도 나는 그들을 불쌍하게 여기어, 그들을 죽이지 않고, 광야에서 그들을 멸하여 아주 없애지 않았다.

18 ○ 나는 광야에서 그들의 자손에게 말하기를 '너희는, 너희 조상의 율례를 따르지 말고, 그들의 규례를 지키지 말며, 그들의 우상으로 너희 자신을 더럽히지 말아라. 19 나는 주 너희의 하나님이다. 너희는, 나의 율례를 따르고, 나의 규례를 지켜, 그대로 실천하여라. 20 너희는, 나의 안식일을 거룩하게 지켜서, 그것이 나와 너희 사이에 맺은 언약의 표징이

20절에서는 다시 안식일을 '언약의 표징'으로 규정합니다. 그렇다면 일요일에 교회에 가는지가 언약의 지속 여부를 결정한다는 뜻입니까? 그렇지 않습니다. 구약성경 출애굽기 20장 8-11절, 신명기 5장 12-15절은 안식일을 거룩히 지키라고 명령하는 본문인데, 꽤 긴 분량을 안식일에 할애하면서도 '예배'와 관련된 내용이 아니라 오직 '쉼'에 대해 이야기합니다. 그리고 그 '쉼'은 혼자만의 쉼도, 지위 높은 이들만의 쉼도, 남자들만의 쉼도, 인간만의 쉼도 아닙니다. 남자와 여자, 주인과 종, 이스라엘 사람과 외국인 나그네, 사람과 가축까지, 모두가 누리는 쉼입니다. 하나님과 언약 맺은 백성의 가장 중요한 표징은 하루라도, 단 한 시간이라도 더 일해야 하는 것이 아니라, 하나님의 인도하심을 신뢰하며 나도 쉬고 다른 이들도 쉬게 하는 것입니다. 그래서 언약의 표징은 '쉼'이지, 예배가 아닙니다. 오늘날 기독교인들이 일요일에 모여 예배하는 까닭은 함께 모여 예배하며 삶을 나누기에 적절한 날이 달리 없고, 그나마 많은 이들이 쉬는 날이 일요일이기 때문입니다.

되어, 내가 주 너희의 하나님인 줄 알게 하여라' 하였다.

21 ○ 그런데 그 자손도 나에게 반역하였다. 누구나 그대로 실천하면 살 수 있는 나의 율례를 따르지 않았고, 나의 규례를 지키지 않았고, 나의 안식일을 더럽혔다. 그래서 나는 광야에서 그들의 머리 위에 나의 진노를 쏟아부어, 그들에게 나의 분노를 풀겠다고 말하였다. 22 그러나 나는 내 이름 때문에, 그렇게 하지 못하였다. 이방 민족들이 보는 앞에서 그들을 이끌어냈는데, 바로 그 이방 사람들의 눈앞에서 내 이름을 더럽히고 싶지 않아서, 내 손을 거두었던 것이다. 23 그러면서도 그들을 이방 민족들 가운데 흩어놓고, 여러 나라 가운데 헤치겠다고 내가 광야에서 또 한 번 손을 들어 맹세한 것은, 24 그들의 눈이 자기 조상의 우상에게 팔려서, 나의 규례대로 살지 않고, 나의 율례를 배척하며, 나의 안식일을 더럽혔기 때문이다.

25 ○ 그래서 내가 그들에게, 옳지 않은 율례와, 목숨을 살리

하나님은 후회와 진노를 거듭합니다(8, 13, 21절). 완전하고 전능한 하나님이 어떻게 후회할 결정을 할 수 있습니까? 하나님께서 재앙을 내리지 않고 그 백성을 다시 이끄시는 까닭으로 '하나님의 이름'이 반복해서 제시됩니다(9, 14, 22절). '하나님의 이름'은 달리 표현하면 '하나님의 명예'입니다. 아버지의 명예, 부모의 명예, 교회의 명예, 학교의 명예, 나아가 국가의 명예 같은 표현은 예나 지금이나 자주 쓰입니다. 이러한 표현이 쓰일 때는 멀쩡히 존재하는 현실을 없는 현실인 것처럼 포장하는 경우가 많습니다. 그러나 하나님께서는 이방 앞에서 하나님의 이름이 모욕당하지 않도록 하나님의 이름을 위해, 범죄한 이스라엘을 종살이하던 애굽 땅에서 건져내고 약속한 땅으로 이끄십니다. 사람은 자신의 체면을 위해 문제 많은 자식을 없는 셈 치고 사람들 눈에 띄지 않게 만들지만, 하나님께서는 하나님의 명예를 위해 문제 많은 이스라엘을 애굽에서 인도해내고 약속의 땅에 들어가게 하십니다. 즉 '하나님의 이름을 위한 구원'이라고 표현했지만, 실제로는 하나님의 백성을 향한 하나님의 끝없는 사랑이 이 모든 상황의 본질입니다.

지 못하는 규례를, 지키라고 주었다. 26 나는 그들이 모두 맏아들을 제물로 바치도록 시켰고, 그들이 바치는 그 제물이 그들을 더럽히게 하였다. 내가 이렇게 한 것은, 그들을 망하게 하여 내가 주인 줄 그들이 알게 하려는 것이었다.

27 ○ 그러므로 사람아, 너는 이스라엘 족속에게 말하여라. 그들에게 일러주어라. '나 주 하나님이 말한다. 너희 조상은 이런 일을 저질러 나를 배반함으로써, 나를 모독하였다. 28 내가 일찍이 그들에게 주겠다고 손을 들어서 맹세한 땅으로 그들을 데리고 들어왔더니, 그들은 모든 높은 언덕과 잎이 무성한 나무를 보고, 그곳에서 짐승을 잡아 우상에게 제물로 바치고, 거기서 나를 분노하게 하는 제물을 바쳤다. 그들은 거기서 우상에게 향기로운 제물을 바치며, 부어 드리는 제물을 바쳤다. 29 그래서 내가, 그들이 찾아다니는 그 산당이 무엇이냐고 그들에게 꾸짖었다.' (그런 곳의 이름을 오늘날까지 바

'옳지 않은 율례와, 목숨을 살리지 못하는 규례'(25절)를 지키는 걸 하나님이 허락했다는 말인가요? 이어지는 26절을 볼 때, 여기서 '옳지 않은 율례'는 맏아들을 제물로 바치는 것을 가리킵니다. 이것은 사람이나 짐승이나 처음 태어난 모든 것은 하나님의 것이라는 규례(출 13:2, 12; 34:19-20)와 관련되어 있습니다. 당연히 사람은 어린 양 같은 제물을 대신 드리도록 규정되어 있습니다(민 18:15). 그렇지만 고대 중동에서는 신에게 극진한 정성을 표현하기 위해 자신의 맏아들을 불태워 바치는 경우가 종종 있었습니다(예, 왕하 3:27). 극단적인 종교심이라 말할 수 있는 이러한 사례는 사실 그리 드물지 않습니다. '올바른 삶'은 어떻게 살아야 할지 고민되는 일인 반면, '온 정성을 다해 가장 값지고 귀한 것을 바치기'는 겉으로 드러나는 행위니까요. 그런 점에서 에스겔서 본문은 하나님의 규례와 법도는 그토록 무시하면서도 극단적인 종교심 때문에 자녀를 제물로 바치라는 명령은 행하는 이스라엘의 잘못된 행태를 비꼬는 것으로 이해할 수 있습니다. 그리고 이스라엘의 이러한 행태는 수천 년 전을 배경으로 하는 성경 말씀을 지나치게 문자적으로만 이해했기 때문에 비롯되는 것입니다.

마라고 부른다.)

30 ㅇ 그러므로 너는 이스라엘 족속에게 전하여라. '나 주 하나님이 말한다. 너희도 너희 조상들의 행실을 따라 너희 자신을 더럽히고, 그들의 역겨운 우상을 따라다니며 음행을 하느냐? 31 또 너희는 온갖 제물을 바치고 너희 아들들을 불 가운데로 지나가게 하여 제물로 바침으로써, 너희가 오늘날까지 우상들을 섬김으로써, 너희 자신을 더럽히고 있다. 그런데도 내가, 너희가 나에게 묻는 것을 허락할 수 있겠느냐? 이스라엘 족속아, 내가 나의 삶을 두고 맹세한다. 나는 너희가 나에게 묻는 것을 허락하지 않겠다. 나 주 하나님의 말이다.'"

주님께서 이스라엘을 회복하시다

32 ㅇ "너희가 스스로 이르기를 '우리가 이방 사람 곧 여러 나라의 여러 백성처럼 나무와 돌을 섬기자' 하지만, 너희 마음에 품고 있는 생각대로는 절대로 되지 않을 것이다. 33 내가 나의 삶을 두고 맹세한다. 나 주 하나님의 말이다. 내가 반드시 능한 손과 편 팔로 분노를 쏟아, 너희를 다스리겠다. 34 내

'민족의 광야'(35절)란 무얼 설명하는 말입니까? "목자의 지팡이 밑으로 지나간다"(37절)는 말도 무슨 뜻인지 모르겠습니다. 35절에 이어지는 36절이 '이집트 땅 광야'를 언급한다는 점에서 35절과 36절은 서로 대응된다고 볼 수 있습니다. 하나님께서는 이스라엘을 이집트로부터 건져내 광야로 인도하십니다. 광야는 이스라엘이 하나님의 언약 백성으로 살아가는 첫걸음, 첫 장소라고 할 수 있습니다. 그래서 하나님께서 그 백성을 새롭게 인도하실 때 그들을 데리고 광야로 가시는 장면은 호세아서에서도 볼 수 있습니다(호 2:14-15). 여기서 '민족의 광야'는 특정한 지리적 장소가 아니라, 이제 하나님께서 여러 나라와 민족들 가운데 흩어졌던 이스라엘을

가 능한 손과 편 팔로 분노를 쏟아, 너희를 여러 나라에서 데리고 나오며, 너희가 흩어져 살고 있는 여러 나라에서 너희를 모아오겠고, 35 내가 너희를 인도하여 '민족의 광야'로 데리고 나가서, 거기에서 너희와 대면하여 너희를 심판하겠다. 36 내가 이집트 땅 광야에서 너희 조상을 심판한 것과 똑같이, 너희를 심판하겠다. 나 주 하나님의 말이다.

37 ○ 내가 너희를 목자의 지팡이 밑으로 지나가게 하여, 너희의 숫자를 세며, 언약의 띠로 맬 것이다. 38 나는 너희 가운데서 나에게 반역하고 범죄한 사람들을 없애버리겠다. 그들이 지금 거주하는 땅에서, 내가 그들을 데리고 나오기는 하겠으나, 그들이 이스라엘 땅으로 들어가지는 못할 것이다. 그때에야 비로소 너희는, 내가 주인 줄 알게 될 것이다.

39 ○ 나 주 하나님이 말한다. 너희 이스라엘 족속아, 너희는, 각자 너희의 우상들을 섬길 테면 섬겨라. 너희가 지금은 내 말을 듣지 않으나, 이다음에 다시는, 너희의 온갖 예물과 우상숭배로 나의 거룩한 이름을 더럽히지 않을 것이다. 40 나 주 하나님의 말이다. 나의 거룩한 산, 이스라엘의 그 높은 곳에서, 이스라엘 온 족속이, 그 땅에 사는 모든 사람들이, 나를 섬길

다시 인도해 새롭게 시작하게 하실 것임을 상징하는 표현입니다. '목자의 지팡이' 아래로 지나가게 하는 것은 목자들이 가축을 셀 때 하는 행위입니다(레 27:32). 흩어졌던 이들을 다시 광야로 이끄시며 그 숫자를 하나하나 세실 것이라는 언급 역시 하나님께서 행하실 회복을 의미합니다.

것이다. 거기에서 내가 그들을 기쁘게 맞아들이며, 거기에서 내가 너희의 제물과 가장 좋은 예물을 온갖 거룩한 제물과 함께 요구할 것이다. 41 내가 여러 민족 속에서 너희를 데리고 나오며, 너희가 흩어져 살던 그 모든 나라에서 너희를 모아올 때에, 나는 아름다운 향기로 너희를 기쁘게 맞이하겠다. 이방 사람들이 보는 앞에서, 너희를 통하여 나의 거룩함을 드러낼 것이다. 42 내가 이렇게 너희를 이스라엘 땅으로, 곧 내가 너희 조상에게 주겠다고 손을 들어 맹세한 땅으로 데리고 들어가면, 그때에야 비로소 너희는, 내가 주인 줄 알게 될 것이다. 43 거기에서 너희가 자신을 더럽히며 살아온 길과 모든 행실을 기억하고, 너희가 저질렀던 그 온갖 악행 때문에 너희가 스스로를 미워하게 될 것이다. 44 이스라엘 족속아, 내가 이렇게 너희의 악한 길과 타락한 행실에 따라, 그대로 너희에게 갚았어야 했지만, 내 이름에 욕이 될까 봐 그렇게 하지 못하였으니, 그때에야 비로소 너희는, 내가 주인 줄 알게 될 것이다. 나 주 하나님의 말이다."

44절을 보면 의심이 듭니다. 하나님이 사랑하는 것은 그분의 이름입니까, 아니면 이스라엘 백성입니까? 하나님께서 사람에게 모든 것을 맡기고 그 행위대로 대응하신다면, 과연 누가 진정하고 참된 구원에 이를 수 있을까요? 어쩌면 거기에는 개인의 능력 차이도 영향을 미칠 것입니다. 에스겔서 본문은 이스라엘 백성 사이에 차이를 두지 않고, 마치 모든 이스라엘이 하나님을 거역한 것처럼 표현합니다. 이것은 문자 그대로 이스라엘에서 단 한 명도 빠짐없이 죄를 지었다는 의미가 아니라, 그 누구도 스스로를 구원하기에는 부족하다는 것을 의미합니다. 그래서 그 백성을 향한 하나님의 건지심과 회복의 근거는 오직 '하나님의 이름'입니다. 하나님의 이름, 하나님의 명예를 위해 하나님께서 행하시니, 누구도 차별 없이 하나님의 회복과 은혜를 경험하게 될 것입니다. 하나님께서 사랑하시는 것은 하나님의 이름이 아니라, 그 백성들, 하나님께서 지으신 세상입니다.

불타는 숲의 비유

45 ○ 주님께서 나에게 말씀하셨다.

46 ○ "사람아, 너는 얼굴을 남쪽으로 돌려라. 남쪽을 규탄하여 외치고, 남쪽 네겝의 숲을 규탄하여 예언하여라. **47** 너는 네겝의 숲에게 말하여라. '너는 주의 말을 들어라. 나 주 하나님이 말한다. 내가 숲속에 불을 지르겠다. 그 불은 숲속에 있는 모든 푸른 나무와 모든 마른 나무를 태울 것이다. 활활 치솟는 그 불꽃이 꺼지지 않아서, 남쪽에서 북쪽까지 모든 사람의 얼굴이 그 불에 그을릴 것이다. **48** 그때에야 비로소 육체를 지닌 모든 사람이, 나 주가 그 불을 질렀다는 것을 알게 될 것이다. 그 불은 절대로 꺼지지 않을 것이다.'"

49 ○ 내가 아뢰었다. "주 하나님, 그들은 저를 가리켜 말하기를 '모호한 비유나 들어서 말하는 사람'이라고 합니다."

46절의 '남쪽'과 '네겝 숲'은 무얼 상징합니까? 어째서 규탄의 대상이 됩니까? 45–48절은 21장 1–5절과 대응됩니다. 두 본문 모두 세 곳의 장소를 언급하며 심판 말씀을 선포합니다. 46절에서는 '남쪽', '남쪽', '남쪽 네겝의 숲', 21장 2절에서는 '예루살렘 쪽', '그곳의 성전', '이스라엘 땅'을 언급합니다. 그리고 공통적으로 '육체를 지닌 모든 사람'이 등장합니다(20:48; 21:5). 20장 45–48절에서는 불, 21장 1–5절에서는 칼이 하나님의 심판의 도구로 언급됩니다. 불은 꺼지지 않을 것이며, 칼은 칼집에 다시 꽂히지 않을 것입니다. 하나님께서 '남에서 북까지 모든 사람'(20:47; 21:4)을 치실 것입니다. 그래서 이 두 본문은 하나님께서 내리실 완전하고도 철저한 심판을 선언합니다. 이스라엘의 가장 남쪽에서부터 성전이 있는 예루살렘까지, 그야말로 온 이스라엘 땅에 하나님의 재앙이 임할 것입니다.

{ 제21장 }

주님의 칼

1 주님께서 나에게 말씀하셨다.

2 ○ "사람아, 너는 얼굴을 예루살렘 쪽으로 돌리고, 그곳의 성전을 규탄하여 외치고, 이스라엘 땅을 규탄하여 예언하여라. 3 너는 이스라엘 땅에 전하여라. '나 주가 말한다. 내가 너를 대적한다. 칼집에서 칼을 뽑아, 너희 가운데 있는 의인과 악인을 다 쳐 죽이겠다. 4 내가 너희 가운데서 의인과 악인을 다 쳐 죽일 것이므로, 칼을 칼집에서 빼어서, 무릇 육체를 가진 모든 사람을 남쪽에서 북쪽에까지 칠 것이니, 5 그때에야 비로소, 육체를 지닌 모든 사람이 내가 칼집에서 칼을 빼어 든 줄을 알 것이다. 그 칼은 절대로 칼집에 다시 꽂히지 않을 것이다.'

6 ○ 너 사람아, 탄식하여라. 그들이 보는 앞에서 허리가 끊어

어째서 하나님이 머무는 성전을 규탄하라고(2절) 합니까? 명령을 내린 주인공이 다름 아닌 하나님 자신이라는 점도 놀랍습니다. 성전은 그 어떤 잘못과 허물이 있더라도 마치 다 없었던 일처럼 만들 수 있는 특별한 공간이 아닙니다. 이스라엘은 하나님의 성소를 앞세우면 곧바로 하나님의 용서가 임하고 하나님의 보호와 축복이 그들의 것이 되리라 착각했지만, 하나님께서는 그때마다 결코 성전이 그들을 보호하지 못한다는 것을 보이셨습니다. 구약성경은 이스라엘의 역사에서 이러한 일이 계속 반복되었음을 증언합니다. 이것은 에스겔만이 아니라, 다른 예언자들에게서도 찾아볼 수 있는 내용입니다. 에스겔과 같은 시대에 활동했던 예레미야는 "성전이 하나님의 집이라는 거짓말을 믿지 말라"(렘 7:4)는 경고까지 했습니다. 누구든 자신의 잘못을 인정하고 후회하며 그 잘못으로부터 돌이킬 때, 하나님께서는 용서하며 다시 새로운 길을 열어주십니다. 그러나 잘못을 인정하지도 않은 채, 더 많은 제사와 더 많은 예배를 드리는 것으로는 현실을 조금도 바꿀 수 없습니다.

지는 듯이 괴로워하면서, 슬피 탄식하여라. 7 사람들이 무엇 때문에 탄식하느냐고 물으면, 너는 그들에게 '재앙이 다가온다는 소문 때문이다. 사람마다 간담이 녹으며, 두 손에 맥이 빠지며, 모두들 넋을 잃으며, 모든 무릎이 떨 것이다. 재앙이 닥쳐오고 있다. 반드시 이룰 것이다. 나 주 하나님의 말이다' 하고 말하여라."

8 ○ 주님께서 나에게 말씀하셨다.

9 ○ "사람아, 예언을 전하여라. '나 주가 말한다. 칼이다! 칼에 날이 섰다. 칼이 번쩍거린다. 10 사정없이 죽이려고 칼에 날을 세웠으며, 번개처럼 휘두르려고 칼에 광을 냈다. 내 백성이 모든 경고와 심판을 무시하였으니, 어찌 기쁨이 있을 수 있겠는가? 11 그 사람의 손에 쥐여주려고 칼에 광을 내었다. 살육자의 손에 넘겨주려고 그렇게 시퍼렇게 날을 세우고 광을 냈다. 12 사람아, 너는 부르짖으며 통곡하여라. 그 칼이 내 백성을 치고, 이스라엘의 모든 지도자를 칠 것이다. 지도자들

'의인과 악인을 다'(4절) 죽이는 건 공평하지 못합니다. 그렇다면 의롭게 살 까닭이 없지 않습니까? 에스겔서 18장은 의를 행한 자는 하나님께서 살리시고 악을 행한 자는 죽이신다고 증언합니다. 23장에서도 같은 내용을 볼 수 있습니다. 그런 점에서 의인까지도 악인과 함께 죽이신다는 21장 4절 말씀은 에스겔서의 다른 부분과 충돌하는 것처럼 보입니다. 그런 까닭에 주전 3세기에서 2세기 무렵 그리스어로 번역된 칠십인역 구약성경은 이 구절의 '의인과 악인'을 '불의한 자들과 불법한 자들'로 바꿔서 옮겼습니다. 이렇게 바꾸는 것이 타당하다 여겨질 만큼 4절 내용은 특이합니다. 한편 20장에서 이야기했듯이 21장 1~5절은 20장 45~48절과 대응 관계입니다. 두 본문은 서로 일대일로 대응하는 표현이 이어지는데, 21장 4절의 '의인과 악인'에 대응하는 이미지는 20장 47절의 '푸른 나무와 마른 나무'입니다. 따라서 21장 4절은 장차 임할 하나님의 재앙이 참으로 전면적이며 누구도 피할 수 없음을 강조하기 위해 '의인이건 악인이건' 다 죽게 된다는 말로 표현했다고 이해할 수 있습니다.

과 나의 백성이 함께 칼에 찔려 죽을 것이다. 그러므로 너는 가슴을 치며 통곡하여라. 13 내가 내 백성을 시험하겠다. 내 백성이 회개하기를 거절하면, 이 모든 일들이 그들에게 닥칠 것이다. 나 주 하나님의 말이다. 14 너 사람아, 예언을 전하여라. 손뼉을 쳐라. 그 칼이 두세 번 휘둘릴 것이다. 그것은 사람을 죽이는 칼이요, 큰 무리를 학살하는 칼이다. 사람들 주위를 빙빙 도는 칼이다. 15 사람들의 간담이 녹고, 많은 사람이 쓰러져 죽을 것이다. 내가 성문마다 살육하는 칼을 세워놓았다. 번개처럼 번쩍이는 칼, 사람을 죽이려고 날카롭게 간 칼이다. 16 칼아, 날을 세워 오른쪽을 치며 방향을 잡아 왼쪽을 쳐라. 어느 쪽이든지 너의 날로 쳐라. 17 나도 손뼉을 치겠다. 나의 분노도 풀릴 것이다. 나 주가 말한다.'"

바빌로니아 왕의 칼

18 ○ 주님께서 나에게 말씀하셨다.

19 ○ "너 사람아, 바빌로니아 왕이 칼을 가지고 올 수 있는

13절은 지금이라도 회개하면 비극이 닥치지 않으리란 뜻으로 보입니다. 이미 칼에 날을 세운(9절) 하나님이 망설이는 이유는 무엇입니까? "의인과 악인을 모두 죽이리라"는 말씀은 하나님의 심판이 전면적임을 드러냅니다. 반면 '회개'에 대한 말씀은 언제라도 하나님께로 돌이키는 이들에게 살 길이 있음을 증언합니다. 하나님의 심판의 목적은 모든 이를 죽이고 제거하려는 것이 아니라, 사람을 돌이키게 하고 바로잡아 결국 살게 하는 데 있기 때문입니다. 돌이키지 않는 자들에게는, 그들이 지도자든 일반 백성이든 아무런 구별 없이, 칼로 대표되는 재앙이 기다리고 있을 따름입니다. 그러나 언제든 예언자를 통해 선포되는 하나님의 책망과 재앙의 말씀을 듣고 돌이키는 이들에게는 생명의 길이 열립니다. 하나님께서 원하시는 것은 악인의 종말이 아니라 악인의 돌이킴입니다.

두 길을 그려라. 그 두 길은 같은 나라에서 시작되도록 그려라. 길이 나뉘는 곳에는 안내판을 세워라. 20 칼이 암몬 자손의 랍바로 갈 수 있는 길과, 유다의 견고한 성읍인 예루살렘으로 갈 수 있는 길을 그려라. 21 바빌로니아 왕이 그 두 길이 시작되는 갈림길에 이르러서는, 어느 길로 가야 할지 알아보려고 점을 칠 것이다. 화살들을 흔들거나, 드라빔 우상에게 묻거나, 희생제물의 간을 살펴보고, 점을 칠 것이다. 22 점괘는 오른쪽에 있는 예루살렘으로 가서, 성벽을 허무는 쇠망치를 설치하고, 입을 열어 죽이라는 명령을 내리며, 전투의 함성을 드높이고, 성문마다 성벽을 허무는 쇠망치를 설치하고, 흙 언덕을 쌓고, 높은 사다리를 세우라고 나올 것이다. 23 예루살렘 주민에게는 이것이 헛된 점괘로 보이겠지만, 이 점괘는 예루살렘 주민에게 자신들의 죄를 상기시킬 것이며, 예루살렘 주민이 바빌로니아 왕의 손에 잡혀갈 것임을 경고할 것이다. 24 그러므로 나 주 하나님이 말한다.

○ 너희의 죄가 폭로되었다. 너희가 얼마나 범죄하였는지, 이

"낮은 사람은 높이고, 높은 사람은 낮추어라!"(26절) 이 말은 무슨 뜻입니까? 26절의 "이대로 있어서는 안 될 것이다"라는 문장과 27절의 "이런 일도 다시는 있지 않을 것이다"라는 문장이 서로 연결됩니다. 결국 말하고자 하는 핵심은 이제 근본적인 변화가 일어날 것이고, 이후의 상황은 이전과는 완전히 달라질 것이라는 선언입니다. 왕관이 벗겨지고 면류관이 제거된다는 것은 당연히 다윗 왕가의 완전한 몰락을 상징합니다. 이러한 맥락에서 "낮은 사람은 높아지고 높은 사람은 낮아진다"는 표현은 지금까지의 질서가 완전히 뒤집히고 뒤바뀔 것을 의미합니다. 지금까지 힘과 권세를 가지고 누리던 자들은 완전히 무너질 것이되, 아무것도 아닌 존재로 여겨지던 이들을 통해 하나님의 새로운 역사가 이루어질 것입니다. 이러한 현상을 일반적으로는 '혁명'이라고 표현할 수 있을 것입니다. 하나님께서 행하시는 일은 그야말로 세상의 기존 질서를 완전히 뒤엎는 혁명입니다.

제 모두 알고 있다. 너희의 행실에서 너희의 온갖 죄가 드러났으니, 너는 벌을 면할 수 없다. 나는 너를 너의 적의 손에 넘겨주겠다. 25 너, 극악무도한 이스라엘 왕아, 네가 최후의 형벌을 받을 그날이 왔고, 그 시각이 되었다. 26 나 주 하나님이 말한다. 왕관을 벗기고, 면류관을 제거하여라. 이대로 있어서는 안 될 것이다. 낮은 사람은 높이고, 높은 사람은 낮추어라! 27 내가 무너뜨리고, 무너뜨리고, 또 무너뜨릴 것이다. 그러나 이런 일도 다시는 있지 않을 것이다. 다스릴 권리가 있는 그 사람이 오면, 나는 그것을 그에게 넘겨주겠다."

암몬을 치는 칼

28 ○ "너 사람아, 나 주 하나님이 암몬 자손과 그들이 받을 질책을 말하니, 너는 이 예언을 전하여라. 이것을 너는 암몬 자손에게 전하여라. '칼이다. 칼이 뽑혔다. 무찔러 죽이려고 뽑혔다. 다 없애버리고, 번개처럼 휘두르려고 광을 냈다. 29 점쟁이들이 너에게 보여주는 점괘는 헛된 것이요, 너에게 전하여

이스라엘을 겨누던 하나님의 칼날이 갑자기 암몬을 향하는(28-32절) 까닭은 무엇입니까? 21장은 모두 '칼'을 공통 소재로 삼아, 바빌로니아를 통해 임할 멸망을 증언합니다. 바빌로니아의 진격과 그로 인한 멸망은 예루살렘뿐만 아니라, 암몬을 비롯한 이웃 나라에도 임할 것입니다. 바빌로니아가 일차적으로 예루살렘으로 진격하니, 암몬은 이를 즐거워하며 자신들은 살았다고 여겼습니다. 특히 그들은 예루살렘을 보며 조롱하기도 했습니다(25:3, 6). 그러나 그들 역시 바빌로니아의 진격 앞에 살아남지 못했습니다. 이웃 나라의 멸망을 보며 즐거워하는 나라에 미래란 있을 수 없습니다. 암몬의 이러한 오판은 점쟁이들의 점괘와 헛된 예언 때문이었습니다(29절). 올바른 삶을 택하지 않고, 점을 치며 허황된 말에 의지하는 일은 언제든 멸망의 원인이 됩니다.

주는 예언도 거짓말이다. 네가 죄를 지었으니, 네가 악하니, 그날이 온다. 최후의 심판을 받을 날이 온다. 칼이 네 목 위에 떨어질 것이다. 30 칼은 다시 칼집으로 돌아가거라. 암몬 자손아, 네가 지음을 받은 곳, 네가 자라난 곳에서 내가 너를 심판하겠다. 31 나의 분노를 너에게 쏟아붓고, 타오르는 진노의 불길을 너에게 내뿜고, 사람 죽이는 데 능숙한 짐승 같은 사람들의 손에 너를 넘겨주겠다. 32 너는 불의 땔감이 될 것이며, 너는 네 나라의 한복판에 피를 쏟을 것이다. 너는 더 이상 기억에 남지 않을 것이다. 나 주가 말한다.'"

제22장

피의 도성 예루살렘

1 주님께서 나에게 말씀하셨다.

2 ○ "너 사람아, 심판할 준비가 되었느냐? 저 피 흘린 성읍을 심판할 준비가 되었느냐? 너는 먼저, 그 성읍 사람들이 저지른 모든 역겨운 일을, 그들이 깨닫게 하여라. 3 그들에게 전하여라. '나 주 하나님이 말한다. 많은 백성을 죽이고 우상들을 만들어 스스로를 더럽힌 성읍아, 네가 심판받을 때가 다가온다. 4 너는 살인죄를 저질렀고, 우상을 만들어 숭배하였으므로, 너 자신을 더럽혔다. 그러므로 네가 심판받을 날이 다가온다. 너의 때가 다 되었다. 내가 너를, 이방 사람들의 치욕거리가 되게 하고 모든 나라의 조롱거리가 되게 한 까닭도, 바로 여기에 있다. 5 이미 이름을 더럽히고, 소란스러운 일로

예루살렘을 '피 흘린 성읍'(2절)이라고 부르는 이유는 무엇입니까? 피를 흘렸다는 말은 부당하게 폭력을 휘둘러 상대방을 괴롭히거나 해치는 것을 가리키는 비유적 표현입니다. 22장은 예루살렘을 피 흘린 성읍이라 부르는 까닭을 열거합니다. 권력자들은 제 권력을 휘둘러 살인을 서슴지 않았는데(6절), 이것은 그들이 나그네를 학대하고 고아와 과부를 구박한 것을 가리킨다고 볼 수 있습니다(7절). 그들은 먹이를 뜯는 이리 떼처럼 불의한 이익을 얻으려고 소란을 부렸습니다(27절). 남을 헐뜯는 일도 살인과 연관된 행위이며(9절), 돈을 받고 살인하는 청부업이나 고리대금업(12절) 또한 이웃을 억압하고 착취하는 짓입니다. 예언자나 제사장 같은 종교 지도자들까지도 자신의 종교적 권력을 이용해 가난한 이들을 약탈했습니다(25~26절). 한마디로 힘 있는 모든 이들이 폭력을 휘두르고 강탈하며, 가난하고 못사는 이들을 압제하고 나그네를 학대했습니다(29절). 즉 가난한 이들, 나그네, 고아와 과부의 삶이 계속 착취당하는 곳을 가리키는 정확한 표현이 바로 '피 흘린 성읍'입니다.

가득 찬 성읍아, 너에게 가까이 있는 사람들이나, 너에게서 멀리 떨어져 있는 사람들이나, 그들이 모두 너를 조롱할 것이다. 6 ○ 이스라엘의 지도자들은 제각기 자신의 권력을 믿고, 네 안에서 살인을 서슴지 않았다. 7 성읍아, 네 안에서 살고 있는 그들이 아버지와 어머니를 업신여기며, 네 한복판에서 나그네를 학대하고, 네 안에서 고아와 과부를 구박하였다. 8 너는 내 거룩한 물건들을 업신여겼으며 내 안식일을 더럽혔다. 9 ○ 네 안에는 살인을 하려고 남을 헐뜯는 사람들이 있으며, 네 안에는 산에서 우상의 제물을 먹는 사람들이 있으며, 네 한복판에서 음행을 하는 사람들이 있다. 10 네 안에는 아버지의 아내인 계모와 관계하는 자식이 있고, 네 안에는 월경을 하고 있는 부정한 여자와 관계하는 남편이 있다. 11 또 이웃 사람의 아내와 더러운 죄를 짓는 남자가 있으며, 음행으로 자기의 며느리를 욕보이는 시아버지가 있으며, 아버지의 딸인 자기 누이를 욕보이는 아들도 네 안에 있다. 12 돈을 받고 살

하나님은 스스로 '주'라고 부릅니다(3, 12절). 하나님을 주인으로 인식하는(31절) 게 왜 중요합니까? 하나님은 그의 백성 이스라엘의 주, 주인이십니다. 하나님은 그들의 주, 그들의 하나님이 되시고, 이스라엘은 주 하나님의 백성입니다. 이렇게 하나님과 이스라엘은 언약을 맺었습니다. 주님이신 하나님께서 명하신 규례와 법도는 하나님나라의 헌법이고 법률이며, 하나님나라의 백성으로 살아가는 삶의 내용을 알려줍니다. 이스라엘은 단지 하나의 종교를 가진 민족이 아니라, 하나님께서 다스리시는 대로, 즉 하나님나라의 백성으로 살아가기로 한 민족입니다. 이런 이스라엘이 하나님의 주 되심을 표현하는 그 나라의 율법과 규례, 계명을 따르지 않는다면, 이스라엘의 존재 이유 자체를 부정하는 것입니다. 하나님을 신뢰한다면, 함께 살아가는 하나님나라의 동료 시민을 존중하고 귀히 여겨야 합니다. 만약 가난하고 힘없는 이들을 짓밟고 학대하며 부와 권력을 독차지한다면, 그것은 그들의 주가 되신 하나님을 부정하고 거역하는 행위입니다.

인을 하는 자도 있고, 고리대금업을 하는 자, 모든 이웃을 억압하고 착취하는 자도, 네 안에 있다. 그러면서도 너는 나를 잊고 있다. 나 주 하나님의 말이다.

13 ○ 네가 착취한 불의한 이익과 네 한복판에서 벌어진 살인 때문에, 내가 분노하여 두 주먹을 불끈 쥐고 벼르고 있다. 14 내가 너를 해치우는 날에, 너의 심장이 배겨 나겠느냐? 네 두 손에 계속 힘이 있겠느냐? 나 주가 말하였으니, 내가 반드시 이루겠다. 15 내가 너의 주민을 이방 사람들 속에 흩으며, 여러 나라로 흩뿌려서, 네게서 더러운 것을 소멸시키겠다. 16 너는 이방 사람들이 보는 앞에서 스스로 수치를 당할 것이다. 그때에야 비로소 너는, 내가 주인 줄 알게 될 것이다.'"

용광로에 들어간 이스라엘

17 ○ 주님께서 나에게 말씀하셨다.

18 ○ "사람아, 이스라엘 족속이 내게는 쓸모도 없는 쇠 찌꺼기이다. 그들은 모두가 은을 정련하고, 용광로 속에 남아 있는 구리와 주석과 쇠와 납의 찌꺼기이다. 19 그러므로 나 주

'비를 얻지 못한 땅'(24절)이란 어떤 상태를 설명하는 표현입니까? 팔레스타인은 큰 강이 발달하지 않아, 하늘에서 비가 내리지 않으면 땅의 결실을 얻기 어려운 지형입니다. 그래서 "비가 내리지 않는다"는 표현은 그 땅에 극심한 궁핍과 고통이 펼쳐지고 있음을 나타내는 전형적인 상징입니다. 가뭄과 기근은 언제나 괴로운 현실을 상징하며, 혹은 하나님의 심판이 임한 현실을 반영합니다. 홍수도 큰 재앙이지만, 가뭄과 기근은 모든 생명들이 완전히 쇠하고 말라버린다는 점에서 곧 죽음을 상징하는 것이기도 합니다. 그래서 '비를 얻지 못하는 땅'은 오직 기근만이 존재하는 땅, 죽음으로 가득한 세상을 의미합니다.

하나님이 말한다. 너희가 모두 쇠 찌꺼기가 되어버렸기 때문에, 바로 그렇기 때문에, 내가 너희를 예루살렘의 한가운데 모으고, 20 사람이 은과 구리와 쇠와 납과 주석을 모두 용광로에 집어넣고 거기에 풀무질을 하듯이, 나도 내 분노와 노여움으로 너희를 모두 모아다가, 용광로에 집어넣고 녹여버리겠다. 21 내가 너희를 모아놓고, 내 격노의 불을 너희에게 뿜어대면, 너희가 그 속에서 녹을 것이다. 22 은이 용광로 속에서 녹듯이, 너희도 그 속에서 녹을 것이다. 그때에야 비로소 너희는, 나 주가 너희에게 분노를 쏟아부은 줄 알 것이다."

이스라엘 지도층의 죄

23 ○ 주님께서 나에게 말씀하셨다.

24 ○ "사람아, 너는 유다 땅에 이렇게 말하여라. '유다 땅아, 너는 진노의 날에 더러움을 벗지 못한 땅이요, 비를 얻지 못한 땅이다. 25 그 가운데 있는 예언자들은 음모를 꾸미며, 마

예언자들이 과부가 많아지게 만들었다는(25절) 게 무슨 뜻입니까? 남자들을 살해하기라도 했다는 말입니까? 사실 예언자들의 못된 행태를 고발하기에는, 예언자들이 엉터리로 하나님의 이상을 보았다며 거짓말하고 착취했다고 폭로하는 28절이 더 적절해 보입니다. 25-28절은 이스라엘 지도층을 하나씩 열거하며 이들이 권세를 휘둘러 힘없는 이들을 착취했다고 고발합니다. 특히 25절은 하나님의 뜻을 권력자들과 지도층 입맛에 맞게 해석하고 전해서 결국 그 사회의 가난한 이들과 나그네, 고아, 과부를 약탈하고 그들의 삶을 무너지게 만드는 데 예언자들이 큰 역할을 했다고 규탄하는 것으로 이해할 수 있습니다. 하나님의 말씀을 빙자해 가난한 가장들을 무너뜨리니, 결국 가족이 붕괴되고 그 가장들이 죽음에 이르는 일은 오늘날에도 종종 볼 수 있습니다. 하나님의 말씀을 지녔다는 이들이 사회적 약자를 외면하고 짓밟으며 권력에 들러붙는 일 또한 오늘날에도 줄기차게 이어집니다.

치 먹이를 뜯는 사자처럼 으르렁댄다. 그들이 생명을 죽이며, 재산과 보화를 탈취하며, 그 안에 과부들이 많아지게 하였다. 26 이 땅의 제사장들은 나의 율법을 위반하고, 나의 거룩한 물건들을 더럽혔다. 그들은 거룩한 것과 속된 것을 구별하지 않으며, 부정한 것과 정한 것을 구별하도록 깨우쳐주지도 않으며, 나의 안식일에 대하여서는 아주 눈을 감아버렸으므로, 나는 그들 가운데서 모독을 당하였다. 27 그 가운데 있는 지도자들도 먹이를 뜯는 이리 떼와 같아서, 불의한 이득을 얻으려고 사람을 죽이고, 생명을 파멸시켰다. 28 그런데도 그 땅의 예언자들은 그들의 죄악을 회칠하여 덮어주며, 속임수로 환상을 보았다고 하며, 그들에게 거짓으로 점을 쳐주며, 내가 말하지 않았는데도 나 주 하나님이 한 말이라고 하면서 전한다. 29 이 땅의 백성은, 폭력을 휘두르고 강탈을 일삼는다. 그들은 가난하고 못사는 사람들을 압제하며 나그네를 부당하게 학대하였다. 30 나는 그들 가운데서 한 사람이라도 이 땅

이스라엘 지도층의 신앙과 도덕성이 이렇게 풀어지고 망가진(25-30절) 근본 원인은 무엇입니까? 본문 16절은 하나님께서 이스라엘을 이방 가운데 흩어버리고 수치를 당하게 하실 때 그들이 주 하나님을 알게 된다고 증언합니다. 결국 이스라엘의 모든 범죄는 그들과 언약을 맺은 주 하나님이 누구이며 어떤 분이신지를 잊고 떠나버렸기 때문이라고 할 수 있습니다. 이스라엘은 그들의 주이자 보호자이신 하나님을 업신여기면서, 끊임없이 이방의 강한 나라로부터 도움을 얻으려 했고, 온갖 우상에게 의지하며 기도와 예배, 제사 같은 종교적인 일에 몰두했습니다. 22장은 이스라엘의 우상숭배는 물론이고, 당대 유다 사회에 가득했던 사회적 불의 또한 줄기차게 규탄하며 고발합니다. 예나 지금이나 사람들은 종교적 신앙과 사회 정의, 약자를 지켜내는 삶을 분리합니다. 그러나 에스겔서 22장은 일상의 정의와 주 하나님을 따르는 삶이 분리될 수 없음을 매우 단호하게 선언합니다. 사실 하나님을 믿는 신앙의 타락과 부패는 그 사회의 현실을 통해 더욱 명확하게 드러납니다.

을 지키려고 성벽을 쌓고, 무너진 성벽의 틈에 서서, 내가 이 땅을 멸망시키지 못하게 막는 사람이 있는가 찾아보았으나, 나는 찾지 못하였다. 31 그래서 나는 그들에게 내 분노를 쏟아부었고, 내 격노의 불길로 그들을 멸절시켰다. 나는 그들의 행실을 따라 그들의 머리 위에 갚아주었다. 나 주 하나님의 말이다.'"

{ 제23장 }

사마리아와 예루살렘의 죄

1 주님께서 나에게 말씀하셨다.

2 ○ "사람아, 두 여인이 있는데, 그들은 한 어머니의 딸들이다. 3 그들은 이집트에서부터 이미 음행을 하였다. 젊은 시절에 벌써 음행을 하였다. 거기서 이미 남자들이 그들의 유방을 짓눌렀고, 거기서 이미 남자들이 그 처녀의 젖가슴을 어루만졌다. 4 그들의 이름은, 언니는 오홀라요, 동생은 오홀리바다. 그들은 내 사람이 되어, 나와의 사이에서 아들딸을 낳았다. 그들을 좀 더 밝히자면, 오홀라는 사마리아이고, 오홀리바는 예루살렘이다. 5 그런데 오홀라는 나에게 속한 여인이었으면서도, 이웃에 있는 앗시리아의 연인들에게 홀려서 음행하였다. 6 그들은 모두 자주색 옷을 입은 총독들과 지휘관들이요, 모두 말을 잘 타는 매력 있는 젊은이들과 기사들이었다. 7 그들은 모두가 앗시리아 사람들 가운데서도 빼어난 사

비유의 주인공들에게 이름까지 지어 붙인 특별한 의도가 있습니까? '오홀라'와 '오홀리바'는 무슨 뜻입니까? 23장은 16장과 의도하는 바가 같습니다. 두 본문은 이스라엘을 남편 되신 하나님을 버리고 이방 나라들을 향해 손을 벌린 '음란한 여자'로 비유합니다. 차이가 있다면, 23장은 서로 자매로 설정된 북왕국 사마리아와 남왕국 유다를 차례차례 다룬다는 점입니다. 또한 이 자매의 '음행'이 애굽에서부터 시작했다는 내용 역시 23장의 독특한 특징입니다. 북왕국 사마리아를 가리키는 이름 '오홀라'는 '그녀의 천막'을 뜻하고, 남왕국 유다를 가리키는 '오홀리바'는 "나의 천막이 그녀 안에 있다"는 의미입니다. 주 하나님의 거처를 가리키는 표현으로 종종 사용되는 '천막'이 이 두 여성의 이름에 포함되어 있다는 점에서, 두 여성의 이름이 모두 하나님과 연관되어 있음을 상징적으로 보여준다고 할 수 있습니다.

람들이었는데, 오홀라가 그들과 음행을 하였으며, 또 누구에게 홀리든지 그들의 온갖 우상으로 자신을 더럽혔다. 8 오홀라는 이집트에서부터 음란한 행실을 버리지 않았다. 그는 젊은 시절에 이미 이집트의 젊은이들과 잠자리를 같이하여서, 그들이 그의 처녀 젖가슴을 만졌고, 그에게 정욕을 쏟아부었다. 9 그래서 내가 그를 그의 연인들 곧 그가 홀린 앗시리아 사람의 손에 넘겨주었더니, 10 그들이 그의 하체를 드러내고 그의 아들딸들을 붙잡아갔으며, 끝내는 그를 칼로 죽였다. 그는 심판을 받아 여인들의 입에 오르내리게 되었다.

11 ○ 그의 동생 오홀리바는 이것을 보고서도, 자기 언니의 음란한 행실보다 더 음란하여, 자기 언니보다 더 많이 홀리고 타락하였다. 12 그는 앗시리아의 사람들에게 홀렸는데, 그들은 모두 화려한 옷을 입은 총독들과 지휘관들이며, 모두 말을 잘 타는 기사요, 매력 있는 젊은이들이었다. 13 내가 보니, 그도 자신을 더럽혔다. 그 두 자매가 똑같은 길을 걸었다.

14 ○ 그런데 오홀리바가 더 음탕하였다. 그는 남자들의 모양

음란한 행실을 지적하면서 '이집트에서부터'를(3, 8, 19-21, 27절) 강조하는 까닭은 무엇입니까? 이스라엘의 지난 역사에 대한 비판적인 평가는 유다 멸망 시기부터 바빌론 포로기, 포로 귀환 이후의 시기까지 예언서들이나 역사서 전반에 공통적으로 나타납니다. 에스겔서의 특징이 있다면, 23장에서 보듯 이스라엘의 불순종과 거역이 이집트에서부터 시작되었다고 본다는 것입니다(또한 20:8). 이집트가 당대 최고의 강대국이었음을 고려하면, 이스라엘은 하나님께서 건져내신 그 첫 시기부터 끊임없이 강하고 힘센 나라, 즉 의지하면 안전을 보장해줄 것 같은 나라를 쫓아다니면서 그 그늘 아래에 머물고자 했음을 알 수 있습니다. 에스겔서는 하나님 대신 강한 나라를 의지하려는 이스라엘의 경향성이 처음부터, 곧 이집트 시절부터 단단히 뿌리박혀 있었다고 고발합니다. 그 이후에도 이스라엘은 전혀 바뀌지 않았고, 이는 이집트 시절에서 단 한 걸음도 나아가지 못했음을 보여줍니다.

을 벽에다가 새겨놓고 쳐다보았는데, 붉은색으로 새겨진 바빌로니아 사람들의 모양이었다. 15 그들의 허리에는 띠를 동이고, 머리에는 감긴 수건이 늘어져 있다. 그들은 모두 우두머리들과 같아 보이고, 갈대아가 고향인 바빌로니아 사람들과 같은 모습이었다. 16 오홀리바는 그런 모습을 보고, 그들에게 홀려서, 바빌로니아로 사람들을 보내어 그들을 불러왔다. 17 바빌로니아 사람들이 그에게 와서, 연애하는 침실로 들어가, 음행을 하여 그를 더럽혔다. 그가 그들에게 더럽혀진 뒤에는 그의 마음이 그들에게서 멀어졌다. 18 오홀리바는 이렇게 드러내놓고 음행을 하며, 자신의 알몸을 드러냈다. 그래서 내 마음이 그의 언니에게서 멀어진 것과 같이, 그에게서도 멀어지게 되었다. 19 그런데도 그는 음행을 더하여, 이집트 땅에서 음란하게 살던 자신의 젊은 시절을 늘 회상하였다. 20 그는, 정욕이 나귀와 같이 강하고 정액이 말과 같이 많은 이집트의 사내들과 연애를 하였다."

두 자매가 똑같은 길을 걸었다면서(13절) 어째서 오홀리바가 더 음탕하다고(14절) 말합니까? 에스겔서의 배경이 되는 시기에 북왕국은 이미 멸망한 지 오래되었습니다. 남왕국 유다는 북왕국의 멸망이 그들의 죄악 때문에 하나님께서 심판하신 결과라고 여겼을 것입니다. 사마리아에 비해 조금도 나은 모습이 없는데도, 유다는 사마리아를 비웃고 자신들이 마치 하나님의 택하심과 은혜를 입기라도 한 양 오만한 마음을 품었습니다. 이러한 오만함은 남왕국에 하나님의 처소인 예루살렘 성전이 있다는 데서 비롯되기도 했습니다. 그러나 에스겔은 이미 오래전에 망한 북왕국보다 남왕국 유다와 예루살렘이 훨씬 더 악하다고 단언합니다. 심지어 죄악으로 인해 패망한 곳으로 유명한 소돔보다도 유다가 더 악하다고 선언합니다(16:45-52). 이러한 선언은 정확한 통계나 죄악의 양에 대한 분석에서 비롯된 것이 아니라, 현재 유다의 추악한 일상에 대한 강력한 규탄과 비판에서 비롯된 것이라고 볼 수 있습니다.

예루살렘이 받은 심판

21 ㅇ "너는 젊은 시절의 음란한 생활을 그리워한다. 너의 처녀 시절에 이집트의 사내들이 너의 유방을 만지고 너의 젖가슴을 어루만지던 것을, 너는 그리워한다. 22 그러므로 오홀리바야, 나 주 하나님이 말한다. 나는 네가 정을 뗀 네 정부들을 충동시켜서, 그들이 사방에서 와서 너를 치게 하겠다. 23 그들은 바빌로니아 사람과 갈대아의 모든 무리 곧 브곳과 소아와 고아 사람들과 또 그들과 함께 있는 모든 앗시리아 사람들이다. 그들은 모두 하나같이 매력 있는 젊은이들이요, 총독들과 지휘관들이요, 모두가 우두머리들과 유명한 사람들이요, 말을 잘 타는 기사들이다. 24 그들이 무기와 병거와 수레와 대군을 거느리고 너를 치러 올 것이다. 그들은 크고 작은 방패와 투구로 무장을 하고, 사방에서 너를 치러 올 것이다. 나는 심판권을 그들에게 넘겨줄 것이고, 그들은 자기들의 관습에 따라서 너를 심판할 것이다. 25 내가 질투하여 너희에게

오홀리바(예루살렘)는 앗시리아와 바빌로니아를 비롯한 여러 정부를 두었지만, 그 가운데서도 **이집트를 특별히 그리워한다고**(21절) 설명하는 배경은 무엇입니까? 아마도 이 비유의 배경에는 유다 말엽의 정치 현실이 있을 것입니다. 요시야의 아들 여호야김은 이집트에 의해 세워진 왕이었기에, 바빌로니아보다는 이집트를 따르고자 했습니다. 훗날 그의 아들 여호야긴이 바빌로니아에 끌려가고, 요시야의 또 다른 아들인 시드기야가 바빌로니아에 의해 왕으로 세워지는데, 시드기야는 끊임없이 바빌로니아의 압력에서 벗어나고자 했습니다. 그래서 시드기야가 선택한 것이 이집트였습니다. 무릇 하나님의 백성은 하나님의 규례를 지키며, 하나님의 도우심을 구해야 합니다. 그러나 시드기야는 바빌로니아에 맞설 수 있는 강한 나라로 이집트를 선택하고, 이집트와 한편이 되려고 애썼습니다. 에스겔은 그런 행태가 마치 이전에 사귀다가 헤어진 사람을 다시 그리워하는 꼴이라고 조롱합니다.

분노를 터트리면, 그들이 너를 사납게 다룰 것이다. 그들이 너의 코와 귀를 잘라낼 것이며, 남은 사람들도 칼로 쓰러뜨릴 것이다. 너의 아들과 딸은 붙잡혀가고, 너에게서 남은 것들은 불에 타 죽을 것이다. 26 그들이 너의 옷을 벗기고, 화려한 장식품들을 빼앗아갈 것이다. 27 이렇게 해서, 나는, 네가 이집트 땅에서부터 하던 음란한 생활과 행실을 그치게 하겠다. 그러면 네가 다시는 그들에게 눈을 들 수도 없고, 이집트를 다시 기억할 수도 없을 것이다.

28 ○ 참으로 나 주 하나님이 말한다. 나는, 네가 미워하는 사람들의 손에, 곧 네 마음이 멀어진 사람들의 손에 너를 넘겨주겠다. 29 그들이 미워하는 마음을 품고 너를 다루며, 네가 수고한 것을 모두 빼앗아가며, 너를 벌거벗겨 알몸으로 버려두어, 음행하던 네 알몸, 곧 네 음행과 음탕한 생활을 드러낼 것이다. 30 네가 그런 형벌을 당하게 될 것이니, 이는 네가 이방 사람들을 쫓아다니며 음행을 하고, 그들의 여러 우상으로 네 몸을 더럽혔기 때문이다. 31 네가 네 언니의 길을 그대로 따라갔으니, 나는 네 언니가 마신 잔을 네 손에 넘겨주겠다. 32 나

'언니가 마신 잔(31절)이란 무슨 뜻입니까? 잔을 씻는 행위는(34절) 어떤 상황과 정서를 담고 있습니까? 구약성경에서는 심판이나 처벌을 비유하는 표현으로 마실 잔이 종종 사용됩니다(사 51:17-23; 렘 25:15-29; 합 2:15-17). '우묵하고 넓은 잔에 가득 넘치도록' 마실 거라는 표현은 엄청나고도 강력한 심판을 넘칠 정도로 겪을 것이라는 의미입니다. '언니가 마신 잔'은 언니 오홀라, 즉 사마리아가 겪은 재앙과 멸망을 유다 역시 고스란히 겪게 될 것임을 뜻한다고 볼 수 있습니다. 이어서 나오는 34절은 심판받는 유다를 완전히 술에 취한 여성, 비통함에 취한 여성의 행동으로 표현합니다. 유다는 그 술잔을 바닥까지 기울여 비우고, 심지어 그 술잔까지 조각내어 씹을 것입니다. 이것은 하나님의 철저한 심판을 마지막 한 방울까지 낱낱이 겪게 될 것임을 강조한 비유라고 볼 수 있습니다.

주 하나님이 말한다. 네 언니가 마신 잔을 너도 마실 것이다. 우묵하고 넓은 잔에 가득 넘치도록 마시고, 웃음거리와 우롱거리가 될 것이다. 33 너는 잔뜩 취하고 근심에 싸일 것이다. 그것은 공포와 멸망의 잔이요, 네 언니 사마리아가 마신 잔이다. 34 너는 그 잔을 다 기울여 말끔히 비우고, 그 잔을 조각내어 씹으며, 네 유방을 쥐어뜯을 것이다. 내가 이렇게 말하였으니, 반드시 그렇게 될 것이다. 나 주 하나님의 말이다.

35 ○ 그러므로 나 주 하나님이 말한다. 네가 나를 잊었고, 나를 네 등 뒤로 밀쳐놓았으니, 이제는 네가 음란한 생활과 음행에 대한 벌을 받아야 한다.”

오홀라와 오홀리바가 받은 심판

36 ○ 주님께서 또 나에게 말씀하셨다.

○ “사람아, 네가 오홀라와 오홀리바를 심판하지 않겠느냐? 두 자매의 역겨운 일들을, 네가 그들에게 알려주어라. 37 그들은 간음을 하였으며, 손으로 피를 흘렸으며, 우상들과도 간

'사람아'(36절)는 누구를 부르는 말입니까? 본문 36절은 22장 2절과 거의 같은 내용입니다. 하나님께서는 이스라엘의 죄악, '역겨운 일들'을 에스겔에게 낱낱이 알려주십니다. 이러한 죄상을 제대로 알아야 이스라엘을 올바르게 판단할 수 있기 때문일 것입니다. 이러한 흐름을 생각하면, 36절의 '사람아'는 에스겔서 예언자를 가리키는 것으로 보입니다. 그리고 이 에스겔은 죄악을 고발하는 하나님의 말씀을 듣는 모든 청중, 모든 독자를 대표한다고 볼 수 있습니다. 이스라엘이 저지른 온갖 추악한 짓을 듣고 나면, 이들이 심판받아 마땅하다는 점을 모두가 알게 될 것입니다. 이스라엘에 대한 하나님의 심판은 도무지 이해할 수 없는 일이 아니라, 누구라도 동의할 수밖에 없는 지극히 합당한 판결입니다.

음을 하였으며, 또 나에게 낳아준 제 아들딸들마저 불 속으로 지나가게 하여 태워 죽였다. 38 더욱이 그들은 나에게까지 이런 일을 하였다. 바로 같은 날에, 그들은 내 성소를 더럽히고, 내 안식일을 범하였다. 39 그들은 자기 자식들을 잡아 죽여서 우상들에게 바친 바로 그날에, 내 성소에 들어와서 더럽혔으니, 그들이 내 성전의 한가운데서 그런 일을 하였다.

40 ○ 그들이 사람을 보내어 먼 곳에서 사내들을 초청하였더니, 그들이 왔다. 두 자매는 그들을 맞으려고 목욕을 하고 눈썹을 그리고 패물로 장식을 하고, 41 화려한 방석을 깔고 앉아, 앞에 상을 차려놓고, 그들은 그 상 위에 내가 준 향과 기름까지 가져다 놓고, 42 그 사내들과 지껄이고 즐겼다. 광야에서 잡된 무리와 술 취한 무리를 데려오니, 그들은 그 두 자매의 손에 팔찌를 끼워주고, 머리에 화려한 관을 씌워주었다. 43 이것을 보고, 나는 '별 잡된 무리가 다 있구나. 두 자매가 음행으로 시들어빠진 다 늙은 창녀인 줄 알았는데, 아직도 찾아오는 얼빠진 녀석들이 있구나' 하는 생각이 들었다. 44 광야에서 온 잡된 무

광야에서 온 '잡된 무리와 술 취한 무리'(42절)의 정체는 무엇입니까? 40절부터는 다시 음란한 여성이라는 이미지로 이스라엘을 묘사하고 있어서, 이 부분에 등장하는 남자들은 모두 이스라엘이 하나님 대신 의지하고 도움을 청했던 주변 나라들을 가리킨다고 볼 수 있습니다. 42절은 이스라엘이 이집트나 앗시리아, 바빌로니아 같은 초강대국만이 아니라, 세력이 그리 크지 않은 주변 나라들에게까지 손을 벌리며 그들의 관습을 흉내 내고 그들처럼 행동했음을 표현하는 것으로 보입니다. 정작 그들에게 대가로 내어놓은 향과 기름은 모두 하나님께서 주신 것임에도, 유다와 예루살렘은 하나님께서 주신 것들을 동원해 이방 나라의 호의와 도움을 얻는 데 급급했습니다. 하나님께서 주신 좋은 것들을 세상에서 의지할 만한 것들을 구하는 데 모두 써버린 것입니다. 그래서 '잡된 무리, 술 취한 무리'와 어울리는 이스라엘은 지극히 초라하게 전락해버린 하나님의 백성의 모습을 단적으로 보여줍니다.

리와 취객들은 창녀에게 드나들듯 두 자매에게 드나들었다. 과연 그들은 음란한 여인 오홀라와 오홀리바에게 드나들었다. 45 그러나 의인들이 있어서, 바로 그들이 간음한 여인들과 살인한 여인들을 심판하듯이, 그 두 자매를 심판할 것이다. 그 두 자매가 간음을 하였고, 그들의 손에 피가 묻어 있기 때문이다. 46 ○ 나 주 하나님이 말한다.

○ 회중을 소집하여 그 자매들을 치게 하여라. 그들이 겁에 질려 떨면서 약탈을 당하게 하여라. 47 회중이 그 자매들에게 돌을 던지고, 그들을 칼로 쳐서 죽이고, 그 자매들의 아들 딸들도 죽이고, 그들의 집도 불태울 것이다. 48 나는 이렇게 해서, 음란한 행위를 이 땅에서 없애버려, 모든 여인이 경고를 받아, 너희의 음행을 본받지 않게 하겠다. 49 너희가 음행을 저지른 이유로 형벌을 받고 나면, 그리고 너희가 우상들을 섬기다가 지은 죄에 대한 징벌을 받고 나면, 그때에야 너희는 내가 주 하나님인 줄 알게 될 것이다."

자매를 심판하는 '의인'과 '회중'은(45, 46절) 누굴 가리킵니까? 죄를 지어 심판을 받게 된 사마리아와 유다에 여전히 의로운 사람들이 있었습니까? 오홀라를 치고 죽이며 심판하는 역할은 앗시리아가(9–10절), 오홀리바를 심판하는 역할은 바빌로니아가 맡았습니다(22–26절). 이를 고려하면, 45–46절에서 오홀라와 오홀리바를 심판하는 의인과 회중은 앗시리아, 바빌로니아 같은 나라를 가리키는 것으로 보입니다. 이미 에스겔은 16장에서 유다와 예루살렘의 행실이 매우 악해서 소돔보다도 더 악했고, 주변 나라들을 전부 의롭게 만들었다고 표현했습니다(16:51–52). 앗시리아나 바빌로니아가 결코 의롭다고 할 수는 없습니다. 그러나 에스겔은 유다와 예루살렘의 죄악상을 강한 어조로 고발하면서, 하나님을 모르는 이방 나라가 유다보다도 더 의롭다고 단언합니다. 오늘날의 상황으로 표현하자면, 예수 그리스도를 믿는 교회가 매우 악하고 타락해서 예수님을 전혀 믿지 않는 사람들이 오히려 교회보다 더 의롭다고 말하는 식입니다.

{ 제24장 }

씻어도 소용없는 솥 예루살렘

1 제구 년 열째 달 십 일에, 주님께서 내게 말씀하셨다.
2 ㅇ "사람아, 너는 오늘 날짜, 바로 오늘 날짜를 기록하여두어라. 바빌로니아 왕이 바로 오늘 예루살렘을 치기 시작하였다. 3 너는 저 반역하는 족속에게 한 가지 비유를 들어 그들에게 말하여라. '나 주 하나님이 말한다. 가마솥을 마련하여걸고, 물을 부어라. 4 그 속에 고깃점들을 넣어라. 좋은 살코기와 넓적다리와 어깨를 골라서 모두 집어넣고, 모든 뼈 가운데서 좋은 것들을 골라서 가득 넣어라. 5 양 떼 가운데서 가장 좋은 것을 잡아넣어라. 아궁이에 장작불을 지펴라. 그 고기를 잘 삶되 가마솥 안의 뼈까지 무르도록 삶아라. 6 그러므로 나 주 하나님이 말한다. 죄 없는 사람을 죽인 살인자의 성읍아, 속이 시뻘건 녹을 한 번도 씻지 않은 녹슨 가마솥아, 너

'죄 없는 사람을 죽인 살인자의 성읍'(6, 7, 9절)이란 예루살렘의 어떤 면모를 지적하는 표현입니까? 에스겔은 예루살렘 성전이나 제사와 깊은 연관을 지닌 제사장 출신이기에, 에스겔서 전반에 걸쳐 제사와 성전에 대한 관심이 뚜렷하게 드러납니다. 그러나 사회적 불의에 대해서도 무척 강력하게 언급하며 규탄합니다. 18장에서는 규례에 따라 하나님께 드리는 올바른 제사와 일상에서 가난한 이웃을 돌아보는 정의로운 삶이 분리될 수 없음을 강조합니다. 유다와 예루살렘이 확연하게 기울어가던 시기, 유다와 예루살렘에는 사회적 불의가 만연했습니다. 22장에서도 나그네를 학대하고 고아와 과부를 구박하며(22:7), 고리대금업을 통해 이웃을 억압하며 착취하는 일(22:12), 폭력과 강탈, 압제와 학대(22:29)가 일상이었음을 고발했습니다. 돈과 권력을 가진 이들에 의해 억압당하고 희생당한 이들의 죽음이 곳곳에서 벌어졌습니다. 하나님을 예배하는 성전과 가난한 이들을 짓밟는 이러한 불의는 결코 공존할 수 없습니다.

에게 화가 미칠 것이다. 제비를 뽑을 것도 없이, 그 안에 든 고기를 하나하나 다 꺼내어라. 7 죄 없는 사람을 죽인 피가 그 성읍 한가운데 그대로 남아 있다. 피가 흙으로 덮이지도 못하였다. 그 피가 흙 위에 쏟아지지 않고 맨 바위 위에 쏟아졌기 때문이다. 8 그 피가 흙에 덮이지 않게 맨 바위에 쏟아놓은 것은 바로 나다. 내가 분노를 일으켜 호되게 보복하려고 한 것이다. 9 그러므로 나 주 하나님이 말한다. 죄 없는 사람을 죽인 살인자의 성읍아, 너에게 화가 미칠 것이다. 내가 장작더미를 높이 쌓아놓겠다. 10 나무를 많이 쌓고 불을 지펴서, 고기를 푹 삶아서 녹이고, 고깃국물을 바싹 졸이고, 뼈는 태워버려라. 11 그 빈 가마솥을 숯불 위에 올려놓아, 가마솥을 뜨거워지게 하며, 가마솥의 놋쇠를 달궈서, 가마솥 안의 더러운 것을 녹이며, 가마솥의 녹을 태워 없애라. 12 이 성읍이 온갖 고생으로 지쳤으나, 그 많은 녹이 가마솥에서 없어지지 않으며, 불로 아무리 달구어도 녹이 없어지지 않는다. 13 너의 더러운 죄 가운데는 음행이 있다. 음행으로 더러워진 너의 몸을 내가 깨끗하게 하려 하였으나, 네가 너 자신의 더러움에서

하나님이 무고한 이들이 흘린 피를 맨 바위 위에 쏟아놓은(8절) 뜻은 무엇입니까? 왜 의로운 이들의 피를 간직합니까? 고대 이스라엘의 제사 규례에 따르면 가축을 잡아먹을 경우에는 반드시 그 피를 땅에 흘린 뒤 흙으로 덮어야 합니다(레 17:13). 생명을 상징하는 피를 흙으로 덮는 행위는 그 가축의 생명이 본래 생명을 주신 하나님께로 돌아간다는 의미로 볼 수 있습니다. 생존을 위해 가축을 잡아먹지만, 가축의 생명이 하나님께로부터 온 것임을 기억하고 생명을 함부로 죽이지 않도록 경각심을 촉구하는 것이라 할 수 있습니다. 반대로 그 피가 맨 바위 위에 쏟아져 있다는 것은 하나님의 규례와 절차가 지켜지지 않았음을 의미합니다. 하나님께서 그 피를 맨 바위 위에 부으셨다는 것은 이스라엘이 저지른 폭력과 불의가 하나님을 거역한 짓임을 드러내고 책망하시는 것으로 이해할 수 있습니다.

깨끗하게 되려고 하지 않았으니, 내가 너에게 분노를 다 쏟을 때까지는, 네가 다시 깨끗하게 되지 못할 것이다. 14 나 주가 말하였으니, 반드시 이루어진다. 내가 그대로 하겠다. 내가 돌이키지 않으며, 아끼지도 않으며, 뉘우치지도 않겠다. 너의 모든 행실과 너의 모든 행위대로 네가 심판을 받을 것이다. 나 주 하나님의 말이다.'"

에스겔의 아내가 죽다

15 ○ 주님께서 나에게 말씀하셨다.

16 ○ "사람아, 나는 너의 눈에 들어 좋아하는 사람을 단번에 쳐 죽여, 너에게서 빼앗아가겠다. 그래도 너는 슬퍼하거나 울거나 눈물을 흘리지 말아라. 17 너는 고요히 탄식하며, 죽은 사람을 두고 슬퍼하지 말고, 오히려 머리를 수건으로 동이고, 발에 신을 신어라. 또 수염을 가리지도 말고, 초상집 음식을 차려서 먹지도 말아라."

하나님이 지시한 상가의 모습은(17절) 일반적인 초상집의 상황과 어떤 차이가 있습니까? 고대 이스라엘에서 죽은 이를 애도할 때는 기본적으로 모든 아름답고 영화로운 모습을 제거해야 했습니다. '수건'(17, 23절)은 오늘날의 수건이 아니라, 일종의 '아름다운 관' 같은 것입니다. 초상집에서는 이런 수건 대신, 재와 먼지를 머리에 뒤집어씁니다. 몸에는 굵은 베옷을 두르고, 때론 신을 신지 않기도 합니다(예, 사 20:2-4). 초상집 음식을 준비해 먹고, 자연스럽게 탄식과 애곡이 뒤따릅니다. 그러나 하나님께서는 에스겔에게 이 모든 행위를 반대로 명하셨습니다. 수건을 쓰고 신발을 신되, 초상집 음식을 차려서는 안 되며, 탄식하거나 애통하지 말라고 하셨습니다. 에스겔의 이러한 행동은 장차 유다와 예루살렘이 가장 귀히 여기던 성소가 짓밟히고 그들의 자녀들이 쓰러질 테지만, 그들이 제대로 슬퍼하거나 애곡하지 못할 것이라고 예고하는 상징 행위입니다.

18 ○ 아침에 내가 백성에게 이 이야기를 하였는데, 나의 아내가 저녁에 죽었다. 나는 그다음 날 아침에 지시를 받은 대로 하였다. 19 그러자 백성이 나에게 물었다. 내가 하고 있는 일이 자기들에게 무엇을 뜻하는지 알려주지 않겠느냐는 것이었다.

20 ○ 그래서 나는 '주님께서 나에게 이렇게 말씀하셨다'고 하면서 그들에게 대답하였다. 21 '너는 이스라엘 족속에게 전하여라. 나 주 하나님이 말한다. 너희 권세의 자랑이요, 너희 눈에 들어 좋아하는 것이요, 너희가 마음으로 사모하는 내 성소를 이제 내가 더럽히겠다. 너희가 이 성읍에 남겨둔 너희의 아들과 딸들도 칼에 쓰러질 것이다. 22 그래도 너희는 에스겔이 한 것과 똑같이 하게 될 것이다. 너희는 수염을 가리지도 못하고, 초상집 음식을 차려서 먹지도 못할 것이다. 23 너희는 머리에 수건을 동이고, 발에 신을 신은 채로 그대로 있을 것이며, 탄식하지도 못하고 울지도 못할 것이다. 오히려 너희는 너희 자신의 죄로 망하는 줄 알고 서로 마주 보며 탄식할 것

메시지를 전달하기 위해 예언자의 아내를 죽이다니(18절), 하나님에게 인간의 목숨은 한낱 소모품입니까? 하나님은 곧 사랑이라는 말을 믿을 수 없습니다. 에스겔의 아내가 왜 죽었는지 우리는 명확히 알 수 없습니다. 그야말로 갑작스럽게 아무 이유도 없이 죽은 것인지, 이전부터 편치 않은 어떤 병이 있었는지 알지 못합니다. 다만 하나님께서는 아내의 죽음을 통해 예루살렘에 닥쳐올 재앙을 설명하십니다. 에스겔과 동시대에 예루살렘에서 활동했던 예레미야의 경우, 하나님께서 그에게 결혼하지 말고 자녀도 낳지 말라 명하십니다(렘 16:2). 이 또한 장차 예루살렘 백성이 모두 죽을 것이며 서로의 죽음을 슬퍼하지도 못할 것임을 의미하는 상징 행위였습니다(렘 16:3-4). 이처럼 예언자들은 하나님께서 그 뜻대로 쓰는 존재입니다. 무엇보다 백성에게 다가올 재앙과 심판을 선포했기 때문에, 예언자들의 삶은 평안할 수가 없었을 것입니다. 자신들의 죄 때문이 아닌, 민족의 죄로 인해 먼저 고통과 고난을 겪은 것입니다.

이다. 24 에스겔이 이와 같이 너희에게 표징이 될 것이다. 너희도 그가 한 것과 똑같이 하게 될 것이다. 이 일이 이루어질 때에야, 너희는 비로소 내가 주 하나님인 줄 알게 될 것이다.'

25 ○ "그러나 너 사람아, 내가 그들에게서, 그들의 요새, 그들의 기쁨과 영광과 그들의 눈에 들어 좋아하며 마음으로 사모하는 것을 빼앗고, 그들의 아들딸들을 데려가는 날, 26 그 날에는 탈출한 사람이 너에게 와서, 네 귀에 소식을 전하여줄 것이다. 27 그날에 네 입이 열려 그 탈출한 사람에게 이야기를 하고, 다시는 말을 못 하는 사람이 되지 않을 것이다. 네가 이와 같이 그들에게 표징이 되면, 그때에야 그들이 비로소, 내가 주인 줄 알게 될 것이다."

'탈출한 사람'은(26–27절) 누구이며, 어디서 도망쳐 나왔습니까? 24장은 아홉째 해의 열째 달 10일에 주어진 말씀입니다. 이 날짜는 열왕기와 예레미야서에도 언급되는데(왕하 25:1; 렘 52:4; 참고, 렘 39:1), 이날에 바빌로니아의 느부갓네살 군대가 예루살렘을 포위하고 공격하기 시작했고, 그로부터 1년 6개월가량 지난 열한째 해 넷째 달에 성이 함락되고 맙니다(왕하 25:3–4; 렘 39:2). 예루살렘이 포위된 그날, 하나님께서는 바빌론 땅에 있는 에스겔의 입이 닫힐 것이라고 말씀하십니다. 마침내 그의 입이 다시 열리는 날은 예루살렘 함락 이후 그곳에서 탈출한 사람이 멀리 바빌론에 있는 에스겔에게 찾아올 때입니다. 이 내용은 33장 21–22절에서 볼 수 있습니다. 그래서 에스겔의 입이 닫히는 것은 이제 더 이상 예루살렘에는 회복의 길, 살 수 있는 길이 없음을 상징하고, 그의 입이 다시 열리는 것은 심판이 끝이 아님을 보여준다고 할 수 있습니다.

{ 제25장 }

암몬에 대한 심판 예언

1 주님께서 나에게 말씀하셨다.

2 ○ "사람아, 암몬 자손이 있는 쪽으로 얼굴을 돌리고, 그들을 규탄하는 예언을 하여라. 3 너는 암몬 자손에게 전하여라. '그들에게 나 주 하나님의 말을 들으라고 하여라. 나 주 하나님이 말한다.

○ 내 성전이 더럽혀졌을 때에, 너는 그것을 보고 잘되었다고 하였고, 이스라엘 땅이 황폐하게 되었을 때에, 너희는 그것을 보고도 잘되었다고 하였고, 유다 백성이 포로로 잡혀 끌려 갔을 때에도, 그들을 보고 잘되었다고 소리쳤다. 4 그러므로 내가 너를 동방 사람들의 소유로 넘겨주겠다. 그들이 네 땅에 들어와서 진을 치고, 네 땅 가운데 자기들이 살 장막을 칠 것이다. 그들이 네 땅에서 나는 열매를 먹고, 네 땅에서 나는 젖을 마실 것이다. 5 내가 랍바를 낙타의 우리로 만들고, 암몬 족속이 사는 곳을 양 떼가 눕는 곳으로 만들겠다. 그때에야

이스라엘을 중심으로 볼 때, '동방'은 어느 쪽을 말합니까? '동방 사람들'은 어떤 민족입니까?(4절) '동방'은 해가 떠오르는 방향으로, 이스라엘의 동쪽이나 북동쪽 방향을 가리킵니다. 여기에는 아라비아 지역, 조금 더 멀리는 앗시리아나 바빌로니아 등의 유프라테스강 유역까지 포함됩니다. 구약성경에서 '동방 사람들'이라는 표현은 특정 민족을 지칭하기보다는, 이처럼 북동쪽이나 동쪽 방향에 살고 있는 이방 민족들을 포괄적으로 일컫는 말입니다. 에스겔은 예루살렘의 재앙을 보고 기뻐하며 조롱하던 암몬과 모압 모두 동방 사람들에게 넘어갈 것이라 선포합니다(4, 10절). 남의 불행을 기뻐한 자들 역시 그들에게 닥쳐오는 불행을 피할 수 없습니다.

너희가 비로소, 내가 주인 줄을 알게 될 것이다.

6 ㅇ 나 주 하나님이 말한다. 이스라엘 땅이 황폐해졌을 때에, 너는 이것을 고소하게 여겨, 손뼉을 치고 발을 구르며 좋아하였고, 경멸에 찬 마음으로 기뻐하였으므로, 7 내가 내 손을 뻗쳐서 너를 치고, 네가 여러 민족에게 약탈을 당하도록 너를 넘겨주겠다. 내가 이렇게 너를 만민 가운데서 끊어버리며, 여러 나라 가운데서 너를 망하게 하겠다. 내가 너를 망하게 놓아두겠다. 그때에야 너는 비로소, 내가 주인 줄 알 것이다.'"

모압에 대한 심판 예언

8 ㅇ "나 주 하나님이 말한다. 모압이 말하기를, 유다 족속도 모든 이방 백성이나 다름이 없다고 한다. 9 그러므로 내가 모압의 국경지역에 있는 성읍들 곧 그 나라의 자랑인 벳여시못

모압의 입장에서 이스라엘은 적인 셈인데, 원수가 심판을 받는 걸 보고 기뻐하는 게 무슨 큰 잘못이라고 벌을 내립니까?(6절) 에스겔서 25~32장은 이스라엘을 둘러싼 열방 나라들에 대한 심판 말씀입니다. 그런데 이 덩어리의 앞부분인 24장은 예루살렘의 멸망을 선언하고, 뒷부분인 33장 역시 예루살렘의 멸망을 다룹니다. 그래서 현재의 배열은 이방 나라들이건 이스라엘이건, 악을 행하면 하나님의 심판을 받는다는 것을 보여줍니다. 이스라엘의 멸망이 암몬이나 모압의 행복이 되지는 않으며, 암몬이나 모압의 멸망이 이스라엘의 행복이 되지도 않습니다. 사실 앗시리아나 바빌로니아 같은 강대국에 비하면 암몬, 모압, 에돔, 블레셋 등의 나라는 이스라엘과 마찬가지로 아주 작은 약소국에 불과합니다. 오늘날에도 독재 권력이나 대기업의 부당한 횡포에 시달리는 이들이 오히려 서로 시기하고 질투하며 다투는 모습을 종종 볼 수 있습니다. 그러나 이웃의 재앙이 나의 기쁨일 수는 없습니다. 이웃이 겪는 고통과 괴로움을 내가 겪는 고통처럼 아파하는 것이 인지상정입니다. 25장은 그러한 인지상정이 하나님께서 원하고 기뻐하시는 태도임을 분명히 보여줍니다.

과 바알므온과 기랴다임이 적의 공격을 받도록 허용하겠다. 10 나는 암몬 족속과 함께 모압도 동방 사람들의 소유로 넘겨 주어, 이방 백성 가운데서 암몬 족속이 다시는 기억되지 않게 하겠다. 11 이렇게 내가 모압을 심판하면, 그때에야 그들이 비로소 내가 주인 줄 알 것이다."

에돔에 대한 심판

12 ○ "나 주 하나님이 말한다. 에돔이 지나친 복수심을 품고 유다 족속을 괴롭히며, 그들에게 지나치게 보복함으로써 큰 죄를 지었다. 13 그러므로 나 주 하나님이 말한다. 내가 손을 뻗쳐서 에돔을 치고, 그 땅에서 사람과 짐승을 없애버리며, 그 땅을 데만에서부터 드단에 이르기까지 황무지로 만들어버

앙갚음의 전제는 피해입니다. 에돔은 이스라엘로부터 어떤 피해를 입었습니까? 어떻게 보복했기에 하나님이 지나치다고 평가합니까?(12절) 에돔과 유다 사이에 여러 차례 전쟁이 벌어진 것을 성경에서 찾아볼 수 있습니다(삼하 8:13-14; 왕상 11:15-16; 대상 18:12; 대하 21:9; 25:14 등). 그러나 이 가운데 어떤 사건이 에스겔서 본문의 배경인지 판단하기는 어렵습니다. 구약성경 창세기에 설명된 대로 이스라엘의 조상인 야곱과 에돔의 조상인 에서 사이에는 아주 오래된 갈등이 있었고, 이 갈등은 역사 속에서 종종 실제 충돌로 이어진 것 같습니다. 특히 예루살렘이 멸망하던 시기에 에돔이 유다에 저지른 폭력에 대해 구약성경의 여러 본문이 규탄하고 있습니다(욜 3:19-21; 옵 1:10-16; 참고, 시 137:7; 사 34:8; 암 1:11-12). 에스겔서는 25장 외에도 몇 군데에서 에돔이 예루살렘을 조롱하고 모욕하며 짓밟으려 했다고 고발합니다(16:57; 35:5, 10). 예루살렘은 그들이 저지른 죄 때문에 하나님의 심판을 받아 멸망에 이르지만, 그들이 겪는 재앙을 기뻐하고 즐거워하며 자신들의 기회로 삼는 행태 또한 하나님께서 싫어하시며 반드시 심판하시는 죄악입니다. 이웃나라의 불행을 우리나라의 기쁨과 번영의 기회로 여기는 태도는 온 세상의 하나님께서 결코 용납하지 않으실 것입니다.

리겠고, 백성은 모두 전화를 입고 죽을 것이다. **14** 내가 내 백성 이스라엘의 손으로 에돔에게 원수를 갚겠다. 그들이 내 노여움과 분노에 따라서 보복하면, 그때에야 에돔이 비로소, 내가 보복하였음을 알 것이다. 나 주 하나님의 말이다."

블레셋에 대한 심판 예언

15 ○ "나 주 하나님이 말한다. 블레셋 사람이 옛날부터 품어 온 원한으로 이스라엘을 멸망시키려고, 복수심에 불타서, 마음속에 앙심을 품고, 지나치게 보복하였다. **16** 그러므로 나 주 하나님이 말한다. 내가 손을 펴서 블레셋 사람들을 치고, 그렛 사람들을 없애버리며, 바닷가에 살아남은 사람들까지도 멸망시키겠다. **17** 내가 노하여 무섭게 벌하며 그들에게 크게 보복하겠다. 내가 그들에게 나의 원한을 갚으면, 그때에야 그들은 비로소, 내가 주인 줄 알 것이다."

이스라엘을 극도로 미워하는 동시에, 이스라엘을 해코지한 민족을 벌하는 하나님을 이해할 수 없습니다. 사랑과 미움, 어느 쪽이 진심입니까? 이스라엘에 임하는 재앙과 멸망은 그들이 저지른 죄악에 대한 하나님의 공의로운 심판입니다. 그렇다고 해서 재앙을 당하는 이들을 조롱하며 기뻐할 근거가 되는 것은 아닙니다. 이스라엘의 고통을 기뻐한 이들을 향한 하나님의 심판은 이스라엘의 하나님이 온 세상의 주이며 하나님이심을 보여줍니다. 그러나 이방 나라들을 하나님께서 심판하신다고 해서, 그것이 이스라엘에게 구원이 되는 것도 결코 아닙니다. 이방 나라가 심판받을 것이라는 말씀은 고스란히 하나님의 백성 이스라엘을 향한 경고이기도 합니다. 이방 나라든 이스라엘이든 상관없이, 하나님께서는 죄악을 심판하실 것이며, 심판 이후에는 하나님의 회복이 있을 것입니다. 그래서 하나님의 심판은 사실 그들을 향한 하나님의 사랑의 또 다른 표현이라 할 수 있습니다.

{ 제26장 }

두로에 대한 심판 예언

1 제십일 년 어느 달 초하루에 주님께서 나에게 말씀하셨다.
2 ○ "사람아, 두로가 예루살렘을 두고 '아하, 뭇 백성의 관문이 부서지고, 성의 모든 문이 활짝 열렸구나. 예루살렘이 황무지가 되었으니, 이제는 내가 번영하게 되었다'고 말하였다.
3 그러므로 나 주 하나님이 말한다. 두로야, 내가 너를 쳐서, 바다가 물결을 치며 파도를 일으키듯이, 여러 민족들이 밀려와서 너를 치게 하겠다. 4 그들이 두로의 성벽을 무너뜨리고, 그곳의 망대들을 허물어뜨릴 것이다. 내가 그곳에서 먼지를

하나님의 음성을 들은 날을 명확하게 밝힌(1절) 에스겔의 의도는 무엇입니까? 제십일 년은 어떤 해입니까? 25-32장은 '열방을 향한 심판 말씀'입니다. 24장에서 에스겔의 입이 닫혔고(24:25-27), 33장에서 다시 입이 열립니다(33:21-22). 입이 닫힌 시기가 아홉째 해 열째 달이었고, 다시 열린 시기는 열두째 해 열째 달입니다. 25장부터 32장까지의 열방에 관한 말씀에 기록된 날짜는 모두 일곱 개인데, 그중 하나를 제외하고(29:17) 나머지는 모두 아홉째 해부터 열두째 해 사이의 시기입니다. 열방 말씀의 가운데 즈음에 놓인 28장 24-26절은 이스라엘의 회복에 대한 말씀입니다. 특이하게도 이 28장 24-26절의 앞부분에 모두 여섯 나라에 대한 말씀이 있고, 이 단락 이후에는 이집트에 대한 말씀이 이어져, 열방 말씀은 모두 일곱 나라를 다룹니다. 날짜 표기는 이스라엘의 회복 단락 이전에 하나(26:1), 회복 단락 이후에 여섯으로, 모두 일곱 개입니다. 놀랍게도 이스라엘의 회복 단락 이전인 25장 1절부터 28장 23절까지는 97절로 이루어져 있고, 그 단락 이후인 29-32장 또한 97개의 절로 구성되어 있어서, 그 단락을 중심으로 양쪽의 무게가 대등합니다. 이러한 날짜 표기나 배열은 열방 말씀 단락이 의도적으로 매우 치밀하게 편집되었음을 보여줍니다. 열방을 주 하나님께서 온전히 주관하며 하나님의 뜻대로 행하신다는 것을 이러한 편집을 통해 웅변한다고 볼 수 있습니다.

말끔히 씻어내고 맨 바위만 드러나도록 하겠다. 5 그러면 두로가 바다 가운데서 그물이나 말리는 곳이 될 것이다. 내가 한 말이니, 그대로 될 것이다. 나 주 하나님의 말이다. 두로가 여러 민족에게 약탈을 당할 것이다. 6 해변에 있는 두로의 성읍들도 칼에 죽을 것이다. 그때에야 그들이 비로소, 내가 주인 줄 알 것이다.

7 ㅇ 나 주 하나님이 말한다. 내가 왕들 가운데 으뜸가는 왕, 바빌로니아 왕 느부갓네살을 북쪽에서 데려다가 두로를 치겠다. 그가 말과 병거와 기병과 군대와 많은 백성을 이끌고 올 것이다. 8 네 땅에 자리 잡고 있는 네 딸 성읍들을 그가 칼로 죽일 것이다. 그가 너를 치려고 높은 사다리를 세운다. 너를 공격하려고 흙 언덕을 쌓고, 방패를 갖춘다. 9 쇠망치로 네 성벽을 허물고, 갖가지 허무는 연장으로 네 망대들을 부술 것이다. 10 그의 군마들이 많아서, 너는 그들의 먼지에 묻힐 것이다. 그가 마치 무너진 성읍 안으로 들어오듯이, 네 모든 성문 안으로 들어오면, 그의 기병과 병거의 바퀴 소리에 네 모든 성벽이 진동할 것이다. 11 그가 말발굽으로 네 거리를 짓밟을 것이고, 칼로 네 백성을 죽일 것이며, 네 튼튼한 돌기둥

성읍에 인격을 부여한(8절) 표현이 특이합니다. 어째서 성읍을 딸로 묘사합니까? 오늘의 현대 언어들도 나라와 민족, 도시 이름을 여성형으로 표기하는 경우가 많습니다. 고대 히브리어에서도 두로 같은 도시나 나라의 이름은 여성형 명사입니다. 그리고 그 나라 안에서 살아가는 사람들이나 그 안에 존재하는 성읍들은 여성형인 나라의 구성 요소이기 때문에, 나라가 낳은 자녀로 간주합니다. 사실 두로나 두로 안에 있는 여러 성읍들을 구성하는 것은 살아 있는 사람들과 가축들입니다. 그런 면에서 두로라는 지역은 인격이 아니지만, 동시에 인격체들이 모여 이루어진 곳이니, 성읍을 인격으로 표현하는 것이 그리 과도한 비약은 아닐 것입니다.

들도 땅바닥에 쓰러뜨릴 것이다. 12 그의 군인들이 너에게 와서 재산을 강탈하고, 상품들을 약탈하고, 성벽들을 허물고, 마음에 드는 집들을 무너뜨리고, 모든 석재와 목재와 흙덩이까지도 바닷속으로 집어 던질 것이다. 13 내가, 네 모든 노랫소리를 그치게 하며, 네 수금 소리가 다시는 들리지 않게 하겠다. 14 내가 너를 맨 바위로 만들겠고, 너는 그물이나 말리는 곳이 되고, 다시는 아무도 너를 새로 짓지 못할 것이다. 내가 한 말이니, 그대로 될 것이다. 나 주 하나님의 말이다.

15 ○ 나 주 하나님이 두로를 두고 말한다.

○ 네가 쓰러지는 소리가 들리고, 네 한가운데서 부상당한 자들이 신음하고, 놀라운 살육이 저질러질 때에, 섬들이 진동하지 않을 수 있겠느냐? 16 그때에는 해변 주민의 왕들이 그들의 왕좌에서 내려오고, 그들의 왕복을 벗고, 수놓은 옷들도 벗어버릴 것이다. 그들은 두려움에 사로잡혀 땅바닥에 앉아서, 때도 없이 떨며, 너 때문에 놀랄 것이다. 17 그들은 너를 두고 애가를 지어 부를 것이다. 너 항해자들이 머물던 성

파도, 그물, 해변, 항해자, 섬⋯. 두로에 대한 예언에 바다와 관련된 단어들이 유난히 많이 등장하는 배경은 무엇입니까? 오늘날 두로는 육지와 연결된 반도지만, 고대 시대에는 육지로부터 600~750m 정도 떨어진 섬이었습니다. 주전 4세기 알렉산더 시대에 방파제를 만들어 두로를 육지와 연결했습니다. '바다 가운데'(26:5; 27:4, 32, 34)나 '바다 한가운데'(27:25, 27; 28:2, 8)라는 수식어들은 모두 두로가 섬으로 존재하던 시기를 반영합니다. '두로'라는 이름은 '바위', '반석'을 의미하는 히브리어 '쪼르'에서 비롯되었습니다. 아마도 두로를 떠받치고 있는 바위섬에서 유래된 이름일 것입니다. 육지와 가까운 섬이면서 동시에 내륙의 레바논 산맥 인근에 위치한 항구라는 특성 때문에 두로는 고대 시대에 강력하고 번성한 도시였으며, 해상무역의 중심지였습니다. 그러나 이제 주 하나님께서는 두로의 그 모든 영광을 무너뜨려, 두로를 그저 '맨 바위'가 되게 하겠다 선언하십니다.

읍아, 네가 어쩌다가 이렇게 망하였느냐, 그렇게도 이름을 날리던 성읍, 바다에서 세력을 떨치던 그 성읍, 그 주민과 그 성읍이, 온 육지를 떨게 하지 않았던가! 18 오늘 네가 쓰러지니, 섬들이 떨고 있다. 바다에 있는 섬들이, 네 종말을 지켜보며 놀라고 있다.

19 ○ 나 주 하나님이 말한다. 내가 너를, 사람이 살지 않는 성읍처럼, 황폐한 성읍으로 만들고, 깊은 물결을 네 위로 끌어올려서 많은 물이 너를 덮어버리게 하고, 20 너를, 구덩이로 내려가는 사람들과 함께 내려가 옛날에 죽은 사람들에게로 가게 하겠다. 그리고 내가 너를, 구덩이로 내려간 사람들과 함께 저 아래 깊은 땅속, 태곳적부터 황폐하여진 곳으로 들어가서 살게 하여, 네가 다시는 이전 상태로 회복되거나 사람들이 사는 땅에서 한 모퉁이를 차지하지 못하게 하겠다. 21 내가 너를 완전히 멸망시켜서 없애버리겠다. 사람들이 너를 찾아도, 다시는 영원히 만날 수 없을 것이다. 나 주 하나님의 말이다."

"구덩이로 내려간다"(20절)는 말은 어떤 상황을 일컫습니까? 이 표현은 땅속 혹은 땅 아래로 내려간다는 의미입니다. 고대 사람들은 사람이 죽으면 땅속(히브리어 '스올')으로 내려간다고 생각했습니다. 그래서 두로가 구덩이로 내려간다는 말은 두로의 죽음, 두로의 완전한 패망과 몰락을 상징합니다. '구덩이로 내려간다'는 표현과 더불어 '깊은 땅속' 같은 구절이 31-32장에서도 빈번하게 쓰이는데, 이는 두로와 이집트가 같은 운명에 처할 것임을 나타냅니다. 그토록 부유하고 그렇게 위세를 떨치던 나라들이지만, 결국 완전하게 몰락해서 땅속 세계, 죽은 자들의 세계에 들어가게 될 것입니다. 두로의 높고도 영화로웠던 시절은 그들의 완전한 몰락을 더욱 극적으로 보이게 할 따름입니다. 이처럼 예언자들의 선포는 현재 존재하는 부강한 제국들의 패망과 몰락을 무척이나 단호하게 증언하는 경우가 많습니다. 하나님을 믿고 경외하는 것은 이러한 강대국들에 마음을 빼앗기거나 그들을 추앙하지 않는 태도와 직접적으로 연결됩니다.

{ 제27장 }

두로에 대한 애가

1 주님께서 나에게 말씀하셨다.

2 ○ "너 사람아, 두로를 두고 애가를 불러라. 3 저 바다 어귀에 자리 잡고 해안 민족들과 무역하는 자야, 나 주 하나님이 하는 말을 들어보아라. 두로야, 너는 스스로 말하기를 너는 흠 없이 아름답다고 하였다. 4 네 경계선들이 바다의 한가운데 있고, 너를 만든 사람들이 너를 흠 없이 아름다운 배로 만들었다. 5 스닐산의 잣나무로 네 옆구리의 모든 판자를 만들고, 레바논의 산에서 난 백향목으로 네 돛대를 만들었다. 6 바산의 상수리나무로 네 노를 만들었고, 키프로스 섬에서 가져온 회양목에 상아로 장식하여, 네 갑판을 만들었다. 7 이집트에서 가져온 수놓은 모시로 네 돛을 만들고, 그것으로 네 기

'애가'(2절)란 언제 부르는 노래입니까? 이스라엘을 둘러싼 지역에서는 애가를 짓는 일이 흔했습니까? '애가'로 번역된 히브리어 '키나'는 누군가의 죽음을 애도하며 부르는 노래로(삼하 1:17; 참고, 삼하 3:33), 구약성경의 "예레미야 애가"라는 제목은 이 단어의 복수형입니다. '애가'는 구약성경에서 약 19회 사용되며, 그중 에스겔서에 가장 많이 등장합니다. 특히 에스겔서에서는 두로 단락(26:17; 27:2, 32; 28:12)과 애굽 단락(32:2, 16)에 집중적으로 쓰였습니다. 처음 예언자로 부르심을 받을 때, 에스겔은 앞뒤로 글이 적힌 두루마리를 먹으라는 명령을 받았습니다. 이 두루마리에 적혀 있는 첫 번째 내용이 '애가'였습니다(2:9~10). 본래 애가는 장례식에서 불리는 노래 형식으로, 예언서에서는 비유적 의미로 사용됩니다. 이스라엘이 현재 살아 있으나 사실은 죽은 자와 마찬가지임을 선포하는 것이기에, 장차 임할 심판을 표현하기에 적합합니다. 그래서 에스겔을 비롯한 예언자들은 이 애가라는 형식으로 하나님의 심판을 선포했습니다.

를 삼았다. 엘리사 섬에서 가져온 푸른색과 자주색 베는, 너의 차일이 되었다. 8 시돈과 아르왓 주민이 너의 노를 저었다. 두로야, 너의 노련한 이들이 네 선장이 되었다. 9 그발의 장로들과 지혜 있는 사람들이 배의 틈을 막아주었다. 바다의 모든 배와 선원들이 네 안에서 너의 물품들을 거래하였다. 10 페르시아와 리디아와 리비야의 용병들이 네 군대에 들어와 전사가 되었다. 그들이 배 안에 방패와 투구를 걸어놓아, 그들마저도 네 영화를 빛냈다. 11 아르왓 사람들과 네 군대가 네 사면 성벽 위에 있고, 용사들이 네 망대들 속에 있어서, 네 사면 성벽에 그들의 방패를 걸어놓았으니, 그들마저도 네 아름다움을 온전하게 하였다.

12 ○ 너에게는 온갖 물건이 많기 때문에 스페인이 너와 무역을 하였다. 그들은 은과 쇠와 주석과 납을 가지고 와서 너의 물품들과 바꾸어갔다. 13 야완과 두발과 메섹이 바로 너와 거래한 사람들이다. 그들이 노예와 놋그릇들을 가지고 와서, 네 상품들과 바꾸어갔다. 14 도갈마 족속은 부리는 말과 군마와 노새를 끌고 와서, 네 물품들과 바꾸어갔다. 15 드단 사람들

'그발의 장로와 지혜 있는 사람들'이 어째서 배의 틈새를 메꾸는(9절) 일을 합니까? 앞뒤가 어울리지 않는 이 구절은 무얼 의미합니까? 에스겔서 26~28장은 두로에 대한 심판 예언으로, 그중 27장은 당시 해상무역의 중심지로 번성했던 두로를 바다를 항해하는 '흠 없이 아름다운 배'로 비유합니다. 5~7절은 이 두로라는 배에 사용된 재료들이 얼마나 유명하고 값진 것인지 보여주기 위해 온갖 최고급 물품을 열거합니다. 8~11절은 당대에 알려진 온갖 민족과 나라, 도시, 지역 등을 광범위하게 나열하면서, 이 모든 곳이 두로라는 배를 만들고 운행하는 데 동원되었다고 이야기합니다. 이처럼 두로는 당대의 유명한 지역과 민족을 모두 자신의 들러리로 만들어버리는 존재였습니다. 5~11절은 두로의 영광이 얼마나 찬란했는지, 그리고 주변 모든 나라들이 어떻게 두로를 돋보이게 하는 들러리로 기능했는지 보여줍니다.

도 너와 거래한 사람들이다. 많은 섬이 너와 무역을 하였다. 그들은 상아와 흑단을 가져다가, 물건 값으로 네게 지불하였다. 16 네가 물품이 많기 때문에, 시리아도 너와 무역을 하였다. 남보석과 자주색 베와 수놓은 천과 가는 베와 산호와 홍보석을 가지고 와서, 네 물품들과 바꾸어갔다. 17 유다와 이스라엘 땅 사람들도 너와 거래를 하였다. 그들은 민닛에서 생산한 밀과 과자와 꿀과 기름과 유향을 가지고 와서, 네 물품들과 바꾸어갔다. 18 너는 물건이 많고, 생산한 물품도 많기 때문에, 다마스쿠스도 헬본의 포도주와 자하르의 양털을 가지고 와서, 너와 무역을 하였다. 19 워단과 야완도 우잘에서 쇠와 계피와 창포를 가지고 와서, 네 물품들과 바꾸어갔다. 20 드단은 말을 탈 때에, 안장에 깔아놓는 천을 가지고 와서, 네 물품들과 바꾸어갔다. 21 아라비아 사람들과 게달의 모든 지도자가, 너와 무역을 하였는데, 새끼 양과 숫양과 숫염소들을 가지고 와서, 무역을 하였다. 22 스바와 라아마의 상인들도 너와 거래를 하였다. 그들이 최상품의 각종 향료와 각종

두로가 이웃 나라들과 거래한 품목들을 자세히 열거하는 의도는 무엇입니까?
12-25절은 두로를 상징하는 배를 통해 이루어진, 그야말로 번성했던 두로의 무역을 열거합니다. 당대 세계의 모든 나라가 두로를 통해 교역했으며, 온갖 물자와 물품이 두로를 통해 거래되었습니다. "여러 백성을 충족시켜주고, 많은 재물과 무역품으로 세상의 왕들을 풍부하게 만들었다"(33절)라고까지 표현합니다. 이처럼 27장은 비유를 통해 두로의 화려함과 바다를 기반으로 한 해상무역의 번성을 생생하게 그려냅니다. 그러나 이 본문의 마지막은 두로의 번성이 아닙니다. 26절은 그렇게 대단했던 두로라는 배가, 그들이 그토록 의지하던 바다에서 동풍으로 인해 완전히 파선되었다고 선언합니다. 두로의 모든 영화와 번영이 바다에서 비롯되었으나, 바로 그 바다에서 두로는 완전히 패망합니다. 따라서 무역의 번성을 보여주는 이 긴 목록은 도리어 두로에 임할 재앙을 더욱 부각시키는 역할을 합니다.

보석과 황금을 가지고 와서, 네 물품들과 바꾸어갔다. 23 하란과 간네와 에덴과 스바와 앗시리아와 길맛 상인들이 너와 거래를 하였다. 24 그들은 화려한 의복과, 청색 겉옷과, 수놓은 옷감과, 다채로운 양탄자와, 단단히 꼰 밧줄을 가지고 와서, 네 물품들과 바꾸어갔다. 25 다시스의 배들도 네 물품들을 싣고 항해하였다. 너는 화물선에 무겁게 물건을 가득 싣고 바다 한가운데로 나갔다. 26 너의 선원들이 너를 데리고 바다 깊은 데로 나갔을 때에, 동풍이 바다 한가운데서 너를 파선시켰다. 27 네가 멸망하는 날에 재물과, 상품과, 무역품과, 네 선원과, 네 선장과, 배의 틈을 막아주는 사람과, 무역품을 거래하는 사람과, 배에 탄 모든 군인과, 배에 탄 사람들이 모두 바다 한가운데에 빠진다. 28 네 선장들의 울부짖는 소리에 해변 땅이 진동한다. 29 노 젓는 사람이 모두 배에서 내린

이전에 언급된 나라들에 비해 두로에 관한 예언이 유난히 길고 장황한 까닭은 무엇입니까? 에스겔서의 두로 말씀 단락에서 묘사하는 두로는 매우 특별했습니다. 두로는 스스로를 "흠 없이 아름답다"(27:3)고 자부했고, 하나님께서는 두로가 '정교하게 만든 도장'이며 '지혜가 충만하고 흠잡을 데 없이 아름다운 도장'(28:12)이라고 이르셨습니다. 또한 두로는 다니엘에 비견되고(28:3), 에덴동산에 있던 그룹(28:13-14)이라 불릴 정도로 대단했습니다. 느부갓네살의 진격 앞에서 예루살렘을 포함한 많은 나라가 무너졌지만, 애굽과 두로만은 버텨냈다는 점이 에스겔의 주목을 끌었을 것입니다. 여기서 두로는 가장 부강한 나라의 대표이자 상징입니다. 그러나 그러한 두로라 할지라도 마침내 완전히 패망할 것이니, 두로의 패망은 두로 말씀을 이루는 세 단락의 마지막에 동일하게 언급되면서(26:21; 27:36; 28:19) 확연히 강조됩니다. 따라서 두로의 패망과 심판은 제아무리 강력하고 부유하며 대단한 나라일지라도 하나님의 심판을 피할 수 없음을 보여줍니다. 제아무리 부강한 나라 할지라도 하나님의 백성의 재앙을 자신의 기회로 여겨 기뻐하고, 자신이 마치 하나님인 양 교만하다면 결코 존속할 수 없습니다. 두로는 주 하나님이야말로 온 땅을 주관하시는 하나님이심을 드러내기에 적합한 상징이었을 것입니다.

다. 선원들과, 사람들이 모두 뭍으로 올라와서, 30 파선된 너를 애석해하면서, 큰 소리로 목 놓아 울고, 비통하게 울부짖는다. 머리에 티끌을 끼었으며, 재 속에서 뒹군다. 31 네 죽음을 애도하여, 그들이 머리를 빡빡 밀고 굵은 베옷을 입으며, 너 때문에 마음이 아파 울고 슬피 통곡할 것이다. 32 그들이 너를 애도하여 애가를 부르며, 네 죽음을 이렇게 슬퍼할 것이다. 바다 한가운데서 두로처럼 파멸된 사람이 누구냐? 33 네가 무역품을 싣고 여러 바다로 나갈 때에, 너는 여러 백성을 충족시켜주었다. 네 많은 재물과 무역품으로 세상의 왕들을 풍부하게 만들어주었다. 34 그러나 이제 네가 파선되어, 깊은 바다에 잠기니, 네 무역품과 너와 함께 있는 선원이 너와 함께 깊이 빠져버렸다. 35 섬에 사는 사람들이 네 소식을 듣고 놀라며, 그들의 왕들이 크게 두려워하여 얼굴에 수심이 가득했다. 36 뭇 민족의 상인들이 너를 비웃는다. 멸망이 너를 덮쳤으니, 너는 이제 아무것도 아니다."

이 무시무시한 예언은 성취되었습니까? 아니면 단순히 이스라엘의 기대와 소망을 정리한 글일 따름인가요? 바빌로니아의 느부갓네살은 고대 팔레스타인 전역을 휩쓸었고, 두로 역시 강력한 공격을 받았습니다. 그러나 에스겔서의 또 다른 본문은 느부갓네살의 군대도 두로를 함락시키지 못했다고 전합니다(29:18). 그럼에도 불구하고 이 공격으로 두로의 기세는 현격히 약화되었고, 이후 주전 4세기 말 알렉산더에 의해 두로는 완전히 패망했습니다. 구약성경의 예언은 단순히 앞날의 사건을 맞추는 것과는 거리가 멉니다. 에스겔의 예언이 글자 그대로 즉각 성취되지 않았다는 사실은 예언의 본질이 단순한 미래 예측이 아님을 보여줍니다. 오히려 이 예언은 두로처럼 번성하고 부강한 세력의 궁극적 결말을 전망하는 시각이나 세계관으로 이해하는 것이 더 타당합니다. 결국 예언에서 앞일을 맞추는 것보다 훨씬 중요하고 지속적인 의미는, 현실에서 쉽게 무너지지 않을 것처럼 보이는 부강한 세력도 결국은 패망할 것이라는 선언이자 확신이라고 할 수 있습니다.

{ 제28장 }

두로 왕에 대한 심판 예언

1 주님께서 나에게 말씀하셨다.

2 ○ "사람아, 두로의 통치자에게 전하여라. 나 주 하나님이 이렇게 말한다. 너의 마음이 교만해져서 말하기를 너는 네가 신이라고 하고 네가 바다 한가운데 신의 자리에 앉아 있다고 하지만, 그래서, 네가 마음속으로 신이라도 된 듯이 우쭐대지만, 너는 사람이요, 신이 아니다. 3 너는, 다니엘보다 더 슬기롭다. 아무리 비밀스러운 것이라도 네게 드러나지 않는 것이 없다. 4 너는 지혜와 총명으로 재산을 모았으며, 네 모든 창고에 금과 은을 쌓아놓았다. 5 너는, 무역을 해도 큰 지혜를 가지고 하였으므로, 네 재산을 늘렸다. 그래서 네 재산 때문에 네 마음이 교만해졌다. 6 그러므로 나 주 하나님이 말한다. 네가 마음속으로 신이라도 된 듯이 우쭐대니, 7 내가 이제 이방 사람들 가운데서도 가장 잔인한 외국 사람들을 데려

3절의 다니엘은 어떤 인물입니까? 그를 지혜와 관련해 언급하는 연유는 무엇입니까? 본문에서 다니엘은 '지혜'를 대표하는 인물로 언급됩니다. 그런 점에서 구약성경 다니엘서에 등장하는 다니엘을 떠올리게 합니다. 그는 바빌로니아에 포로로 끌려갔지만, 하나님께서 주신 지혜로 '은밀한 일'을 풀이했습니다(단 2:18, 19, 22, 27, 28 등). 그는 바빌론의 모든 지혜자의 어른이 되었으며(단 2:48), 명철과 총명과 신들의 지혜와 같은 지혜를 가진 사람으로 알려졌습니다(단 5:11, 14). 그런데 에스겔서 14장에서도 다니엘이 등장하는데, 여기서 다니엘은 '의로움'으로 유명한 사람입니다. 이 다니엘은 구약성경에 나오는 다니엘과는 다른 인물일 가능성이 큽니다. 그래서 본문의 다니엘이 누구를 가리키는지는 단정할 수 없지만, 당대에 '의로움'과 '지혜'로 유명했던 인물이었을 것이라 추정할 수 있습니다.

다가, 너를 치게 하겠다. 그들이 칼을 빼서 네 지혜로 성취한 아름다운 상품을 파괴하고, 네 영화를 더럽힐 것이다. 8 그들이 너를 구덩이에 내던지면, 너는 맞아 죽는 사람처럼 바다 한가운데서 죽을 것이다. 9 너를 죽이는 사람들 앞에서도 네가 신이라고 네가 감히 말할 수 있겠느냐? 네가 사람들의 손에 찔려 죽을 것이다. 너는 사람이요 신이 아니다. 10 네가 외국 사람들의 손에 할례 받지 못한 사람과 같이 죽을 것이다. 내가 말하였기 때문이다. 나 주 하나님의 말이다."

두로 왕에 대한 애가

11 ○ 주님께서 나에게 말씀하셨다.

12 ○ "사람아, 너는 두로 왕을 두고 애가를 불러라. 너는 그에게 전하여라. '나 주 하나님이 말한다. 너는 정교하게 만든 도장이었다. 지혜가 충만하고 흠잡을 데 없이 아름다운 도장이었다. 13 너는 옛날에 하나님의 동산 에덴에서 살았다. 너는 온갖 보석으로 네 몸을 치장하였다. 홍보석과 황보석과

'할례 받지 못한 사람'(10절)이란 어떤 존재를 의미합니까? 이 표현은 이후 이집트에 대한 심판 말씀인 32장에서 빈번히 쓰입니다. 고대 중동 세계에서 할례는 실제 방식에는 차이가 있으나, 여러 나라에서 행해지던 관습이었습니다. 팔레스타인 지역을 비롯해 이집트에서도 할례는 지배 계층에 의해 받아들여졌던 것으로 추정됩니다. 이러한 배경을 고려할 때, '할례 받지 못한 사람'은 불명예스럽고 수치스러운 사람을 가리킨다고 볼 수 있습니다. 특히 이스라엘에서 '할례 받지 못하는 것'은 불명예스러움을 넘어 부정한 상태를 가리킵니다. 고대 세계에서 그토록 영화롭고 대단했던 두로와 이집트가 결국 '할례 받지 못한 사람'처럼 죽을 것이라는 말씀은 그들의 완전하고도 철저한 몰락을 상징합니다.

금강석과 녹주석과 홍옥수와 벽옥과 청옥과 남보석과 취옥과 황금으로 너의 몸을 치장하였다. 네가 창조되던 날에 이미 소고와 비파도 준비되어 있었다. 14 나는 그룹을 보내어, 너를 지키게 하였다. 너는 하나님의 거룩한 산에 살면서, 불타는 돌들 사이를 드나들었다. 15 너는 창조된 날부터, 모든 행실이 완전하였다. 그런데 마침내 네게서 죄악이 드러났다. 16 물건을 사고파는 일이 커지고 바빠지면서 너는 폭력과 사기를 서슴지 않았다. 그래서 내가 너를 더럽게 여겨, 하나님의 거룩한 산에서 쫓아냈다. 너를 지키는 그룹이, 너를 불타는 돌들 사이에서 추방시켰다. 17 너는 네 미모를 자랑하다가 마음이 교만하여졌고, 네 영화를 자랑하다가 지혜가 흐려졌다. 그래서 내가 너를 땅바닥에 쓰러뜨려 왕들 앞에 구경거리가 되게 하였다. 18 너는 죄를 많이 짓고 부정직하게 무역을 함으로써, 네 성소들을 더럽혔다. 그러므로 내가 네 한가운데 불을 질러 너를 삼키도록 하였으며, 너를 구경하는 모든 사람

두로 왕을 '도장'에 빗대는(12절) 대목이 쉬 와닿지 않습니다. 예언을 듣는 이들은 도장이란 단어에서 어떤 이미지를 떠올렸을까요? 고대부터 도장은 작성된 사항의 최종 결정을 확인하는 중요한 수단이었습니다. 사람을 도장에 비유하는 것은 성경의 다른 곳에서도 볼 수 있으며(렘 22:24; 학 2:23), '가장 중요한 존재', '결정적인 존재'를 표현하는 것으로 이해할 수 있습니다. '정교하게 만들었고, 지혜가 충만하고 흠잡을 데 없이 아름다운 도장'이라는 비유는 그만큼 두로가 어느 하나 빠지는 것이 없는, 온전하고 대단한 세력이었음을 강조합니다. 두로의 이러한 특별함과 온전함을 표현하기 위해 13~14절은 두로가 에덴동산에서 살았으며 하나님께서 그룹을 보내 두로를 지키셨다고까지 표현합니다. 이러한 진술은 역사적 사실이 아닌, 두로의 영광과 화려함, 번영이 얼마나 대단한 것이었는지, 그리고 그 모든 영광이 하나님께서 허락하신 것임을 보여주기 위한 문학적 표현입니다. 정교하게 만들어진 도장, 에덴동산의 보석 같은 이미지는 이러한 목적으로 동원되었습니다.

의 눈앞에서, 네가 땅바닥의 재가 되도록 하였다. 19 뭇 민족 가운데서 너를 아는 모든 사람이 네 모습을 보고 깜짝 놀랐다. 멸망이 너를 덮쳤으니, 이제 너는 아무것도 아니다.'"

시돈에 대한 심판 예언

20 ○ 주님께서 나에게 말씀하셨다.

21 ○ "사람아, 너는 얼굴을 돌려 시돈을 바라보고, 그 성읍을 규탄하여 예언을 하여라. 22 너는 전하여라. '나 주 하나님이 말한다. 시돈아, 내가 너를 치겠다. 내가 네 가운데서 내 영광을 드러내겠다. 내가 너를 심판하고, 내가 거룩함을 네 가운데서 나타낼 때에야 비로소 사람들이 내가 주인 줄 알 것이다. 23 내가 네게 전염병을 보내고, 너의 거리에 피가 냇물처럼 흐르게 하겠다. 사방에서 적들이 몰려와서 칼로 너를 치

이방 나라 두로를 두고 "너는 창조된 날부터, 모든 행실이 완전하였다"(15절)고 평가하는 근거는 무엇입니까? 에스겔서는 두로를 그야말로 아름답고 특별했던 나라로 표현합니다. 그리고 그 두로의 아름다움의 근원을 에덴동산과 연결하고 하나님의 창조와 연관 지음으로써, 두로의 영광이 하나님께로부터 비롯되었음을 부각시킵니다. 세상 나라들의 영광과 번영은 하나님께로부터 비롯되었다고 말할 수 있습니다. 이것은 모든 사람이 교회에 다녀야 하고 기독교 신앙을 가져야 한다는 의미가 아니라, 자신들의 특별함이 '하늘로부터 주어진 선물'임을 기억해야 한다는 말입니다. 크고 강한 나라일수록 제 역할이 있음을 기억해야 합니다. 그러나 두로는 '폭력과 사기'를 서슴지 않았으며(16절), 자신을 자랑하며 교만했고(17절), 부정직한 무역을 자행했습니다(18절). 이러한 행태는 이 세상에 존재했던 모든 강력한 나라들이 공통적으로 걸어간 길이기도 합니다. 그래서 에스겔의 두로 말씀은 특정한 나라가 아닌 세상의 강한 나라들 전체를 향한 하나님의 말씀이며, 우리 가운데 스스로 뛰어나고 능력 있다고 자부하는 이들을 향한 말씀이기도 합니다.

면, 사람들이 네 한가운데서 쓰러질 것이다. 그때에야 비로소
그들이, 내가 주인 줄 알게 될 것이다.'"

이스라엘이 복을 받을 것이다

24 ○ "이스라엘 족속을 멸시하는 사방의 모든 사람이, 다시
는 이스라엘을 가시로 찌르거나 아프게 하지 않을 것이다. 그
때에야 비로소 그들이, 내가 주인 줄 알 것이다."

25 ○ 주 하나님께서 이렇게 말씀하신다.

○ "내가 이스라엘 족속을 그들이 흩어져 살던 여러 민족 가
운데서 모아오고, 이방 사람들이 보는 앞에서 내가 거룩한 하
나님임을 그들에게 나타낼 때에, 그들이 자기들의 땅, 곧 내
가 내 종 야곱에게 준 땅에서 살게 될 것이다. 26 그들이 집
을 짓고, 포도나무를 심고, 평안히 그 땅에서 살 것이다. 내
가, 그들을 멸시하는 사람들을 모두 심판하면, 그들이 평안히
살 것이다. 그때에야 비로소 그들이, 나 주가 자기들의 하나
님임을 알게 될 것이다."

**회복시키겠다는 약속뿐(24-26절), 전제 조건이 없습니다. 하나님을 거역해서 망한 이
스라엘을 '조건 없이' 되돌려놓겠다는 뜻입니까?** 이스라엘의 회복에 이스라엘이 기
여하는 것은 전혀 없으며, 아무런 근거나 고려 사항도 없습니다. 오직 그들의 조상과
맺은 언약에 따른 하나님의 행하심만이 회복의 유일한 근거입니다. 그래서 에스겔서
는 회복과 구원이 오직 하나님의 은혜에 달려 있음을 증언합니다. 이러한 신학은 포
로기 말기와 그 이후 이스라엘 신앙 공동체를 이루는 핵심적인 신학 중 하나라고 할
수 있습니다. 아울러 하나님의 은혜만이 회복의 근거라면, 이 회복 말씀은 그저 이스
라엘에만 국한된다고 보기 어렵습니다. 이 단락이 열방 말씀의 한가운데 놓였다는
점 또한 이 회복이 그저 이스라엘만의 회복이 아니라, 이스라엘로 대표되는 모든 사
람을 향한 하나님의 신실하심과 그에서 비롯된 은혜로운 회복임을 보여줍니다.

{ 제29장 }

이집트에 대한 심판 예언

1 제십 년 열째 달 십이 일에 주님께서 나에게 말씀하셨다.
2 ㅇ "사람아, 너는 이집트 왕 바로에게 예언하여라. 바로와 전 이집트를 규탄하여 예언하여라. 3 너는 이렇게 말하여 전하여라. '나 주 하나님이 말한다. 이집트 왕 바로야, 내가 너를 치겠다. 나일강 가운데 누운 커다란 악어야, 네가 나일강을 네 것이라고 하고 네가 만든 것이라고 한다마는, 4 내가 갈고리로 네 아가미를 꿰고, 네 강의 물고기들이 네 비늘에 달라붙게 해서, 네 비늘 속에 달라붙은 강의 모든 물고기와 함께 너를 강 한복판에서 끌어내서, 5 너와 물고기를 다 함께 멀리 사막에다 던져버릴 것이니, 너는 허허벌판에 나뒹그러질 것이다. 내가 너를 들짐승과 공중의 새에게 먹이로 주었으니, 다시는 너를 주워오거나 거두어오는 사람이 없을 것이다. 6 그때에야 비로소 이집트에 사는 모든 사람이, 내가 주인 줄 알게

이집트 왕을 악어에 빗대는(3절) 배경은 무엇입니까? 비늘에 달라붙은 물고기들은 누굴 의미합니까? 여기서 '악어'로 번역된 히브리어는 뱀으로 번역되기도 하지만, 기본적으로 '바다에 사는 괴물'을 가리킨다고 볼 수 있습니다. 이 존재는 하나님을 대적하는 자로, 하나님께서 무찌르신 상대로도 언급됩니다(시 74:13; 사 27:1; 51:9). 특히 고대 이집트 문헌에서 이집트의 왕은 종종 악어로 비유되며, 위엄과 두려움을 불러일으키는 존재로 표현되기도 했습니다. 나일강은 이집트의 젖줄이므로 이집트 왕을 나일강의 악어에 비유하는 것은 꽤 적절한 표현입니다. 악어의 비늘에 달라붙은 물고기들은 이집트에 의존하며 그와 동맹을 맺은 세력을 가리킨다고 해석할 수 있습니다. 하나님께서는 오만하기 이를 데 없는 이집트를 갈고리로 꿰어내고, 이집트에 매여 있던 세력까지 전부 끌어내 땅에 던져버리실 것입니다.

될 것이다. 너는 이스라엘 족속을 속이는 갈대 지팡이밖에 되지 못하였다. 7 이스라엘 족속이 손으로 너를 붙잡으면, 너는 갈라지면서 오히려 그들의 어깨를 찢었다. 너를 의지하면, 너는 부러지면서 그들이 몸도 못 가누고 비틀거리게 하였다.

8 ○ 그러므로 나 주 하나님이 말한다. 내가 칼을 가져다가 너를 치겠다. 사람과 짐승을 너에게서 멸절시키겠다. 9 그러면 이집트 땅이 황폐한 땅 곧 황무지가 될 것이니, 그때에야 비로소 그들이, 내가 주인 줄 알 것이다.

○ 네가 말하기를 나일강은 네 것이고, 네가 만들었다고 하였으니, 10 내가 너와 네 강을 쳐서, 이집트 땅을 믹돌에서부터 수에네까지와, 에티오피아의 국경선에 이르기까지, 황폐한 땅 곧 황무지로 만들어버리겠다. 11 그 땅에는 사람의 발길도 끊어지고, 짐승들까지도 그 땅으로는 지나다니지 않을 것이다. 그래서 사십 년 동안, 사는 사람이 없을 것이다. 12 내가

'사십 년'(13절)을 어떻게 보아야 합니까? 실제적 시간으로 보고 어울리는 사건을 찾아보는 게 좋을까요, 아니면 상징적인 시간입니까? 40년이라는 기간은 이집트를 떠난 이스라엘이 광야를 떠돌았던 40년을 떠올리게 합니다. 모세는 40년간 이집트 왕자로 자랐고, 40년간 미디안 광야에서 지냈으며, 이후 40년간 이스라엘 백성을 이끌었습니다. 아울러 구약성경 사사기 같은 책에서는 평화로웠던 시기나 이방 나라의 압제를 받았던 시기를 빈번히 40년간으로 표현합니다(삿 3:11; 8:28; 13:1). 그런 점에서 40년은 길게 지속되었던 한 시기를 가리키는 상징적 숫자라고 볼 수 있습니다. 교만하게 자신의 힘을 내세우던 이집트는 40년간 완전히 황폐해질 것입니다. 그 40년 동안 이집트 땅은 황폐한 나라들 중에서도 더욱 황폐해질 것이고, 이집트의 성읍들은 황폐한 곳들 중에도 더욱 황폐한 곳이 될 것이며, 하나님께서는 이집트를 열방과 나라들 가운데 흩어버리실 것입니다(겔 30:23, 26). 그러나 그것이 끝이 아니라, 그 40년이 지난 후 이집트는 다시 회복될 것입니다(29:13-16). 이러한 본문을 통해 하나님께서는 다른 나라들이 동맹을 맺고 의지하고 싶어 하는 '강력한 제국'을 전혀 기뻐하지 않으신다는 것을 짐작할 수 있습니다.

이집트 땅을 황폐한 땅 가운데서도 가장 황폐한 땅으로 만들 겠고, 이집트의 성읍들도 사십 년 동안은, 황폐한 성읍 가운데 서도 가장 황폐한 성읍으로 만들어버리겠다. 나는 이집트 사 람들을 여러 민족 속에 흩어놓고, 여러 나라 속에 헤쳐놓겠다. 13 ○ 나 주 하나님이 말한다. 사십 년이 지나면, 여러 민족 속 에 흩어져 있는 이집트 사람을, 내가 다시 이집트 땅으로 모아 들이겠다. 14 내가 포로가 된 사람들을 이집트로 돌아가게 하 여, 그들의 고향 땅 곧 상 이집트 땅으로 내가 그들을 데려다 놓겠다. 그들은 거기에서 힘없는 나라밖에 되지 못할 것이다. 15 나라들 가운데서 가장 힘없는 나라가 되어서, 다시는 다른 민족들보다 높아지지 못할 것이다. 내가 그들을 작게 만들어 서, 그들이 다른 백성들을 다스릴 수 없게 하겠다. 16 이집트 는 다시는 이스라엘 족속이 의지할 나라가 되지 못할 것이다. 이스라엘은 이집트가 당한 것을 보고서, 이집트에 의지하려 한 것이 얼마나 잘못된 것이었는가를 상기하고, 그때에야 비 로소 그들이, 내가 주 하나님인 줄 알 것이다.'"

바빌로니아가 두로를 공략한 사건이 어떻게 하나님을 돕는 일이(20절) 될 수 있습니 까? 이와 같은 에스겔서 본문은 바빌로니아가 하나님의 도구요, 일꾼이라고 해석 합니다. 강력한 열방에 대한 이런 식의 해석은 이사야서에서도 볼 수 있습니다(사 7:18-20; 41:25-42:4). 에스겔과 거의 동시대에 활동했던 예레미야도 느부갓네살과 바빌로니아 군대를 하나님의 도구로 표현합니다(렘 46:25-26; 51:7, 20). 유다와 예 루살렘의 멸망이 국력이나 경제력 탓이 아닌, 하나님께 거역하고 불순종한 결과임 을 이해한 예언자들은 유다를 멸망시킨 바빌로니아가 하나님의 뜻대로 움직이며 하나님을 도운 도구였음을 깨달았습니다. 그렇다면 그들의 주 하나님은 단지 이스 라엘만의 하나님이 아니라, 온 세상의 하나님입니다! 그래서 포로기 이래, 고대 이 스라엘은 비로소 진정한 의미의 '유일신 신앙'을 확립했습니다.

느부갓네살이 이집트를 정복할 것이다

17 ○ 제이십칠 년 첫째 달 초하루에 주님께서 나에게 말씀하셨다. 18 "사람아, 바빌로니아의 느부갓네살이 두로를 공격하려고 큰 군대를 동원하였다. 그러나 무리한 작전으로 그의 군인들은 머리털이 다 빠져서 대머리가 되고, 어깨가 벗겨지기까지 하였으나, 그와 그의 군대가 두로를 치려고 애쓴 수고에 대한 보상을 두로에서 받지 못하였다. 19 그러므로 나 주 하나님이 말한다. 내가 바빌로니아 왕 느부갓네살에게 이집트 땅을 주겠다. 그가 이집트에서 물건을 가져가고, 이집트를 약탈하고 노략할 터이니, 그것이 그의 군대에게 주는 보수가 될 것이다. 20 그들이 수고한 것은 나를 도와서 한 것이었으므로, 내가 그 보수로 이집트 땅을 바빌론 왕에게 주었다. 나 주 하나님의 말이다.

21 ○ 그날이 오면, 내가 이스라엘이 새 힘을 가지게 하고, 너의 입이 열려서 그들 한가운데서 외칠 수 있도록 말할 수 있

'새 힘'을 가지고 되살아난 이스라엘에서, '말할 수 있는 능력'을 받은 예언자는 무슨 소식을 외치게(21절) 됩니까? '입이 열려 말하게 되는 것'은 에스겔의 입이 닫혔던 사건(24:27), 그리고 예루살렘의 멸망 소식을 들으며 다시 입이 열린 사건(33:22)에서도 등장하는 소재입니다. 유다와 같은 나라들이 바빌로니아를 비롯한 강대국에 의해 멸망당하면, 그 나라와 민족은 물론이고 그들의 신앙까지 전부 사라지게 됩니다. 이것은 유다 같은 약소국만이 아니라, 앗시리아나 바빌로니아, 페르시아 같은 초강대국 역시 마찬가지입니다. 그런데 놀랍게도 하나님께서는 예루살렘의 멸망에도 불구하고 에스겔의 입을 열어 '말할 수 있는 능력'을 주십니다. 에스겔은 유다의 패망이 힘이 없어서가 아니라 불순종의 결과이며, 이제 하나님께서 그들을 다시 회복하실 것이라 선포합니다. 회복과 구원의 날에 대한 그의 선포는 33장부터 48장까지의 본문에서 찾아볼 수 있습니다.

는 능력을 네게 주겠다. 그때에야 비로소 그들이, 내가 주인
줄 알 것이다."

{ 제30장 }

주님께서 이집트를 심판하실 것이다

1 주님께서 내게 말씀하셨다.

2 ○ "사람아, 예언하여 전하여라. '나 주 하나님이 말한다.
너희는 오늘 슬퍼하고 통곡하여라. 3 그날이 가까이 왔다. 주
의 날이 가까이 왔다. 어둡게 구름이 낀 날, 여러 민족이 멸
망하는 그때가 왔다. 4 이집트에 전쟁이 휘몰아치고, 에티오
피아는 큰 고통을 당할 것이다. 이집트에서 많은 사람이 칼
에 쓰러지고 재산을 약탈당할 때에, 이집트는 그 기초가 파괴
될 것이다. 5 에티오피아와 리비아와 리디아와, 아라비아와

이집트를 이야기할 때 에티오피아를 한 묶음으로 다루는 경우가(4, 5절) 잦습니다.
두 나라는 어떤 사이였습니까? 에스겔서에서 에티오피아는 상부 이집트 아래 지
역을 가리키며, 오늘날 지명으로는 수단 북부 지역으로 추측됩니다. 나일강을 기준
으로 상부 이집트와 하부 이집트는 이집트 역사 내내 치열하게 패권 다툼을 벌였
고, 여기에 상부 이집트 아래 에티오피아까지 세력 다툼에 참여했습니다. 주전 8세
기 중반부터 7세기 중반까지 에티오피아는 이집트 전체를 장악하고 제25왕조로 지
배하기도 했습니다. 이 시기 에티오피아의 강력함은 '멀리서도 두려움을 주고 적을
짓밟는 강대국 백성'이라는 이사야서 표현에도 반영되어 있습니다(사 18:2, 7). 그러
나 이제 하나님께서 이집트를 심판하실 때, 에티오피아 역시 그 재앙을 결코 피할
수 없을 것입니다. 이집트를 지지하며 동맹을 맺었던 모든 나라들은 전부 쓰러질
것입니다(5절).

굽과 모든 동맹국의 백성들이 이집트 사람들과 함께 칼에 쓰러질 것이다. 6 나 주가 말한다. 이집트를 지지하는 사람들이 쓰러질 것이며, 이집트의 거만하던 권세가 꺾일 것이고, 믹돌에서부터 수에네에 이르기까지, 사람들이 칼에 쓰러질 것이다. 나 주 하나님의 말이다. 7 이집트는 황폐한 땅 가운데서도 가장 황폐한 땅이 될 것이며, 이집트의 성읍들도 황폐한 성읍들 가운데서도 가장 황폐한 성읍이 될 것이다. 8 내가 이집트에 불을 지르고 그 돕는 자들을 멸절시키면, 그때에야 비로소 그들이, 내가 주인 줄 알 것이다.

9 ○ 그날이 오면, 내가 보낸 사자들이 배를 타고 가서, 안심하고 있는 에티오피아 사람들을 놀라게 할 것이다. 이집트가 고통을 받는 바로 그날에, 에티오피아 사람들이 고통을 당할 것이다. 정말 그 일이 닥쳐오고 있다. 10 나 주 하나님이 말한다. 내가 바빌로니아 왕 느부갓네살을 보내어 이집트의 무리를 없애버리겠다. 11 그 나라를 멸망시키려고, 그가 민족들 가운데서도 가장 잔인한 군대를 이끌고 갈 것이다. 그들이 칼을 뽑아 이집트를 쳐서, 칼에 찔려 죽은 사람들을 그 땅에 가

'강을 마르게'(12절) 하겠다는 말은 무슨 의미입니까? 강물이 말라붙는 사태는 어떤 점에서 이집트인들에게 징벌이 됩니까? 우리말 성경에는 '강'으로 번역되었지만, 히브리어로는 복수형인 '강들'이 쓰였습니다. 북아프리카에서 가장 큰 강이자 이집트 사람들의 가장 중요한 삶의 기반인 나일강, 그리고 이 나일강과 연결되어 있는 지류와 운하들 전체를 포괄해 '강들'이라고 표현한 것으로 추정됩니다. 나일은 이집트의 풍요와 번영의 토대이므로 나일과 여러 강들이 모두 말라버린다면, 이집트는 그저 메마르고 헐벗은 사막이 되고 말 것입니다(겔 29:10). 나일이 없다면 이집트의 모든 자랑과 영광은 모두 사라지고 말 것입니다. 그래서 주 하나님께서는 오만한 이집트를 치기 위해 강들을 마르게 하실 것입니다.

득 채울 것이다. 12 내가 강을 마르게 하고, 그 땅을 악한 사람들의 손에 팔아넘기고, 그 땅과 그 안에 풍성한 것을 다른 나라 사람이 황폐하게 만들게 하겠다. 나 주가 말하였다. 13 나주 하나님이 말한다. 내가 우상들을 멸절시키며, 멤피스에서 신상들을 없애버리겠다. 이집트 땅에 다시는 지도자가 나지 않을 것이다. 내가 이집트 땅을 공포에 사로잡히게 하겠다. 14 내가 상 이집트 땅을 황무지로 만들어버리고, 소안에 불을 지르고, 테베를 심판하겠다. 15 또 내가 이집트의 요새인 펠루시움에 내 분노를 쏟아붓고, 테베의 무리들을 멸하겠다. 16 내가 이집트에 불을 지르면 펠루시움의 요새가 고통으로 몸부림칠 것이고, 테베는 적에게 뚫릴 것이며, 멤피스에는 날마다 적들이 쳐들어갈 것이다. 17 헬리오폴리스와 부바스티스의 젊은이들은 칼에 쓰러질 것이며, 주민은 포로로 끌려갈 것이다. 18 내가 이집트의 권세를 꺾어버릴 때에, 드합느헤스는 대낮에 캄캄해질 것이다. 그 교만하던 권세를 끝장낼 때에, 이집트 땅은 구름에 뒤덮일 것이고, 이집트의 딸들은 포로로

멤피스와 헬리오폴리스를 비롯해 몇몇 도시들을 특별히 언급하는(14-18절) 까닭은 무엇입니까? 이 도시들의 특징은 무엇입니까? 이집트에 대한 하나님의 심판은 이집트 전역에 임할 것입니다. 6절에는 '믹돌에서 수에네까지'라는 표현이 나오는데, 믹돌은 이집트 북동쪽 국경 인근의 도시이고, 수에네는 남쪽 에티오피아와 맞닿은 지점에 있는 도시(오늘날의 아스완)입니다. 따라서 '믹돌에서 수에네까지'는 이집트 전역을 가리키는 표현입니다(또한 29:10). 그리고 30장 13-18절에서는 이집트 전역의 중요한 거점 도시들을 두루 언급합니다. 지중해 연안의 타니스와 펠루시움이 가장 북쪽에 있는 도시라면, 그 아래로 다바네스, 부바스티스, 헬리오폴리스, 멤피스가 차례로 위치하고 있습니다. 이 도시들은 하부 이집트의 핵심 도시이고, 상부 이집트 지역에는 테베와 바드로스가 있습니다. 그래서 30장의 도시 목록은 그야말로 이집트 전역, 곧 이집트의 핵심 지역 모든 곳에 임할 재앙을 강조하는 표현입니다.

끌려갈 것이다. 19 내가 이렇게 이집트를 심판할 때에야 비로소 그들은 내가 주인 줄 알게 될 것이다.'"

이집트 왕의 부러진 팔

20 ○ 제십일 년 첫째 달 칠 일에 주님께서 나에게 말씀하셨다. 21 "사람아, 내가 이집트 왕 바로의 한쪽 팔을 부러뜨렸다. 치료하고 싸매야 그 팔이 나아서 칼을 잡을 수 있을 터인데, 치료도 못 하고 싸매지도 못하고 약도 못 바르고 붕대를 감지도 못하였으니, 그가 칼을 쥘 수 없다. 22 그러므로 나 주 하나님이 말한다. 내가 이집트 왕 바로를 대적하여, 성한 팔마저 부러뜨려 두 팔을 다 못 쓰게 하고서, 그가 칼을 잡을 수 없게 하겠다. 23 내가 이집트 사람들을 여러 민족 가운데 흩어놓고, 여러 나라로 헤쳐놓겠다. 24 내가 바빌로니아 왕의 두 팔을 강하게 하고, 내 칼을 그의 손에 쥐여주겠지만, 바로의 두 팔은 부러뜨릴 터이니, 바로가 바빌로니아 왕 앞에서, 칼에 찔린 사람처럼 크게 신음할 것이다. 25 내가 바빌로

"바로의 한쪽 팔을 부러뜨렸다"(21절)는 말은 어떤 상황을 가리킵니까? '팔'은 능력과 권능의 상징입니다(예, 욥 38:15; 시 10:15; 37:17; 렘 48:25). '하나님의 팔'은 하나님의 구원의 상징이며, 심판의 상징이기도 합니다(예, 출 6:6; 신 4:34; 5:15; 26:8; 왕상 8:42; 시 136:12; 렘 27:5; 겔 20:33, 34). 그래서 포로 상태였던 이스라엘은 주님의 팔이 깨어나기를 간구합니다(사 51:9). 이제 주님께서는 이집트 왕 바로의 팔, 즉 그의 권능과 능력을 부러뜨리실 것입니다. 한쪽 팔이 부러져서 제대로 치료받지 못한다는 표현은 이집트 바로의 기세와 세력이 현저히 약화되었으나 회복할 기회를 얻지 못했음을 의미할 것입니다. 그리고 하나님께서 나머지 한 팔마저도 부러뜨리실 것이니(22절), 이집트 바로의 모든 권세는 완전히, 그리고 완벽하게 무너지고 무력화될 것입니다.

니아 왕의 두 팔을 강하게 하면, 바로의 두 팔은 떨어져나갈 것이다. 내가 바빌로니아 왕의 손에 내 칼을 쥐여주고, 그가 그 칼을 뽑아서 이집트 땅을 칠 때에야, 비로소 그들은 내가 주인 줄 알 것이다. 26 내가 이집트 사람들을 여러 민족 가운데 흩어놓고, 그들을 뭇 나라로 헤쳐놓겠다. 그때에야 비로소 그들은, 내가 주인 줄 알 것이다."

제31장

한때 백향목 같았던 이집트

1 제십일 년 셋째 달 초하루에 주님께서 내게 말씀하셨다.

2 ○ "사람아, 너는 이집트 왕 바로와 그의 무리에게 이렇게 전하여라. '너의 위엄찬 모습을 누구와 비할 수 있겠느냐? 3 앗시리아는 한때 레바논의 백향목이었다. 그 가지가 아름답고, 그 그늘도 숲의 그늘과 같았다. 그 나무의 키가 크고, 그 꼭대기는 구름 속으로 뻗어 있었다. 4 너는 물을 넉넉히 먹고 큰 나무가 되었다. 깊은 물줄기에서 물을 빨며 크게 자랐다. 네가 서 있는 사방으로는 강물이 흐르고, 개울물이 흘러, 들의 모든 나무가 물을 마셨다. 5 너는 들의 모든 나무보다 더 높게 자랐다. 흐르는 물이 넉넉하여 굵은 가지도 무수하게 많아지고, 가는 가지도 길게 뻗어나갔다. 6 너의 큰 가지 속에서는 공중의 모든 새가 보금자리를 만들고, 가는 가지 밑에서는 들의 모든 짐승이 새끼를 낳고, 그 나무의 그늘 밑에서는 모든 큰 민족이 자리 잡고 살았다. 7 네가 크게 자라서 아름다

'레바논의 백향목'(3절)은 무얼 상징합니까? 레바논 지역에서 자라는 백향목은 높이가 대략 25m에 이르며, 가장 높은 것은 30m가량 되기도 합니다. 또한 몸통의 둘레는 12m에 달할 정도로, 정말 큰 나무입니다. 예루살렘 성전 같은 건물을 짓거나, 배를 만드는 데(겔 27:5) 사용되는 중요한 재료였습니다. 그래서 레바논의 백향목을 확보할 수 있는 두로와 같은 항구는 크게 융성할 수 있습니다. 또한 하나님의 백성 이스라엘이 백향목에 비유되기도 하고(민 24:6), 반대로 하나님께 대항하는 오만하고 교만한 이들을 가리킬 때도 백향목이 사용됩니다(사 2:13). 이처럼 백향목은 크고 존귀하고 강력하며 영예로운 존재를 표현하기 위해 사용됩니다.

워지고, 그 가지들이 길게 자라 뻗친 것은, 네가 물 많은 곳에 뿌리를 내렸기 때문이다. 8 하나님의 동산에 있는 백향목들도 너에 비하면 아무것도 아니다. 잣나무들도 네 굵은 가지들과는 비교가 되지 않고, 단풍나무들도 네 가는 가지들만 못하다. 하나님의 동산에 있는 어떤 나무도 너처럼 아름답지는 못하였다. 9 내가 네 가지들을 많게 하고, 너를 아름답게 키웠더니 하나님의 동산에 있는 에덴의 나무들이 모두 너를 부러워하였다.

10 ○ 그러므로 나 주 하나님이 말한다. 그 나무의 키가 커지고, 그 꼭대기가 구름 속으로 뻗치면서, 키가 커졌다고 해서, 그 나무의 마음이 교만해졌다. 11 그러므로 나는 그 나무를 민족들의 통치자에게 넘겨주고, 그는 그 나무가 저지른 악에 맞는 마땅한 벌을 내릴 것이다. 나는 그 나무를 내버렸다. 12 그래서 뭇 민족 가운데서 잔인한 다른 백성들이 그 나무를 베어서 버렸다. 그 가는 가지들은 산과 모든 골짜기에 쓰러져 있고, 굵은 가지들은 그 땅의 모든 시냇물 가에 부러져 있고,

---

3절이 뜬금없습니다. 이집트 왕 바로에게 '앗시리아' 이야기를 꺼내는 이유는 무엇입니까? 29장부터 32장은 전부 이집트를 다룹니다. 그중 31장은 이집트의 영광과 위세를 표현하기 위해 앗시리아를 비교 대상으로 언급합니다. 2절에 "누구와 비하다"라는 표현이 나오고, 우리말로는 분명하게 드러나지 않지만 18절 첫머리에도 같은 표현이 있습니다. 그리고 2절에 나오는 '위엄찬 모습'은 18절에서 '크다'로 옮겨진, 같은 단어입니다. 이처럼 2절과 18절이 서로 대응되면서, 이집트의 영광과 몰락을 표현하기 위해 앗시리아에 대한 내용인 3-17절이 그 가운데에 배치되어 있습니다. 에스겔서가 기록될 당시에 앗시리아는 이미 오래전에 사라진 제국이지만, '살아 있는 사람들의 세상에서 사람들에게 겁을 주던 나라'였습니다(겔 32:23). 한때 그토록 강력하고 대단했으나 현재는 완전하게 패망해 사라졌다는 점에서, 앗시리아는 현재의 강대국인 이집트와 비교하기 적절한 소재였을 것입니다.

세상의 모든 백성이 그 나무의 그늘에서 도망쳐버렸다. 사람들이 이렇게 그 나무를 떠나버렸다. 13 그 쓰러진 나무 위에 공중의 모든 새가 살고, 그 나무의 가지 사이에서는 들의 모든 짐승이 산다. 14 그것은 물가의 나무들이 다시는 키 때문에 교만하지 못하게 하며, 그 꼭대기가 구름 속으로 치솟아 오르지도 못하게 하며, 물을 빨아들이는 모든 나무가 자신의 교만에 머물지 못하게 한 것이었다. 그것들은 모두 죽음에 넘겨져서, 지하로 내려가고, 깊은 구덩이로 내려가는 사람들 속에 들어 있게 하였기 때문이다.

15 ○ 나 주 하나님이 말한다. 그 나무가 스올로 내려갈 때에, 내가 지하수를 말리고, 강물을 막고, 흐르는 큰 물을 모두 멈추게 하겠다. 또 내가 레바논산으로는 그 나무를 애도하여 통곡하게 하겠고, 온 누리의 모든 나무는 그 나무를 애도하여 시들어 죽게 하겠다. 16 내가 그 나무를 스올로 내려보낼 때에는, 깊은 구덩이로 내려가는 사람들과 함께 그 나무를 그리

4절의 '너'는 누구입니까? 2절의 '너'와 같은 사람입니까? 2절의 '너'는 이집트, 4절의 '너'는 앗시리아를 가리킵니다. 그러나 앗시리아를 통해 궁극적으로 말하고자 하는 대상은 결국 이집트입니다. 3–9절은 앗시리아의 영광과 위세를 다루고, 10절부터는 앗시리아의 교만과 완전한 몰락을 다룹니다. 특히 3–9절은 앗시리아에 대해 공중의 모든 새가 깃들고, 들의 모든 짐승이 거하며, 모든 큰 민족이 그 그늘 아래 자리 잡는 나라로 표현합니다. 세상 모든 존재가 깃드는, 그야말로 '우주적인 나무'로 묘사하는 셈입니다. 심지어 하나님의 동산인 에덴동산에 있는 어떤 나무도 그에 필적할 수 없었다고까지 표현합니다(8–9절). 아울러 이 단락은 앗시리아의 모든 영광, 나아가 이집트의 영광은 전부 하나님께로부터 비롯되었다고 선언합니다(9절). 그러나 앗시리아로 대표되는 강대국의 영광과 위세가 크면 클수록, 10절 이하에서 다루어지는 그들의 몰락은 더욱 부각됩니다. 그래서 에스겔서는 강대국 혹은 제국에 대해 매우 단호하게 거부하며 반대하는 내용을 담고 있다고 볼 수 있습니다.

로 보낼 것이니, 그 나무가 스올로 떨어지는 큰 소리를 듣고서, 뭇 민족이 벌벌 떨 것이다. 이미 스올에 가 있는 에덴의 모든 나무와, 물을 흠뻑 먹으며 자란 레바논산의 가장 좋은 나무들이, 그 나무가 이렇게 심판을 받는 것을 보고는, 스올에서 큰 위로를 받을 것이다. 17 나무들도 그 나무와 함께 스올로 내려가서, 이미 거기에 먼저 와 있던 나무들, 곧 칼에 찔려서 살해된 자들, 살아생전에 그 나무의 그늘 밑에서 살다가 스올로 들어온 자들에게로 갈 것이다.

18 ○ 에덴의 나무들 가운데서 어떤 나무가 너처럼 화려하고 컸더냐? 그러나 너도 이제는 에덴의 나무들과 함께 스올로 끌려가서, 할례 받지 못한 사람들 가운데 섞여, 칼에 찔려 죽은 사람들과 함께 누울 것이다. 바로와 그의 백성 모두가 이렇게 될 것이다. 나 주 하나님의 말이다.'"

'뭇 민족 가운데서 잔인한 다른 백성들'(12절)은 누구를 말합니까? 앗시리아로 대표되는 엄청난 나무는 '교만' 때문에 하나님의 심판을 받게 됩니다. 하나님께서는 '민족들의 통치자'(11절)를 동원해 그 나무를 벌하게 하시는데, 이를 12절에서는 '뭇 민족 가운데서 잔인한 다른 백성들'이라 표현했습니다. 이 표현은 하나님께서 두로를 심판하실 것임을 밝히는 28장 7절에서도 쓰였습니다. 앗시리아는 세상 모든 나라들 위에 군림했지만, 이제 그가 지배했던 나라들로부터 대갚음을 당할 것입니다. 앗시리아가 잔인하게 여러 나라를 지배했으니, 이제 앗시리아는 '잔인한 다른 백성'에게 보복을 당할 것입니다. 그 결과, 큰 나무는 더 이상 존재하지 않게 될 것입니다. 다른 나무보다 큰 나무는 어김없이 '교만'해지는 상황이 벌어지니, 하나님께서는 모든 나무를 크지 않게 하실 것입니다(14절). 이것은 강대국 혹은 크고 높음 그 자체를 하나님께서 견제하고 맞서신다는 것을 보여줍니다.

{ 제32장 }

악어와 같았던 이집트

1 제십이 년 열두째 달 초하루에, 주님께서 나에게 말씀하셨다.
2 ○ "사람아, 너는 이집트 왕 바로를 두고 애가를 불러라. 너는 그에게 알려주어라. '너는 스스로 네가 만방의 사자라고 생각하지만, 너는 나일강 속에 있는 악어이다. 뾰족한 코로 강물을 흩뿌리고 발로 강물을 휘저으면서 강물을 더럽혔다.
3 그러므로 나 주 하나님이 말한다. 내가 많은 백성을 불러와서, 그들이 보는 앞에서 그물을 던져 너를 잡고, 예인망으로 너를 끌어올려서, 4 땅바닥에 내던지고 들판에 내동댕이치겠다. 공중의 새를 데려다가 네 몸 위에 내려앉게 하며, 온 땅의 들짐승들이 너를 뜯어 먹고 배부르게 하겠다. 5 너의 살점을

이제 와서 이집트의 몰락을 예언하는 애가를(2-16절) 들려주는 이유는 무엇입니까? 이스라엘은 이미 멸망하지 않았습니까? 고대 이집트의 찬란한 문명은 오늘날까지도 널리 알려져 있을 정도이니, 고대 세계에서 그들의 위세는 정말 대단했을 것입니다. 한때는 소련과 미국이 세계를 절반씩 장악했고, 지금은 중국과 미국이 서로 대립각을 세우고 있습니다. 그러나 이 모든 나라들로도 고대 이집트의 위세를 다 표현해낼 수는 없을 것입니다. 온 세상을 장악했던 강력한 나라에 대한 기억은 주변 약소 민족들에게 마치 트라우마처럼, 절대 흔들리지 않는 현실처럼 각인되었을 것입니다. 에스겔을 비롯해 이사야(사 18-20장), 예레미야(렘 46장)와 같은 예언자들은 이집트에 대한 심판 말씀을 전했습니다. 예언자들은 어떤 강대국도 주 하나님 앞에서 고정불변의 영원한 제국일 수 없음을 단호하게 선포했고, 그 메시지는 구약성경 곳곳에 기록되어 있습니다. 제아무리 강한 나라도 결국은 사라질 것입니다. 그러므로 이집트는 의지할 대상이 아니며, 그 어떤 나라도 기대고 의지할 존재가 될 수 없습니다. 에스겔서의 이집트 관련 말씀은 이 점을 분명히 드러냅니다.

이 산 저 산에 흩어놓으면 골짜기마다 네 시체로 가득 찰 것이다. 6 내가 네 피로 땅을 적시고, 산꼭대기까지 적실 것이니, 시내마다 네 피가 철철 넘쳐흐를 것이다. 7 내가 네 빛을 꺼지게 할 때에, 하늘을 가려 별들을 어둡게 하고, 구름으로 태양을 가리고, 달도 빛을 내지 못하게 하겠다. 8 하늘에서 빛나는 광채들을 모두 어둡게 하고, 네 땅을 어둠으로 뒤덮어 놓겠다. 나 주 하나님의 말이다. 9 네가 망했다는 소식을 내가 뭇 민족에게 알리면, 뭇 민족이 네가 알지도 못하던 그 나라들이 네가 망했다는 소식을 듣고, 불안에 떨 것이다. 10 많은 백성이 보는 앞에서 내가 칼을 휘둘러 너를 치면, 그들은 소스라쳐 놀라고, 또 내가 그들의 왕 앞에서 나의 칼을 휘둘러 너를 치면, 네가 받은 형벌을 보고 모두 벌벌 떨 것이며, 네가 쓰러지는 그날에는, 왕들마다 목숨을 잃을까 봐 떨 것이다. 11 나 주 하나님이 말한다. 바빌로니아 왕의 칼이 네게 미칠 것이다. 12 내가 용사들의 칼로 너의 무리를 쓰러뜨리겠다. 그들은 뭇 민족 가운데서 가장 잔인한 사람들이다. 이집트가

'만방의 사자'와 '강 속의 악어'는(2절) 각각 이집트 통치자 파라오의 어떤 면모를 빗댄 표현들입니까? 이집트의 파라오는 종종 사자에 비유되었습니다. 사자의 몸을 지닌 스핑크스는 이를 단적으로 보여줍니다. 에스겔서 본문은 이집트의 파라오를 악어에 견주기도 합니다. 2절은 사자와 악어를 대조하면서, 스스로를 대단한 존재로 여기나 실상은 나일강을 휘저어 흙탕물로 만드는 존재에 불과하다고 표현합니다. 한편으로 '악어'는 대단히 강하고 힘센 존재인데, 2절은 악어의 강력함에 주목하기보다는 맑은 강물을 휘저어 더럽히는 모습에 초점을 맞춥니다. 이것은 결국 보는 시각에 따라 현실을 얼마나 달리 받아들일 수 있는지 알려줍니다. 악어라는 점에 매여 두려움과 압박을 느끼지만, 달리 바라보면 이 존재는 함께 나눠 마실 강물을 휘젓고 더럽히는 탐욕스럽고 오만한 세력일 뿐입니다. 이것이 바로 에스겔서가 당대의 강대국 이집트를 바라보는 시각이었습니다.

자랑하던 것을 그들이 박살내며, 이집트의 온 무리를 그들이 멸망시킬 것이다. 13 내가 그 큰 물 가에서 모든 짐승을 없애 버리면, 다시는 사람의 발이 그 물을 흐리게 하지 못하고, 짐승의 발굽도 그 물을 흐리게 하지 못할 것이다. 14 그러고 나서 내가 그 강물을 맑게 하여, 모든 강물이 기름처럼 흐르게 하겠다. 나 주 하나님의 말이다. 15 내가 이집트 땅을 황무지로 만들면, 그래서 그 땅에 가득 찬 풍요가 사라지면, 내가 그 땅에 사는 모든 사람을 치면, 그때에야 비로소 그들이, 내가 주인 줄 알 것이다. 16 이것이 그들이 부를 애가다. 여러 민족의 딸들이 이것을 애가로 부를 것이다. 그들은 이것을 이집트와 그 나라의 온 무리를 애도하는 조가로 부를 것이다. 나 주 하나님의 말이다.'"

죽은 자들의 세계

17 ○ 제십이 년 첫째 달 십오 일에 주님께서 나에게 말씀하셨다. 18 "사람아, 너는 이집트의 무리를 애도하여 슬퍼 울

'이집트의 무리', '열강의 딸'이란(18절) 누구를 가리키는 말입니까? '이집트의 무리'는 이집트와 동맹을 맺고 그 영향 아래 있는 세력들을 가리킨다고 볼 수 있습니다 (또한 12절; 30:5, 6). 우리말 성경은 '열강의 딸들' 앞에 있는 단어를 '이집트'로 옮겼지만, 히브리어로는 그저 3인칭 여성대명사(그녀)가 쓰였습니다. 그래서 이 구절은 이집트와 다른 나라들을 '여성으로 의인화'해 표현한다고 볼 수 있습니다. 그런 관점에서 '열강의 딸들'은 강하고 힘 있는 여러 열강 나라와 민족을 가리킨다고 여겨집니다. 그들이 지하로 내려간다는 것은 그토록 강하던 이집트와 모든 열강이 완전히 몰락했음을 의미합니다. 따라서 18-32절은 열강 나라들과 이집트의 철저한 몰락을 묘사합니다.

고, 이집트와 열강의 딸들을, 깊은 구덩이로 내려가는 사람들과 함께, 지하로 보내면서 일러라. 19 '도대체 네가 누구보다 더 아름답다는 거냐? 너는 아래로 내려가서 할례 받지 못한 자들과 함께 누워라' 하여라.

20 ○ 그들은 칼에 찔려 죽은 사람들 한가운데로 떨어질 것이다. 칼이 이미 이집트의 목을 겨누고 있으니, 이집트와 그의 온 군대를 지하로 내려보내라. 21 그러면 스올에 있는 강한 용사들이 부하들과 함께 바로의 무리에게 이르기를 '저 할례 받지 못한 자들이, 저 칼에 찔려 죽은 자들이, 이곳 아래로 떨어져 눕는다' 할 것이다.

22 ○ 그곳에는 앗시리아가 묻혀 있고, 그의 군대가 함께 묻혀 있다. 사방에 그들의 무덤이 있다. 그들은 모두 칼에 찔려 죽은 전사자들이요, 칼에 쓰러진 자들이다. 23 앗시리아의 무덤은 구덩이의 가장 깊은 밑바닥에 마련되었고, 그 무덤의 둘레에는 앗시리아의 군대가 묻혀 있는데, 그들은 모두가 칼을 맞고 쓰러진 자들로서, 칼에 찔려 죽은 전사자들, 살아 있

엘람, 메섹, 두발과는 비교할 수 없을 만큼 강력한 나라였던 앗시리아의 무덤이 '죽은 자들의 세계'의 가장 깊은 밑바닥에 마련된(23절) 이유는 무엇입니까? 이미 31장에서 이집트를 앗시리아에 견주기도 했습니다. 그 정도로 앗시리아는 당대 세계에서 유례없이 강력한 나라였습니다. 그러나 당대에 모든 강한 나라들이 다 구덩이에 내려가는 신세임을 묘사하는 32장에서 앗시리아는 이집트(19–21절)에 이어 가장 먼저 몰락한 나라 목록에 포함되어 있습니다(22–23절). 18절부터 이어지는 장문의 묘사는 '칼에 찔려 죽은 전사자들', '무덤 둘레에 묻혀 있다', '할례 받지 못한 자들', '지하에 내려가다' 같은 표현들이 계속 반복됩니다. 그런데 유독 앗시리아에만 "그 무덤이 구덩이 가장 깊은 밑바닥에 마련되었다"라고 표현했습니다. 이것은 앗시리아가 당대에 얼마나 강력하고 대단한 나라였는지를 보여주면서, 동시에 그만큼 앗시리아가 철저하고 완전하게 몰락했음을 강조하는 표현이라 할 수 있습니다.

는 사람들의 세상에서 사람들에게 겁을 주던 자들이다.

24 ○ 그곳에는 엘람이 묻혀 있고, 그 무덤 둘레에는 엘람의 온 군대가 묻혀 있다. 그들은 모두가 칼을 맞고 쓰러진 자들, 칼에 찔려 죽은 전사자들이다. 그들은 할례를 받지 못한 자들로서, 지하에 내려갔다. 그들은 살아 있는 사람들의 세상에서 사람들에게 겁을 주던 자들이었으나, 이제는 깊은 구덩이로 내려간 자들과 함께 자신들의 수치를 뒤집어쓰고 있다. 25 엘람의 침상은 칼에 찔려 죽은 전사자들 한가운데 놓여 있고, 그 무덤의 둘레에는 엘람의 군대가 모두 묻혀 있다. 그들은 모두 할례를 받지 못한 자들이요, 칼에 찔려 죽은 전사자들이요, 살아 있는 사람들의 세상에서 사람들에게 겁을 주던 자들이었으나, 이제는 깊은 구덩이로 내려간 자들과 함께 자신들의 수치를 뒤집어쓰고 있다. 이제는 칼에 찔려 죽은 전사자들과 함께 누워 있다.

26 ○ 그곳에는 메섹과 두발이 묻혀 있고, 그 무덤의 둘레에는 그들의 군대가 모두 묻혀 있다. 그들은 모두 할례를 받지

한때 세상을 주름잡던 열강의 최후를 하나하나 열거하면서(22~26절) 하나님이 전달하려는 메시지는 무엇입니까? 25장부터 32장까지 이어지는 열방 관련 말씀은 제아무리 강한 나라일지라도 결코 오래갈 수 없고 영원할 수 없음을 단언합니다. 세상 역사를 주관하는 이는 앗시리아나 두로, 이집트와 같은 강대국이 아니라, 이미 멸망의 시간을 살아가는 유다와 이스라엘이라는 극히 작고 힘없는 약소국의 하나님이십니다. 에스겔서와 이사야서, 예레미야서 같은 예언서들은 모두 '열방 말씀' 단락이 포함되어 있습니다(사 13~23장, 렘 46~51장, 겔 25~32장). 이 말씀은 전부 한결같이 주 하나님께서 온 세상을 통치하는 유일한 주권자이심을 선포하면서, 온 열방에 닥쳐올 재앙과 심판을 선언합니다. 이를 통해 힘겹고 어려운 처지에 있더라도 절대 강대국에 마음을 빼앗기지 말고, 강대국의 호의를 얻어 존속하려는 헛된 생각도 하지 말라고 하나님의 백성에게 촉구합니다.

못한 자들이요, 칼에 찔려 죽은 전사자들이요, 살아 있는 사람들의 세상에서 사람들에게 겁을 주던 자들이었다. 27 그러나 그들은, 전쟁 무기를 가지고 스올로 내려가 칼을 베개로 삼아 베고 방패를 이불로 삼아 덮고 자는 고대의 전몰 용사들과 함께 눕지는 못하였다. 그들은 살아 있는 사람들의 세상에서는 사람들에게 겁을 주던 자들이었다.

28 ○ 이제 너 이집트는 패망하여, 칼에 찔려 죽은 자들과 함께, 할례를 받지 못하고 죽은 자들과 함께 누울 것이다.

29 ○ 그곳에는 에돔 곧 에돔의 왕들과 그 모든 지도자가 묻혀 있다. 그들은 용맹스러웠으나, 지금은 칼에 찔려 죽은 전사자들과 함께 누워 있고, 할례를 받지 못하고 무덤으로 내려간 자들과 함께 누워 있다. 30 그곳에는 북쪽의 모든 우두머리와 모든 시돈 사람이 묻혀 있다. 그들은 칼에 찔려 죽은 전사자들과 함께 지하로 떨어졌다. 그들이 세상에서는 두려움을 떨치고 힘을 자랑하였으나, 이제는 수치를 당하게 되고,

바로를 통해 사람들에게 겁을 준(32절) 하나님의 궁극적인 의도는 무엇입니까? 일례로 느부갓네살이 이끄는 바빌로니아는 하나님의 백성으로 부름받은 유다가 하나님의 계명을 따라 살지 않을 때 하나님께서 내리시는 심판의 도구였습니다. 이와 마찬가지로 이집트의 강력함도 하나님의 필요에 따라 주어진 것이라 생각할 수 있습니다. 그러므로 하나님께서 바로를 강하게 하셨다는 에스겔서의 표현은 역사의 주관자가 이집트의 바로가 아닌 주 하나님이심을 증언합니다. 나아가 이스라엘의 하나님은 단지 이스라엘만의 하나님, 한 민족의 하나님이 아니라, 이집트와 앗시리아를 포함한 온 세상의 하나님이심을 이 같은 열방 말씀 본문이 보여줍니다. 이집트가 강하지만, 참으로 이스라엘을 살게 하는 존재는 하나님이십니다. 그런데도 이스라엘은 자꾸 강하고 대단해 보이는 이집트를 의지하고, 이집트의 그늘 아래 피하려고 했습니다. 그런 점에서 이집트는 하나님의 백성을 훈련하는 하나님의 도구라고 할 수 있습니다.

할례를 받지 못하고 죽은 자들, 칼에 찔려 죽은 전사자들과 함께 누워 있고, 깊은 구덩이로 내려간 사람들과 함께 수치를 뒤집어쓰고 있다.

31 ○ 바로와 그의 온 군대가 칼에 찔려 죽었지만, 지하에 내려가서, 이미 거기에 와 있는 군대를 모두 보고서는, 그들이 위로를 받을 것이다. 나 주 하나님의 말이다.

32 ○ 살아 있는 사람들의 세상에서 바로가 사람들에게 겁을 준 것은, 사실은, 내가 그렇게 하도록 시킨 것이다. 그러나 이제는 바로가 자기의 모든 군대와 함께 할례 받지 못한 자들과 섞여, 칼에 찔려 죽은 전사자들과 함께 무덤에 눕게 될 것이다. 나 주 하나님의 말이다."

{ 제33장 }

하나님이 에스겔을 파수꾼으로 세우시다(겔 3:16-21)

1 주님께서 나에게 말씀하셨다.

2 ○ "사람아, 너는 네 민족의 자손 모두에게 전하여라. 너는 그들에게 말하여라. 만일 내가 어떤 나라에 전쟁이 이르게 할 때에, 그 나라 백성이 자기들 가운데서 한 사람을 뽑아서, 파수꾼으로 세웠다고 하자. 3 이 파수꾼은 자기 나라로 적군이 접근하여오는 것을 보고 나팔을 불어, 자기 백성에게 경고를 하였는데도 4 어떤 사람이 그 나팔 소리를 분명히 듣고서도 경고를 무시해서, 적군이 이르러 그를 덮치면, 그가 죽은 것은 자기 탓이다. 5 그는 나팔 소리를 듣고서도 그 경고를 무시하였으니, 죽어도 자기 탓인 것이다. 그러나 파수꾼의 나팔 소리를 듣고서 경고를 받아들인 사람은 자기의 목숨을 건질

파수꾼의 역할을(3절) 생각하면, 에스겔을 파수꾼으로 세우는 하나님의 조처가(7절) 뒤늦은 감이 있습니다. 이스라엘은 이미 망하지 않았습니까? 24장에서 에스겔은 유다와 예루살렘의 멸망을 선포했고, 하나님께서는 이제 에스겔의 입이 닫힐 것이라 말씀하셨습니다. 33장 21-22절은 에스겔의 입이 다시 열리는 장면을 알려줍니다. 그래서 33장은 에스겔의 사역의 두 번째 국면을 여는 본문이라 할 수 있습니다. 에스겔이 파수꾼으로 세워졌다는 내용은 이미 3장에 등장했는데, 여기에 다시 반복됩니다. 의인과 악인에 관한 내용 역시 이미 18장에서 다뤘으나, 이 본문에서 다시 간결하게 요약해 제시됩니다. 그리고 그의 입이 닫히는 사건이 24장에, 그의 입이 열리는 사건이 33장에 기록되어 있습니다. 따라서 지금까지 에스겔의 사역이 예루살렘의 멸망을 선포하는 데 집중했다면, 이후의 사역은 심판으로 인해 멸망한 예루살렘의 회복에 초점을 맞춥니다. 멸망은 끝이 아니라, 그 이후 도래할 하나님의 회복의 시작입니다.

것이다. 6 그러나 만일 그 파수꾼이, 적군이 가까이 오는 것을 보고서도 나팔을 불지 않아서, 그 백성이 경고를 받지 못하고, 적군이 이르러 그들 가운데 어떤 사람을 덮쳤다면, 죽은 사람은 자신의 죄 때문에 죽은 것이지만, 그 사람이 죽은 책임은 내가 파수꾼에게 묻겠다.

7 ○ 너 사람아, 내가 너를 이스라엘 족속의 파수꾼으로 세웠다. 그러므로 너는 내가 하는 말을 듣고, 나를 대신하여 그들에게 경고하여라. 8 내가 악인에게 말하기를 '너는 반드시 죽을 것이다' 하였는데도, 네가 그 악인에게 말하여 그가 악한 길을 버리고 떠나도록 경고하지 않으면, 그 악인은 자신의 죄가 있어서 죽을 것이지만, 그 사람이 죽은 책임은 내가 너에게 묻겠다. 9 네가 악인에게, 그의 길에서 떠나서 거기에서 돌이키도록 경고하였는데도, 그가 자신의 길에서 돌이키지 않으면, 그는 자신의 죄 때문에 죽지만, 너는 목숨을 보존할 것이다."

이스라엘처럼 똑같은 죄를 수없이 되풀이한 상습범도 그 길에서 돌이키면 하나님은 기꺼이 받아주십니까?(10~11절) 죄를 지은 사람이 돌이킬 때, 몇 번까지 받아주고 용서해야 할까요? 이에 대해 예수님께서는 일흔 번씩 일곱 번이라도 용서하라 이르셨습니다(마 18:21~22). 이것은 문자 그대로 490회 용서하라는 의미가 아니라, 언제까지라도 용서하라는 의미일 것입니다. 우리 자신을 돌아봐도, 같은 잘못을 여러 번 반복하기도 하고, 이전과 다른 잘못을 새롭게 저지르기도 합니다. 만일 용서에 횟수가 있다면, 대부분의 사람들은 제대로 살 수 없을 것 같습니다. 하나님께서는 언제라도 잘못을 인정하고 돌아서라고 우리를 부르십니다. 잘못된 행실에서 돌아선다면, 이전에 지은 죄가 있더라도 하나님께서는 그를 용서하십니다. 중요한 것은 언제라도 체념하지 않는 것, 그리고 우리가 저지른 잘못을 잘못이라 인정하고 그 자리에서 돌이키는 것입니다. 하나님께서는 사람의 잘못을 끝까지 참으시고, 그가 돌이키기를 오래도록 기다리십니다. 하나님의 능력이 사람보다 훨씬 뛰어난 것은 바로 여기에서 가장 잘 드러난다고 할 수 있습니다.

개인의 책임

10 ㅇ "그러므로 너 사람아, 너는 이스라엘 족속에게 전하여라. 그들이 말하기를 '우리의 온갖 허물과 우리의 모든 죄악이 우리를 짓눌러서, 우리가 그 속에서 기진하여 죽어가고 있는데, 어떻게 우리가 살 수 있겠는가?' 하였다. 11 너는 그들에게 전하여라. '나 주 하나님의 말이다. 내가 내 삶을 두고 맹세한다. 나는, 악인이 죽는 것을 기뻐하지 않고, 오히려 악인이 그의 길에서 돌이켜 떠나 사는 것을 기뻐한다. 너희는 돌이켜라. 너희는 그 악한 길에서 돌이켜 떠나거라. 이스라엘 족속아, 너희는 왜 죽으려고 하느냐?' 하여라.

12 ㅇ 너 사람아, 네 민족의 자손 모두에게 전하여라. 의인이라고 해도 죄를 짓는 날에는 과거의 의가 그를 구원하지 못하고, 악인이라고 해도 자신의 죄악에서 떠나 돌이키는 날에는 과거의 악이 그를 넘어뜨리지 못한다고 하여라. 그러므로 의인도 범죄하는 날에는 과거에 의로웠다는 것 때문에 살 수는 없다.

이번에는 한 번 죄를 지으면 이전에 아무리 의롭게 살았어도 소용이 없다고(12절) 말하는 듯합니다. 사실입니까? 그렇습니다! 하나님께서는 장부를 마련해두고 왼쪽에 잘못한 일, 오른쪽에 잘한 일을 각각 기록해서 최종 결과가 플러스면 생명을, 마이너스면 사망을 내리시는 분이 아닙니다. 그렇기에 언제라도 자신이 저지른 잘못을 인정하고 돌이키는 태도가 필요합니다. 과거의 좋았던 모습에 매여 사는 것이 아니라, 지금 이 순간 하나님을 따라 살아가는 것이 중요합니다. 달리 표현하면, 우리의 신앙은 그야말로 '현재', '지금 이 순간'에 모든 초점이 있습니다. 물론 이제까지 의롭게 살았던 이들은 몸에 그 습관과 흔적이 남아 있어서 의를 행하기가 좀 더 수월할 수 있습니다. 반대로 이제까지 악을 행했던 사람들이 지금부터 의를 행하는 일은 정말 만만치 않을 것입니다. 어제까지의 의로움은 결단코 미래 구원의 근거나 보장이 될 수 없지만, 오늘을 정의롭게 살아가는 데는 분명 큰 도움이 될 것입니다.

13 내가 의인에게 말하기를 '그는 반드시 살 것이다' 하였어도, 그가 자신의 의를 믿고 악한 일을 하면, 그가 행한 모든 의로운 행위를 내가 전혀 기억하지 않을 것이다. 그는 그가 범한 바로 그 죄 때문에 죽을 것이다. 14 그러나 내가 악인에게 말하기를 '너는 반드시 죽을 것이다' 하였어도, 그가 자기의 죄에서 떠나 돌이켜서, 법과 의를 행하여, 15 전당물을 돌려주고, 탈취한 물건을 보상하여주며, 생명으로 인도하는 규정들을 따라 살아, 악한 일을 하지 않으면, 그는 죽지 않고 반드시 살 것이다. 16 그가 저지른 모든 죄악을 내가 기억하지 않을 것이다. 그는 법과 의를 따라서 사는 사람이니, 반드시 살 것이다. 17 ○ 그런데도 네 민족 모두가 '주님께서는 하시는 일이 공평하지 못하다!' 하고 말한다. 그러나 공평하지 못한 것은 오히려 너희가 하는 일이다. 18 의인이 의로운 행실을 버리고 돌아서서 악한 일을 하면, 그것 때문에 그는 죽을 것이다. 19 그러나 악인도 자신이 저지른 죄악에서 떠나, 돌이켜 법과 의를 따라서 살면, 그것 때문에 그는 살 것이다. 20 그런데도 너희

'생명으로 인도하는 규정들'(15절)이란 무얼 말합니까? 하나님께서 택하고 부르신 이스라엘 백성에게 명하신 여러 계명과 규례와 말씀들을 가리킵니다. 그 말씀과 명령을 지킬 때 그들에게 생명이 있으니, 하나님의 말씀은 참으로 '생명으로 인도하는 규정'입니다. 이 표현 앞에 나오는 '전당물을 돌려주고 탈취한 물건을 보상해주는 것'은 그러한 규정의 대표적 사례입니다(이에 대한 좀 더 자세한 규정들은 18장 5-9절에서 볼 수 있습니다). 14절 마지막에 언급된 '법과 의를 행하는 것'은 그 규정들을 한마디로 요약한 표현이라 볼 수 있습니다. 이렇게 하나님께서는 에스겔을 통해 백성에게 살 길을 알려주십니다. 지금까지 어떻게 살았든, 이제부터는 법과 의를 따라 살아야 합니다. 법과 의를 행하는 삶은 전당물과 탈취한 물건을 돌려주는 것, 즉 이웃의 곤경과 힘겨움을 이용하지 않고 함께 살아가는 것입니다. 이렇게 이웃과 함께 살아가는 것이 곧 '생명으로 인도하는 규정'을 따라 사는 것입니다.

는 '주님께서 하시는 일이 공평하지 못하다' 하고 말한다. 이스라엘 족속아, 나는 너희 각 사람이 한 일에 따라서 너희를 심판하겠다."

예루살렘의 함락 소식

21 ○ 우리가 포로로 잡혀온 지 십이 년째가 되는 해의 열째 달 오 일에, 예루살렘에서 도망하여온 사람이 내게로 와서, 그 성읍이 함락되었다고 말하였다. 22 도망하여온 그 사람이 오기 전날 저녁에, 주님의 권능이 나를 사로잡아서, 나의 입을 열어주셨다. 그 사람이 아침에 나에게로 올 즈음에는 내 입이 열려 있었으므로, 나는 이제 말을 못 하는 사람이 아니다.

백성의 죄

23 ○ 주님께서 나에게 말씀하셨다.

에스겔을 비롯한 이스라엘 백성들이 포로로 잡혀온 지 벌써 12년인데, 예루살렘은 어째서 이제야 함락된(21절) 걸까요? 에스겔은 주전 597년에 여호야긴 왕과 함께 바빌로니아에 포로로 끌려왔습니다. 예루살렘에서는 끌려간 여호야긴을 대신해 바빌로니아가 세운 시드기야가 왕이 되어 통치했습니다. 시드기야 9년 열째 달에 바빌로니아 군대가 예루살렘 성을 포위했고, 시드기야 11년 넷째 달에 성이 함락되었으며, 다섯째 달에 왕궁과 하나님의 성전이 불탔습니다(왕하 25:1-10). 이 시점은 여호야긴이 포로로 끌려간 지 열한째 되던 해였습니다. 아마도 에스겔이 포로가 된 지 열한째 되던 해 넷째 달이나 다섯째 달에 예루살렘을 떠난 사람이 이듬해인 열두째 해 열째 달에 바빌로니아의 에스겔에게 이르렀을 것입니다. 에스겔은 그를 통해 예루살렘이 마침내 함락되던 때의 이야기를 들었고, 이로써 하나님께서 이미 말씀하신 대로 예루살렘에 심판이 임했음을 알게 되었을 것입니다.

24 ○ "사람아, 이스라엘 땅의 저 폐허 더미에 사는 사람들이 이런 말을 하고 있다. '아브라함은 한 개인인데도 이 땅을 차지하였는데, 하물며 수가 많은 우리들이야 더 말해 무엇 하겠느냐?' 한다. 또 하나님께서 이 땅을 자기들의 소유로 주었다고 말한다.

25 ○ 그러므로 너는 그들에게 전하여라.

○ '나 주 하나님이 말한다. 너희는 피를 빼지 않은 고기를 먹고, 온갖 우상에게 눈을 팔고, 사람들이 피를 흘리게 하였다. 그러면서도 너희가 그 땅을 차지하려고 하느냐? 26 너희는 칼을 의지하였고, 역겨운 일을 저질렀다. 너희는 서로 이웃 사람의 아내를 더럽혀놓았다. 그러면서도 너희가 그 땅을 차지하려고 하느냐?'

27 ○ 너는 그들에게 또 전하여라.

○ '나 주 하나님이 말한다. 내가 나의 삶을 두고 맹세한다. 폐허 더미 속에 있는 사람들은 칼에 쓰러질 것이요, 들판에

에스겔이 말을 하지 못했다는 건 3장의 사건을(22-27절) 가리킵니까? 아니면 다시 말을 하지 못하는 시기가 있었습니까? '탈출한 사람', '도망하여온 사람'이라는 표현이 에스겔서 24장 26-27절과 33장 21-22절에 공통적으로 나타나고, "입이 열리고 다시는 말 못 하는 사람이 되지 않으리라"는 표현 역시 24장 27절과 33장 22절에 등장합니다. 이를 고려할 때 33장은 24장 26-27절과 직접 연결된다고 볼 수 있습니다. 이것은 곧 에스겔의 두 번째 사역이 시작됨을 알리는 신호라 할 수 있습니다. 그러나 에스겔서 초반부인 3장에서도 에스겔의 입이 닫히는 장면을 볼 수 있습니다. 예언자의 입이 닫히는 것은 백성들이 그를 통해 선포되는 하나님의 말씀을 도무지 듣지 않으려 한다는 것을 고발하는 상징적 행위입니다. 그와 더불어 예언자가 이미 선포한 말씀이 반드시 그대로 이루어질 것임을 선언하는 상징적 행위이기도 합니다. 그래서 아직 포로로 끌려오지 않은 이들이나(29절), 이미 포로로 끌려온 이들이나, 에스겔이 하나님께서 보내신 사람임을 알게 될 것입니다(33절).

있는 사람들은, 내가 들짐승들에게 잡혀 먹도록 하겠으며, 산성과 동굴에 있는 사람들은 전염병에 걸려서 죽게 하겠다. 28 내가 그 땅을 황무지와 폐허로 만들어놓으면, 그 거만하던 권세도 끝장이 날 것이고, 이스라엘의 모든 산은 메말라서, 사람이 얼씬도 하지 않을 것이다. 29 그들이 저지른 그 모든 역겨운 일 때문에, 내가 그 땅을 황무지와 폐허로 만들어놓으면, 그때에야 비로소 그들이, 내가 주인 줄 알게 될 것이다.'"

예언자의 말

30 ○ "너 사람아, 네 민족의 자손 모두가 담 밑이나 집 문간에서 네 이야기를 하며, 자기들끼리 서로 말하기를 '어서 가

24절에 무슨 논리적인 허점이 있는지 모르겠습니다. 하나님은 이스라엘 땅에 남은 이들의 어떤 마음가짐을 지적하고 있습니까? 에스겔의 입이 열리면서 그의 사역은 두 번째 국면으로 접어듭니다. 이 국면은 두 가지 상황으로 시작됩니다. 첫 번째는 포로로 끌려온 에스겔과 달리 시드기야 시대 동안 그 땅에 남아 있던 이스라엘을 향한 말씀이고(23-29절), 두 번째는 에스겔과 함께 포로로 끌려왔던 이들을 향한 말씀입니다(30-33절). 이미 포로로 끌려온 이들은 함께 바빌론으로 온 에스겔을 찾아와 그를 통해 선포되는 말씀을 듣고자 했던 것으로 보이지만, 입으로만 그럴 뿐 실제로는 여전히 '이익'을 쫓고 있습니다(31-32절). 반면 포로로 끌려가지 않고 그 땅에 남아 있었던 이들은 하나님께서 포로로 끌려간 이들을 심판하셨고, 그들이 가졌던 땅을 남아 있는 자신들에게 주셨다고 생각했습니다(24절). 그러니까 자신들이 포로로 끌려가지 않고 남았다는 사실에 근거해서, 하나님께서 자신들을 살리고 남은 땅 전체를 유업으로 주셨다는 것입니다. 그러나 끌려간 이들의 죄가 큰 것이 아니라, 온 공동체 전체가 죄를 저질렀고 그들 중 일부가 대표로 포로를 겪은 것입니다. 그런데도 살아남은 이들은 마치 자신들에게는 죄가 없는 것처럼, 그래서 하나님께서 넓은 땅을 모두 주신 것처럼 착각했습니다. 그런 오만과 착각 때문에, 앞선 10-20절은 언제라도 죄에서 돌이키라고 촉구했던 것입니다.

서, 주님께서 그에게 무슨 말씀을 하셨는지 들어나 보자' 하면서, 31 마치 호기심 많은 사람들이 무슨 구경거리를 보러 오듯이 너에게 올 것이다. 그러나 그들은, 네가 하는 말을 듣기만 할 뿐, 그 말에 복종하지는 않을 것이다. 그들이 입으로는 달갑게 여기면서도, 마음으로는 자기들의 욕심을 따르기 때문이다. 32 그들은 너를, 악기를 잘 다루고 듣기 좋은 목소리로 사랑의 노래나 부르는 가수쯤으로 생각한다. 그래서 그들은, 네가 하는 말을 듣기만 할 뿐, 그 말에 복종하지는 않는다. 33 그러나 내가 너에게 시켜서 한 그 말은 반드시 이루어진다. 그 말씀이 이루어지면, 그때에야 비로소 그들 가운데 예언자가 있었다는 것을, 그들이 알게 될 것이다."

{ 제34장 }

이스라엘의 목자들

1 주님께서 나에게 말씀하셨다.

2 ○ "사람아, 너는 이스라엘의 목자들을 쳐서 예언하여라. 너는 그 목자들을 쳐서 예언하여라.

○ '나 주 하나님이 이렇게 말한다. 자기 자신만을 돌보는 이스라엘의 목자들에게 화가 있을 것이다! 목자들이란 양 떼를 먹이는 사람들이 아니냐? 3 그런데 너희는 살진 양을 잡아 기름진 것을 먹고, 양털로 옷을 해 입기는 하면서도, 양 떼를 먹이지는 않았다. 4 너희는 약한 양들을 튼튼하게 키워주지 않았으며, 병든 것을 고쳐주지 않았으며, 다리가 부러지고 상한 것을 싸매어주지 않았으며, 흩어진 것을 모으지 않았으며, 잃어버린 것을 찾지 않았다. 오히려 너희는 양 떼를 강압과 폭

'치다'와 '예언하다'라는 동사를 붙여 쓴(2절) 문장이 어색합니다. '쳐서' 예언한다는 말은 무슨 뜻입니까? '치다'라고 번역한 히브리어는 '거슬러'라는 뜻의 전치사입니다. 주 하나님께서 에스겔에게 전하라고 명하시는 말씀은 '이스라엘의 목자들'에게 호의적인 내용이 아니라, 그들을 책망하고 규탄하는 내용입니다. 그래서 이러한 의미의 전치사를 사용한 것입니다. '예언한다'는 것은 이제부터 에스겔이 전할 말씀이 그저 개인의 생각이나 깨달음이 아니라, 하나님께서 에스겔에게 깨닫게 하고 분별하게 하셔서 반드시 전하도록 하신 말씀임을 뜻합니다. 하나님의 말씀을 듣고자 소원하는 사람들을 주변에서 종종 보지만, 적어도 구약성경에서 선포되는 하나님의 말씀은 절반 이상이 이처럼 '쳐서 예언하는' 내용이라 할 수 있습니다. 하나님께서는 사람에게 늘 좋은 미래나 복된 미래만을 전하시지 않습니다. 도리어 죄악에 대한 격렬한 고발을 쏟아내실 때가 많습니다. 그리고 사실상 그러한 말씀에 어떻게 응답하느냐에 따라 미래가 달라집니다.

력으로 다스렸다. 5 목자가 없기 때문에, 양 떼가 흩어져서 온갖 들짐승의 먹이가 되었다. 6 내 양 떼가 모든 산과 모든 높은 언덕에서 헤매고, 세계 각처에까지 흩어지게 되었는데도, 그 양 떼를 찾으려고 물어보는 목자가 하나도 없었다.

7 ○ 그러므로 너희 목자들아, 너희는 나 주의 말을 들어라. 8 나 주 하나님의 말이다. 내가 나의 삶을 두고 맹세한다. 내 양 떼가 약탈을 당하고, 참으로 내 양 떼가 온갖 들짐승에게 공격을 당하고 살육당하여 그것들의 먹이가 된 것은, 목자가 없기 때문이다. 내 목자들이라고 하는 자들은 내 양 떼를 찾으려고 나서지 않았다. 그 목자들은 양 떼를 잡아서 자기들의 배만 채우고, 내 양 떼는 굶겼다. 9 그러므로 목자들아, 너희는 나 주의 말을 들어라. 10 나 주 하나님이 말한다. 내가 그 목자들을 대적하여 그들에게 맡겼던 내 양 떼를 되찾아오고, 다시는 그들이 내 양을 치지 못하게 하겠다. 그러면 그 목자들이 다시는 양 떼를 잡아서 자기들의 배나 채우는 일은 못할 것이다. 내가 이렇게 그들의 입에서 내 양 떼를 구출해내면, 내 양 떼가 다시는 그들에게 잡아먹히지 않을 것이다.'"

'이스라엘의 목자'들은(7절) 구체적으로 누굴 가리킵니까? 양치기도 아닌데, 왜 '목자'라는 이름으로 부릅니까? 목자는 자신에게 맡겨진 양 떼를 돌보고 먹이며 인도하는 존재입니다. 이로 인해 목자는 구약성경과 고대 중동 지역에서 한 사회나 국가의 지도자를 상징하는 이미지로 널리 사용되었습니다(예, 삼하 5:2; 미 5:4-5). 오늘날에는 목자라 하면 흔히 교회 같은 신앙 공동체의 교역자를 떠올리곤 하지만, 구약성경에서는 대체로 정치적 지도자를 가리킵니다. 34장에서도 다윗과 같은 목자를 이스라엘의 왕으로 세운다는 말씀이 뒤에 이어진다는 점(23-24절)에서 정치적 지도자를 염두에 두었음을 알 수 있습니다. 따라서 에스겔은 지금 다윗 가문의 왕으로 대표되는 이스라엘의 정치 지도자들을 강력하게 고발하고 규탄하고 있는 것입니다.

하나님은 선한 목자

11 ○ "참으로 나 주 하나님이 말한다. 내가 나의 양 떼를 찾아서 돌보아주겠다. 12 양 떼가 흩어졌을 때에 목자가 자기의 양들을 찾는 것처럼, 나도 내 양 떼를 찾겠다. 캄캄하게 구름 낀 날에, 흩어진 그 모든 곳에서, 내 양 떼를 구하여내겠다. 13 내가 여러 민족 속에서 내 양 떼를 데리고 나오고, 그 여러 나라에서 그들을 모아다가, 그들의 땅으로 데리고 들어가서, 이스라엘의 산과 여러 시냇가와 그 땅의 모든 거주지에서 그들을 먹이겠다. 14 기름진 초원에서 내가 그들을 먹이고, 이스라엘의 높은 산 위에 그들의 목장을 만들어주겠다. 그들이 거기 좋은 목장에서 누우며, 이스라엘의 산 위에서 좋은 풀을 뜯어 먹을 것이다. 15 내가 직접 내 양 떼를 먹이고, 내가 직접 내 양 떼를 눕게 하겠다. 나 주 하나님의 말이다.

살진 양들은 어떤 이들을 상징합니까?(18절) 먹다 남은 풀과 물을 짓밟고 더럽힌다는 말은 그들의 어떤 행위를 빗댄 표현입니까? 하나님께서 에스겔을 통해 목자들을 고발하시는 34장의 내용은 그들이 자신의 백성을 전혀 돌아보지 않고, 힘겹고 어려운 이들과 밀려난 이들을 살피지 않았다는 것입니다. 하나님께서는 그 목자들 대신 친히 양 떼인 백성을 돌보겠다고 선언하십니다(11-17절). 그런데 '양 떼'가 가리키는 백성이 모두 똑같은 처지인 것은 아닙니다. 그중에는 힘 있고 부유한 이들이 있었으며, 이런 자들은 자기보다 가난하고 어려운 이웃과 더불어 살아가기를 싫어했습니다. 예나 지금이나 이런 일은 늘 존재하며, 이런 점에서 '살진 양과 여윈 양'은 우리 시대의 '계급'이나 '사회적 격차'를 가리킨다고 볼 수 있습니다. 자신들은 실컷 먹고 마시면서도, 가난한 이들의 먹을 것은 생각하지 않고 함부로 취급해 버리거나 오히려 다른 이들이 그것을 누리지 못하게 방해하는 자들을 이 본문은 강력하게 고발하며 규탄합니다. 하나님께서는 이런 상황에서 중립을 지키는 것이 아니라 살진 양을 심판하는 자리에 서실 것입니다(20-22절).

16 ○ 헤매는 것은 찾아오고, 길 잃은 것은 도로 데려오며, 다리가 부러지고 상한 것은 싸매어주며, 약한 것은 튼튼하게 만들겠다. 그러나 살진 것들과 힘센 것들은, 내가 멸하겠다. 내가 이렇게 그것들을 공평하게 먹이겠다.

17 ○ 나 주 하나님이 말한다. 내 양 떼야, 내가 양과 양 사이와, 숫양과 숫염소 사이에서 심판하겠다. 18 살진 양들아, 좋은 초원에서 뜯어 먹는 풀이 만족스럽지 않아서, 먹다 남은 풀을 발로 짓밟느냐? 너희가 마시는 맑은 물이 만족스럽지 않아서, 마시고 남은 물을 발로 더럽혀놓느냐? 19 내 양 떼는 너희가 짓밟은 풀을 뜯어 먹으며, 너희가 발로 더럽혀놓은 물을 마시고 있다.

20 ○ 그러므로 나 주 하나님이 그들을 두고 이렇게 말한다. 내가 직접 살진 양과 여윈 양 사이에서 심판하겠다. 21 너희가 병든 것들을 다 옆구리와 어깨로 밀어내고, 너희의 뿔로 받아서, 그것들을 바깥으로 내보내어 흩어지게 하였다. 22 그러므로 내가 내 양 떼를 구해주어서, 그것들이 다시는 희생을

새로운 목자를 일컬어 '내 종 다윗'(23절)이라고 합니다. 이미 죽은 지 오래인 다윗을 다시 언급하는 이유는 무엇입니까? 34장에서 선포되는 회복될 미래를 이끄는 주체는 어디까지나 주 하나님이십니다. 하나님께서는 흩어진 양 떼와 같은 백성을 여러 민족 가운데서 다시 불러 모아 이스라엘 땅에서 살게 하실 것입니다(12–14절). 하나님의 백성을 친히 먹이고 돌보실 것입니다(15–16절). 살진 양과 여윈 양 사이에서 살진 양을 심판하고, 그 누구도 희생당하지 않도록 모든 백성을 평화롭게 살게 하실 것입니다(17–22절). 이렇게 하나님께서 친히 회복하신 세상에 다윗을 통치자로 세우실 것입니다(23절). 여기서 '다윗'은 하나님께서 택하신 역사 속 인물 다윗을 가리키며, 이스라엘 백성들 위에 세워질 이후의 모든 바람직한 통치자를 상징하는 용어입니다. 하나님께서 세우실 다윗, 곧 '다윗과 같은 통치자'는 참으로 좋은 세상, 참된 회복과 평화가 도래했음을 상징합니다.

당하지 않도록 하겠다. 그리고 내가 양과 양 사이에서 심판하겠다. 23 내가 그들 위에 목자를 세워 그들을 먹이도록 하겠다. 그 목자는 내 종 다윗이다. 그가 친히 그들을 먹이고 그들의 목자가 될 것이다. 24 그때에는 나 주가 그들의 하나님이 되고, 내 종 다윗은 그들의 왕이 될 것이다. 나 주가 말하였다. 25 ○ 내가 그들과 평화의 언약을 세우고, 그 땅에서 해로운 짐승들을 없애버리겠다. 그래야 그들이 광야에서도 평안히 살고, 숲속에서도 안심하고 잠들 수 있을 것이다.

26 ○ 내가 그들과 내 산 사방에 복을 내려주겠다. 내가 때를 따라 비를 내릴 것이니, 복된 소나기가 내릴 것이다. 27 들의 나무가 열매를 맺고, 땅은 그 소산을 내어줄 것이다. 그들이 자기들의 땅에서 평안히 살 것이다. 그들이 멘 멍에의 나무를 내가 부러뜨리고, 그들을 노예로 삼은 사람들의 손에서 그들을 구하여주면, 그때에야 비로소 그들이, 내가 주인 줄 알게 될 것이다. 28 그들이 다시는 다른 나라에게 약탈을 당하지

"너희는 사람이요, 나는 하나님"이라는 31절의 선언이 난데없습니다. 이 말이 강조하고자 하는 핵심은 무엇입니까? 34장 본문은 이스라엘을 양 떼로 비유했고, 31절 첫머리까지도 '너희는 내 양 떼'라고 표현했습니다. 이후 등장하는 '너희는 사람'이라는 구절은 이제까지 이스라엘을 양 떼에 비유했던 맥락을 마무리하며 덧붙인 표현으로 생각해볼 수 있습니다. 이를 생각하면, '너희는 사람, 나는 너희 하나님'이라는 말씀은 바로 앞에 있는 '나는 너희 하나님, 너희는 내 백성'을 달리 표현한 것이라 볼 수 있습니다. '너희 하나님, 내 백성'이라는 구절은 하나님과 이스라엘이 언약 관계임을 단적으로 드러내는 표현입니다. 이스라엘은 내버려지거나 함부로 취급당해도 되는 약한 백성이 아니라, 주 하나님의 백성, 곧 하나님께서 다스리시는 나라의 백성입니다. 그들의 하나님이 바로 주 하나님입니다. 그래서 '너희 하나님, 내 백성', 그리고 '너희는 사람, 나는 너희 하나님'이라는 표현은 그 백성을 지키고 돌보며 마침내 인도하실 하나님의 사랑과 은혜를 선포하는 말씀입니다.

않으며, 그 땅의 짐승들에게 잡혀 먹히지도 않을 것이다. 그들이 평안히 살고, 놀랄 일이 전혀 없을 것이다. 29 ·내가 그들에게 기름진 옥토를 마련하여줄 것이니, 그들이 다시는 그 땅에서 흉년으로 몰살을 당하지도 않고, 다른 나라에게 다시 수모를 당하지도 않을 것이다. 30 그때에야 비로소 그들이 나 주 그들의 하나님이 그들과 함께 있다는 것과, 그들이 내 백성 이스라엘 족속이라는 것을 알게 될 것이다. 나 주 하나님의 말이다.

31 ○ 너희는 내 양 떼요, 내 목장의 양 떼다. 너희는 사람이요, 나는 너희의 하나님이다. 나 주 하나님의 말이다."

{ 제35장 }

에돔에 대한 심판

1 주님께서 나에게 말씀하셨다.

2 ○ "사람아, 너의 얼굴을 세일산 쪽으로 돌리고, 그곳을 규탄하여 예언하여라. 3 너는 그곳을 규탄하여 말하여라. '나 주 하나님이 이렇게 말한다. 세일산아! 내가 너를 대적한다. 내가 내 손을 펴서 너를 치고, 너를 황무지와 폐허로 만들겠다. 4 내가 네 성읍들을 폐허로 만들면 너는 황무지가 될 것이다. 그때에야 비로소 너는, 내가 주인 줄 알게 될 것이다. 5 네가 옛날부터 이스라엘에 한을 품고 있더니, 이스라엘 백성이 재난을 당할 때에, 그들이 그 지은 죄로 심판을 받을 때에, 너는 그들 위에 칼을 휘둘렀다. 6 나 주 하나님의 말이다. 그러므로 내가 내 삶을 두고 맹세한다. 내가 너를 피투성이가 되게 하

'세일산'(2절)은 어느 지역을 대표합니까? 세일산은 에서의 후손인 에돔이 거주하는 지역을 상징하는 이름입니다(창 32:4; 36:8–9; 신 2:4; 수 24:4; 삿 5:4). 에돔 사람을 '세일 자손'이라 부르기도 합니다(창 36:20, 21; 대하 25:11, 14). 에돔에 대한 하나님의 심판 말씀은 에스겔서 25장 8절과 12–14절에서도 볼 수 있습니다. 하나님께서는 에돔을 황폐하게 하시며, 데만에서 드단까지 에돔 전체가 칼로 엎드러지게 될 것이라 선언하셨습니다(25:13). 35장에서도 이와 비슷한 내용이 나오는데, 하나님께서 세일의 모든 성읍들을 폐허와 황무지로 만드시고(4절), 칼에 죽은 자들이 곳곳에 엎드러질 것이라는 선포입니다(8절). 이미 에돔에 대한 심판 말씀이 있는데 35장에서 다시 다루는 까닭은 아마도 이 장을 둘러싼 34장과 36–37장이 이스라엘의 회복 말씀이기 때문일 것입니다. 이스라엘의 회복과 에돔으로 대표되는 열방의 멸망은 맞물려 있습니다. 다만 이스라엘이 아니라는 이유로 하나님께서 무조건 심판하신다고 볼 수는 없습니다.

며, 피비린내 나는 일이 너를 뒤쫓아 다니게 하겠다. 네가 남 죽이기를 좋아하니, 피비린내 나는 일이 너를 뒤쫓아 다닐 것이다. 7 내가 세일 산지를 황무지와 폐허로 바꾸어놓고, 그 곳을 지나다니는 사람이 없게 하겠다. 8 내가 세일의 모든 산을, 칼에 찔려 죽은 자들로 가득 채워놓겠다. 네 언덕과 골짜기와 모든 시냇물에는, 칼에 찔려 죽은 자들이 널려 있을 것이다. 9 내가 너를 영영 황무지로 만들어버리고, 네 성읍들에서 다시는 사람이 살 수 없게 하겠다. 그때에야 비로소 너희는, 내가 주인 줄 알 것이다.

10 ○ 너는, 나 주가 유다와 이스라엘을 돌보는데도 감히 말하기를, 그 두 민족과 그 두 나라가 네 것이 되고 네 소유가 될 것이라고 하였다. 11 나 주 하나님의 말이다. 그러므로 내가 나의 삶을 두고 맹세한다. 네가 그들을 미워하여 분노를 터뜨리고 질투를 한 것과 똑같이, 나도 네게 보복하겠다. 내가 너

'세일산'이 '옛날부터' 이스라엘을 향해 품고 있는 오랜 원한은(5절) 어디서 비롯된 감정입니까? 세일산, 즉 에돔이 이스라엘에 품고 있는 오래된 적대감은 구약성경 창세기에 기록되어 있는 야곱과 에서 사이의 오랜 갈등을 가리키는 것으로 보입니다(창 25:22-34; 27:1-46). 창세기에는 밧단아람에서 돌아온 야곱이 에서와 화해한 것으로 기록되어 있습니다(창 33:1-17). 그러나 에돔에 대한 야곱의 두려움 또한 창세기 곳곳에서 생생하게 드러납니다(창 25:27; 27:41; 32:6-8, 11, 13-20). 구약성경의 예언서 가운데 하나인 말라기서도 에돔과 야곱의 오랜 갈등을 다룹니다(말 1:2-5). 그와 더불어 에돔과의 일종의 '악연'으로 거론되는 것은 예루살렘의 멸망입니다. 정확한 내용은 알 수 없지만, 예루살렘이 바빌로니아 군대에 함락되던 때 에돔은 예루살렘의 멸망을 즐거워하고 완전히 패망하기를 바랐으며, 바빌로니아 군대의 침탈을 방조하기도 했습니다(시 137:7; 옵 11-14). 예언서 곳곳에서 이를 언급하며 에돔의 행동을 '폭력'이라 비판했습니다(욜 3:19; 암 1:11; 옵 10). 창세기에서의 갈등은 '화해'로 마무리되었지만, 예언서들은 훨씬 더 참혹한 현실을 반영하고 있는 셈입니다.

를 심판할 때에야 비로소, 내가 누구인지 모두 알게 될 것이다. 12 그때에야 비로소 너는, 내가 주인 줄 알게 될 것이다. 네가 또 이스라엘의 산을 가리켜 말하기를, 저 산들이 황폐해졌으니 너희의 것이 되었다고 말하며 조롱하였지만, 내가 너에게 보복하는 날, 너는 네가 조롱하는 소리를 내가 다 들었다는 것을 알게 될 것이다. 13 너희가 입을 벌려 나를 거슬러 허풍을 떨고, 나를 거슬러 빈정대는 말을 내가 직접 들었다.

14 ○ 그러므로 나 주 하나님이 이렇게 말한다. 내가 너를 황폐하게 만들 때에, 온 땅이 기뻐할 것이다. 15 이스라엘 족속의 소유가 황폐하게 되었다고 네가 기뻐했던 것과 똑같이, 나도 너를 그렇게 만들어놓겠다. 세일산과 에돔 온 땅아, 네가 황폐하게 될 것이다. 그때에야 비로소 그들이, 내가 주인 줄 알 것이다.'"

맞서 싸우던 적대국이 황폐해졌다면(12절) 즐거워하며 조롱하는 게 자연스러운 마음 아닙니까? 그게 이토록 가혹한 징벌을(6–9절) 받을 만큼 큰 잘못입니까? 예루살렘의 멸망은 그들이 저지른 불의에 대한 합당한 처벌입니다. 그럼에도 불구하고 예루살렘의 멸망을 방관하고, 도리어 멸망을 조롱하며 방조하는 이웃의 행태는 결코 옳지 않다고 본문이 증언합니다. 죄악에 대한 처벌은 하나님께서 하실 일이고, 이웃은 마땅히 그 재앙을 안타까워하며 불쌍히 여겨야 합니다. '환난의 때'를 겪는 이들을 향해 '죄악 때문에 받는 심판'이라며 조롱하는 것은 그 자체로 '폭력'입니다. 하나님께서 이스라엘 외의 열방 나라를 심판하시는 근거를 여기에서 볼 수 있습니다. 그것은 하나님에 대한 신앙 여부가 아니라, 약해지고 유린당하는 이웃 나라를 향해 어떤 태도를 취하는가입니다. 35장에서 에돔을 향해 격렬한 심판 말씀을 쏟아내는 만큼, 이웃의 재앙 앞에서 보이는 태도는 절대 사소한 문제가 아님을 단단히 증언합니다.

{ 제36장 }

이스라엘이 받는 복

1 "너 사람아, 너는 이스라엘의 산들에게 이렇게 예언하여 일러라. '이스라엘의 산들아, 너희는 나 주의 말을 들어라. 2 나 주 하나님이 말한다. 너희의 원수가 너희를 차지할 생각을 하면서 옛적부터 있던 고지대가 이제 자기들의 소유가 되었다고 좋아한다.' 3 너는 이스라엘의 산들에게 이렇게 예언하여 일러라. '나 주 하나님이 이렇게 말한다. 그 원수들이 너희를 황폐하게 만들었고, 사방에서 너희를 삼켜버려서, 너희가 다른 민족의 소유가 되었으므로, 너희가 사람들의 입에 오르내리며, 조롱거리가 되었다. 4 그러므로 너희 이스라엘의 산들아, 너희는 나 주 하나님의 말을 들어라. 나 주 하나님이 말한다. 산과 언덕에게, 시냇물과 골짜기에게, 황폐해진 황무지에

'고지대'(2절)란 이스라엘의 어느 지역을 말합니까? 이 지역은 이스라엘 민족에게 어떤 의미가 있습니까? '고지대'라는 표현은 다른 곳에서 '산당'으로 번역되기도 했습니다. 고대 중동에서는 높은 산에 그 지방의 신을 섬기는 건물이 있었기 때문에, '높은 곳'이라는 말 자체가 아예 '산당'이라는 의미로 사용되기도 했던 것으로 보입니다. '높은 곳을 차지했다'는 표현이 '모든 것을 차지했다'는 의미로 쓰인 경우가 있으며(신 32:13; 33:29; 시 18:33; 사 58:14), 본문 또한 그와 같은 의미로 해석할 수 있습니다. 이스라엘의 고지대가 자기들의 소유가 되었다는 원수들의 발언은 에돔이 이스라엘을 향해 했던 말(겔 35:10)과 같은 의미입니다. 그래서 35장의 에돔은 이스라엘을 괴롭히고 유린하는 열방을 상징합니다. 이스라엘이 무너지자, 사방의 '다른 민족'들까지 이제 이스라엘이 자신들의 것이 되었다고 소란을 피웁니다(겔 36:3). 강자에게는 꼼짝도 못 하면서, 조금이라도 약하다 싶으면 사정없이 짓밟고 유린하려는 열방의 모습을 2-3절이 적나라하게 보여줍니다.

게, 그리고 사방에 남아 있는 성읍들, 곧 다른 민족들이 약탈하여 조롱거리가 된 버림받은 성읍들에게 말한다.

5 ○ 나 주 하나님이 이렇게 말한다. 진실로 내가 나의 맹렬한 질투를 그대로 쏟아서, 남아 있는 이방 민족들과 에돔 온 땅을 쳐서 말한다. 그들은 내 땅을 자기들의 소유로 만들면서 기뻐하였고, 내 땅의 주민을 멸시하면서 내쫓고, 내 땅의 목초지를 약탈하고 차지하였다.' 6 그러므로 너는 이스라엘 땅을 두고 예언하고, 산과 언덕에게, 시냇물과 골짜기에게 전하여라. '나 주 하나님이 이렇게 말한다. 너희가 뭇 민족에게 수치를 당하였기 때문에, 내가 질투와 분노를 그대로 쏟으면서 말한다. 7 그러므로 나 주 하나님이 이렇게 말한다. 내가 직접 내 손을 들고 맹세하였다. 진실로 너희의 사방에 있는 이방 민족들이 스스로 수치를 당하게 될 것이다.

8 ○ 내 백성 이스라엘이 곧 고국으로 돌아올 터이니, 너희 이스라엘의 산들아, 너희는 내 백성을 위하여 나뭇가지를 내

이스라엘의 하나님으로서 '분노'하는 건 이해할 수 있지만, '질투'는(6절) 맥락을 모르겠습니다. 무엇에 대한, 무엇을 향한 질투입니까? 이스라엘은 하나님의 백성입니다. 그런데 그 이스라엘을 열방의 모든 세력들이 함부로 대하고 마치 자신들의 소유인 양 행패를 부릴 때, 열방을 향한 하나님의 마음을 '질투와 분노'로 표현했습니다. 우리는 '질투'를 일종의 독점욕과 연관 짓지만, 이스라엘을 향한 하나님의 질투는 하나님의 것인 백성들이 하나님 아닌 다른 대상에 속하는 모습을 보시는 하나님의 마음을 나타냅니다. 이스라엘이 우상을 섬길 때 하나님께서 질투하셔서 그들을 벌하시지만, 이처럼 이방 백성들이 이스라엘을 짓밟을 때도 하나님께서는 그들을 위해 질투하셔서 이방 백성을 벌하고 이스라엘을 되찾으십니다. 이스라엘의 하나님은 감정의 요동 없이 차분하고 냉정한 신이 아니라, 이처럼 자기 백성으로 인해 들끓는 감정을 품으시는 분입니다. 그 마음으로 인해, 하나님께서는 스스로 행하셔서 그 백성을 재앙과 괴로움으로부터 건져내십니다.

어 뻗고, 열매를 맺어라. 9 내가 너희의 편을 들겠다. 내가 너희에게로 얼굴을 돌리면, 사람들이 너희 산악지대를 갈아서 씨를 뿌릴 것이다. 10 그리고 내가 너희 이스라엘 족속의 인구가 늘게 하여, 성읍들에 사람이 다시 살고, 폐허를 다시 건설할 것이다. 11 내가 너희 산들 위에 사람과 짐승을 많게 하여, 그들의 숫자가 많아지고 번창할 것이다. 산들아, 내가 너희를 예전처럼 사람들이 살도록 하고, 전보다 더 좋아지게 해주겠다. 그때에야 비로소 너희는, 내가 주인 줄 알 것이다. 12 내가 너희 산들 위에 사람들이, 곧 내 백성 이스라엘이 다시 다니게 하겠다. 그들이 너희를 차지하고, 너희는 그들의 소유가 될 것이다. 너희는 내 백성 이스라엘이 또다시 자식을 빼앗기지 않게 할 것이다.

13 ○ 나 주 하나님이 이렇게 말한다. 사람들이 너를 두고 사람을 삼키는 땅이요, 제 백성에게서 자식을 빼앗아간 땅이라

돌아섰던 하나님의 마음을 되돌린(8-15절) 요인은 무엇이었습니까? 이스라엘 백성들의 철저한 회개와 신앙 회복이었습니까? 5-6절에는 이스라엘 백성이 겪는 수치로 인한 하나님의 '질투와 분노'가 드러나고, 7절은 '그러므로'라는 표현으로 시작하면서 이스라엘을 괴롭히는 이방 민족이 수치를 당할 것이라 선언합니다. 8절부터는 이스라엘의 회복을 선포합니다. 이를 통해 이스라엘 백성의 회복에 가장 결정적인 요인은 이스라엘의 회개나 선함이 아니라, 오직 그 백성을 향한 하나님의 열렬한 마음임을 알 수 있습니다. 하나님께서는 이스라엘의 어리석음을 아시고, 그들이 겪는 어려움이 그들의 죄악의 결과임도 아닙니다. 그럼에도 하나님께서는 그 백성을 내버려두지 않고, 스스로 행하셔서 그 백성을 회복하십니다. 이스라엘이 하나님께로 돌이키는 까닭은 그래야만 살 수 있기 때문이 아닙니다. 여전히 문제가 많은 백성임에도 하나님께서 그 백성을 열렬히 사랑하셔서 이들이 다시 본토로 돌아오도록 살피시니, 그 결과 이스라엘은 자신들을 향한 하나님의 은혜와 사랑을 깨닫고 고백하게 됩니다. 이처럼 은혜로 말미암아 회복된 백성이 하나님의 은혜를 깨닫고 고백하며 감사하는 것, 그것이 '돌이킴'입니다.

고 말하지만, 14 네가 다시는 사람을 삼키지 않고, 다시는 네 백성에게서 자식을 빼앗아가지 않을 것이다. 나 주 하나님의 말이다. 15 내가 다시는 이방 나라들이 너를 비웃지 못하게 하며 뭇 민족이 다시는 너를 조롱하지 못하게 하겠다. 너도 다시는 네 백성을 넘어지게 하지 않을 것이다. 나 주 하나님 의 말이다.'"

이스라엘을 정결하게 하시다

16 ○ 주님께서 나에게 말씀하셨다.

17 ○ "사람아, 이스라엘 족속이 자기들의 땅에 살 때에 그 행위로 그 땅을 더럽혔다. 내가 보기에 그 소행이 월경 중에 있는 여자의 부정함과 같았다. 18 그들이 죄 없는 사람들의 피를 흘려 그 땅을 더럽혔으며, 온갖 우상을 섬겨 그 땅을 더럽혔으므로, 그들에게 내 분노를 쏟아부었다. 19 내가 그들을

'땅을 더럽힌다'(17절)는 말은 무슨 뜻입니까? 어떤 의미에서 '인간의 악행'과 '땅의 오염'을 연관 짓습니까? 사람의 행동이 땅을 더럽힌다는 사고는 구약성경 곳곳에서 볼 수 있습니다(레 18:25, 27; 민 35:34; 신 21:23; 렘 2:7; 겔 36:17, 18). 이렇게 땅을 더럽히면 마침내 땅이 사람을 삼키기도 하고, 그 땅에서 살지 못하게 토해내기도 합니다(겔 36:13-14). 이러한 사고는 이스라엘의 땅이 하나님께서 주신 것이라는 개념에서 비롯됩니다. 하나님께서 주신 땅이니 그 땅에 합당하게 살아야 한다는 생각입니다. 만약 그 땅을 못된 행실로 더럽힌다면, 땅은 그 위에서 살아가는 이들을 삼키거나 토해낼 것입니다. 사실 인간의 못된 행실로 지구의 온도가 계속 높아지면서 오늘날 세계 곳곳에서 '기후변화'가 나타나고, 결국 '기후 위기'로 돌아오고 있습니다. 기후 위기야말로 인간이 잘못된 행실로 땅을 더럽힌 결과일 것입니다. 땅이 토해낸다는 표현은 기후 위기로 인한 지각 변동과 대재앙을 상징한다고도 볼 수 있습니다. 결국 '땅에 합당한 삶'은 인간의 생존과 직결되는 중요한 문제입니다.

그 행위대로 심판하여 그들을 여러 나라들 속으로 쫓아 보내며, 여러 나라에 흩어지게 하였다. 20 그들은 여러 나라에 흩어져서, 가는 곳마다 내 거룩한 이름을 더럽혔다. 그래서, 이방 사람들은 그들을 보고 '주의 백성이지만 주의 땅에서 쫓겨난 자들'이라고 하였다. 21 나는, 이스라엘 족속이 여러 나라에 흩어져서, 가는 곳마다 더럽혀놓았지만, 내 거룩한 이름이 더럽혀지는 것을 그대로 둘 수 없다.

22 ○ 그러므로 너는 이스라엘 족속에게 전하여라. '나 주 하나님이 이렇게 말한다. 이스라엘 족속아, 내가 이렇게 하려고 하는 까닭은 너희들을 생각해서가 아니라, 너희가 여러 나라에 흩어져서, 가는 곳마다 더럽혀놓은 내 거룩한 이름을 회복시키려고 해서다. 23 너희가 여러 나라에 흩어져 살면서 내 이름을 더럽혀놓았으므로, 거기에서 더럽혀진 내 큰 이름을 내가 다시 거룩하게 하겠다. 이방 사람들이 지켜보는 앞에서, 너희에게 내가 내 거룩함을 밝히 드러내면, 그때에야 비로소 그들

22절과 32절을 이해할 수 없습니다. 하나님의 이름이 더럽혀지는 걸 막기 위해 이스라엘의 죄를 눈감아주고 멸망 이전의 상태로 되돌리겠다는 뜻인가요? 재벌이나 정치인의 자녀들이 범죄를 저질렀을 때, 부모들이 자신들의 명예를 지키기 위해 돈과 권력을 동원해 사건을 은폐하려는 시도가 종종 언론에 보도됩니다. 하나님의 백성 이스라엘이 죄를 저질러 하나님의 이름이 더럽혀지자, 그 이름 때문에 이스라엘을 회복하시겠다는 말씀은 언뜻 그런 부도덕한 정치인들의 행태와 비슷해 보이기도 합니다. 그러나 결정적인 차이가 있습니다. 에스겔서는 24장까지 줄기차게 반복해서 이스라엘의 죄악상을 고발하고 규탄했으며, 회복을 이야기하는 36장에서도 다시 한번 이스라엘의 죄악을 강력하게 고발했습니다(17-18절). 무엇보다 하나님께서는 이스라엘의 회복이 결코 그들의 선함이나 의로움 때문이 아님을 거듭 천명하십니다. 하나님께서 이렇게 회복하실 때 백성들은 자신들이 저지른 온갖 악과 역겨운 일을 기억하고 부끄러워하며 스스로 미워하게 될 것입니다(31-32절).

도, 내가 주인 줄 알 것이다. 나 주 하나님의 말이다. 24 내가 너희를 이방 민족들 가운데서 데리고 나아오며, 그 여러 나라에서 너희를 모아다가, 너희의 나라로 데리고 들어가겠다. 25 그리고 내가 너희에게 맑은 물을 뿌려서 너희를 정결하게 하며, 너희의 온갖 더러움과 너희가 우상들을 섬긴 모든 더러움을 깨끗하게 씻어주며, 26 너희에게 새로운 마음을 주고 너희 속에 새로운 영을 넣어주며, 너희 몸에서 돌같이 굳은 마음을 없애고 살갗처럼 부드러운 마음을 주며, 27 너희 속에 내 영을 두어, 너희가 나의 모든 율례대로 행동하게 하겠다. 그러면 너희가 내 모든 규례를 지키고 실천할 것이다. 28 그 때에는 내가 너희 조상에게 준 땅에서 너희가 살아서, 너희는 내 백성이 되고, 나는 너희의 하나님이 될 것이다.

29 ○ 내가 너희를 그 모든 더러운 곳에서 구원하여낸 다음에는, 곡식의 소출을 풍성하게 하여, 다시는 너희에게 흉년이 들지 않게 하며, 30 나무에 과일이 많이 맺히고 밭에서 소

'새로운 영'(26절)이란 무얼 말합니까? 새로운 정신이나 사상을 말합니까? 여기서 '새로운 영'은 '새로운 마음'과 대응해 쓰였으니, 사실상 같은 의미를 지닌 다른 표현으로 볼 수 있습니다. 하나님께서 회복될 백성에게 새 마음과 새 영을 주시므로, 이들은 하나님의 모든 율례와 규례를 행하게 될 것입니다(27절). 사람은 결코 스스로 하나님께로 돌이키지 못하므로, 아예 하나님께서 그들 속에 하나님의 규례를 기억하고 지키고 행하게 하는 '마음과 영'을 주신다고 에스겔은 선언합니다. 이러한 말씀은 예레미야서에서도 볼 수 있습니다(렘 31:31-33). 거의 비슷한 시기를 살았던 예레미야와 에스겔은 모두 인간의 변화 가능성에 대해 깊이 절망했을 것입니다. 하나님께서는 더 노력하고, 더 열심히 살라고 요구하며 채찍질하시는 분이 아닙니다. 오히려 하나님을 신뢰하고 경외하며 그 말씀을 따라 살도록 그들의 속을 변화시키겠다고 말씀하십니다. 그래서 하나님께서 부어주시는 '새로운 영'은 백성을 향한 하나님의 무한한 사랑, 끝없는 은혜를 상징합니다.

출이 많이 나게 하여, 너희가 다시는 굶주림 때문에 다른 여러 나라의 조롱을 받지 않게 하겠다. 31 그때에 너희가 너희의 악한 생활과 좋지 못했던 행실들을 기억하고, 너희의 온갖 악과 역겨운 일들 때문에 너희 자신을 미워하게 될 것이다. 32 내가 이렇게 하는 것은 너희 때문이 아니라는 것을 너희가 알아야 한다. 나 주 하나님의 말이다. 이스라엘 족속아, 너희의 행실을 부끄러워하고, 수치스러운 줄 알아라!

33 ○ 나 주 하나님이 말한다. 내가 너희에게서 그 모든 죄를 깨끗이 씻어주는 날에는, 너희의 성읍에도 사람이 살게 하며, 폐허 위에도 집을 짓게 하겠다. 34 이전에는 지나가는 사람들이 황폐한 땅을 보며 지나다녔으나, 이제는 그곳이 묵어 있지 않고, 오히려 잘 경작된 밭이 될 것이다. 35 그래서 사람들이 말하기를, 황폐하던 바로 그 땅이 이제는 에덴동산처럼 되었고 무너져서 폐허와 황무지가 되었던 성읍마다 성벽

흩어져 살던 이스라엘 백성들이 하나님의 이름을 더럽혔던 '악한 생활과 좋지 못했던 행실'(31절)이란 구체적으로 무얼 가리킵니까? 이 구절에서 언급하는 '악한 생활과 좋지 못했던 행실'은 일차적으로 이스라엘을 이렇게 먼 땅에 흩어지게 만든 이전의 악행을 가리킨다고 볼 수 있습니다. 이스라엘 땅에 살던 이들이 머나먼 땅에 흩어진 까닭은 하나님의 규례를 따르지 않고 도리어 악한 짓을 일삼았기 때문입니다. 그럼에도 그들은 그것이 죄라고 생각하지 않았으며, 전혀 부끄러워하지도 않았습니다. 그 결과 그들은 자신들의 땅에서 쫓겨나 흩어지게 되었습니다. 그러나 하나님께서는 그들의 변화 가능성 때문이 아니라 그들을 향한 하나님의 질투로 인해, 그리고 하나님의 거룩한 이름을 위해, 쫓겨난 이들을 회복하고 새롭게 하실 것입니다. 전적인 하나님의 은혜로 다시 회복된 후에야 이 백성은 자신들의 조상 때부터 저질러온 일이 얼마나 부끄러운 짓이었는지 깨닫게 되고, 그제야 비로소 지난날을 수치스러워하고 악행을 일삼던 스스로를 미워하게 됩니다. '부끄러운 줄 아는 것', 그래서 그런 짓을 저지르는 자신을 미워하는 '자기 혐오'는 회복된 백성에게 나타나는 지극히 자연스러운 현상일 것입니다.

이 쌓여 올라가서 사람 사는 땅이 되었다고 할 것이다. 36 그때에야 비로소 너희의 사면에 남아 있는 여러 나라들이, 바로 나 주가 무너진 것을 다시 세우며, 황폐한 땅에 다시 나무를 심는 줄을 깨달아 알 것이다. 나 주가 말하였으니, 내가 이룰 것이다!

37 ○ 나 주 하나님이 말한다. 이제 나는 다시 한번 이스라엘 족속을 시켜서 내게 도움을 간청하게 하겠고, 그들의 인구를 양 떼처럼 불어나게 하겠다. 38 성회 때마다 거룩한 제물로 바칠 양 떼가 예루살렘으로 몰려들듯이, 폐허가 된 성읍들이 사람들로 가득 차게 하겠다. 그때에야 비로소 그들이, 내가 주인 줄 알 것이다.'"

{ 제37장 }

마른 뼈들이 살아나는 환상

1 주님께서 권능으로 나를 사로잡으셨다. 주님의 영이 나를 데리고 나가서, 골짜기의 한가운데 나를 내려놓으셨다. 그런데 그곳에는 뼈들이 가득히 있었다. 2 그가 나를 데리고 그 뼈들이 널려 있는 사방으로 다니게 하셨다. 그 골짜기의 바닥에 뼈가 대단히 많았다. 보니, 그것들은 아주 말라 있었다. 3 그가 내게 물으셨다. "사람아, 이 뼈들이 살아날 수 있겠느냐?" 내가 대답하였다. "주 하나님, 주님께서는 아십니다."
4 ○ 그가 내게 말씀하셨다.

○ "너는 이 뼈들에게 대언하여라. 너는 그것들에게 전하여라. '너희 마른 뼈들아, 너희는 나 주의 말을 들어라. 5 나 주 하나님이 이 뼈들에게 말한다. 내가 너희 속에 생기를 불어

'회복'을 선언하면서(21-28절) 말라비틀어진 뼈다귀가 가득한 골짜기를 먼저 보여주는 하나님의 의도는 무엇입니까? 37장은 마른 뼈가 살아나는 환상(1-14절), 두 막대기를 하나로 만드는 상징 행위(15-23절), 회복된 이스라엘(24-28절), 이렇게 세 부분으로 이루어져 있습니다. 이 중 첫 번째 단락은 마른 뼈들에 대한 환상(1-10절)과 그 환상에 대한 풀이(11-14절)로 구성됩니다. 최종적으로는 '온전한 회복'을 말하지만, 현재 이스라엘의 상태는 완전히 말라버린 뼈와 같음을 첫 번째 환상이 생생하게 보여줍니다. 수분이 조금도 없어서 이제 곧 부서져 흩날릴 듯한 지경입니다. 완전히 마른 뼈가 어떻게 살아날 수 있을까요? 하나님께서는 에스겔에게 이 환상을 보여주신 뒤, 사람들에게 이 환상을 전하라고 명령하십니다. 그리고 절대로 불가능하고 완전히 끝났다고 생각하는 상황일지라도 하나님께서는 살리고 회복하실 것임을 알려주십니다. 사람의 능력이나 재주, 실력, 가능성 따위는 전혀 상관없이, 오직 하나님의 은혜에서 비롯되는 회복입니다.

넣어, 너희가 다시 살아나게 하겠다. 6 내가 너희에게 힘줄이 뻗치게 하고, 또 너희에게 살을 입히고, 또 너희를 살갗으로 덮고, 너희 속에 생기를 불어넣어, 너희가 다시 살아나게 하겠다. 그때에야 비로소 너희는, 내가 주인 줄 알게 될 것이다.'" 7 그래서 나는 명을 받은 대로 대언하였다. 내가 대언을 할 때에 무슨 소리가 났다. 보니, 그것은 뼈들이 서로 이어지는 요란한 소리였다. 8 내가 바라보고 있으니, 그 뼈들 위에 힘줄이 뻗치고, 살이 오르고, 살 위로 살갗이 덮였다. 그러나 그들 속에 생기가 없었다.

9 ○ 그때에 그가 내게 말씀하셨다.

○ "사람아, 너는 생기에게 대언하여라. 생기에게 대언하여 이렇게 일러라. '나 주 하나님이 너에게 말한다. 너 생기야, 사방에서부터 불어와서 이 살해당한 사람들에게 불어서 그들이 살아나게 하여라.'"

10 ○ 그래서 내가 명을 받은 대로 대언하였더니, 생기가 그들 속으로 들어갔고, 그래서 그들이 곧 살아나 제 발로 일어나서 서는데, 엄청나게 큰 군대였다.

'생기'(9절)는 무얼 말합니까? 생기가 '사방에서 온다'는데, 그 근원은 어디입니까? 본문에서 '생기'로 번역된 히브리어 '루아흐'는 하나님께서 회복될 이스라엘의 속에 주시는 새 마음과 새 영(겔 36:26~27) 가운데 '영'으로 번역되었던 단어와 같은 표현입니다. '바람', '호흡', '영' 등을 뜻합니다. 하나님께서 사람에게 '영' 혹은 '호흡'을 주시면 사람은 살아 있게 되고, 어느 날 그 '호흡'을 거두시면 사람의 삶은 끝이 납니다(예, 시 104:29). 완전히 마른 뼈라 할지라도 하나님께서 그 속에 '영'이나 '호흡' 또는 본문에서 번역한 대로 '생기'를 불어넣으시면, 마른 뼈가 다시 살아나 움직입니다. 흥미롭게도 여기에서 '사방'으로 번역된 표현은 '네 개의 바람/영'입니다. 이 '영/바람/호흡/생기'의 주인은 당연히 하나님입니다. 하나님께서는 온 천지 '사방'에 가득한 자신의 영에 명을 내려 마른 뼈에게 들어가게 하십니다.

11 ○ 그때에 그가 내게 말씀하셨다.

○ "사람아, 이 뼈들이 바로 이스라엘 온 족속이다. 그들이 말하기를 '우리의 뼈가 말랐고, 우리의 희망도 사라졌으니, 우리는 망했다' 한다. 12 그러므로 너는 대언하여 그들에게 전하여라. '나 주 하나님이 말한다. 내 백성아, 내가 너희 무덤을 열고, 무덤 속에서 너희를 이끌어내고, 너희를 이스라엘 땅으로 들어가게 하겠다. 13 내 백성아, 내가 너희의 무덤을 열고 그 무덤 속에서 너희를 이끌어낼 그때에야 비로소 너희는, 내가 주인 줄 알 것이다. 14 내가 내 영을 너희 속에 두어서 너희가 살 수 있게 하고, 너희를 너희의 땅에 데려다가 놓겠으니, 그때에야 비로소 너희는, 나 주가 말하고 그대로 이룬 줄을 알 것이다. 나 주의 말이다.'"

남북 왕국의 통일

15 ○ 주님께서 내게 말씀하셨다.

'무덤'(13절)은 어떤 상태를 상징합니까? 바빌로니아에서 종살이하는 물리적 현실입니까, 아니면 하나님을 등진 영적인 상태입니까? 마른 뼈가 살아난다는 내용은 언뜻 '죽은 자의 부활'을 떠올리게 합니다. 그러나 본문은 11-14절의 해설을 통해 '마른 뼈'는 이스라엘 족속이라고 설명합니다. 그리고 이스라엘이 이렇게 죽은 지 오래된 마른 뼈와 같은 상태라는 것을 그들이 '무덤 속에 있다'고 표현합니다. '무덤을 열고 나오는 것', 즉 죽은 자가 다시 살아나는 것은 '이스라엘 땅으로의 귀환'으로 묘사합니다. 그러므로 '마른 뼈'와 '무덤'이 의미하는 것은 하나님께서 주신 땅에서 쫓겨나 이방 나라에 흩어져 살아가는 이스라엘의 상황입니다. 스스로의 힘으로는 다시 돌아올 수 없는 물리적 현실을 가리키면서, 동시에 죽은 자와 마찬가지 상태라는 '영적 현실'을 드러냅니다. 그런데 놀랍게도 죽은 것 같은 이스라엘에게 하나님께서 그의 영으로 행하셔서 그들을 다시 본토로 돌아오게 하실 것입니다.

16 ○ "너 사람아, 너는 막대기 하나를 가져다가, 그 위에 '유다 및 그와 연합한 이스라엘 자손'이라고 써라. 막대기를 또 하나 가져다가 그 위에 '에브라임의 막대기 곧 요셉 및 그와 연합한 이스라엘 온 족속'이라고 써라. 17 그리고 두 막대기가 하나가 되게, 그 막대기를 서로 연결시켜라. 그것들이 네 손에서 하나가 될 것이다.

18 ○ 네 민족이 네게 묻기를 '이것이 무슨 뜻인지 우리에게 일러주지 않겠느냐?' 하면, 19 너는 그들에게 말해주어라. '나 주 하나님이 말한다. 내가 에브라임의 손 안에 있는 요셉과 그와 연합한 이스라엘 지파의 막대기를 가져다 놓고, 그 위에 유다의 막대기를 연결시켜서, 그 둘을 한 막대기로 만들겠다. 그들이 내 손에서 하나가 될 것이다' 하셨다고 하여라.

20 ○ 또 너는, 글 쓴 두 막대기를 그들이 보는 앞에서 네 손에 들고, 21 그들에게 말해주어라. '나 주 하나님이 말한다.

남쪽 유다와 짝을 이루는 나라는 북쪽 이스라엘이었습니다. 그런데 어째서 이스라엘 대신 '요셉'이라고(16절) 말합니까? 에브라임은 북왕국 이스라엘을 구성하는 핵심 지파였기에, 북왕국을 대표하는 이름으로 자주 사용되었습니다(예, 시 78:67; 사 11:13; 렘 7:15; 31:18, 20 등). 에스겔서 37장에서도 에브라임은 요셉과 사실상 동의어로 쓰였습니다(16, 19절). 그럼에도 굳이 '요셉'이라는 이름을 사용한 것은 의도적이라 볼 수 있습니다. 요셉은 야곱의 열두 아들 가운데 한 명이며, 요셉의 두 아들 에브라임과 므낫세는 북왕국을 이루는 두 개의 큰 기둥 같은 지파입니다. 에브라임으로 대표되는 북왕국을 굳이 요셉이라 표현한 것은 왕정 체제가 아닌, 그 이전 열두 지파로 이루어진 이스라엘 체제의 회복에 초점을 두었음을 보여줍니다. 16절에서 보듯 요셉과 연합한 이스라엘, 유다와 연합한 이스라엘, 이렇게 해서 온 이스라엘이 완성됩니다. 북왕국은 이미 오래전에 멸망해 사라져버렸지만, 에스겔을 비롯한 예언자들은 진정한 회복은 남왕국만의 회복이 아닌, '온 이스라엘'의 회복임을 증언합니다. 이러한 본문은 오늘날 전 세계에서 거의 유일한 분단국가로 남아 있는 대한민국에게도 특별한 의미가 있다고 여겨집니다.

이스라엘 백성이 들어가 살고 있는 그 여러 민족 속에서 내가 그들을 데리고 나오며, 사방에서 그들을 모아다가, 그들의 땅으로 데리고 들어가겠다. 22 그들의 땅 이스라엘의 산 위에서 내가 그들을 한 백성으로 만들고, 한 임금이 그들을 다스리게 하며 그들이 다시는 두 민족이 되지 않고, 두 나라로 갈라지지 않을 것이다. 23 그들이 다시는 우상과 역겨운 것과 온갖 범죄로 자기들을 더럽히지 않을 것이다. 그들이 범죄한 그 모든 곳에서, 내가 그들을 구해내어 깨끗이 씻어주면, 그들은 내 백성이 되고 나는 그들의 하나님이 될 것이다.

24 ○ 내 종 다윗이 그들을 다스리는 왕이 되어, 그들 모두를 거느리는 한 목자가 될 것이다. 그들은 내 규례를 지키며 살고, 내 율례를 지켜 실천할 것이다. 25 그때에는 내가 내 종 야곱에게 준 땅 곧 그들의 조상이 살던 땅에서 그들이 살게 될 것이다. 그 땅에서 그들과, 그 자자손손이 영원히 거기에서 살 것이며, 내 종 다윗이 그들의 영원한 왕이 될 것이

현재의 세속국가 이스라엘의 건국을 이 예언의 실현으로 볼 수 있습니까? 그렇게 볼 수는 없습니다. 만일 에스겔서 37장의 예언이 현대 이스라엘의 건국으로 실현되었다면, 이스라엘과 아무 상관없는 대한민국이나 지구 곳곳의 다른 나라들이 에스겔서를 굳이 읽을 필요가 없을 것입니다. 에스겔서와 구약성경이 오늘날에도 온 세상에서 널리 읽히는 이유는 이 책이 이스라엘이라는 특정한 민족을 소재로 삼았지만 그 민족을 넘어 온 세상을 향한 하나님의 사랑과 뜻을 증언하기 때문입니다. '흩어진 이스라엘의 회복'이라는 주제는 현대 이스라엘의 건국이 아니라, 지난 역사와 현재의 역사, 그리고 미래의 역사에서 억압당하고 짓밟히며 슬픔을 겪는 이들의 온전한 회복으로 실현됩니다. 그런 의미에서 현대 이스라엘의 건국도 그러한 실현의 한 사례일 수 있고, 일본 제국주의에 짓밟히던 조선의 회복 역시 하나의 사례가 될 수 있습니다. 다만 그렇게 회복된 현대 이스라엘이 팔레스타인을 짓밟고 그들의 주권을 침범한다면, 그것은 하나님의 뜻과는 완전히 거리가 먼 행태일 것입니다.

다. 26 내가 그들과 평화의 언약을 세워서, 영원한 언약을 삼을 것이다. 내가 그들을 튼튼히 세우며, 번성하게 하며, 내 성소를 그들 한가운데 세워서 영원히 이어지게 하겠다. 27 내가 살 집이 그들 가운데 있을 것이며, 나는 그들의 하나님이 되고 그들은 내 백성이 될 것이다. 28 내 성소가 영원히 그들 한가운데 있을 그때에야 비로소 세계 만민이, 내가 이스라엘을 거룩하게 하는 주인 줄 알 것이다.'"

{ 제38장 }

하나님의 도구 곡

1 주님께서 나에게 말씀하셨다.

2 ○ "사람아, 너는 마곡 땅 쪽으로 얼굴을 돌리고, 로스와 메섹과 두발의 왕 곡을 규탄하여 예언하여라. 3 너는 전하여라. '나 주 하나님이 말한다. 너 로스와 메섹과 두발의 왕 곡아, 내가 너를 대적한다. 4 내가 너를 돌려 세우고, 갈고리로 네 아가미를 꿰고 너와 네 모든 군대, 곧 군마와 기마병과, 곧 완전 무장을 한 군대, 큰 방패와 작은 방패를 들고 칼을 잡은 대 병력을, 내가 끌어내겠다. 5 방패와 투구로 무장을 한 페르시아와 에티오피아와 리비아를 끌어내고, 6 고멜과 그의 모든 군대와, 북쪽 끝에 있는 도갈마 족속과 그의 모든 군대와, 수많은 백성을 너와 함께 끌어내겠다. 7 너는 네게로 집결된 온 군대와 함께, 만반의 준비를 하고, 그들을 잘 지휘하여라. 8 네가 공격 명령을 받기까지는 오랫동안 기다리고 있어야 한다.

'로스와 메섹과 두발의 왕 곡'(3절)은 어떤 세력을 대표합니까? 에돔에 대한 심판 말씀인 35장과 이스라엘의 회복 말씀인 36장이 나란히 놓였듯이, 이스라엘의 회복을 선포하는 37장은 이스라엘을 괴롭히는 열방의 궁극적인 패배를 선언하는 38–39장과 나란히 배치되어 있습니다. 메섹과 두발, 마곡은 야벳의 족보에 등장하고(창 10:2; 대상 1:5), 에스겔서에서는 다시스와 거래하는 명단(겔 27:13)에 기록되어 있습니다. 그 외의 기록에서는 거의 볼 수 없는 이름인지라 더 자세히 알기는 어렵습니다. 특히 '곡'이라는 이름은 이곳을 제외하고는 전혀 등장하지 않습니다. 5–6절에서도 곡과 연합한 여러 집단을 언급합니다. 따라서 '마곡 땅의 곡'은 어떤 특정한 나라가 아닌, 마지막 날에 하나님의 백성 이스라엘을 침략하는 강력한 이방 나라를 상징하는 것으로 볼 수 있습니다.

여러 해가 지난 다음에 때가 되면, 너는, 오래 걸려 전쟁의 상처를 다 씻은 한 나라를 침략하게 될 것이다. 그 나라는, 여러 민족 가운데 흩어져 살다가 돌아온 사람들이, 오랫동안 폐허로 남아 있던 이스라엘의 산지에 다시 세운 나라다. 그 나라 백성은 타국 백성들 사이에서 살다가 돌아온 뒤에, 그때쯤에는 아주 안전하게 살고 있을 것이다. 9 그때에 네가 쳐올라갈 것이며, 너와 네 모든 군대와 너와 함께한 많은 나라의 연합군이 폭풍처럼 몰려들고, 구름처럼 그 땅을 덮을 것이다.

10 ○ 나 주 하나님이 말한다. 그날이 오면, 네 마음속에서 온갖 생각이 떠올라, 네가 흉악한 생각을 꾀하게 될 것이다. 11 그래서 너는 혼자 속으로, 성벽이 없이 사는 마을로 쳐올라가겠다고, 평안히 살고 있는 저 평화로운 사람들에게로 쳐들어가겠다고, 성벽도 없고 성문도 없고 문빗장도 없이 사는 사람들을 덮쳐서 12 물건을 약탈하며 노략하겠다고 하는, 악한 생각을 품게 될 것이다. 그러나 네가, 여러 나라에 흩어져

곡이 이스라엘을 치는 게 어떻게 하나님의 거룩함을 밝히 나타내는 결과를(16절) 낳을 수 있습니까? 38~39장 내용은 흩어졌던 이스라엘이 자기 땅으로 돌아와 평안하게 살고 있는 상황을 전제합니다(겔 38:8, 11~12, 14). 이스라엘은 역사적으로 강대국이었던 적이 없으며, 38장의 상황 또한 자신들의 영역 안에서의 평화로움을 전제로 합니다. 그런데 38~39장은 곡으로 대표되는 매우 강력한 세력이 이스라엘을 침공하는 장면을 다룹니다. 온 세상을 전부 삼킬 듯이 제멋대로 행동하는 나라들의 연합 세력이 등장하지만, 에스겔서는 곡의 침략조차도 이미 하나님께서 계획하신 일이라고 선언합니다. '거룩하다'는 것은 '구별된다, 비교할 수 없다'는 의미임을 고려할 때, 곡의 침략마저도 하나님의 계획 안에 있음을 밝힘으로써 주 하나님은 세상 그 어떤 것과도 비교할 수 없는 존재임이 드러납니다. 에스겔서의 최종 목적은 이를 통해 곡과 같은 초강대국이 아니라, 주 하나님이야말로 온 세상의 역사를 주관하는 분이심을 증언하는 데 있습니다.

서 살다가 돌아와서 오랫동안 폐허로 남아 있던 땅에 다시 정착하여 가축과 재산을 늘려가며 살고 있는 백성을, 손을 들어 칠 때에, 13 스바와 드단과 스페인의 상인들과 젊은 용사들이 너를 비난할 것이다. 네가 노략질이나 하려고 가는 것이냐고, 네가 강탈이나 하려고 군대를 동원하였느냐고, 은과 금을 탈취해가려고, 가축과 재산을 빼앗아가려고, 엄청난 전리품을 약탈해가려고 원정길에 나섰느냐고 비난할 것이다.'

14 ○ 사람아, 너는 예언하여 곡에게 전하여라. '나 주 하나님이 말한다. 내 백성 이스라엘이 안전하게 사는 그날을 네가 어찌 알지 못하겠느냐? 15 그때가 되면, 너는 네 나라 북쪽 끝에서 원정길에 나설 것이다. 그때에 너는 대군을 이끌고 떠날 것이다. 놀라운 규모를 지닌 기마대와 많은 보병을 이끌고 정복길에 오를 것이다. 16 마치 구름이 땅을 덮는 것같이,

곡의 입장에서는 억울할 것 같습니다. 하나님이 전쟁을 부추겨놓고(4-8절) 막상 실행하면 심판하겠다는(18-22절) 게 아닙니까? 이 주제는 성경 전체를 관통하는 핵심 메시지이기도 합니다. 예를 들어 예수님을 배반한 가룟 유다는 억울할 수 있습니다. 누군가는 예수를 배반하고 팔아넘겨야 했고, 유다가 그 역할을 맡은 인물이기 때문입니다. 이집트에서 이스라엘을 억압했던 파라오도 억울할 것입니다. 그를 통해 하나님의 능력이 드러났기 때문입니다. 에스겔서와 성경 전체는 온 세상의 역사를 하나님께서 주관하며 모든 것을 아신다고 선언합니다. 그렇다고 해서 모든 일이 미리 다 정해져 있어서 그대로 이루어진다고 말할 수는 없습니다. 그렇다면 그것은 기계나 프로그램이지, 인격을 지닌 존재라 볼 수 없으니까요. 그래서 곡의 침략조차도 하나님의 계획이었다는 에스겔서의 진술은 세상 모든 것이 다 정해져 있음을 강조하기 위한 목적이 아닙니다. 곡으로 대표되는 세상의 강한 자들의 야욕과 침략적, 제국주의적 행태에도 불구하고 세상의 주권은 오직 하나님께 있음을 선언하는 것입니다. 강대국이 세상의 주인이 아니라, 이스라엘처럼 작은 집단을 사랑하시는 하나님이야말로 온 세상의 주인이심을 선포하는 것입니다. 따라서 이 본문은 세상의 강한 세력을 어떻게 이해해야 하는지 그 '시각'을 제공한다고 할 수 있습니다.

네가 내 백성 이스라엘을 칠 것이다. 곡아, 오랜 세월이 지난 뒤에, 때가 되면 내가 너를 끌어들여서, 내 땅을 치게 하겠다. 뭇 민족은, 내가 내 거룩함을 밝히 나타내려고 너를 이렇게 부리고 있는 것을 보고 나서야, 내가 누구인지를 알 것이다.

17 ○ 나 주 하나님이 말한다. 곡아, 내가 옛날에 내 종 이스라엘의 예언자들을 시켜서 말하여둔 사람들 가운데 하나가 바로 너다. 예언자들이 여러 해 동안 예언하기를, 내가 너를 끌어들여서, 이스라엘을 치게 할 것이라고 말하였다.'"

곡의 심판

18 ○ "곡이 이스라엘 땅을 쳐들어오는 그날에는, 내가 분노를 참지 못할 것이다. 19 그때에 내가 질투하고 격노하면서 심판을 선언하여 이스라엘 땅에 큰 지진이 일어나게 할 것이다. 20 바다의 물고기와 공중의 새와 들의 짐승과, 땅에 기어 다니는 모든 벌레와, 땅 위에 있는 모든 사람이 내 앞에서 떨

38장을 어떻게 읽어야 할까요? 역사적, 지리적 사실로 접근해야 할까요? 아니면 문학적, 상징적 서사로 봐야 할까요? 실제로 곡이라는 나라가 존재해서 이스라엘을 침략했던 사례는 없습니다. 그러니 38–39장은 역사적 사건이 아니며, '마곡 땅의 곡'은 문학적, 상징적 존재입니다. 그렇지만 고대로부터 지금까지 자신들의 세력과 힘을 내세워 주변 나라를 침략하고 지배하려 하는 '제국'들은 언제나 존재했습니다. 알렉산더의 나라, 로마 제국, 튀르크 제국부터, 히틀러의 나치와 일본 제국주의, 오늘날의 초강대국인 미국과 중국에 이르기까지, '오만한 제국'의 위협은 시대를 막론하고 계속됩니다. 그런 관점에서 보면 38–39장은 지극히 '역사적'이기도 합니다. 구체적인 역사적 사건도 중요한 의미가 있지만, 이처럼 문학적, 신학적 상상력에 바탕을 둔 '마곡 땅의 곡'이라는 본문 또한 시대를 넘어 설득력을 지닌다고 할 수 있습니다.

것이며, 산이 무너지고, 절벽이 무너지고, 모든 성벽이 허물어질 것이다. 21 그리고 내가 곡을 칠 칼을 내 모든 산으로 불러들이겠다. 나 주 하나님의 말이다. 칼을 든 자가 저희끼리 죽일 것이다. 22 내가 전염병과 피비린내 나는 일로 그를 심판하겠다. 또 내가, 억수 같은 소나기와 돌덩이 같은 우박과 불과 유황을, 곡과 그의 모든 군대와 그와 함께한 많은 연합군 위에 퍼붓겠다. 23 내가 이렇게 뭇 민족이 보는 앞에서 내 위엄을 떨치고 나서 거룩함을 밝히 나타내면, 그때에야 비로소 그들이, 내가 주인 줄 알 것이다."

{ 제39장 }

침략자 곡의 멸망

1 "너 사람아, 곡을 규탄하여 예언하여라.

○ '나 주 하나님이 말한다. 너 로스와 메섹과 두발의 왕 곡아, 내가 너를 대적한다. 2 내가 너를 돌려 세우고 이끌어내겠다. 너를 북쪽 끝에서 이끌어내서 이스라엘의 산지를 침략하게 하겠다. 3 그렇게 해놓고서, 나는 네 왼손에서는 활을 쳐서 떨어뜨리고, 네 오른손에서는 네 화살을 떨어뜨리겠다. 4 너는 네 모든 군대와, 너와 함께한 연합군과 함께 이스라엘의 산지 위에서 쓰러져 죽을 것이다. 나는 날개 돋친 온갖 종류의 사나운 새들과 들짐승들에게 너를 넘겨주어서, 뜯어 먹게 하겠다. 5 내가 말하였으니, 너는 틀림없이 들판에서 쓰러져 죽을 것이다. 나 주 하나님의 말이다. 6 내가 또 마곡과 여러 섬에서 평안히 사는 사람들에게 불을 보내겠다. 그때에야 비로소 그들이, 내가 주인 줄 알 것이다. 7 내가 내 백성 이스라엘 가운데 내 거룩한 이름을 알려주어서, 내 거룩한 이름이

엄청난 전쟁이 벌어지는 가운데 '여러 섬에서 평안히 사는 사람들'(6절)이라니, 이들은 누굴 가리킵니까? 마곡과 나란히 쓰였다는 점에서, 이들은 이스라엘을 짓밟으려고 몰려온 '곡의 무리'가 속한 원래 영토와 그곳에 거주하는 사람들을 가리킨다고 볼 수 있습니다. 예컨대 조선 중기에 조선에 쳐들어와 조선의 산하를 짓밟은 청나라 군대의 원래 영토는 중국 대륙일 것입니다. 하나님께서는 이스라엘에 쳐들어온 곡의 무리를 초토화시킬 뿐 아니라, 이러한 침략 전쟁을 일으킨 곡의 근거지 전체를 심판하셔서 그들에게 불을 내리실 것입니다. 다른 나라를 침략한 자들이 자신들의 땅에서 평안히 살아가는 것은 있어서는 안 되는 부당한 일입니다.

다시는 더럽혀지지 않게 하겠다. 그때에야 비로소 뭇 민족이, 내가 주인 줄, 곧 이스라엘의 거룩한 하나님인 줄 알 것이다. 8 ○ 그대로 되어가고, 그대로 이루어질 것이다. 그날이 바로 내가 예고한 날이다. 나 주 하나님의 말이다. 9 그때에는 이스라엘에서 성읍마다 주민이 바깥으로 나가서, 버려진 무기들을 땔감으로 주울 것이다. 큰 방패와 작은 방패, 활과 화살, 몽둥이와 창을 모아 땔감으로 쓰면, 일곱 해 동안은 넉넉히 쓸 것이다. 10 그 무기들을 땔감으로 쓰기 때문에, 들에 나가서 나무를 주워오지 않아도 될 것이며, 숲에서 나무를 베어올 필요도 없을 것이다. 그들은 또 전에 자기들에게서 약탈해간 사람들을 약탈하고, 노략질해간 사람들을 노략질할 것이다. 나 주 하나님의 말이다.'"

곡의 무덤

11 ○ "그날에는 내가 이스라엘 땅, 사해의 동쪽, '아바림 골

'하몬곡 골짜기'(11절)에 '곡'이란 이름이 들어갑니다. '곡'의 운명과 관련된 이름입니까? '하몬'은 '(많은) 무리'를 뜻하는 단어이며, '하몬곡'은 '곡의 무리'를 의미합니다. '하모나'(16절) 역시 '하몬'에서 파생된 단어로, '무리'를 뜻합니다. 곡은 마곡 땅을 근거지로 한 나라인데, 평화를 되찾아 살고 있는 이스라엘 땅까지 쳐들어왔습니다. 그러나 하나님께서 친히 그들을 멸하실 것입니다(3~5절). 그들은 자신들이 짓밟으려고 했던 바로 그 땅에서 쓰러질 것이며, 이스라엘 백성은 그들에게 맞서기 위해 아무것도 할 필요가 없습니다. 그저 쓰러진 그들의 시체를 수습하기만 하면 됩니다. 쓰러진 곡의 무리를 한쪽에 모두 매장했고, 이곳을 '하몬곡 골짜기'라 불렀습니다. 결국 곡의 무리는 이스라엘 땅 한쪽에 매장되려고 먼 길을 달려온 셈입니다. 하몬곡은 강력함으로 위세를 떨치며 다른 나라를 무고하게 짓밟으려 했던 강대국의 완전한 몰락을 상징합니다.

짜기'에 곡의 무덤을 만들어주겠다. 이스라엘 사람들이 곡과 그의 모든 군대를 거기에 묻으면, 여행자들이 그리로는 못 다니게 될 것이고, 그곳 이름은 '하몬곡 골짜기'라고 불릴 것이다. 12 이스라엘 족속이 그들의 시체를 다 거두어 묻어서 땅을 깨끗하게 하는 데는, 일곱 달이 걸릴 것이다. 13 그 땅 온 백성이 모두 나서서 시체를 묻을 것이며, 내가 승리하는 날에는 그들이 매장한 일로 영예를 떨칠 것이다. 나 주 하나님의 말이다. 14 일곱 달이 지난 다음에도, 백성은 시체를 찾아 묻는 일을 전담할 사람들을 뽑아서, 그 땅을 늘 돌아다니게 할 것이며, 그들은 시체를 묻는 사람들과 함께 돌아다니면서, 지면에 남아 있는 시체들을 샅샅이 찾아 묻어서, 그 땅을 깨끗하게 할 것이다. 15 그들이 그 땅을 돌아다니다가, 누구라도 사람의 뼈를 발견하여 그 곁에 표시를 해두면, 시체를 묻는 사람들이 그 표시를 보고 시체를 찾아, 그것을 가져다가 '하몬곡 골짜기'에 묻을 것이다. 16 그 부근에는 '하몬곡 골짜기'라는 이름을 딴 하모나라는 성읍이 생길 것이다. 그들이

일곱 해(9절), 일곱 달(12, 14절)처럼 일곱이란 숫자가 자주 쓰입니다. 특별한 의도가 담긴 숫자처럼 보입니다. 숫자 7은 하나님의 행하심과 그로 인한 온전함과 충만함, 가득 참 등을 상징합니다. 따라서 곡의 무리를 불사르는 데 일곱 해가 걸렸다는 것은 버려진 무기의 양이 매우 많았으며, 그 모든 무기를 태워 없애는 데 상당히 긴 시간이 소요되었음을 의미합니다. 전쟁 무기는 재활용될 수 없습니다. 흔히 전쟁을 억제하려면 군사력이 강해야 한다고 하지만, 에스겔서 본문은 곡이 자랑하는 그 모든 무기를 7년에 걸쳐 완전하게 태워버림으로써 전쟁 무기로는 그 어떤 평화도 만들 수 없다는 것을 보여줍니다. 또한 그들의 시체를 매장해서 땅을 깨끗하게 하는 데 일곱 달의 시간이 걸렸습니다. 이 역시 그들의 시체가 무척이나 많았으며, 제대로 매장함으로써 마침내 그 땅이 완전히 깨끗해졌음을 나타내기 위해 '일곱 달'이 쓰였다고 볼 수 있습니다.

이렇게 그 땅을 깨끗하게 할 것이다."

17 ○ 나 주 하나님이 말한다. "너 사람아, 날개 돋친 온갖 종류의 새들과 들의 모든 짐승에게 전하여라. '너희는 모여 오너라. 내가, 너희들이 먹을 수 있도록 이스라엘의 산 위에서 희생제물을 잡아서, 큰 잔치를 준비할 터이니, 너희가 사방에서 몰려와서, 고기도 먹고 피도 마셔라. 18 너희는 용사들의 살을 먹고, 세상 왕들의 피를 마셔라. 바산에서 살지게 기른 가축들, 곧 숫양과 어린 양과 염소와 수송아지들을 먹듯이 하여라. 19 너희는 내가 너희에게 주려고 준비한 잔치의 제물 가운데서 기름진 것을 배부르도록 먹고, 피도 취하도록 마셔라. 20 또 너희는 내가 마련한 잔칫상에서 군마와 기병과 용사와 모든 군인을 배부르게 뜯어 먹어라. 나 주 하나님의 말이다.'"

이스라엘의 회복

21 ○ "내가 이와 같이 여러 민족 가운데 내 영광을 드러낼 것

'시체를 묻어서 땅을 깨끗하게'(12–15절) 한다는 말은 무슨 뜻입니까? 시신을 묻는 일에 이렇게 공을 들이는 이유는 무엇입니까? 에스겔은 예루살렘 제사장 출신으로, 에스겔서 곳곳에 제사장의 관심사가 반영되어 있습니다. 이처럼 제사장의 관심과 시각을 보여주는 또 다른 본문으로는 구약성경 레위기와 민수기를 들 수 있습니다. 제사장의 규례에 따르면 시체는 부정한 것입니다. 시체를 처리하느라 시체에 닿은 사람 또한 일주일 동안 부정합니다(민 19:11–19). 만일 시체가 땅에 그냥 버려져 있다면 부정이 계속 존재하고, 접촉을 통해 부정이 더욱 확산될 수 있습니다. 그래서 시체는 반드시 땅속에 제대로 매장되어야 합니다. 에스겔서는 이렇게 시체를 제대로 매장해서 정결을 회복하는 데 일곱 달이 걸렸다고 전합니다. 쳐들어온 곡의 무리가 모두 쓰러졌고, 그 시체를 제대로 매장하고 충분한 시간이 지났으니, 그 땅은 다시 온전히 정결해집니다.

이니, 내가 어떻게 심판을 집행하며, 내가 어떻게 그들에게 내 권능을 나타내는지, 여러 민족이 직접 볼 것이다. 22 그때에야 비로소 이스라엘 족속이, 나 주가 그들의 하나님임을 그 날로부터 영원히 알게 될 것이다. 23 그때에야 비로소 여러 민족은, 이스라엘 족속도 죄를 지었기 때문에 포로로 끌려갔다는 것을 알게 될 것이다. 그들이 나를 배반하였기 때문에 내가 그들을 모른 체하고 그들을 원수의 손에 넘겨주어, 모두 칼에 쓰러지게 했다는 것을 알게 될 것이다. 24 나는 그들의 더러움과 그들의 온갖 범죄에 따라서 그들을 벌하였고, 그들을 외면하였다."

25 ○ "그러므로 나 주 하나님이 말한다. 이제는 내가 포로된 야곱의 자손을 돌아오게 하고, 이스라엘 온 족속을 불쌍히 여기며, 내 거룩한 이름을 열심을 내어 지키겠다. 26 이스라엘이 고국 땅으로 돌아와서 평안히 살고, 그들을 위협하는 사람이 없게 될 때에, 그들은 수치스러웠던 일들과 나를 배반한

17절과 4절은 비슷한 이야기를 하지만 분위기가 다릅니다. 하나님이 준비하겠다는 '큰 잔치'의 실체는 무엇입니까? 하나님께서는 이스라엘을 공격하려고 몰려든 곡의 무리를 새와 들짐승에게 넘기겠다고 이미 알리셨고(4절), 구체적인 과정은 17-20절에 묘사되어 있습니다. '큰 잔치'라고 표현했지만, 쓰러진 사람들의 시체를 공중의 새와 들짐승들이 다 먹어버린다는 매우 끔찍한 내용입니다. 사실 시체를 매장하는 것은 새나 들짐승이 먹지 못하게 하려는 의도가 있습니다. 이 단락의 목적은 잔인하고 엽기적인 장면을 전하려는 것이 아니라, 그토록 위세당당하게 쳐들어 왔던 강력한 곡의 무리가 완전하게 몰락해서 들짐승의 먹이 신세가 되었음을 표현하는 데 있습니다. 꽤나 잔혹한 이 묘사는 강대국을 멸하시는 하나님의 승리를 증언합니다. 강대국이 마구 날뛰었지만, 결국 그들이 정복하려던 땅은 그들의 무덤이 되고 말았습니다. 에스겔서 본문은 이렇게 강한 군대 세력을 강렬한 이미지와 상상력으로 풍자하고 조롱하며 산산이 해체시켜버린다고 할 수 있습니다.

모든 행위를 부끄러워하며 뉘우칠 것이다. 27 내가 그들을 만민 가운데서 돌아오게 하고, 원수들의 땅에서 그들을 모아 데리고 나올 때에, 뭇 민족이 보는 앞에서, 내가 그들로 말미암아 내 거룩함을 나타낼 것이다. 28 그때에야 비로소 뭇 민족이 나 주 이스라엘 하나님이 이스라엘을 여러 민족에게 포로가 되어 잡혀가게 하였으나, 그들을 고국 땅으로 다시 모으고, 그들 가운데서 한 사람도 다른 나라에 남아 있지 않게 한줄을 알 것이다. 29 내가 이스라엘 족속에게 내 영을 부어주었으니, 내가 그들을 다시는 외면하지 않겠다. 나 주 하나님의 말이다."

'그러므로'는 인과관계를 나타내는 접속부사입니다. 그런데 25절에 사용된 '그러므로'는 그 인과관계가 무엇인지 모르겠습니다. 23-24절은 이스라엘이 처참하게 쓰러지고 포로로 끌려가게 된 이유를 설명합니다. 그들이 온갖 더러운 짓과 범죄를 저질렀으니, 그들에게 재앙이 내리는 것은 당연한 일입니다. '그러나' 이제 하나님께서는 그들을 다시 돌아오게 하십니다. 그들의 현실과 하나님의 회복을 연결하는 말은 '그러므로'보다는 '그러나'가 더 자연스럽습니다. 그럼에도 불구하고 여기서 '그러므로'가 쓰인 까닭은 이스라엘에 대한 하나님의 심판 역시 하나님이 누구이며 어떤 분이신지를 드러내는 과정이기 때문입니다. 곡으로 대표되는 열방 나라들에 대한 심판을 통해 이스라엘은 자신들의 멸망이 그들의 죄악의 결과이며, 그로 인해 하나님께서 그들이 포로로 끌려가도록 두셨다는 것을 깨닫게 됩니다. 이스라엘이 이렇게 깨달으니, '그러므로' 이제 하나님께서는 그들을 다시 돌아오게 하십니다. 주께서 그들을 불쌍히 여겨 돌아오게 하시니, 이제 그들은 주님이 그들의 하나님이신 줄 알게 됩니다. '그렇기에', '그러므로' 주님은 그 백성을 돌아오게 하신 것입니다.

{ 제40장 }

새 예루살렘과 새 성전

1 우리가 포로로 잡혀온 지 이십오 년째가 되는 해, 예루살렘 도성이 함락된 지 십사 년째가 되는 해의 첫째 달, 그달 십 일 바로 그날에, 주님의 권능이 나를 사로잡아, 나를 이스라엘 땅으로 데리고 가셨다. 2 하나님께서 보여주신 환상 속에서 나를 이스라엘 땅으로 데려다가 아주 높은 산 위에 내려놓으셨는데, 그 산의 남쪽에는 성읍 비슷한 건축물이 있었다. 3 그가 나를 그곳으로 데리고 가셨는데, 그곳에는 어떤 사람이 있었다. 그는 놋쇠와 같이 빛나는 모습이었고, 그의 손에는 삼으로 꼰 줄과 측량하는 막대기가 있었다. 그는 대문에 서 있었다. 4 그때에 그 사람이 내게 말하였다. "사람아, 내가 네게 보여주는 모든 것을 네 눈으로 잘 보고, 네 귀로 잘 듣고, 네 마음에 새겨두어라. 이것을 네게 보여주려고, 너를 이곳으로 데

'성읍 비슷한 건축물'(2절)이 무슨 말인지 모르겠습니다. '성읍'은 '건물'이 아니라 '고을'이란 뜻이 아닌가요? 1절의 '도성'과 2절의 '성읍'은 같은 히브리어 단어를 다르게 번역한 표현으로, 성곽으로 둘러싸인 고을을 가리킵니다. 그래서 에스겔이 본 것은 성곽으로 둘러싸인 어떤 공간 안에 세워진 건축물이라고 할 수 있습니다. 예루살렘 '성'이 함락되고 14년의 세월이 지난 후에 주님은 에스겔을 환상 속으로 이끌어 이스라엘 땅의 아주 높은 산 위에 세워진 '성'을 보게 하셨습니다. 예루살렘 함락으로 모든 것이 끝난 것 같은 현실에서 하나님께서는 회복될 새로운 성을 에스겔에게 환상으로 보여주신 것입니다. 아마도 아주 높은 산은 '시온산', 그 '성읍'은 예루살렘으로 추정되지만, 에스겔서 40장 이후에는 이러한 고유명사가 전혀 등장하지 않는다는 점이 눈에 띕니다. '새 예루살렘'이지만, 이전의 예루살렘과는 확연히 달라졌음을 보여주는 장치라고 할 수 있습니다.

려왔다. 네가 보는 모든 것을 이스라엘 족속에게 알려주어라."

동쪽으로 난 문

5 ○ 성전 바깥에는 사방으로 담이 있었다. 그 사람의 손에는 측량하는 장대가 있었는데, 그 장대의 길이는, 팔꿈치에서 가운데 손가락 끝에 이르고, 한 손바닥 너비가 더 되는 자로 여섯 자였다. 그가 그 담을 측량하였는데, 두께가 한 장대요, 높이가 한 장대였다. 6 그가 동쪽으로 난 문으로 들어가, 계단으로 올라가서 문간을 재니, 길이가 한 장대였다. 7 그다음에는 문지기의 방들이 있었는데, 각각 길이가 한 장대요, 너비가 한 장대였다. 방들 사이의 벽은 두께가 다섯 자이고, 성전으로 들어가는 현관 다음에 있는 안문의 통로는 길이가 한 장대였다. 8 또 그가 문 통로의 안쪽 현관을 재니, 9 길이가 여덟 자요, 그 기둥들의 두께가 두 자였다. 그 문의 현관은 성전쪽으로 나 있었다. 10 동문에 있는 문지기 방들은 양쪽으로 각각 셋씩 있었다. 그 세 방의 크기는 모두 같았으며, 양쪽에

'팔꿈치에서 가운데 손가락 길이에 손바닥 너비를 보탠 자로 여섯 자'짜리 장대는 (5절) 이스라엘에서 흔히 쓰던 잣대입니까? 고대 이스라엘에서는 긴 '자'와 짧은 '자', 두 종류의 '자'가 유통되었습니다. 짧은 자는 손바닥 끝에서 팔꿈치까지의 길이이며, 긴 자는 여기에 한 손바닥의 너비를 더한 것입니다. 에스겔서에서는 바로 이 긴 자를 사용합니다. 이러한 단위는 성인 남성의 신체를 기준으로 했기에 정확한 길이를 단정하기는 어렵지만, 대체로 짧은 자는 약 45cm, 긴 자는 약 52.5cm로 봅니다. 에스겔서는 특이하게도 여섯 자짜리 장대를 측량 단위로 사용하는데, 긴 자를 기준으로 여섯 자라면 전체 길이가 3.15m가량 됩니다. 크기가 제법 되는 건물을 자로만 재기에는 불편하니, 여섯 자짜리 장대를 단위로 사용했으리라 추측됩니다. 이 같은 장대는 구약성경의 다른 곳에서는 볼 수 없습니다.

있는 벽기둥들의 크기도 같았다.

11 ○ 그가 문어귀의 너비를 재니, 열 자였고, 그 문어귀의 길이는 열석 자였다. 12 또 그 방들 앞에는 칸막이벽이 양쪽으로 하나씩 있었는데, 높이가 한 자, 두께도 한 자였다. 방들은, 양쪽에 있는 것들이 다 같이 길이와 너비가 저마다 여섯 자가 되는 정사각형이었다. 13 또 그가 이쪽 문지기 방의 지붕에서 저쪽 문지기 방의 지붕까지 재니, 너비가 스물다섯 자였다. 방의 문들은 서로 마주 보고 있었다. 14 또 그가 현관을 재니, 너비가 스무 자이고, 바깥뜰의 벽기둥이 있는 곳에서는 사방으로 문과 통하였다. 15 바깥문의 통로에서부터 안문의 현관 전면까지는 쉰 자였다. 16 또 문지기 방에는 모두 사면으로 창이 나 있고, 방의 벽기둥에도 창이 나 있었다. 현관의 사면에도 창이 있었다. 창들은 모두 바깥에서 보면 좁고 안에서 보면 안쪽으로 들어오면서 점점 좌우로 넓게 넓어지는, 틀만 있는 창이었다. 양쪽의 벽기둥에는 각각 종려나무가 새겨져 있었다.

비슷비슷한 내용이 반복되는 것 같은데, 이 장의 내용은 어떻게 전개되고 있는 것인가요? 지금 에스겔은 장대를 손에 쥔 사람의 인도를 따라 새 성전을 둘러보고 있습니다. 이 성전은 동서남북 각 담의 길이가 500자, 즉 약 260m에 달하는 바깥담을 갖췄으며, 동문과 남문, 북문이 있습니다. 안으로 들어가면 바깥뜰이 있고, 바깥뜰에서 안뜰로 통하는 문이 역시 동쪽, 남쪽, 북쪽에 하나씩 있습니다. 안뜰로 들어가면 성전 건물이 서쪽을 등지고 동쪽을 향해 자리하고 있습니다. 40장에서 에스겔은 바깥에서부터 동문을 거쳐 바깥뜰로 들어가서 동문 주변을 살핀 후에(6–16절), 바깥뜰을 측량합니다(17–19절). 이어 북문으로 가서 그 문과 주변 공간을 측량하고(20–23절), 남문으로 가서 역시 그 주변 공간을 측량합니다(24–27절). 남문을 따라 안뜰로 들어가서 그 주변을 측량하고(28–31절), 이후 동문과 그 주변(32–34절), 북문과 그 주변(35–37절), 북문 주변의 제물 놓는 상을 차례로 측량하고(38–43절), 마지막으로 안뜰에 있는 두 개의 방을 측량합니다(44–47절).

바깥뜰

17 ○ 그런 다음에 그 사람이 나를 데리고 바깥뜰로 들어갔는데, 그 바깥뜰에는 사방으로 행랑방들이 있고, 길에는 돌을 깔아놓았는데, 그 돌이 깔린 길을 따라, 서른 채의 행랑이 붙어 있었다. 18 그 돌이 깔린 길은 대문들의 옆에까지 이르렀고, 그 길이는 문들의 길이와 같았다. 그것은 아래쪽의 길이었다. 19 또 그가 아랫문의 안쪽 정면에서부터 안뜰의 바깥 정면에 이르기까지의 너비를 재니, 백 자가 되었다. 이 길이는 동쪽과 북쪽이 같았다.

북쪽으로 난 문

20 ○ 또 그 사람이 나를 바깥뜰에 붙은 북쪽으로 난 문으로 데리고 가서, 그 문의 길이와 너비를 재었다. 21 문지기 방들이 이쪽에도 셋, 저쪽에도 셋이 있는데, 그 벽기둥이나 현관이 모두 앞에서 말한, 동쪽으로 난 문의 크기와 똑같이 이 대문의 전체 길이가 쉰 자요, 너비가 스물다섯 자였다. 22 그

39장에서 이스라엘의 회복을 예고한 하나님은 곧이어 성전 이야기를 꺼냅니다. 이스라엘의 회복과 성전 건축 사이에는 어떤 상관관계가 있습니까? 40~42장은 성전과 성전을 둘러싼 전체 공간, 즉 성전 단지를 일일이 측량하는 과정을 기록했습니다. 그리고 43장은 이 성전에 하나님의 영광이 가득하게 되었다는 설명으로 시작해서 44장까지 새 성전에서 드려질 제사와 제사장들에 관한 내용이 이어집니다. 45~48장은 새 성전 시대에 펼쳐질 새로운 세상을 다루면서, 제사와 절기, 성전 주변 땅을 열두 지파에 분배하는 내용 등을 이야기합니다. 하나님의 영광이 머물고 거하시는 공간인 성전에서 시작해, 회복될 공동체의 제사와 일상, 그리고 땅 분배에 관한 내용

현관의 창과 벽기둥의 종려나무도 동쪽으로 난 문에 있는 것들과 크기가 같았다. 일곱 계단을 올라가서, 문간 안으로 들어가도록 되어 있으며, 현관은 안쪽에 있었다. 23 이 문도 동쪽으로 난 문과 마찬가지로 안뜰에 붙은 중문을 마주 보고 있었다. 그가 중문에서 북쪽으로 난 문까지의 거리를 재니, 백 자였다.

남쪽으로 난 문

24 ○ 또 그 사람이 나를 데리고 남쪽으로 갔는데, 거기에도 남쪽으로 난 문이 있었다. 그가 그 문의 벽기둥과 현관을 재니, 크기가 위에서 본 다른 두 문과 같았다. 25 이 문과 현관에도 양쪽으로 창이 있었는데, 위에서 본 다른 두 문에 있는 창과 같았다. 그 문간은, 길이는 쉰 자요, 너비는 스물다섯 자였다. 26 일곱 계단을 올라서 문으로 들어가도록 되어 있고, 현관은 안쪽에 있었다. 양쪽의 벽기둥 위에는 종려나무가 한 그루씩 새겨져 있었다. 27 안뜰의 남쪽에도 중문이 하나 있었다. 그가 두 문 사이의 거리를 재니, 백 자였다.

이 이어지는 구조입니다. 하나님의 회복이 막연한 개념이 아니라, 이처럼 새로운 성전, 새로운 땅이라는 구체적인 형태로 제시된다고 볼 수 있습니다. 새로운 미래의 청사진이라 할 수 있는 이 본문의 첫머리가 성전 이야기라는 점은 이스라엘의 본질이 하나님을 예배하는 예배 공동체임을 보여줍니다.

안뜰의 남쪽 문

28 ○ 또 그 사람이 나를 데리고 남쪽 문을 지나 안뜰로 들어갔다. 그가 남쪽 문을 재니, 크기가 다른 문들과 같았다. 29 그 문지기 방과 기둥과 현관이 모두 다른 문의 것과 크기가 같았다. 그 문과 현관에도 양쪽으로 창문이 있었다. 그 문간도 길이는 쉰 자요, 너비는 스물다섯 자였다. 30 사방으로 현관이 있었는데, 길이는 스물다섯 자요, 너비는 다섯 자였다. 31 그 대문의 현관은 바깥뜰로 나 있고, 그 벽기둥 위에는 종려나무가 새겨져 있고, 그 중문으로 들어가는 어귀에는 여덟 계단이 있었다.

안뜰의 동쪽 문

32 ○ 그 사람이 나를 데리고 동쪽으로 난 안뜰로 들어가서, 거기에 있는 중문을 재니, 그 크기가 다른 문과 같았다. 33 문지기 방과 기둥과 현관이 모두 다른 문의 것들과 크기가 같았다. 그 중문과 현관에도 양쪽으로 창문이 있었다. 그 문의 문간은 길이가 쉰 자요, 너비가 스물다섯 자였다. 34 그 중문의

40장 전체가 일종의 설계도처럼 보입니다. 이스라엘의 성전은 늘 이렇게 하나님이 직접 설계도를 제시합니까? 하나님을 예배하는 공간의 설계에 관한 내용은 성경 여러 곳에서 볼 수 있습니다. 출애굽기 25-31장, 35-40장에는 이동식 성소인 성막 건설을 둘러싼 내용이 기록되어 있고, 솔로몬이 성전을 건축하는 과정을 다룬 열왕기상 6-7장에서는 성전 건물과 그 안에 있는 물건들의 규격을 상세히 다룹니다. 모세는 하나님께서 보여주신 모양대로 성막을 만들었고(출 25:9), 에스겔서에는 명확한 표현은 없으나 성전의 규격을 하나님께서 정하신 것으로 암시됩니다. 솔로몬이 만든 성전은 다윗이 일러준 설계대로 건축되었으며(대상 28:11-12), 특히 다윗은 주

현관은 바깥뜰로 나 있으며, 문 양편의 벽기둥들 위에는 종려나무가 새겨져 있었다. 그 중문으로 들어가는 어귀에는 여덟 계단이 있었다.

안뜰 북쪽 중문

35 ○ 또 그 사람이 나를 데리고 북쪽으로 들어가서 재니, 그 크기가 다른 문과 같았다. 36 문지기 방과 벽기둥과 현관들이 모두 다른 문의 것과 크기가 같았다. 그 중문에도 사방으로 창문이 있었다. 이 문간의 길이는 쉰 자요, 너비도 스물다섯 자였다. 37 그 중문의 현관도 바깥뜰을 향하고 있으며, 중문 양쪽의 벽기둥들 위에는 종려나무가 새겨져 있었다. 그 중문으로 들어가는 어귀에는 여덟 계단이 있었다.

안뜰 북쪽 중문의 부속 건물들

38 ○ 안뜰 북쪽 중문 곁에는 문이 달린 방이 하나 있었는데, 그 방은 번제물을 씻는 곳이었다. 39 그리고 그 중문의 현관

님의 손이 이 모든 일의 설계를 그려서 알리셨다고 고백했습니다(대상 28:19). 결국 광야 시절의 성막과 왕정기의 솔로몬 성전, 포로 이후 에스겔이 환상에서 본 새 성전은 모두 하나님으로부터 비롯되었다 할 수 있습니다. 오늘 우리에게는 낯선 사고방식이지만, 고대 이스라엘은 그들이 일상에서 지켜야 하는 규례와 법도 역시 하나님께서 정하신 일종의 규격이라 여겼습니다. 성전 건물을 하나님께서 알려주신 규격에 따라 정확하게 짓는 것, 그리고 일상에서 그 규례를 따라 정확하게 살아가는 것이 서로 대응된다는 것입니다(이에 대해서는 43장 10–11절에서 볼 수 있습니다).

어귀에는 양쪽에 각각 상이 두 개씩 있었는데, 그 위에서는 번제와 속죄제와 속건제에 쓸 짐승을 잡았다. 40 이 북쪽 문의 어귀, 현관의 바깥쪽으로 올라가는 양쪽에도 상이 각각 두 개씩 있었다. 41 이렇게 북쪽 중문의 안쪽에 상이 네 개, 바깥쪽에 네 개가 있어서, 제물로 바치는 짐승을 잡는 상이 모두 여덟 개였다. 42 또 돌을 깎아서 만든 것으로서 번제물을 바칠 때에 쓰는 상이 넷이 있는데, 각 상의 길이는 한 자 반이요, 너비도 한 자 반이며, 높이는 한 자였다. 그 위에 번제와 희생제물을 잡는 기구가 놓여 있었다. 43 그 방 안의 사면에는 손바닥만 한 갈고리가 부착되어 있으며, 상 위에는 제물로 바치는 고기가 놓여 있었다.

44 ○ 또 안뜰의 바깥쪽에는 방 두 개가 있는데, 하나는 북쪽 중문의 한쪽 모퉁이 벽 곁에 있어서 남쪽을 향해 있고, 다른 하나는 남쪽 중문의 한쪽 모퉁이 벽 곁에 있어서 북쪽을 향하여 있었다. 45 그 사람이 나에게 일러주었다. "남쪽을 향한 이 방은 성전 일을 맡은 제사장들의 방이요, 46 북쪽을 향한

에스겔의 성전은 솔로몬의 성전과 어떤 차이가 있습니까? 솔로몬의 성전은 길이가 60자, 폭이 20자였지만(왕상 6:2), 에스겔의 새 성전은 바깥뜰을 둘러싼 담의 길이가 가로세로 각각 500자에 달합니다. 에스겔의 성전이 솔로몬 성전의 약 200배로, 훨씬 큽니다. 솔로몬 성전과 달리, 에스겔의 성전은 바깥뜰과 안뜰이 있어서 공간의 규모가 크게 확장되었습니다. 다만 솔로몬의 성전은 실제로 존재했던 건물인 반면, 에스겔의 성전은 실제로는 건축되지 않은 상상 속의 건물입니다. 가로와 세로의 길이가 같은 정방형의 건물 단지라고 할 수 있는 에스겔의 성전은 장차 하나님께서 이루실 회복을 상징합니다. 예루살렘을 떠나셨던 하나님의 영광이(겔 8–11장) 마침내 다시 성전으로 돌아와 온 성전이 하나님의 영광으로 가득합니다(겔 43:1–5). 그리고 온 이스라엘은 이 성전을 중심으로 재배치됩니다. 따라서 에스겔의 새 성전은 주 하나님의 영광을 중심으로 함께 존재하는 이스라엘의 미래를 상징합니다.

저 방은 제단 일을 맡은 제사장들의 방이다. 그들은 레위 자손 가운데서도, 주께 가까이 나아가 섬기는 사독의 자손이다."

안뜰과 성전 건물

47 ○ 그가 또 안뜰을 재니, 길이가 백 자요 너비도 백 자인 정사각형이었다. 제단은 성전 본당 앞에 놓여 있었다.

48 ○ 그 사람이 나를 데리고 성전 현관으로 들어가서, 현관 벽기둥들을 재니, 양쪽에 있는 것이 각각 두께가 다섯 자였다. 문어귀의 너비는 열넉 자이고 문의 양옆 벽의 두께는 석 자였다. 49 그 현관의 너비는 스무 자였고, 길이는 열한 자였다. 현관으로 들어가는 어귀에는 계단이 있었다. 그리고 문간 양쪽으로 있는 벽기둥 외에 기둥이 양쪽에 하나씩 있었다.

제사장들을 왜 '사독의 자손'(46절)이라고 부릅니까? '아론'의 자손이라고 해야 더 자연스럽지 않습니까? 아론은 레위 지파에 속하지만, 구약성경은 아론의 대에 이르러 비로소 '제사장' 직무가 시작되는 것으로 표현합니다. 그래서 '아론 자손'이라는 말은 제사장 직무를 수행하는 사람들을 가리키는 단적인 표현입니다. 다윗 시대에는 아비아달과 사독, 두 사람이 제사장 직무를 수행했지만(예, 삼하 15:29, 35), 솔로몬의 즉위 이후 아비아달은 축출되고, 사독 집안이 예루살렘 제사장 역할을 담당합니다(왕상 2:26-27). 이후 왕정기 동안에는 이와 관련해 별다른 기록이 없지만, 에스겔서는 사독 자손의 제사장 직무 수행을 특별히 강조합니다. 특히 44장 9-15절에서는 사독 자손만이 제사장 직무를 수행할 수 있는 이유를 설명합니다.

{ 제41장 }

1 그런 다음에 그가 나를 데리고 성전으로 들어가서 벽을 재니, 그 벽 두께가 양쪽이 각각 여섯 자였다. 2 그 문의 통로는 너비가 열 자이고, 그 문의 통로 옆의 벽 너비는 양쪽이 각각 다섯 자였다. 그가 성소를 재니, 길이가 사십 자요, 너비가 스무 자였다. 3 ○ 또 그가 지성소로 들어가서 문 통로의 벽을 재니, 그 두께가 두 자였다. 그 문의 통로는 너비가 여섯 자이고, 그 벽의 너비는 양쪽이 각각 일곱 자였다. 4 그가 지성소의 내부를 재니, 길이가 스무 자이고, 너비도 스무 자였다. 그가 나에게 "이곳이 지성소다!" 하고 일러주었다.

성전과 지성소의 골방들

5 ○ 또 사람이 성전의 벽을 재니, 두께가 여섯 자였다. 성전에는 삼면으로 돌아가며 방들이 있는데, 너비가 각각 넉 자였다. 6 그 곁방들은 방 위에 방이 있어서 삼 층을 이루고 있으

지성소에는 '어떤 사람'(40:3) 혼자 들어간 것처럼 보입니다(3절). 어째서 에스겔은 밖에 남았습니까? 성전 단지 가장 안쪽에는 성전이 있고, 이 성전은 현관(40:48-49)과 성소(41:1-2), 지성소(41:3-4)로 이루어져 있습니다. 에스겔을 데리고 온 '어떤 사람'은 성소를 바로 가로질러 지성소로 들어갑니다. 광야의 성막에서는 성소 안에 분향단, 금촛대, 떡을 늘어놓는 상이 있었고, 지성소에는 법궤가 있었습니다. 그러나 에스겔서는 성소와 지성소 안에 있는 물건을 전혀 언급하지 않는데, 아마도 이러한 물건이 이 성전에는 없었다고 볼 수 있습니다. 하나님의 영광이 이 성전에 충만하게 임할 것이므로(43:5), 하나님의 임재를 상징하는 물건들이 굳이 필요 없었던 것일 수 있습니다. 또한 에스겔이 지성소에 직접 들어가지 않은 것도 아마도 이 공간에 임할 하나님의 영광에 대한 조심스러움 때문일 수 있습니다.

며, 층마다 방이 서른 개씩 있었다. 그런데 그 곁방들은 성전을 돌아가면서 성전의 벽에 부착되어 있어서, 성전의 벽 자체를 파고 들어가지는 않았다. 7 그 둘러 있는 곁방들은, 그 층이 위로 올라갈수록 넓어졌다. 이 곁방의 건물이 성전의 주위로 올라가며 위층까지 건축되었다. 그래서 이 건물은 아래층에서 중간층을 거쳐 맨 위층으로 올라가게 되어 있었다. 8 내가 또 보니, 성전의 둘레에 지대가 더 높이 솟아 있었는데, 곧 곁방들의 기초의 높이였다. 그 높이는 한 장대인 여섯 자였다. 9 곁방들의 외부에도 담이 있었는데, 그 두께가 다섯 자였다. 또 성전의 곁방들 밖에는 빈터가 있는데, 10 그 너비는 스무 자이며, 성전을 빙 돌아가는 뜰이었다. 11 그 곁방 건물의 문이 이 공간 쪽으로 났는데, 하나는 북쪽으로 났고, 또 하나는 남쪽으로 났다. 둘러 있는 이 빈터의 너비는 다섯 자였다.

성전의 서쪽 건물

12 ○ 또 성전의 서쪽 뜰 뒤로 건물이 있는데, 그 너비가 일흔

성전에 이렇게 많은 방들이(5–7절) 필요한 이유는 무엇입니까? 사실 에스겔서 40–42장에 제시된 성전 설계도는 이해하기 쉽지 않습니다. 본문에 제시된 대로 성전을 그려보려 해도, 거의 모든 연구서들이 그 모습이 조금씩 달라 완전히 일치하지는 않습니다. 일례로 성전에 딸린 방들에 대해서도 새번역 성경처럼 층마다 서른 개씩 있다고 번역한 경우도 있지만, 세 층에 있는 방을 모두 합해 서른 개로 옮긴 번역본도 있고, 서른세 개의 방을 지녔다는 번역본도 있습니다. 솔로몬 성전에도 이러한 골방이 있었으며 3층 구조라는 점 역시 동일합니다(왕상 6:5–6). 그러나 이 방의 용도에 대해서는 아무런 언급이 없어서 알기 어렵습니다. 다만 제사장들이 성소에 출입한다는 점을 생각해보면, 제사장의 직무 수행과 연관된 물건들을 보관하는 곳이었을 수 있습니다.

자였다. 그 건물의 벽은 사방으로 두께가 다섯 자였다. 그 건물 자체의 길이는 아흔 자였다.

성전의 총면적과 내부 시설

13 ○ 그가 성전을 재는데, 그 길이가 백 자이고, 서쪽 뜰과 건물과 그 양쪽 벽까지 합해서 또 길이가 백 자였다. 14 성전의 정면 너비와 동쪽 뜰의 너비도 각각 백 자였다. 15 그가 이어서 성전 뒤뜰 너머에 있는 건물을 그 양편의 다락까지 함께 재니, 그 길이도 백 자였다.

○ 성전 지성소와 성전 뜰 현관과 16 문 통로의 벽과 창문과 삼면에 둘러 있는 다락에는, 바닥에서 창문에 이르기까지, 돌아가며 나무판자를 대놓았다. 그러나 창문은 틀만 있는 것이었다. 17 문 통로의 위와 성전 내부와 외부의 벽까지 재어 본 곳에는, 다 판자를 대놓았다. 18 그 판자에는 그룹과 종려나무들을 새겼는데, 두 그룹 사이에 종려나무가 하나씩 있

하나님은 성전 안쪽 벽을 나무판으로 덮으라고 합니다(15–20절). 어째서 솔로몬의 성전처럼 황금으로 덮으라고 하지 않습니까? 솔로몬 성전은 성소 안을 백향목 널빤지로 덮었고, 어떤 부분은 잣나무 널빤지, 어떤 부분은 올리브나무로 만들었고, 그 모든 것 위에 다시 금을 입혔습니다(왕상 6:15–36). 반면 에스겔서의 새 성전은 사용된 나무 종류는 구체적으로 언급하지 않았지만, 내부를 모두 나무판으로 덮었습니다. 이 본문뿐 아니라, 에스겔서의 새 성전에 관한 묘사 어디에도 금이 쓰였다는 내용은 없습니다. 광야 성막이나 솔로몬 성전과 달리 분향단이나 촛대, 법궤 같은 물건이 없으니 금이 쓰일 곳이 없기도 했고, 공간 어디에도 금을 입히지 않았습니다. 이것은 결국 이제 곧 이 성전에 하나님의 영광이 가득 찰 것이므로, 그 눈부신 영광을 상징하기 위한 금을 입힐 필요가 없었던 것으로 여겨집니다. 즉 하나님의 실제적 임재 앞에서 상징적 물건이 불필요했던 것입니다.

고, 그룹마다 두 얼굴이 있었다. 19 사람의 얼굴은 이쪽에 있는 종려나무를 바라보고, 사자의 얼굴은 저쪽에 있는 종려나무를 바라보고 있었다. 성전 벽 전체가 이와 같았다. 20 성전 바닥에서 문의 통로의 윗부분에 이르기까지, 모든 벽에 그룹과 종려나무들을 새겨두었다. 21 성전 본당의 문 통로는 네모가 나 있었다. 그리고 지성소 앞에도 이와 비슷한 모습을 한 것이 있었다. 22 나무로 만든 제단이 있는데, 그 높이는 석 자요, 그 길이는 두 자였다. 그 모퉁이와 그 받침대와 옆 부분도 나무로 만든 것이었다. 그가 나에게 일러주었다. "이것이 주님 앞에 차려놓는 상이다."

성전의 문들

23 ○ 성전 본당과 지성소 사이에는 문을 두 번 열고 들어가야 하는 겹문이 있었다. 24 문마다 좌우로 문짝이 둘이 있고, 각 문짝에는 아래위로 두 개의 돌쩌귀가 붙어 있었다. 25 네 개의 문짝에는 모두 그룹들과 종려나무들이 새겨져 있어서, 성전의 모든 벽에 새겨진 모습과 같았다. 성전 바깥의 정면에

'주님 앞에 차려놓는 상'(22절)의 쓰임새는 무엇입니까? 에스겔의 성전에는 특별히 언급된 물건이 전혀 없는데, 유일하게 기록되어 있는 것이 이 '상'입니다. 광야의 성막에도, 솔로몬의 성전에도 상이 있었습니다(출 25:23-30; 왕상 7:48). 이 상 위에는 하나님께 바치는 거룩한 빵을 항상 놓아둬야 합니다(출 25:30). 에스겔서에도 이러한 내용이 있습니다. 사독 자손 제사장들은 "하나님의 상에 가까이 와서 하나님을 섬길 수 있다"(겔 44:16)는 표현으로 볼 때, 아마도 이 '상'에 사독 자손 제사장이 나아와서 빵을 늘어놓는 일을 수행했으리라 여겨집니다. 하나님을 상징하는 물건은 하나도 없지만, 하나님을 섬기는 제사장의 직무는 지속된다는 것을 알 수 있습니다.

는 나무 디딤판이 있었다. **26** 또 현관의 양쪽 벽에는 곳곳에 틀만 있는 창과 종려나무의 그림이 있고, 성전의 곁방과 디딤판에도 모두 같은 장식이 되어 있었다.

나무로 제단을 만들라는 명령을(22절) 이해할 수 없습니다. 제단이라면 제물을 불살라 바치는 자리가 아닙니까? 광야 성막이나 솔로몬 성전에서 제단은 놋으로 만들어 성전 마당에 배치했고, 그 위에서 소와 양 같은 제물을 불태우는 제사를 드렸습니다. 그런 점에서 모퉁이와 받침대, 옆 부분까지 모두 나무로 만든 제단에서 제물을 불태우는 제사를 드리기는 어려웠을 것입니다. 특이하게도 22절 첫머리는 이것을 '나무로 만든 제단'이라 표현하지만, 이 구절 마지막에서는 '주님 앞에 차려놓은 상'이라고 설명합니다. 어떻게 하나의 물건이 제단이면서 상이라 불리는지 이해하기 어렵습니다. 에스겔의 성전에서도 제물을 불사르는 제사는 안뜰에 있는 제단에서 드렸습니다. 따라서 여기 언급된 것은 아마도 빵을 늘어놓는 상이었을 것입니다. 그런데도 '제단'이라 부른 것은 제사장들이 하나님께 드리는 빵 역시 하나님께 드리는 제물임을 강조하려는 표현으로 이해할 수 있습니다.

{ 제42장 }

제사장 방

1 그 사람이 나를 데리고 북쪽으로 길이 난 바깥뜰로 나가서, 두 방으로 나를 데리고 들어갔는데, 방 하나는 성전 뜰을 마주하고 있고, 또 하나는 북쪽 건물을 마주하고 있었다. 2 북쪽을 마주한 그 방을 재니, 길이가 백 자이고, 너비가 쉰 자였다. 3 스무 자 되는 안뜰의 맞은쪽과 돌을 깔아놓은 바깥뜰의 맞은쪽에는, 삼 층으로 된 다락이 있었다. 4 또 그 방들 앞에는, 내부와 연결된 통로가 있었는데, 그 너비가 열 자요, 그 길이가 백 자였다. 그 문들은 북쪽으로 나 있었다. 5 삼 층의 방들은 가장 좁았는데, 일 층과 이 층에 비하여, 삼 층에는 다락들이 자리를 더 차지하였기 때문이다. 6 이 방들은 삼 층이어서, 바깥마당의 현관에 있는 기둥과 같은 기둥이 없었으므로, 삼 층은 일 층과 이 층에 비하여 더 좁게 물려서 지었다.

7 ○ 이 방들 가운데 한 방의 바깥담, 곧 바깥뜰 쪽으로 이 방

1–14절에서 설명하는 건축물은 성전과 떨어진 별도의 건물입니까? 흔히 '성전'이라고 할 때는 이런 부속 건물까지를 포함합니까? 에스겔의 새 성전에 관한 본문으로는 건물의 배치와 모양을 정확하게 알아내기 어렵습니다. 42장에서도 마찬가지인데, 적어도 분명한 것은 1–14절에서 다루는 부분이 안뜰에서부터 북쪽 문을 지나 바깥뜰로 나가서 만나는 공간이라는 점입니다. 본문에서 명료하게 드러나지는 않지만, 이 단락에서는 제사장들이 제사와 관련해 사용하는 두 개의 공간을 다룬다는 사실은 분명해 보입니다. '성전'이라는 용어를 사용할 때, 가장 넓은 의미로는 바깥뜰과 안뜰, 그리고 그 안에 있는 모든 공간을 가리킵니다. 이 경우에는 '성전'보다는 '성전 단지'라고 부르는 것이 더 적절합니다. 한편 좁은 의미의 '성전'은 안뜰에 있는 공간으로, 지성소, 성소, 현관으로 이루어진 건물을 가리킵니다.

들과 나란히 길이 쉰 자가 되는 바깥담이 있었다. 8 바깥뜰을 마주하고 있는 방들의 길이는 쉰 자였고, 성전을 마주하고 있는 방들의 길이는 백 자였다. 9 이 방들 아래층에는 동쪽에서 들어오는 문이 있었는데, 바깥뜰에서 그리로 들어오게 되어 있었다. 10 뜰을 둘러싼 벽이 바깥뜰에서 시작되었다. 건물 앞 빈터 남쪽으로도 방들이 있었다. 11 이 방들 앞에도 통로가 있는데, 그 모양이 북쪽에 있는 방들과 같은 식으로 되어 있고, 길이와 너비도 같고, 출입구 모양과 구조도 같고, 문들도 모두 마찬가지였다. 12 이 남쪽에 있는 방들 아래, 안뜰 담이 시작하는 곳에 출입구가 있었다. 동쪽에서 들어오면, 빈터와 건물 앞에 이 출입구가 있었다.

13 ○ 그 사람이 나에게 일러주었다.

○ "빈터 맞은쪽에 있는 북쪽 방들과 남쪽 방들은 거룩한 방들로서, 주께 가까이 나아가는 제사장이 가장 거룩한 제물을 먹는 방이다. 그 방들은 거룩하기 때문에, 제사장은 가장 거룩한 제물과, 제물로 바친 모든 음식과, 속죄제물과, 속건제의 제물

제사장이 제물을 먹는 방을 별도로 마련한(13절) 의도는 무엇입니까? 성전에서 드리는 제사는 번제, 소제, 화목제, 속죄제, 속건제 등 이렇게 다섯 가지가 있습니다. 번제는 제물 전부를 태우는 제사라서 제사장이 먹을 몫이 없고, 화목제는 제사장과 예배자가 각자의 몫을 함께 나눠 먹는 제사입니다. 반면 소제, 속죄제, 속건제는 제물의 일부를 제단에서 불사르고, 나머지 부분은 제사장이 먹습니다. 제사장만이 먹는 제사라는 점에서, 이 제사의 제물을 '가장 거룩한 제물'이라 부릅니다. 제사에 관해 좀 더 세부적인 규정을 담고 있는 레위기에서는 이렇게 분류된 제사의 제물은 "회막을 친 뜰 안, 거룩한 곳에서 먹어야 한다"고 명시합니다(레 6:16, 26; 7:6). 레위기는 구체적으로 어느 장소에서 어떻게 먹어야 하는지 다소 막연하게 제시한 반면, 에스겔의 새 성전 설계도에서는 제사장들이 '가장 거룩한 제물'을 먹는 공간을 명시적으로 규정해두었습니다.

을, 모두 그 방에 두어야 한다. 14 제사장이 그 거룩한 곳으로 들어가면, 그 거룩한 곳에서 직접 바깥뜰로 나가서는 안 된다. 그들이 주님을 섬길 때에 입은 옷이 거룩하기 때문에, 그곳에서 자기들의 예복을 벗어놓고 다른 옷을 입은 다음에, 백성이 모여 있는 바깥뜰로 나가야 한다."

성전의 사면 담을 측량하다

15 ○ 그 사람이 성전의 내부 측량을 마친 다음에, 나를 데리고 바깥 동쪽 문으로 나와서, 사면의 담을 측량하였다. 16 그가 장대로 동쪽 담을 재니, 그 장대로 재어서 오백 자였다. 17 북쪽 담을 재니, 그 장대로 오백 자였다. 18 남쪽 담을 재니, 그 장대로 오백 자였다. 19 그가 서쪽으로 와서 서쪽 담을 재니, 그 장대로 오백 자였다. 20 그가 이렇게 성전의 사방을 재니, 사방으로 담이 있어서, 길이가 각각 오백 자였다. 그 담은 거룩한 곳과 속된 곳을 갈라놓았다.

성전과 관련해 '거룩'이라는 단어가 자주 쓰입니다(13, 14, 20절). '거룩함'은 무엇이고 '속됨'은 무엇을 말합니까? '거룩'은 '구별됨'을 의미합니다. 물건이나 공간 자체에 '거룩함'이 있는 것은 아닙니다. 그 자체로 거룩한 존재는 오직 하나님 한 분밖에 없습니다. 그런데 어떤 물건이 하나님께 드려지면 그 물건은 거룩하게 되고, 어떤 공간이 하나님 예배와 연관되어 사용되면 그 공간 또한 거룩해집니다. 거룩하지 않은 모든 것은 '속됩니다'. '속되다'고 해서 부정적인 의미가 있는 것은 아니고, '보통' 혹은 '일상'이라는 의미로 이해할 수 있습니다. 모든 '속된' 것이 하나님께 드려지면 '거룩'해집니다. '거룩'의 근본이 '구별'이기에, 하나님께 드려지는 제사와 하나님께 나아가는 사람은 반드시 하나님께서 구별하신 절차와 규례를 따라야 합니다. 누구나 규례에 따라 하나님께 동등하게 나아갈 수 있다는 점에서 '거룩'은 사람의 모든 차별과 구별을 없애는 역할을 합니다.

{ 제43장 }

주님께서 성전에 드시다

1 그 뒤에 그가 나를 데리고 동쪽으로 난 문으로 갔다. 2 그런데 놀랍게도 이스라엘 하나님의 영광이 동쪽에서부터 오는데, 그의 음성은 많은 물이 흐르는 소리와도 같고, 땅은 그의 영광의 광채로 환해졌다. 3 그 모습이, 내가 본 환상, 곧 주님께서 예루살렘 도성을 멸하러 오셨을 때에 본 모습과 같았으며, 또 내가 그발강 가에서 본 모습과도 같았다. 그래서 내가 얼굴을 땅에 대고 엎드렸다. 4 그러자 주님께서 영광에 싸여서, 동쪽으로 난 문을 지나 성전 안으로 들어가셨다. 5 그때에 주님의 영이 나를 들어 올려, 안뜰로 데리고 갔는데, 주님의 영광이 성전을 가득 채웠다!

6 ○ 그 사람이 내 곁에 서 있는데, 나는 성전에서 들려오는

하나님이 성전 안으로 들어갔다는 사실은(4절) 이스라엘 백성들에게 어떤 의미가 있습니까? 이스라엘 백성들은 일상에서 수많은 죄를 저질렀을 뿐 아니라 하나님이 아닌 우상을 숭배하는 죄악에 물들어 있었고, 에스겔서 8-11장은 이러한 이스라엘의 죄악상을 에스겔의 환상을 통해 고발했습니다. 결국 하나님의 영광은 예루살렘 성전에서 떠나 동쪽 출입구를 통해 예루살렘 동쪽으로 이동했습니다(겔 10:18-19; 11:23). 그리고 바빌로니아 그발강 가에서 에스겔이 하나님의 영광을 보았으니, 이는 곧 하나님의 영광이 완전히 예루살렘을 떠났음을 뜻합니다. 그러나 하나님께서 이스라엘을 회복하실 때가 되면, 새로운 성전이 세워질 것임을 40장부터의 환상이 알려줍니다. 그리고 그렇게 회복된 새 성전에 마침내 하나님의 영광이 거하실 것입니다. 이스라엘은 하나님으로 말미암아 존재 의미가 있는 백성이니, 하나님께서 그들 가운데 있는 성전에 거하신다면 이스라엘은 비로소 제자리, 곧 자신의 존재 의미를 온전히 되찾은 것이라 할 수 있습니다.

소리를 들었다. 7 나는 말하는 소리를 들었다. "사람아, 이곳은 내 보좌가 있는 곳, 내가 발을 딛는 곳, 내가 여기 이스라엘 자손과 더불어 영원히 살 곳이다. 그래서 이스라엘 자손이 내 거룩한 이름을 다시는 더럽히지 못할 것이다. 백성이나 왕들이 음란을 피우거나, 죽은 왕들의 시체를 근처에 묻어서, 내 거룩한 이름을 더럽히는 일이, 다시는 없을 것이다. 8 그들이 왕궁의 문지방을 내 성전의 문지방과 나란히 만들고, 그들의 문설주를 내 성전의 문설주와 나란히 세워놓아, 나와 왕들 사이에는 벽 하나밖에 없도록 만들었다. 그들이 저지른 역겨운 일들로 내 거룩한 이름을 더럽혀놓았기 때문에, 내가 내 분노로 그들을 멸망시켰다. 9 그러나 이제 그들은 음란한 행실을 멀리하고, 시체들을 내 앞에서 치워버려야 할 것이다. 그러면 내가 그들과 더불어 영원히 살겠다.

10 ○ 너 사람아, 너는 이스라엘 족속에게 이 성전을 설명해 주어서, 그들이 자기들의 온갖 죄악을 부끄럽게 여기게 하고, 성전 모양을 측량해보게 하여라. 11 그들이 저지른 모든 일을

7-8절은 어떤 사건을 염두에 둔 설명입니까? 본문에서 가리키는 상황은 정확히 알 수 없습니다. 아마도 왕들이 죽은 후에 그 매장지를 성전 인근에 둔 것이 문제가 되었을 수 있으나, 구약성경에서는 그러한 사건을 찾아볼 수 없습니다. 만일 실제로 그런 일이 벌어졌다면, "시체가 부정하다"는 제사 규례와 충돌한다는 점에서 문제라고 할 수 있습니다. 둘째로 생각해볼 수 있는 것은 왕들의 시체를 성전 가까이에 매장하는 특이한 관행이 우상숭배와 연관되었을 수 있다는 점입니다. 구약성경에 죽은 자 숭배를 금지하는 규정이 있다는 점에서(레 19:28; 신 14:1; 26:14 등), '왕들의 시체'를 성전 가까이에 두는 것 또한 죽은 자 숭배에서 비롯되었을 수 있습니다. 하나님의 영광이 그들 가운데 거하시기를 원한다면, 마땅히 우상숭배와 부정한 행위를 멀리해야 합니다. 일상의 삶을 바꾸지 않으면서 하나님께서 함께하시기를 구할 수는 없는 법입니다.

스스로 부끄러워하거든, 너는 이 성전의 설계를 그들에게 가르쳐주어라. 성전의 배치도, 성전의 출입구, 이 성전의 건축 양식 등 모든 규례와 법도와 모든 율례를 그들에게 알려주고, 그들이 보는 앞에서 글로 써주어서, 그들이 이 성전의 건축 설계의 법도와 규례를 지키고 행하게 하여라. 12 성전의 법은 이러하다. '성전이 자리 잡고 있는 산꼭대기 성전 터 주변은 가장 거룩한 곳이어야 한다.' 이것이 '성전의 법'이다."

번제단의 모양과 크기

13 ○ 자로 잰 제단의 크기는 다음과 같다. (한 자는 팔꿈치에 서부터 손가락 끝에다 손바닥 너비만큼 더한 것이다.) 제단 밑받침의 높이는 한 자이고, 그 사방 가장자리의 너비도 한 자이다. 그 가에는 빙 돌아가며, 높이가 한 뼘 되는 턱이 있는 데, 이것이 제단의 밑받침이다. 14 이 땅바닥에 있는 밑받침의 표면에서 아래층의 높이는 두 자요, 너비는 한 자이다. 이 아래층의 표면에서 이 층의 높이는 넉 자요, 너비는 한 자이

'음란한 행실'(9절)을 멀리하라는 명령이 난데없습니다. 숱한 죄악들 가운데 '음란'이 가장 악한 죄이기 때문입니까? 에스겔을 비롯한 예언자들이 지적하는 '음란'은 성적인 문란함이 아니라, 그들의 하나님을 버리고 다른 신을 좇아가는 행위, 주변의 강하고 힘센 나라를 좇아가는 태도를 가리킵니다. 에스겔서는 16장과 23장에서 이스라엘을 '음란한 여성'에 빗대며, 매우 선정적인 표현으로 이스라엘의 행태를 고발하고 규탄했습니다. 이러한 '음란'이 가장 큰 문제가 되는 까닭은 하나님과 이스라엘이 서로 언약을 맺은 관계이기 때문입니다. 주님은 이스라엘의 하나님이 되시고, 이스라엘은 하나님의 백성이 되기로 약속했기 때문에, 이스라엘이 그들의 주이신 하나님을 배반하고 다른 신이나 다른 강한 나라를 좇는다면 그것은 그들의 존재의 근본을 부정하는 짓이 됩니다.

다. 15 그 제단 화덕의 높이는 넉 자요, 화덕의 네 모서리에는 뿔이 네 개 솟아 있다. 16 그 제단 화덕은 길이가 열두 자요, 너비도 열두 자여서, 사면으로 네모가 반듯하다. 17 그 화덕의 받침인 아래층의 길이와 너비는 열넉 자로서, 사면으로 네모가 반듯하다. 그 받침을 빙 두른 턱의 너비는 반 자이고, 그 가장자리의 너비는 한 자이다. 제단의 계단들은 동쪽으로 나 있다.

번제단의 봉헌

18 ○ 그가 나에게 또 말씀하셨다.

○ "사람아, 나 주 하나님이 말한다. 번제물을 바치고 피를 뿌릴 제단을 만들 때에 지킬 번제단의 규례는 이러하다. 19 나 주 하나님의 말이다. 너는 사독의 자손 가운데서, 나를 섬기려고 나에게 가까이 나오는 레위 지파의 제사장들에게, 어린 수송아지 한 마리를 주어서, 속죄제물로 삼게 하여라. 20 그리고 너는 그 피를 가져다가, 제단의 네 뿔과 아래층의 네 귀

성전에 관한 설명을 들은 이스라엘 백성들이 '자기들의 죄악을 부끄럽게'(10절) 여기리라고 보는 근거는 무엇입니까? 오늘 우리로서는 선뜻 이해하기 어려운 사고방식이지만, 에스겔서는 성전 건물의 정확한 측량과 규격을 알고 따르는 것과 일상의 삶에서 하나님의 명령을 따르는 것을 같은 차원으로 여깁니다. 그래서 성전 건물의 규격에 관한 내용도 '규례와 법도'이고, 일상을 올바르게 살아가라는 가르침도 '규례와 법도'입니다. 이에 따르면 하나님의 성전 건물의 규격이 한 치의 오차도 없게 정해져 있듯이, 이스라엘의 일상 역시 주 하나님의 규례를 따라 이루어져야 합니다. 그렇기에 회복된 세상에서의 이스라엘은 새 성전의 규격과 정확함을 보면서, 과거에 자신들이 저질렀던 행실이 하나님의 규격과 규례에서 얼마나 벗어났는지 깨닫게 됩니다. 마치 건축자들이 설계도와 다르게 건물을 지으면 부끄러워하듯이, 이스라엘 또한 성전 건물을 보며 자신들의 행실을 부끄러워한다는 것입니다.

퉁이와 사방의 가장자리에 발라서 속죄하여, 제단을 정결하게 하고, 21 또 속죄제물로 바친 수송아지를 가지고 가서, 성소 바깥, 성전의 지정된 곳에서 그것을 태워라.

22 ○ 이튿날에는 네가 흠 없는 숫염소 한 마리를 속죄제물로 바쳐서, 수송아지의 제물로 제단을 정결하게 한 것처럼, 그 제단을 정결하게 하여라. 23 네가 정결하게 하기를 마친 다음에는, 흠 없는 수송아지 한 마리와 양 떼 가운데서, 흠 없는 숫양 한 마리를 바쳐라. 24 네가 그것들을 주 앞에 바칠 때에는, 제사장들이 그 짐승들 위에 소금을 뿌려서, 나 주에게 번제물로 바치게 하여라. 25 너는 이레 동안 매일 염소 한 마리를 속죄제물로 마련하여놓고, 어린 수송아지 한 마리와 양 떼 가운데서 숫양 한 마리를, 흠 없는 것으로 마련하여놓고, 26 이레 동안 제단의 부정을 벗기는 속죄제를 드려서, 제단을 정결하게 하며 봉헌하도록 하여라.

27 ○ 이 모든 날이 다 찬 뒤에는, 여드렛날 이후부터는 제사장들이 그 제단 위에 너희의 번제와 감사제를 드리게 하여라. 그러면 내가 너희를 기쁘게 받아들이겠다. 나 주 하나님의 말이다."

제단을 봉헌할 때, 가장 먼저 속죄 제물을 바치게 합니다(19절). 누가 저지른 무슨 죄에 대한 속죄 제물입니까? 속죄제라는 제사 이름은 '죄를 정결하게 하는 제사'라는 인상을 줍니다. 그러나 에스겔서 본문에서도 볼 수 있듯이 제물을 잡아서 얻은 피는 '죄를 지은 사람'에게 뿌리거나 바르는 것이 아니라, 새로 만들어진 제단의 이곳 저곳에 바릅니다(20절). 이렇게 피를 바름으로써 제단은 '정결하게' 되고, 이러한 절차를 모두 마친 후에 이 제단을 일상의 제사에서 사용할 수 있습니다. 그런 점에서 속죄제는 엄밀하게 말해 '정결제'라고 이해하는 것이 타당합니다. 그리고 제단을 새로 만들고 봉헌하며 속죄제를 드리는 것은 오늘날의 개념으로 보자면 일종의 '사용 승인'을 받는 절차라고 할 수 있습니다. 7일간 속죄제 절차를 치르고, 8일째부터 이 제단은 공식적으로 사용 승인이 나서 쓸 수 있게 되는 것입니다.

{ 제44장 }

성전 동쪽 문의 용도

1 또 그가 나를 동쪽으로 난 성소의 바깥문으로 다시 데리고 가셨는데, 그 문은 잠겨 있었다. 2 주님께서 나에게 말씀하셨다. ○ "이 문은 잠가두어야 한다. 이 문은 열 수 없다. 아무도 이 문으로 들어가서는 안 된다. 주 이스라엘의 하나님이 이 문으로 들어오셨으므로, 이 문은 잠가두어야 한다. 3 그러나 왕은, 그가 왕이므로, 주 앞에서 음식을 먹을 때에 이 문 안에 앉을 수가 있다. 왕은 문 현관 쪽으로 들어왔다가, 다시 그 길로 나가야 한다."

주님의 영광이 성전에 가득 차다

4 ○ 또 그가 나를 데리고 북쪽 문으로 들어가서, 성전 앞에 이르렀는데, 거기에서 내가 보니, 주님의 영광이 주님의 성전

하나님은 동쪽으로 난 문을 통해 들어옵니다(2절). 이스라엘 백성들에게 동쪽은 특별히 의미가 있는 방향입니까? 해가 떠오르는 방향인 동쪽은 고대 이스라엘에서 '앞쪽'을 의미하는 표현이기도 합니다. 오늘 우리에게 동서남북은 단순한 방향이지만, 고대 사람들에게 동쪽은 '정면'을 의미했습니다. 그러다 보니 이스라엘은 성전 동문에 모여 태양을 숭배하는 죄악을 저지르기도 했습니다(겔 8:16). 이스라엘 백성의 죄악으로 인해 하나님께서는 동문을 거쳐 동쪽으로 이동해 성전을 떠나셨고, 이제 동문을 통해 다시 성전에 돌아오셨습니다. 하나님께서 동쪽으로 난 문을 통해 성전으로 돌아오셨기에 이 문은 하나님의 출입문이 되었고, 이 사건을 기념해 이 문을 닫습니다. 이는 곧 하나님께서 이제 영영토록 그 백성 가운데, 그 백성과 함께 있는 성전에 좌정하시겠다는 의미입니다.

에 가득 차 있었다. 그래서 내가 얼굴을 땅에 대고 엎드렸다.

5 주님께서 나에게 말씀하셨다.

○ "사람아, 내가 너에게 일러주는 주의 성전에 대한 모든 규례와 그 모든 율례를 너는 명심하고, 네 눈으로 확인하고, 귀 담아들어라. 그리고 성전으로 들어가는 어귀와 성소의 모든 출구들을 잘 기억해두어라.

6 ○ 너는 저 반역하는 자들 곧 이스라엘 족속에게 전하여라. 나 주 하나님이 말한다. 이스라엘 족속아, 너희는 역겨운 일을 해도 너무 많이 했다. 7 너희가 내 음식과 기름과 피를 제물로 바치며, 마음에 할례를 받지 않고, 육체에도 할례를 받지 않은 이방 사람들을, 내 성소 안에 데리고 들어옴으로써, 내 성전을 이렇게 더럽혀놓았다. 너희가 저지른 온갖 역겨운 일들 때문에, 너희는 나와 세운 언약을 어겼다. 8 또 너희가 나의 거룩한 물건들을 맡은 직분을 수행하지 않고, 그 일을 이방 사람들에게 맡겨서, 그들이 내 성소에서 너희 대신에 나를 섬기는 일을 하게 하였다.

하나님은 이스라엘 족속을 '반역하는 자들'(6절)이라고 부르면서 "더불어 영원히 살겠다"(43:9)고 합니다. 하나님의 진심은 무엇입니까? 에스겔서 40-48장은 회복될 이스라엘을 다루면서, 영원히 이스라엘과 함께하시는 하나님에 대해 증언합니다. 그러나 이 본문에는 이스라엘의 지난 죄악상을 떠올리게 하는 부분들이 여러 곳에 등장하며, 44장 6-10절도 그런 단락에 해당합니다. 하나님과 영원토록 함께하는 미래는 그 어떤 죄를 지어도 상관없는 시간이 아닙니다. 지난날의 죄악을 명확히 알고, 그 악과 죄로부터 떠난 시간입니다. 무엇이 잘못되었는지 알아야 어떤 방향으로 나아가야 하는지도 알 수 있기 때문입니다. 그래서 미래를 다루는 이 장들에 지난날의 죄악을 상기하는 내용이 함께 놓여 있습니다. 하나님과 함께 거하는 이스라엘은 그저 꼭두각시나 기계가 아니라, 하나님을 예배하고 하나님의 규례를 따르는 백성으로 부름받았기 때문입니다.

9 ○ 그러므로 나 주 하나님이 말한다. 마음에 할례를 받지 않고 육체에도 할례를 받지 않은 이방 사람은 어느 누구도 내 성소에 들어올 수 없다. 이스라엘 자손과 함께 사는 이방 사람도 들어올 수 없다."

레위 사람들의 제사장 직무 박탈

10 ○ "특별히 이스라엘 족속이 나를 버리고 떠나서, 우상들을 따라 잘못된 길로 갔을 때에, 레위 제사장들도 내게서 멀리 떠나갔기 때문에, 레위 제사장들은 자신들이 지은 죄의 벌을 받아야 할 것이다. 11 그들은 이제 제사장이 아니라 내 성소에서 성전 문지기가 되고, 성전에서 시중드는 일을 하게 될 것이다. 그들은, 백성이 바치는 번제물이나 희생제물을 잡고, 백성 앞에서 시중을 들게 될 것이다. 12 나 주 하나님의 말이다. 그들이 전에 우상을 섬기는 백성들 앞에서 시중을 들면

할례(7절)란 무엇입니까? "마음에 할례를 받는다"는 건 또 무슨 말입니까? 할례가 처음 언급되는 본문은 창세기 17장입니다. 하나님께서는 아브라함을 부르시고, 그와 그 자손에게 할례를 명하셨습니다. 이 할례는 하나님과 언약을 맺은 하나님의 백성이 되었다는 표시입니다. 아브라함 이래 모든 이스라엘의 남자아이들은 태어난 지 8일째에 할례를 받습니다. 태어난 지 8일 된 아기가 무슨 선을 행하며, 어떻게 올바른 삶을 살 수 있을까요? 그런 점에서 생후 8일 만에 하나님의 언약 백성이라는 표시로 할례를 받는다는 사실은, 하나님의 언약 백성이 되는 일이 우리의 능력과 성취에 달린 것이 아니라 오직 하나님의 은혜임을 명확하게 증언합니다. 육체에 할례를 행하지만, 당연히 육체적인 표시만으로는 충분하지 않습니다. '마음의 할례'가 중요합니다. '마음의 할례'는 "하나님, 나를 하나님의 백성으로 삼아주셔서 감사합니다. 이제 하나님의 규례를 따라, 하나님의 은혜에 합당하게 살아가겠습니다"라고 다짐하는 것을 의미합니다.

서, 이스라엘 족속이 죄를 범하게 하였으므로, 이제 내가 손을 들어 그들을 쳐서, 그들이 지은 죄의 벌을 받게 하겠다. 13 그들은 이제 내 앞에 가까이 나오지 못하고, 제사장의 직무를 맡지 못한다. 그들은 가장 거룩한 것뿐만이 아니라, 다른 모든 거룩한 물건에도 가까이 가지 못한다. 이처럼 그들은, 자기들이 저지른 수치스러운 일과, 자기들이 저지른 그 역겨운 일 때문에, 벌을 받아야 한다. 14 그래도 나는 그들에게, 성전 안에서 해야 할 모든 일들 곧 성전에서 시중드는 일들을 맡아 보게 할 것이다."

제사장들

15 ○ "그러나 이스라엘 자손이 나에게서 떠나 잘못된 길로 갔을 때에도, 레위 지파 가운데서 사독의 자손 제사장들은 내 성소에서 맡은 직분을 지켰으므로, 그들은 내게 가까이 나아

13절과 14절의 내용이 엇갈립니다. 제사장의 직무를 맡지 못하는데(13절) 어떻게 성전에서 시중을(14절) 들 수 있습니까? 10~15절은 레위인과 제사장의 직무가 왜 달라지게 되었는지 설명합니다. 레위인과 제사장은 모두 레위 지파에 속합니다. 레위 지파 중에서 아론의 자손, 아론의 자손 중에서도 사독의 자손들만이 제사장의 직무를 수행할 수 있습니다. 제사장과 레위인의 직무에서 가장 큰 차이는 번제, 소제, 화목제, 속죄제, 속건제 등의 제사를 집행할 수 있느냐의 여부입니다. 레위인은 번제를 비롯한 제사를 위해 드려진 소와 양 같은 제물을 잡는 일에는 참여할 수 있지만, 그렇게 잡은 제물의 고기와 피로 드리는 제사는 집전할 수 없습니다. 그 외에 레위인은 성전의 문지기 역할과 제사장을 돕는 일을 수행할 수 있습니다. 이 같은 직무 수행은 사람의 마음대로 하는 것이 아니라, 이처럼 하나님께서 정하신 규정을 따라 이루어져야 합니다. 그래서 하나님께 나아갈 때는 진실한 마음과 더불어 하나님의 규례를 준수하는 태도가 반드시 필요합니다.

와서 나를 섬길 수 있고, 내 앞에 서서 내게 기름과 피를 바칠 수 있다. 나 주 하나님의 말이다. 16 그들이 내 성소에 들어올 수가 있으며, 그들이 내 상에 가까이 와서 나를 섬길 수가 있으며, 또 내가 맡긴 직책을 수행할 수 있다.

17 ○ 그러나 제사장들이 안뜰 문으로 들어올 때에나, 안뜰 문 안에서나, 성전 안에서 직무를 수행할 때에는, 양털로 만든 옷을 입어서는 안 되고, 반드시 모시옷을 입어야 한다. 18 머리에도 모시로 만든 관을 써야 하고, 모시 바지를 입어야 한다. 허리에도 땀이 나게 하는 것으로 허리띠를 동여서는 안 된다. 19 그들이 바깥뜰에 있는 백성에게로 나갈 때에는, 내 앞에서 직무를 수행할 때에 입은 옷을 벗어서 거룩한 방에 두고, 다른 옷을 갈아입어야 한다. 백성이 제사장의 거룩한 예복에 닿아 해를 입는 일이 있어서는 안 된다.

20 ○ 제사장들은 머리카락을 바싹 밀어서도 안 되고, 머리카락을 길게 자라게 해서도 안 된다. 그들은 머리를 단정하게 잘 깎아야 한다. 21 어떤 제사장이든지, 안뜰로 들어갈 때에

제사장의 차림새와 생활 규정이(17-22절) 몹시 까다롭습니다. 지나치다 싶을 만큼 엄격한 규정을 요구하는 하나님의 의도는 무엇입니까? 이스라엘의 모든 백성 가운데 레위 지파는 성전의 일을 수행하도록 구별되었고, 그중 사독 자손 제사장들은 제사와 관련된 일을 수행하도록 구별되었습니다. 그들은 하나님과 백성들 사이에 서서 하나님을 향해 예배하는 백성들을 돕도록 세워졌습니다. 나머지 이스라엘은 일상을 하나님의 규례를 따라 살아가야 합니다. 그와 마찬가지로, 제사장은 자신들의 직무를 수행하기 위해 주의 깊게 행동하며 살아가야 합니다. 자신들의 일을 소홀히 하는 것은 하나님과 백성 사이에서 감당해야 하는 직무를 가벼이 여기는 것입니다. 그렇기에 제사장은 그 사이에 서서 자신들의 직무를 돌아봐야 합니다. 제사장을 위한 까다로워 보이는 규례들은 그렇게 자신을 돌아보고 성찰하도록 돕는 장치로 생각할 수 있습니다.

는 포도주를 마셔서는 안 된다. 22 그들은, 일반 과부나 이혼한 여자와는 결혼을 할 수가 없고, 다만 이스라엘 족속의 혈통에 속하는 처녀나, 또는 제사장의 아내였다가 과부가 된 여자와 결혼을 할 수가 있다.

23 ○ 제사장들은 내 백성이 거룩한 것과 속된 것을 구별하도록 백성을 가르치고, 부정한 것과 정한 것을 분별하도록 백성을 깨우쳐주어야 한다. 24 소송이 제기되면, 제사장들이 판결을 내려주어야 한다. 그들은, 내가 정하여준 법대로 재판하여야 하며, 또 내 모든 성회를 지킬 때마다 내 모든 법도와 율례를 지켜야 하고, 내 안식일은 거룩하게 지켜야 한다.

25 ○ 제사장들은 죽은 사람에게 접근하여 제 몸을 더럽혀서는 안 된다. 오직 아버지나 어머니, 아들이나 딸, 형제나 시집가지 않은 누이가 죽었을 경우에는, 제사장들도 제 몸을 더럽힐 수 있다. 26 그때에는 제사장이 제 몸을 정하게 한 다음에도, 이레를 지내야 한다. 27 그런 다음에 성소에서 직무를 수

제사장의 기능은 다양했던 것 같습니다(23~24절). 제사장의 주요한 역할은 어떤 것들이었습니까? 44장에서 볼 수 있는 제사장의 직무 중 첫 번째는 하나님께 나아온 백성을 위해 제사드리는 일을 돕는 것입니다(15~16절). 두 번째 직무는 백성들에게 거룩과 속됨, 정과 부정을 가르치는 일입니다(23절). 사람이 스스로 언제 정하고 부정한지를 알지 못한다면, 부정한 상태로 하나님께 나아오거나, 정함에도 불구하고 스스로 부정하다 여겨 하나님께 나아오지 못하는 일이 생길 수 있습니다. 이를 바르게 가르침으로써 백성들이 하나님께 문제없이 나아가도록 돕는 것이 제사장의 일입니다. 또 하나님의 규례를 묻는 이들에게 올바르게 가르치는 일도 맡았습니다(24절 후반절). 세 번째 직무는 재판입니다(24절). 재판에 연루된 이들의 사회적 신분이나 경제적 위치에 상관없이, 오직 하나님의 규례와 법도를 따라 공의롭게 판결을 내려야 합니다. 제사장이 권력과 돈에 좌우된다면, 이스라엘의 사법 체계는 완전히 무너지고, 약하고 가난한 이들은 끔찍한 고통을 당하게 될 것입니다.

행하려고 안뜰에 들어갈 때에는, 자신의 몫으로 속죄제를 드려야 한다. 나 주 하나님의 말이다.

28 ○ 제사장들에게도 유산이 있다. 내가 바로 그들의 유산이다. 이스라엘에서는 그들에게 아무 산업도 주지 말아라. 내가 바로 그들의 산업이다. 29 그들은 곡식제사와 속죄제와 속건제로 바친 제물을 먹을 것이며, 이스라엘에서 구별하여 바친 모든 예물이 제사장들의 차지가 될 것이다. 30 온갖 종류의 첫 열매 가운데서도 가장 좋은 것과, 너희가 들어 바친 온갖 제물은 다 제사장들의 몫으로 돌리고, 또 너희는 첫 밀가루를 제사장에게 주어서, 제사장으로 말미암아 너희 집안에 복을 내리게 하여라. 31 제사장들은 새나 짐승들 가운데서 저절로 죽었거나 찢겨서 죽은 것을 먹어서는 안 된다."

{ 제45장 }

주님의 거룩한 땅

1 "너희가 제비를 뽑아 땅을 나누어 유산을 삼을 때에, 한 구역을 거룩한 땅으로 삼아 주께 예물로 바쳐야 한다. 그 땅의 길이는 이만 오천 자요, 너비는 이만 자가 되어야 한다. 이 구역 전체는 사방으로 어디나 거룩하다. 2 그 한가운데 성소로 배정된 땅은, 길이가 오백 자요 너비도 오백 자로서, 사방으로 네모반듯하여야 하고, 그 둘레에는 사방으로 너비가 쉰 자인 빈터를 두어야 한다. 3 재어놓은 전체 구역의 한가운데, 너희는 길이가 이만 오천 자요 너비가 만 자 되는 땅을 재어놓고, 그 한가운데는 성소 곧 가장 거룩한 곳이 되게 하여라. 4 이곳은 그 땅에서 거룩한 구역이다. 이 땅은 성소에서 직무를 수행하는 제사장들의 몫이 될 것이다. 그들은 직무를 수행

땅을 배분하면서 '성소'를 가장 먼저 떼어놓습니다(1절). 성소란 어떤 기능을 하는 곳을 가리킵니까? 1–6절은 하나님께서 회복하실 미래에 모든 이스라엘이 살아갈 땅의 중심에 위치할 '거룩한 땅'을 다룹니다. 이 땅은 가로 이만 오천 자, 세로 이만 자의 크기이며, 이 가운데에 가로 이만 오천 자, 세로 만 자가 되는 성소 공간이 있습니다. 이곳에 성전을 세우도록 했고, 나머지 공간은 제사장들의 집을 세우도록 할당되었습니다. 또한 '거룩한 땅'의 다른 한 부분에는 가로 이만 오천 자, 세로 만 자 크기의 공간이 마련되었는데, 이곳은 제사장을 도와 성전에서 일하는 레위인들을 위한 구역입니다. 그래서 '거룩한 땅'의 핵심은 '성소'라고 할 수 있습니다. 여기서 성소를 위한 공간은 제사장 구역의 일부분으로, 가로세로 오백 자의 '성전 단지'를 위한 구역입니다. 성전 단지에 대해서는 이미 40–41장에서 다루었습니다. 회복될 세상의 한가운데에 성소가 자리하고, 이 성소에서 하나님께 제사하고 하나님을 예배하므로, 성소는 온 이스라엘의 삶과 일상의 중심이 됩니다.

하려고 주께 가까이 나아가는 사람들이다. 그곳은 그들이 집
지을 자리와 성소를 앉힐 거룩한 구역이 될 것이다. 5 길이가
이만 오천 자에 너비가 만 자 되는 나머지 땅을, 성전에서 시
중드는 레위 사람들에게 재산으로 나누어주어서, 그 안에 성
읍을 세우게 하여라.

6 ○ 너희는 거룩하게 구별하여 예물로 바친 구역 옆에, 너비
가 오천 자요 길이가 이만 오천 자인 땅을, 그 성읍의 재산으로
지정하여라. 그 땅은 이스라엘 사람 전체의 몫이 될 것이다."

왕의 차지

7 ○ "거룩하게 구별하여 예물로 바친 땅과 그 성읍의 소유지
의 양쪽으로 펼쳐진 구역은, 왕의 몫이다. 이 구역은 서쪽으로
서쪽의 해안선까지이고, 동쪽으로 동쪽의 국경선에 이르기까
지이다. 그 길이는, 서쪽의 경계선에서 동쪽의 경계선에 이르
기까지, 들의 구역과 같아야 한다. 8 이 땅이 이스라엘에서 왕
이 차지할 땅이 될 것이다. 그러면 내가 세운 왕들이 더 이상
땅 때문에 내 백성을 탄압하지 않을 것이며, 이스라엘 족속에

6절에서 말하는 '성읍의 재산'은 어디에 쓰려고 구별해놓은 건가요? '거룩한 땅'은
제사장의 공간과 레위인의 공간 외에도, 이스라엘을 위한 공간이 있습니다. 그 공
간의 크기는 가로 이만 오천 자, 세로 오천 자입니다. 45장에는 더 이상의 설명이
없지만, 48장에 이르면 이 공간의 한가운데에 '그 성읍'이 세워지고(48:15), 이스라
엘 열두 지파에서 뽑힌 사람들이 이곳에서 거주하게 됩니다. 그리고 '그 성읍' 양쪽
으로 땅을 구분해서, 그 성읍의 거주민들이 농사짓고 살아가는 터전이 됩니다. 그
렇기에 45장에서는 가로 이만 오천 자, 세로 오천 자 규모인 이 공간을 가리켜 '그
성읍의 재산'이자 '이스라엘 사람 전체의 몫'이라 표현합니다.

게도 그들의 각 지파에 따라서 땅을 차지하게 할 것이다."

통치자들의 통치 법칙

9 ○ "나 주 하나님이 말한다. 너희 이스라엘의 통치자들아, 이제는 그만하여라. 폭행과 탄압을 그치고, 공평과 공의를 실행하여라. 내 백성 착취하는 일을 멈추어라. 나 주 하나님의 말이다.

10 ○ 너희는 정확한 저울과 정확한 에바와 정확한 밧을 써라.

11 ○ 에바와 밧은 용량이 같아야 한다. 한 밧은 호멜의 십분의 일을 담고, 한 에바도 호멜의 십분의 일을 담도록 하여야 한다. 호멜을 표준으로 삼고, 에바와 밧을 사용해야 한다.

12 ○ 너희는 한 세겔이 이십 게라가 되게 하고, 이십 세겔짜리와 이십오 세겔짜리와 십오 세겔짜리를 합하여 한 마네가 되게 해야 한다."

하나님은 '공평과 정의'를 말하면서 가장 먼저 '도량형 정리'를(10-12절) 요구합니다. 이 둘 사이에 상관관계가 있습니까? 9절은 회복될 세상의 통치자들을 향한 규례입니다. 사실 통치자에 대한 언급은 8절에도 등장하는데, 통치자를 향한 규례 바로 다음에 도량형 규례가 놓여 있어서 두 내용이 서로 연결됩니다. 8절은 통치자에게 주어지는 땅을 규정하면서, 백성의 땅을 빼앗지 말라고 경고합니다. 9절에 이어진 10절은 정확한 도량형을 규정하는데, 통치자에 대한 규례와 나란히 제시된다는 점에서, 통치자들이 자신의 권력을 이용해 도량형을 제멋대로 사용하며 이익을 추구하는 행태를 경고한다고 볼 수 있습니다. 그것이 '공평과 정의'의 실질적인 내용입니다. 에스겔이 말하는 회복된 세상은 통치자를 향한 강력한 경고를 포함하고 있다는 점에서 인상적입니다. 제아무리 권력을 지닌 자라도 백성의 땅을 빼앗아서는 안 되며, 제 힘을 믿고 제멋대로 기준을 바꾸어서는 안 된다는 것을 분명하게 보여줍니다. 그런 세상이야말로 진정으로 '회복된 세상'이라 할 수 있을 것입니다.

13 ○ "너희가 마땅히 거룩하게 구별하여 바칠 제물들은 다음과 같다. 밀은 한 호멜 수확에 육분의 일 에바를 바치고, 보리도 한 호멜 수확에 육분의 일 에바를 바쳐야 한다. 14 기름에 대한 규례를 말하면, 기름은 한 고르 수확에 십분의 일 밧을 바쳐야 한다. 한 고르가 한 호멜 또는 열 밧과 같은 것은, 열 밧이 한 호멜이기 때문이다. 15 이스라엘의 물이 넉넉한 초장에서, 양 떼의 수가 이백 마리가 될 때마다, 백성은 어린 양을 한 마리씩 바쳐서, 그들을 속죄하는 곡식제물과 번제물과 화목제물로 삼도록 하여야 한다. 나 주 하나님의 말이다.

16 ○ 거룩하게 구별하여 바치는 이 제물은 이스라엘의 백성 전체가 이스라엘 왕에게 넘겨주어야 한다. 17 왕은, 절기와 월삭과 안식일과 이스라엘 족속의 모든 성회 때마다, 번제물과 곡식제물과 부어 드리는 제물을 공급할 책임을 진다. 그는 속죄제물과 곡식제물과 번제물과 화목제물을 공급하여, 이스라엘 족속이 속죄를 받도록 해야 한다."

피로 성소를 깨끗이 하라는 말을(18-19절) 이해할 수 없습니다. 닦고 씻는 데 물을 쓰는 건 군말이 필요 없는 상식이지 않습니까? 18절부터는 회복될 세상의 절기를 열거합니다. 그중 한 해를 시작하는 첫 번째 절기는 첫째 달 초하루입니다. 이날에는 수송아지 한 마리로 속죄제를 드리는데, 그 피를 받아 성전의 문설주와 제단 아래층의 모서리, 안뜰 문의 문설주에 바릅니다. 18절에서도 볼 수 있듯이 이렇게 성전 곳곳에 피를 바르는 것은 성전을 '정결하게' 하기 위해서입니다. '속죄제'라는 이름은 '죄를 해결하는 제사'를 떠올리게 하지만, 속죄제는 기본적으로 공간을 정결하게 하는 제사입니다. 그래서 오늘날의 많은 연구자들은 속죄제를 '정결제'라고 부를 것을 제안하기도 합니다. 여기에서 '피'는 성전을 깨끗하게 하는 정화의 기능이 있기 때문에, 일종의 '세제'라고 할 수 있습니다. 한 해를 시작하며 이렇게 성소를 정결하게 함으로써, 한 해 동안 성소를 사용할 수 있게 됩니다. 그래서 속죄제 혹은 정결제는 오늘날로 치면 '건물 사용 승인' 절차에 해당한다고 볼 수 있습니다.

18 ○ "나 주 하나님이 말한다. 너는 첫째 달 초하루에는 언제나 소 떼 가운데서 흠 없는 수송아지 한 마리를 골라다가 성소를 정결하게 하여라. 19 제사장은 그 속죄제물의 피를 받아다가 성전의 문설주들과 제단 아래층의 네 모서리와 안뜰 문의 문설주에 발라라. 20 너는 그달 초이렛날에도, 고의가 아닌 사람이나 알지 못해서 범죄한 사람을 속죄할 때에, 그와 같이 하여라. 이렇게 성전을 속죄하여라.

21 ○ 첫째 달 열나흗날에는 너희가 유월절을 지켜라. 이 절기에는 이레 동안 누룩을 넣지 않은 빵을 먹어야 한다. 22 그날 왕은 자기 자신과 이 땅의 모든 백성을 위하여 송아지 한 마리를 속죄제물로 바쳐야 한다. 23 그는 이 절기를 지내는 이레 동안 주님께 바칠 번제물을 마련해야 하는데, 이레 동안 날마다 흠 없는 수송아지 일곱 마리와, 숫양 일곱 마리를 번제물로 바치고, 숫염소 한 마리를 날마다 속죄제물로 바쳐야 한다. 24 곡식제물을 함께 갖추어서 바쳐야 하는데, 수송아지 한 마리에는 밀가루 한 에바이고, 숫양 한 마리에도 밀가

유월절과 초막절을 지키는(18-25절) 게 왜 그토록 중요한 걸까요? 경제력과 국방력을 강화하는 게 더 급하지 않을까요? 에스겔이 환상을 통해 본 회복될 세상을 40-48장에서 다루는데, 그중 첫머리에는 성전을(40-44장), 다음에는 이스라엘 온 땅의 분배에 관해 이야기합니다(45-48장). 여기에는 군사적인 요소가 전혀 등장하지 않습니다. 통치자에 대한 언급이 있긴 하지만, 그들이 주의해야 할 가장 중요한 사항은 백성을 대표해 하나님께 제사드리는 것, 그리고 백성을 착취하지 않는 것입니다. 그래서 에스겔이 본 미래는 군사력과 경제력으로 대표되는 국가의 크기나 강성함과는 아무런 상관이 없습니다. 오직 하나님을 예배하며 자신들에게 주어진 땅

루 한 에바이고, 또 밀가루 한 에바마다 기름 한 힌씩을 바쳐
야 한다."

초막절

25 ○ "그는 일곱째 달 보름에 시작되는 초막절에도 이레 동
안 똑같이 하여, 속죄제물과 번제물과 곡식제물과 기름을 바
쳐야 한다."

을 살아가는 세상입니다. 서로 침략하지 않고, 서로 약탈하거나 착취하지 않는 세
상이며, 자신들에게 이 모든 것을 주신 하나님을 기억하며 절기를 지키고 하나님을
예배하며 살아가는 세상입니다. 에스겔서를 읽다 보면, 오늘 우리는 빼앗고 빼앗기
는 약탈과 전쟁에 너무나 익숙해져 있다는 것을 깨닫게 됩니다. 서로 미친 듯이 경
계하고 싸워야 살아남는 세상. 실상은 그리 차이 나지 않으면서도 끝없이 능력을
과시하며 살아가는 우리의 현실을 깨닫게 됩니다.

{ 제46장 }

안식일과 월삭

1 "나 주 하나님이 말한다. 안뜰의 동쪽 중문은 일하는 엿새 동안 잠가두었다가 안식일에 열고, 또 매달 초하루에도 열어야 한다. 2 왕은 바깥마당에서 이 문의 현관으로 들어와서, 문설주 곁에 서 있어야 한다. 제사장들이 그의 번제물과 화목제물을 바치는 동안에는, 그가 그 대문의 문지방 앞에서 엎드려 경배하고 바깥으로 나가야 한다. 그 문은 저녁때까지 닫지 말아야 한다. 3 이 땅의 백성도 안식일과 매월 초하루에는 이 문어귀에서 주 앞에 엎드려 경배해야 한다.

4 ○ 왕이 안식일에 주께 바쳐야 할 번제물은, 흠 없는 어린 양 여섯 마리와 흠 없는 숫양 한 마리이다. 5 곡식제물은, 숫양 한 마리에는 밀가루 한 에바를 곁들여 바치고, 어린 숫양에는 밀가루를 원하는 만큼 곁들여 바쳐야 하고, 밀가루 한 에바에는 기름 한 힌을 곁들여 바쳐야 한다. 6 매달 초하루에는 흠

중간 제목의 '월삭'이란 표현이 낯섭니다. 이게 무슨 말입니까? '월삭'은 매달 초하룻날을 가리키는 한자어입니다. 고대 이스라엘은 한 해의 구분은 태양의 움직임을 따른 반면, 한 달은 달의 움직임을 따라 계산했습니다. 새로운 달이 시작하는 시점을 그달의 첫째 날로 삼았고, 보름 무렵을 그달의 중간으로 여겼으며, 한 달은 대략 30일로 이루어졌습니다. 그래서 새로운 달이 시작되는 첫날을 '월삭' 혹은 '초하루'라 부르며, 하나님께 매일 드리는 제사와는 별도로 특별한 제사를 드렸습니다. 우리말로는 '초하루'라고 하지만, '월삭'에 해당하는 히브리어는 '새로운 달'을 의미합니다. 이스라엘이 매월 첫날을 특별한 날로 여겼다는 것은 새롭게 시작하는 한 달을 기념했음을 보여줍니다. 하나님께서 그들에게 또 새로운 한 달을 주셨으니 그 첫날에 하나님께 제사하며 새롭게 한 달을 시작하는 것입니다.

없는 수송아지 한 마리와, 어린 양 여섯 마리와 숫양 한 마리를 흠 없는 것으로 바쳐야 한다. 7 또 곡식제물로는 수송아지 한 마리에는 밀가루 한 에바를, 숫양 한 마리에도 밀가루 한 에바를, 어린 양에는, 그가 원하는 만큼 곁들여 바칠 것이며, 밀가루 한 에바에는 기름 한 힌을 곁들여 바쳐야 한다.

8 ○ 왕이 성전에 들어올 때에는, 중문의 현관으로 들어왔다가, 나갈 때에도 그 길로 나가야 한다. 9 그러나 이 땅의 백성이 성회 때에 주 앞에 나아올 경우에는, 북쪽 문으로 들어와서 경배한 사람은 남쪽 문으로 나가고, 남쪽 문으로 들어온 사람은 북쪽 문으로 나가야 한다. 누구든지 들어온 문으로 되돌아 나가서는 안 되며, 반드시 똑바로 앞쪽으로 나가야 한다. 10 백성이 들어올 때에 왕도 그들과 함께 들어왔다가, 그들이 나갈 때에 왕도 나가야 한다. 11 모든 절기와 성회 때에 바칠 곡식제물은 수송아지 한 마리에는 밀가루 한 에바를 곁들이고, 숫양 한 마리에도 밀가루 한 에바를 곁들이고, 어린

안식일과 제사라면 이스라엘 백성들에게는 아주 익숙한 일일 텐데, 굳이 새로 설명하는(1~15절) 까닭은 무엇입니까? 안식일과 제사에 관한 규례가 언제나 동일하지는 않았던 것으로 보입니다. 에스겔서 40~48장은 새롭게 회복될 새 성전을 중심으로 한 공동체를 그립니다. 특히 46장 1~12절에서는 안식일과 초하루 모임을 다루면서, 왕과 백성이 각각 어떤 위치에서 어떤 방식으로 참여해야 하는지 상세하게 설명합니다. 왕과 백성이 성전 안에서 이동하는 것에 대한 내용은 구약성경의 다른 곳에서는 찾아볼 수 없는 독특한 본문입니다. 왕은 백성들보다 좀 더 안뜰 가까이에 나아가지만, 이것은 왕에게 특별한 신분이나 권위가 있어서라기보다는 그가 백성의 대표자이기 때문이라고 볼 수 있습니다. 그래서 백성들이 제사를 위해 성전에 들어올 때 왕도 백성과 함께 들어왔다가 함께 나갑니다(10절). 하나님께 나아가 제사를 드리고자 할 때는 그 누구라도 반드시 규례를 따라야 합니다. 하나님께 드리는 제사는 모든 이들을 하나님 앞에서 동등하고 평등한 자리에 서게 합니다.

숫양에는 원하는 만큼 곁들여 바치고, 밀가루 한 에바에는 기름 한 힌을 곁들여 바쳐야 한다.

12 ○ 왕이 스스로 하고 싶어서 번제물이나 화목제물을 주에게 바치려고 하면, 그에게 동쪽으로 난 대문을 열어주어야 한다. 그는 안식일에 자신의 번제물이나 화목제물을 바친 것과 같이 하고, 밖으로 나간 다음에는 그 문을 닫아야 한다."

매일 바치는 제사

13 ○ "또 너는 매일 주에게 일 년 된 흠 없는 어린 양 하나를 번제물로 바쳐야 한다. 너는 아침마다 그것을 바쳐야 한다. 14 아침마다 바치는 번제물에는 밀가루 육분의 일 에바와 그것을 반죽할 기름 삼분의 일 힌을 곁들여 바쳐야 한다. 이것이 주에게 바치는 곡식제물로서 영원히 지킬 규례이다. 15 이렇게 제사장들은, 아침마다 어린 양과 곡식제물과 기름을 준비

'성회'(9절)란 어떤 모임을 가리킵니까? 여기에서 '성회'로 번역된 표현은 다른 곳에서는 '절기'로 번역되기도 합니다(예, 레 23:2). '성회' 혹은 '절기'는 기본적으로 '정해진 시간'을 의미합니다. 일반적으로는 두 사람이 서로 약속한 특정한 시간을 가리키지만, 하나님을 예배하는 이스라엘에게 '정해진 시간'이란 일 년 동안 하나님 앞에서 특별하게 기념하도록 정해진 기간인 '절기'를 의미합니다. 연초에는 유월절과 무교절을 지키고, 그로부터 약 50일 후에는 맥추절을, 가을에는 초막절을 지킵니다. 특히 이 세 절기는 모든 백성이 성전으로 찾아와 함께 제사를 드리는 절기라는 점에서 '순례 절기'라고도 부르며, 에스겔서는 이를 '명절'로 번역했습니다. 이런 명절을 포함해 하나님 앞에서 기억하며 제사를 드리는 특별한 날을 통틀어 '성회' 혹은 '절기'라 부릅니다. 이스라엘에게는 일 년이 그저 흘러가는 시간이 아니라, 하나님과 이스라엘의 관계를 기억하고 기념하며 하나님께 감사하고 자신들의 현재를 돌아보게 하는 시간이 됩니다. 이것이 바로 '절기'의 의미라 할 수 있습니다.

하여, 정규적으로 드리는 번제물로 바쳐야 한다.”

왕과 그의 토지

16 ○ “나 주 하나님이 말한다. 만일 왕이 자신의 아들 가운데
서 어떤 아들에게 유산을 떼어서 선물로 주면, 그것은 아들의
재산이 된다. 이런 것은 유산으로서 아들의 재산이 된다. 17 그
러나 만일 왕이 어떤 신하에게 유산을 떼어서 선물로 주면, 그
것은 희년까지만 그 신하의 소유가 되고, 희년이 지나면 왕에
게로 되돌아간다. 왕의 유산은 그의 아들들의 것으로서, 오직
그들의 차지가 되어야 한다. 18 왕은 백성의 유산을 빼앗고 그
들을 폭력으로 내쫓아서, 그들의 유산을 차지해서는 안 된다.
왕은 자신의 재산만을 떼어서, 자식들에게 유산으로 나누어주
어야 한다. 그래서, 내 백성 가운데서는 아무도, 자신의 재산
을 잃고 멀리 흩어져 다니는 일이 없게 하여라.”

안식일과 자원 제물을 바칠 때는 동쪽(2, 12절), 성회 때는 남북으로(9~10절) 왕의 출
입구를 바꾸는 이유는 무엇입니까? 에스겔서에 묘사된 성전의 문은 성전 외부에서
바깥뜰로 들어올 수 있는 문으로 동문, 북문, 남문이 있고, 바깥뜰에서 안뜰로 통하
는 문 또한 동문, 북문, 남문이 있습니다. 그런데 외부에서 바깥뜰로 들어가는 동문
은 주 하나님께서 성전으로 돌아오실 때 들어가신 문이기에 영원히 닫아두도록 명
하셨습니다(겔 44:1~2). 그러므로 왕이든 백성이든 북문과 남문을 통해서만 성전
내부의 바깥뜰로 들어갈 수 있습니다. 북문으로 들어왔다면 나갈 때는 남문으로 나
가야 하고, 남문으로 들어왔다면 북문으로 나가야 합니다. 정면에 해당하는 동문은
왕이 드나들 수 있습니다. 왕은 그 현관으로 들어가 문설주 곁에 서서 제사에 참여
할 수 있습니다(2절). 그러나 백성은 그 동문 입구에 서서 예배합니다(3절). 왕에게
열어준다는 동쪽으로 난 대문 역시 동문을 가리킵니다. 이 문은 늘 닫혀 있다가 안
식일과 초하루에만 열리고(1절), 왕이 자원해서 제사하고자 할 때 열립니다(12절).

성전 부엌

19 ○ 그런 다음에 그가 나를 데리고 중문 곁에 있는 통로로, 북쪽에 있는 제사장들의 거룩한 방에 이르렀는데, 거기에서 보니, 그 거룩한 방들의 뒤편 서쪽에 빈터가 하나 있었다. 20 그가 나에게 일러주었다. "여기가 제사장들이 속건제물과 속죄제물을 삶으며, 곡식제물을 굽는 장소다. 그들이 그 제물을 바깥뜰로 들고 나갔다가 그 거룩한 제물에 백성이 해를 입게 하는 일이 없게 하려고 한 것이다." 21 또 그가 나를 바깥뜰로 데리고 나가서, 그 뜰의 네 구석으로 나를 데리고 다녔는데, 보니, 구석마다 뜰이 하나씩 있었다. 22 그 뜰의 네 구석에는 담으로 둘린 작은 뜰들이 있었고, 그 길이는 마흔 자요 너비는 서른 자였다. 이렇게 네 뜰의 크기가 같았다. 23 그 작은 네 뜰에는 돌담이 둘러쳐 있었고, 그 돌담 밑으로 돌아가며, 고기를 삶는 솥이 걸려 있었다. 24 그가 내게 일러주었다. "이곳은 성전에서 시중드는 사람들이 백성의 희생제물을 삶는 부엌이다."

"거룩한 제물에 백성이 해를 입게 된다"(20절)는 말뜻을 모르겠습니다. 식중독 같은 걸 조심하라고 경고하는 규정인가요? 우리말 성경에서 '해를 입는다'라고 번역된 표현은 직역하면 '거룩하게 된다'는 뜻입니다. 거룩한 물건에 닿으면 거룩해진다는 것은 제사의 기본 규례입니다(레 6:27). 그런데 '거룩'은 하나님께 속한 속성입니다. 하나님께 바쳐진 가축은 거룩한 제물이 되어 태워집니다. 제사장은 하나님께 드려진 자로서 제사를 집전하며, 성전에 속한 존재입니다. 이처럼 '거룩하게 된다'는 것은 하나님의 성전에 속하게 된다는 의미입니다. 그런데 일반 이스라엘 백성이 '거룩한 것'에 닿으면, 그들 역시 거룩해지고 하나님의 성전에 속하게 됩니다. 그러면 그 사람은 어떤 방식으로든 다시 일상의 삶으로 돌아가기 어렵습니다. 그래서 제사장이 성전의 규례를 정확히 지키지 않으면, 의도치 않게 일반 이스라엘 백성에게 해를 끼칠 수 있습니다.

{ 제47장 }

성전에서 흘러나오는 물

1 그가 나를 데리고 다시 성전 문으로 갔는데, 보니, 성전 정면이 동쪽을 향하여 있었는데, 문지방 밑에서 물이 솟아 나와, 동쪽으로 흐르다가, 성전의 오른쪽에서 밑으로 흘러 내려가서, 제단의 남쪽으로 지나갔다. 2 또 그가 나를 데리고 북쪽 문을 지나서, 바깥으로 나와, 담을 돌아서, 동쪽으로 난 문에 이르렀는데, 보니, 그 물이 동쪽 문의 오른쪽에서 솟아 나오고 있었다. 3 그가 줄자를 가지고 동쪽으로 재면서 가다가, 천 자가 되는 곳에 이르러, 나더러 물을 건너보라고 하기에, 건너보니, 물이 발목에까지 올라왔다. 4 그가 또 재면서 가다가, 천 자가 되는 곳에 이르러, 나더러 물을 건너보라고 하기에, 건너보니, 물이 무릎까지 올라왔다. 그가 또 재면서 가다

성전에서 물이 흘러나와 강을 이루는 환상은(1-12절) 어떤 메시지를 담고 있습니까? 성전에서 흘러나온 물이 강이 되어 흐르면서, 강 양편에서 각종 과일나무가 풍성하게 자라납니다. 그 물이 사해까지 흘러 들어가자, 사해 역시 수많은 물고기들이 살아갈 수 있는 곳으로 바뀝니다. 이 본문은 에스겔이 본 환상입니다. 환상은 객관적인 사실을 묘사하는 데 목적이 있는 것이 아니라, 인간의 상상으로는 닿기 어려운 현실 너머의 세상, 즉 하나님께서 약속하시는 세상을 보여줍니다. 그래서 이 환상은 하나님을 예배하는 곳이자 하나님께서 거하시는 성전이 어떻게 온 세상을 소생시키고 풍성하게 하는지를 증언합니다. 사람들은 종종 자기의 탐욕을 위해 신을 예배하고, 종교를 욕심의 도구로 삼곤 합니다. 그로 인해 성전과 같은 거룩한 공간이 부유한 자들, 권력자들을 위한 수단으로 전락하는 일이 고대 이래 지금까지 숱하게 반복됩니다. 에스겔의 환상은 하나님의 성전이 온 세상을 회복시키며 누구라도 풍성한 결실을 얻도록 생명을 흘려보내는 곳임을 보여줍니다.

가, 천 자가 되는 곳에 이르러, 나더러 물을 건너보라고 하기에, 건너보니, 물이 허리까지 올라왔다. 5 그가 또 재면서 가다가 천 자가 되는 곳에 이르렀는데, 거기에서는 물이 내가 건널 수 없는 강이 되었다. 물이 불어서, 헤엄을 쳐서나 건널까, 걸어서 건널 수 있는 물은 아니었다. 6 그가 나에게 말하였다. "사람아, 네가 이것을 자세히 보았느냐?" 그런 다음에, 그가 나를 강가로 다시 올라오게 하였다.

7 ○ 내가 돌아올 때에는, 보니, 이미 강의 양쪽 언덕에 많은 나무가 있었다. 8 그가 나에게 일러주었다. "이 물은 동쪽 지역으로 흘러나가서, 아라바로 내려갔다가, 바다로 들어갈 것이다. 이 물이 바다로 흘러 들어가면, 죽은 물이 살아날 것이다. 9 이 강물이 흘러가는 모든 곳에서는, 온갖 생물이 번성하며 살게 될 것이다. 이 물이 사해로 흘러 들어가면, 그 물도 깨끗하게 고쳐질 것이므로, 그곳에도 아주 많은 물고기가 살게 될 것이다. 강물이 흘러가는 곳이면 어디에서나, 모든 것

근원이 하나라면 갈수록 물의 양이 많아지는 건(3-5절) 물리적으로 불가능합니다. '점점 더 깊어지는 물'은 무얼 가리킵니까? 성전에서 흘러나오는 물에 대한 언급이 1절과 12절에 등장해 단락 전체를 둘러싸는 구조입니다. 6-12절이 이 물이 지닌 생명력을 증언한다면, 1-5절은 처음에는 많지 않던 이 물이 점차 큰 강으로 변해가는 모습을 보여줍니다. 성전에서 처음 흘러나올 때 이 물은 졸졸 흐르거나 땅을 적시는 정도의 적은 양이었습니다. 그러나 갈수록 양이 많아져서 헤엄치지 않고는 건널 수 없을 만큼 큰 강이 되었습니다. 성전, 즉 하나님께로부터 나오는 물이 처음에는 미약해 보이지만, 얼마 지나지 않아 모든 이를 담아낼 수 있는 큰 강이 된다는 것을 이 환상이 보여줍니다. 이와 비슷한 것으로 겨자씨의 비유가 있습니다. 가장 작은 씨앗을 심었는데, 나중에는 하늘의 많은 새들이 깃들 수 있을 만큼 큰 나무가 되었습니다(마 13:31-32). 따라서 성전에서 흘러나오는 물과 겨자씨 비유는 모두 '하나님의 나라'를 상징적으로 보여주는 그림입니다.

이 살 것이다. 10 그때에는 어부들이 고기를 잡느라고 강가에 늘 늘어설 것이다. 어부들이 엔게디에서부터 에네글라임에 이르기까지, 어디에서나 그물을 칠 것이다. 물고기의 종류도 지중해에 사는 물고기의 종류와 똑같이 아주 많아질 것이다. 11 그러나 사해의 진펄과 개펄은 깨끗하게 고쳐지지 않고, 계속 소금에 절어 있을 것이다. 12 그 강가에는 이쪽이나 저쪽 언덕에 똑같이 온갖 종류의 먹을 과일나무가 자라고, 그 모든 잎도 시들지 않고, 그 열매도 끊이지 않을 것이다. 나무들은 달마다 새로운 열매를 맺을 것인데, 그것은 그 강물이 성소에서부터 흘러나오기 때문이다. 그 과일은 사람들이 먹고, 그 잎은 약재로 쓸 것이다."

땅의 경계선과 분배

13 ○ "나 주 하나님이 말한다. 너희가 이스라엘의 열두 지파

'사해의 진펄과 개펄'(11절)은 무얼 말합니까? 사해의 독한 짠물도 맑은 담수가 되는데, 이것들은 어째서 끝까지 변하지 않습니까? '진펄과 개펄'은 '늪지와 웅덩이'로도 번역할 수 있습니다. 성전에서 흘러나온 물이 유입되면서 사해는 온갖 물고기들이 살 수 있는 곳으로 바뀌지만, 사해의 '진펄과 개펄'은 여전히 소금기 가득한 곳으로 남아 있습니다. 덕분에 그곳에서는 지금도 소금을 채취할 수 있습니다. 예나 지금이나 소금은 일상에서 반드시 필요한 것입니다. 본문은 사해의 한 부분이 여전히 그 소금을 얻을 수 있는 곳으로 남을 것이라고 전합니다. 그래서 사해의 한 부분이 계속해서 소금 있는 땅으로 남는다는 것은 재앙이나 불완전함을 의미하는 것이 아닙니다. 도리어 그것은 소금을 얻을 수 있는 고유한 성질의 보존을 의미한다고 볼 수 있습니다. 하나님의 성전에서 나온 물로 곳곳에 생명이 넘쳐나고, 동시에 소금도 한 부분에 계속해서 존재한다는 점에서, 이 본문의 환상은 하나님으로부터 비롯된 생명이 지닌 다양성과 다채로움을 보여줍니다.

에 따라서 유산으로 나누어 가져야 할 땅의 경계선은 다음과 같다. 요셉은 두 몫이다. 14 나머지 지파들은 그 땅을 서로 똑같이 유산으로 나누어 가져야 한다. 그 땅은 내가 너희의 조상에게 주기로 맹세하였으므로, 그 땅을 이제 너희가 유산으로 차지하게 될 것이다.

15 ○ 그 땅의 북쪽 경계선은 다음과 같다. 지중해에서 헤들론을 거쳐 르보하맛에 이르렀다가 스닷, 16 브로다, 시브라임에 이른다. (시브라임은 다마스쿠스 지역과 하맛 지역의 중간에 있다.) 거기에서 하우란의 경계선에 있는 하셀 핫디곤에까지 이른다. 17 이렇게 북쪽 경계선은 지중해에서 동쪽으로 하살에논에까지 이르는데, 다마스쿠스와 하맛에 접경하고 있다. 이것이 북쪽 경계선이다.

18 ○ 동쪽은 하우란과 다마스쿠스 사이에서 시작하여, 길르앗과 이스라엘 땅 사이의 경계인 요단강을 따라, 멀리 사해의

국가의 경계는 국력에 따라 설정되고 끊임없이 변할 수 있습니다. 그런 국경선을 하나님이 정해주는 게(13-20절) 현실적으로 무슨 의미가 있습니까? 하나님께서 아브라함을 부르신 이래, 그들에게 약속하신 땅은 경계가 있었습니다(창 15:18-21). 훗날 여호수아 시대에 그 땅에 들어갔을 때도 하나님께서는 일정한 경계의 땅을 열두 지파에게 나누도록 하셨습니다(수 13-19장). 힘을 길러 이웃 나라를 침략하며 끊임없이 영토를 확장하도록 하신 것이 아니라, 일정한 크기의 땅을 이스라엘 백성에게 나눠주신 것입니다. 그런 점에서 하나님께서 기뻐하시는 것은 각자가 자신의 땅을 지니며 살아가는 세상이고, 하나님께서 싫어하시는 것은 다른 나라를 계속 침략하는 제국주의적인 확장이라 할 수 있습니다. 그 누구도 땅이 없어서는 안 된다는 점을 강조하기 위해 왕이라 할지라도 땅을 빼앗지 말라고 거듭 경고하셨고(겔 45:8; 46:18), 이스라엘 가운데 흘러 들어와 살고 있는 외국인에게도 땅을 나눠주라고 명령하셨습니다(겔 47:22-23). 왕권은 강력하게 제한하되, 외국인 나그네의 권리는 든든하게 옹호하는 것이야말로 하나님나라의 정의와 질서를 단적으로 보여줍니다.

다말에까지 이른다. 이것이 동쪽 경계선이다.

19 ㅇ 남쪽은 다말에서 시작하여 므리봇가데스의 샘을 지나 이집트 시내를 거쳐 지중해에 이른다. 이것이 남쪽 경계선이다.

20 ㅇ 서쪽 경계선은 지중해이다. 이 바다가 경계가 되어 르보하맛으로 건너편에까지 이른다. 이것이 서쪽의 경계선이다.

21 ㅇ 이 땅을 너희가 이스라엘의 모든 지파별로 나누어 가져라.

22 ㅇ 너희는 말할 것도 없고, 너희 가운데 거류하는 외국 사람들, 곧 너희들 가운데서 자녀를 낳으면서 몸 붙여 사는 거류민들도 함께 그 땅을 유산으로 차지하게 하여라. 너희는 거류민들을 본토에서 태어난 이스라엘 족속과 똑같이 여겨라. 그들도 이스라엘 지파들 가운데 끼어서 제비를 뽑아 유산을 받아야 한다. 23 거류민에게는 그들이 함께 살고 있는 그 지파에서 땅을 유산으로 떼어주어야 한다. 나 주 하나님의 말이다."

{ 제48장 }

지파의 토지 분배

1 "지파들의 이름은 다음과 같다. 가장 북쪽에서부터 시작하여, 헤들론 길을 따라, 르보하맛을 지나서 다마스쿠스와 하맛에 접경한 경계선을 타고 하살에논에까지, 곧 북쪽으로 하맛 경계선에 이르는 땅의 동쪽에서 서쪽까지의 땅은 단 지파의 몫이다.

2 ○ 단 지파의 경계선 다음으로 동쪽에서 서쪽까지는 아셀 지파의 몫이다.

3 ○ 아셀 지파의 경계선 다음으로 동쪽에서 서쪽까지는 납달리 지파의 몫이다.

4 ○ 납달리 지파의 경계선 다음으로 동쪽에서 서쪽까지는 므낫세 지파의 몫이다.

5 ○ 므낫세 지파의 경계선 다음으로 동쪽에서 서쪽까지는 에

가나안 땅에 처음 자리를 잡을 때 이미 확정된 땅의 경계를 다시 설정하는(1-7, 23-28절) 이유가 궁금합니다. 여호수아 시대의 땅 분배와는 달리, 에스겔의 환상에서 땅 분배는 북쪽에서부터 남쪽으로 내려오면서 각 지파의 땅이 서로 수평이 되도록 나눕니다. 하나님께서 회복하시는 새로운 세상은 마음이 부자이고 정신적, 영적으로만 풍성한 그런 추상적인 세상이 아니라, 실제로 경작하며 살아갈 땅이 있는 구체적이고 물질적인 세상입니다. 열두 지파에게 땅을 고르게 나누어주는 것은 그 누구라도 살아갈 땅이 꼭 필요하다는 것을 보여줍니다. 세력이나 권력, 부의 크기에 좌우되지 않고, 모든 이가 동등하게 땅을 분배받는 것이 하나님께서 기뻐하시는 분배입니다. 이미 살펴본 것처럼, 하나님께서는 심지어 이들과 함께 살아가는 외국인에게도 살아갈 땅을 분배하라 명령하셨습니다. 이를 통해 땅 분배에 두신 하나님의 뜻을 짐작할 수 있습니다. 함께 살아가라, 평등하게 살아가라, 누구라도 안전하게 일상을 지키며 살 수 있게 하라는 것입니다.

브라임 지파의 몫이다.

6 ㅇ 에브라임 지파의 경계선 다음으로 동쪽에서 서쪽까지는 르우벤 지파의 몫이다.

7 ㅇ 르우벤 지파의 경계선 다음으로 동쪽에서 서쪽까지는 유다 지파의 몫이다."

거룩하게 바친 땅

8 ㅇ "유다 지파의 경계선 다음으로 동쪽에서 서쪽까지는, 너희가 거룩하게 바쳐야 할 땅이다. 그 너비는 이만 오천 자이고, 그 길이는 다른 지파들의 몫과 같이 동쪽에서 서쪽까지이고, 그 한가운데 성소를 세워야 한다.

9 ㅇ 너희가 주께 거룩하게 바쳐야 할 땅은, 길이가 이만 오천 자요, 너비가 만 자이다. 10 거룩하게 바친 이 땅은 제사장들에게 주어야 한다. 그들에게 줄 땅은, 북쪽으로 길이가 이

사독의 자손이 제사장의 '직책을 지킨'(11절) 게 그렇게 대단한 일입니까? 이 내용은 에스겔서 44장 10절과 43장 15절에서도 언급되었습니다. 어떤 일을 가리키는지 구체적으로는 알기 어렵지만, 레위 자손을 비롯해 대부분의 사람이 하나님의 규례를 어기고 떠났을 때, 사독 자손 제사장은 하나님의 성전에서 자신들에게 맡겨진 직분을 끝까지 굳게 지켰습니다. 제사장 직분을 행하는 데 필요한 것은 재능이나 실력, 재주가 아니라, 이처럼 맡겨진 일을 하나님의 규례대로 충실하게 지키는 것입니다. 그래서 44장에서는 사독 자손 제사장이 성전 제사를 맡는 제사장으로 든든히 세워졌음을 알렸고(44:15-31), 땅 분배를 다루는 48장에서는 열두 지파의 땅 한가운데에 사독 자손 제사장들을 위한 땅과 성전을 세울 땅이 배치되었음을 알립니다. 열두 지파의 땅 한가운데에 제사장들의 땅과 성전이 놓인 것은 이스라엘의 중심에 주 하나님이 계심을 보여주는 상징이라 할 수 있습니다. 제사장들이 특별한 것이 아니라, 그들이 섬기는 하나님이 특별하다는 의미입니다.

만 오천 자, 서쪽으로 너비가 만 자, 동쪽으로 너비가 만 자, 남쪽으로 길이가 이만 오천 자이다. 그 한가운데 주의 성소가 있어야 한다. 11 이 땅은 거룩히 구별된 제사장들 곧 사독의 자손에게 주어야 한다. 그들은 이스라엘 자손이 잘못된 길로 갔을 때에, 레위 지파의 자손이 잘못된 길로 간 것처럼 하지 않고, 내가 맡겨준 직책을 지킨 사람들이다. 12 그러므로 그들은 거룩하게 바친 땅 가운데서도 가장 거룩한 땅을 받아야 하고, 레위 지파의 경계선과 인접해 있어야 한다. 13 레위 지파가 차지할 땅도 제사장들의 경계선 옆에 그 길이가 이만 오천 자요, 너비가 만 자이다. 그 전체의 길이는 이만 오천 자요, 너비는 이만 자이다. 14 그들은 이 땅을 팔거나 다른 땅과 바꿀 수가 없고, 또 가장 좋은 이 부분을 다른 사람의 손에 넘겨주어서도 안 된다. 그것은 주의 거룩한 땅이기 때문이다.

15 ○ 너비가 오천 자요 길이가 이만 오천 자인 나머지 땅은, 성읍을 세울 속된 땅이다. 그 한가운데 있는 땅은 성읍을 세워서 거주지로 사용하고, 그 나머지는 빈터로 사용하여라. 16 그 성읍의 크기는 다음과 같다. 북쪽의 길이도 사천오백 자, 남

제사장(사독의 자손)들의 땅을 레위 지파의 땅과 인접한 곳에 배정하는(12절) 데는 어떤 목적이나 의도가 있습니까? 제사장과 레위인은 모두 성전에서 일하는 사람들입니다. 제사장은 성전에서 드려지는 제사를 주관하는 일을 맡았고, 레위인은 제사에 사용할 제물을 잡고 제사와 성전의 유지 및 관리에 필요한 여러 일을 수행합니다. 제사장의 땅 한가운데에 성전이 세워지므로, 성전에서 일하는 레위인 또한 당연히 그 인근에 거주해야 할 것입니다. 이러한 배치는 제사장이나 레위인이 이스라엘 가운데 가장 특별하고 중요하기 때문이 아니라, 하나님이야말로 이스라엘을 이스라엘답게 하시는 분이기 때문입니다. 그래서 하나님의 성소가 한가운데에 놓이

거룩하게 바친 땅

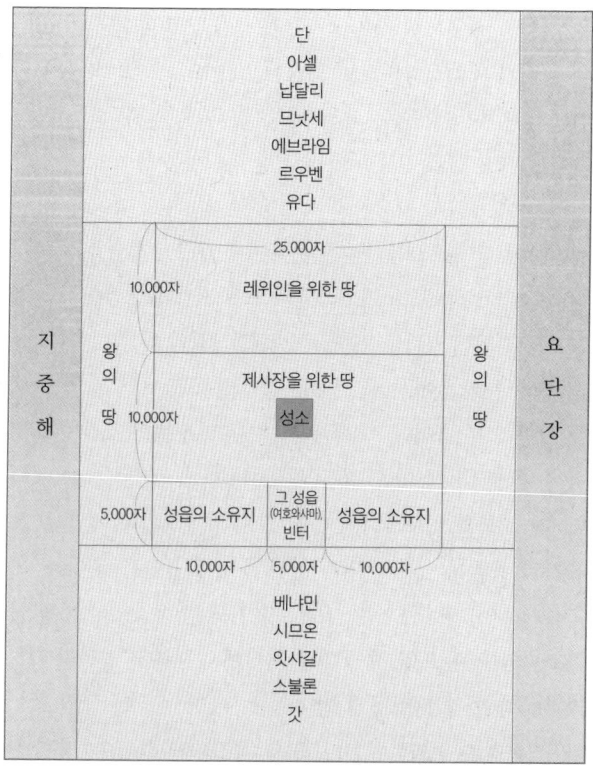

고, 성소에서 일하는 제사장과 레위인의 영역이 그 주변에 놓이는 것입니다. 이렇게 열두 지파의 땅 한가운데에 놓이는 '거룩하게 바친 땅'은 이스라엘이 어떤 백성인지를 잘 보여줍니다. 그들은 하나님으로 말미암는 백성입니다.

쪽의 길이도 사천오백 자, 동쪽의 길이도 사천오백 자, 서쪽의 길이도 사천오백 자이다. 17 이 성읍 빈터의 크기는 북쪽의 너비가 이백오십 자, 남쪽의 너비가 이백오십 자, 동쪽의 너비가 이백오십 자, 서쪽의 너비가 이백오십 자이다. 18 거룩하게 바친 땅과 인접한 나머지 땅의 길이는 동쪽으로 만 자이고, 서쪽으로도 만 자이다. 그 땅은 거룩하게 바친 땅과 인접하여야 하며, 그 농산물은 성읍에서 일하는 사람들의 먹거리가 되어야 한다. 19 이스라엘의 모든 지파에서 뽑혀와서 성읍에서 일하는 사람들만이 그 땅을 경작할 수가 있다.

20 ○ 거룩하게 바친 땅 전체는 길이도 이만 오천 자요, 너비도 이만 오천 자이다. 너희는 이렇게, 그 성읍의 소유지를 포함하여 거룩하게 바친 땅을 네모반듯하게 구별해놓아야 한다. 21 거룩하게 구별하여 바친 땅의 양옆과 성읍에 딸린 소유지의 양옆에 있는 나머지 땅은 왕에게 돌아갈 몫이다. 거룩하게 바친 땅, 곧 이만 오천 자가 되는 지역에서 동쪽 국경까지와 이만 오천 자가 되는 지역에서 서쪽 국경까지 다른 지파들의 몫과 평행되게 뻗어 있는 나머지 땅이 왕의 몫이다. 거룩하게 구별하여 바친 땅과 성전의 성소가 그 땅의 한

제사장의 땅과 레위인의 땅에 인접하게 세워지는 '그 성읍'은 어떤 곳이며, 이렇게 중앙에 이런 성읍을 세우는 까닭은 무엇입니까?(15–19절) 특이하게도 열두 지파 가운데에 놓이는 '거룩하게 바친 땅'에는 '그 성읍'도 존재합니다. '그 성읍'에는 이스라엘 모든 지파에서 뽑힌 이들이 와서 거주하게 됩니다(19절). 이 성의 크기는 사방 4,500자이며, 성을 둘러싸고 사방으로 250자씩의 빈터가 있어서, 성읍 터 전체는 사방 5,000자의 정사각형이 됩니다. 그리고 이 성읍의 좌우에는 각각 그 성읍의 소유지가 있어서, 그 성읍에 거주하는 사람들이 경작하며 생계를 유지하는 땅으로 쓰입니다. 제사장의 땅, 레위인의 땅, 그리고 '그 성읍'과 그를 둘러싼 소유지까지 포

가운데 있어야 한다. 22 그래서 레위 지파의 유산과 성읍에 딸린 소유지는 왕의 소유지의 한가운데 있게 된다. 왕의 소유지는 유다 지파의 경계선과 베냐민 지파의 경계선 사이에 있다."

나머지 지파들의 토지 분배

23 ○ "나머지 지파들이 차지할 땅은 다음과 같다. 동쪽에서 서쪽까지는 베냐민 지파의 몫이다.

24 ○ 베냐민 지파의 경계선 다음으로 동쪽에서 서쪽까지는 시므온 지파의 몫이다.

25 ○ 시므온 지파의 경계선 다음으로 동쪽에서 서쪽까지는 잇사갈 지파의 몫이다.

26 ○ 잇사갈 지파의 경계선 다음으로 동쪽에서 서쪽까지는 스불론 지파의 몫이다.

27 ○ 스불론 지파의 경계선 다음으로 동쪽에서 서쪽까지는 갓 지파의 몫이다.

28 ○ 갓 지파의 경계선은, 남쪽의 국경선이 다말에서부터

함해 가로세로로 25,000자 크기의 정사각형 모양의 땅이 바로 '거룩하게 바친 땅'입니다. 이스라엘의 중심에는 성전과 제사장만 있는 것이 아니라, 평신도를 대표하는 열두 지파에서 뽑힌 이들의 성읍도 포함되어 있습니다. 에스겔서는 이를 통해 하나님이 중심이 된 온 이스라엘 공동체의 모습을 보여줍니다. 그것을 단적으로 드러내는 것이 가운데에 놓인 '거룩하게 바친 땅'입니다.

시작하여 므리바가데스 샘에 이르고, 거기서 이집트 시내를 따라 지중해에 이른다.

29 ○ 이것이 너희가 제비를 뽑아 유산으로 이스라엘의 지파들에게 나누어주어야 할 땅이다. 이 땅들이 바로 그 지파들의 몫이다. 나 주 하나님의 말이다."

예루살렘의 성문들

30 ○ "그 성읍의 문들은 다음과 같다. 북쪽 성벽은 너비가 사천오백 자이다. 31 이 성읍의 문들은 이스라엘 지파들의 이름에 따라 부른 것이다. 북쪽에 문이 셋 있는데, 하나는 르우벤 문, 하나는 유다 문, 하나는 레위 문이다. 32 동쪽 성벽도 너비가 사천오백 자이고, 문이 셋 있는데, 하나는 요셉 문이고, 하나는 베냐민 문이고, 하나는 단 문이다. 33 남쪽 성벽도 너비가 사천오백 자이고, 문이 셋 있는데, 하나는 시므온 문이고, 하나는 잇사갈 문이고, 하나는 스불론 문이다. 34 서쪽 성벽도 너비가 사천오백 자이고, 문이 셋 있는데, 하나는

'여호와샤마'란 무슨 뜻입니까? 열두 지파 가운데 놓인 '거룩하게 바친 땅'에는 각 지파에서 뽑힌 이들이 살아가는 '그 성읍'이 존재하는데, 에스겔서 가장 마지막 단락은 이 성의 이름을 '여호와샤마'라고 알려줍니다. '여호와샤마'는 "주님께서 거기 계시다"라는 뜻의 히브리어입니다. 이런 이름은 성전이나, 제사장 혹은 레위인의 땅에 붙여야 할 것 같은데, 참으로 놀랍게도 평신도들이 살아가는 성읍을 '여호와샤마'라 이름 지었습니다. 에스겔서 1장은 사방 어디로든 움직이시는 하나님의 보좌에 대한 환상을 보여주었고, 에스겔서 마지막 48장은 이제 하나님께서 거하시는 성읍에 대한 내용으로 마무리됩니다. 이 성에는 사방으로 모두 열두 개의 문이 있고, 각각의 문에는 이스라엘 열두 지파의 이름이 붙어 있습니다. 그래서 '여호와샤마'는 "주님께서 이스라엘 가운데 계신다"는 사실을 생생하게 증언합니다.

갓 문이고, 하나는 아셀 문이고, 하나는 납달리 문이다.

35 ○ 이렇게 그 둘레가 만 팔천 자이다. 이 성읍의 이름이 이제부터는 '여호와샤마'라고 불릴 것이다."

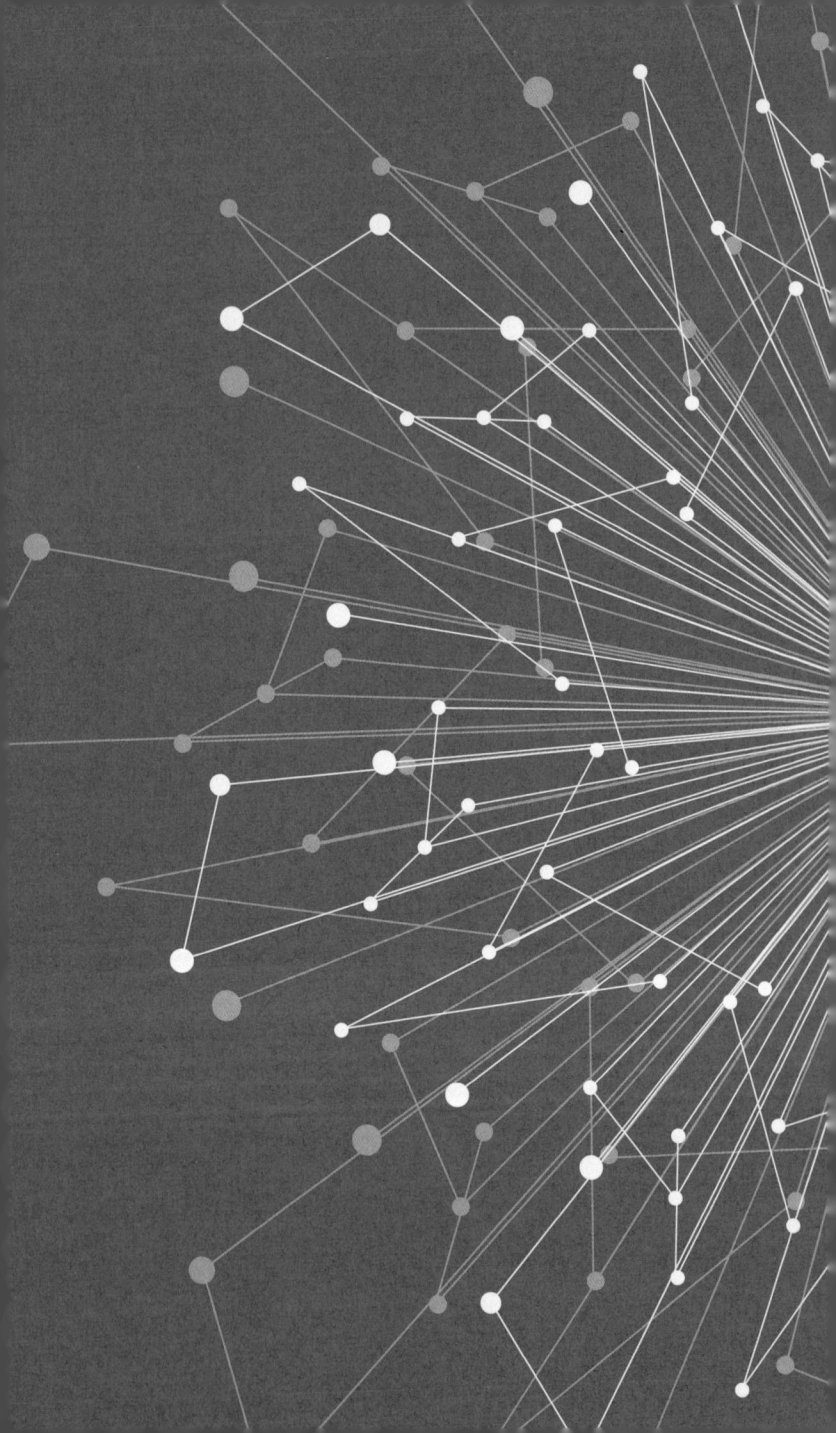

다니엘서

Daniel

지금, 여기에서
어떻게 살아갈 것인가

1-6장에 있는 다니엘과 세 친구의 성공 이야기는
다니엘서의 본질이 아니라 할 수 있습니다. 그들은 성공한 것처럼 보이지만,
삽시간에 목숨이 위태로운 지경에 놓입니다. 하나님을 경외하면
세상에서 성공한다는 메시지는 다니엘서의 초점이 절대 아닙니다.
일상의 성공과 박해를 동시에 다루는 전반부가
앞으로 곧 다가올 마지막 날에 대한 기대를 전하는 후반부와 결합되어,
다니엘서 전체는 낯선 땅을 살아가는 이들을 향해
끝까지 하나님을 경외하고 신뢰하며, 믿음으로 일상을 살아가도록 격려합니다.

하나님의 백성으로 지금의 일상을 어떻게 살아갈 것인가

다니엘서는 그 위치 때문에 특별합니다. 다니엘서의 앞뒤에는 에스겔서와 호세아서가 있어서, 다니엘서 역시 '예언서'로 여겨졌음을 시사합니다.

그러나 다니엘서에는 다른 예언서에서 흔히 볼 수 있는 "주님께서 이같이 말씀하셨다"라거나, "주님의 말씀이다"와 같은 표현이 전혀 나타나지 않습니다. 예언자가 수행해야 하는 핵심 직무는 자신이 들은 하나님의 말씀을 온 백성에게 전하는 것이지만, 다니엘서에는 그가 들은 내용을 사람들에게 전하라는 명령 또한 전혀 등장하지 않습니다. 도리어 다니엘은 자신이 들은 것을 "은밀히 간직하고 감추어두라"는 지시를 받습니다(12:4, 9).

다니엘서가 현재와 같이 예언서 사이에 놓인 것은 처음부터가 아니라, 주후 3세기경 기독교에 의해 그렇게 배열된 것으로 추정됩니다. 기독교 이전 시기의 유대교와 그 이후의 유대교는 다니엘서를 '성문서'라 불리는, 구약성경의 마지막 부분에 두었습니다.

이러한 다니엘서의 두 가지 위치는 그 자체로 다니엘서가 지닌 두 가지 근본적인 특징을 잘 보여줍니다. 먼저 다니엘서는 시편, 잠언, 역대지 등과 함께 구약성경의 세 번째 부분에 놓여서 "일상을 어떻게 살아갈 것인가"라는 주제를 다룹니다.

특히 바빌로니아에 포로로 끌려간 주인공이 등장한다는 점에서 "낯선 땅에서 어떻게 하나님의 백성으로 살아갈 것인가?"라는 물음이 이 책 전체를 관통한다고 볼 수 있습니다.

다니엘과 그의 세 친구는 하나님으로부터 말씀을 받아 선포하는 예언자가 아니라, 낯선 땅에서 살아가야 하는 사람들입니다. 그들은 이방 땅에서 하나님을 경외하고 신뢰하며 살아냈습니다. 특히 이러한 내용은 전반부인 1-6장에 집중적으로 등장합니다.

낯선 바빌로니아 땅에서 다니엘과 세 친구들의 이름은 하나님에 대한 신앙을 반영한 이스라엘 방식의 이름 대신, 바빌로니아식 이름으로 변경됩니다. 또한 그들은 그 낯선 땅에서 하나님에 대한 신앙을 지키다가 이방 세계로부터 인정을 받기도 하지만, 곧바로 그 신앙으로 인해 목숨이 위태로운 극심한 박해를 경험하기도 합니다. 낯선 이방 세계에서 그들의 신앙과 삶은 그곳에서 살아가는 다른 이들과 끊임없이 비교되고 대조됩니다. 그래서 1-6장에는 '경쟁'이라는 모티브가 줄기차게 이어집니다.

다니엘과 세 친구의 삶은 낯선 세계를 살아가는 모든 신앙인들에게 모범이고 도전이 되는 사례입니다. 다니엘서는 그 어떤 상황에서도 결코 포기하거나 체념하지 말고, 주 하나님에 대한 신앙을 간직하고 끝까지 믿음으로 살아가자고 격려하며 권면합니다.

모든 것이 끝나고 영광의 순간이 도래할 것이니

기독교 세계에서 다니엘서는 예언서와 함께 배열되어 예언서로 받아들여졌습니다. 특히 이러한 특징은 다니엘서의 후반부인 7-12장에서 두드러집니다. 다니엘서 후반부는 다니엘이 어떻게 살아가는지에 관한 이야기는 거의 없고, 거의 모든 내용이 그가 본 환상과 그 풀이에 집중되어 있습니다. 전반부인 2장이나 4장, 5장에도 꿈이나 환상에 대한 풀이가 있지만, 그때마다 다니엘은 그 의미를 척척 파악합니다. 그러나 후반부에서의 다니엘은 자신이 본 환상의 의미를 전혀 알지 못하고, 계속해서 그의 곁에 있는 천사 같은 존재들이 그가 본 환상의 의미를 풀어줍니다.

또한 후반부에서 다니엘이 본 환상은 이미 지나간 역사와 앞으로 펼쳐질 역사에 관한 내용입니다. 7장, 8장, 9장에서는 환상을 다루고, 11장에서는 이 환상이 구체적으로 어떻게 역사적으로 전개되는지를 보여주어 서로 연결됩니다. 이 모든 본문은 이제 곧 역사의 마지막 단계가 임할 것이며, 그 시기에 극심한 고난, 즉 "나라가 생긴 뒤로 그때까지 없던 어려운 때가 올 것"(12:1)이라고 전합니다. 이처럼 이제 곧 다가올 미래를 다룬다는 점에서, 다니엘서는 기독교 세계에서 예언서로 여겨졌을 것입니다.

그러나 엄밀히 말하면 다니엘서는 '예언'이라기보다는 '묵시'

라고 할 수 있습니다. '묵시'는 세계의 끝, 시간의 끝이 다가오고 있으며 그 마지막 때에 온 세상에 일어날 일에 대해 다루는 장르입니다. 다니엘서와 신약성경 마지막 책인 요한계시록은 이 같은 묵시 장르의 대표적인 예입니다. 이와 같은 '묵시' 혹은 묵시를 다루는 작품인 '묵시문학'은 현재의 독자와 청중이 겪고 있는 심히 고통스러운 상황에 대한 신앙적 응답에서 비롯되었다고 볼 수 있습니다.

죄악으로 인해 하나님의 심판을 당하는 것이 아니라, 오히려 신앙을 지켰기 때문에 극심한 박해를 받을 때, 신앙 공동체는 끝까지 버티기가 쉽지 않을 것입니다. 그럴 때 묵시문학은 독자와 청중을 향해 현재 공동체가 겪는 고통이 역사의 마지막 시간 직전임을 알립니다. 그래서 다니엘서나 요한계시록 같은 묵시문학이 독자와 청중에게 전하는 핵심 메시지는 이제 곧 모든 것이 끝나고 영광의 순간이 도래할 것이니, "조금만 참으라!"는 것입니다(예, 12:13).

이런 관점에서 보면, 1-6장에 있는 다니엘과 세 친구의 성공 이야기는 다니엘서의 본질이 아니라고 할 수 있습니다. 그들은 성공한 것처럼 보이지만, 삽시간에 목숨이 위태로운 지경에 놓입니다. 하나님을 경외하면 세상에서 성공한다는 메시지는 다니엘서의 초점이 절대 아닙니다. 일상의 성공과 박해를 동시에 다루는 전반부가 이제 곧 다가올 마지막 날에 대한 기대를 전하는 후반부와 결합되어, 다니엘서 전체는 낯선 땅을 살아가는 이들을 향해 끝까지 하나님을 경외하고 신뢰하며, 믿음으로 일상을 살아가도록 격려합니다.

다니엘서 첫머리는 바빌로니아에 의해 끌려가는 다니엘과 세 친구의 현실로 시작하며, 전체적으로는 바빌로니아 – 메대 – 페르시아 – 그리스로 이어지는 역사적 전개를 배경에 두고 있습니다. 고대 세계에서 그토록 강대했던 이 네 나라는 다니엘서의 환상 속 '네 왕국'이 가리키는 대상입니다(2장, 7장, 8장). 이렇게 다니엘서는 역사를 배경으로 하지만, 그렇다고 해서 다니엘서의 모든 내용이 역사적으로 정확한 것은 아닙니다. 구약성경의 많은 책들이 그러하듯, 다니엘서는 역사의 정확성 때문이 아니라, 이 책이 증언하는 세계관, 이 책이 증언하는 하나님 신앙 때문에 특별합니다.

이 책의 목적은 '정확한 역사 전달'에 있지 않습니다. 주 하나님을 경외하는 신앙을 정신세계나 마음속의 세계, '영적 세계'가 아닌, 구체적인 역사 현실을 배경으로 증언하려는 데 있습니다. 그래서 다니엘서가 증언하는 신앙은 단지 내면의 어떤 작용이 아니라, 구체적인 역사 현실 속에서 어떻게 살아갈 것인가를 보여줍니다.

{ 제1장 }

느부갓네살 왕궁의 젊은이들

1 유다의 여호야김 왕이 왕위에 오른 지 삼 년이 되는 해에, 바빌로니아의 느부갓네살 왕이 예루살렘으로 쳐들어와서 성을 포위하였다. 2 주님께서 유다의 여호야김 왕과 하나님의 성전 기물 가운데서 일부를 느부갓네살의 손에 넘겨주셨다. 그는 그것들을 바빌로니아 땅, 자기가 섬기는 신의 신전으로 가지고 가서 그 신의 보물 창고에 넣어두었다.

3 ○ 그때에 왕은 아스부나스 환관장에게 명령하여, 이스라엘 백성, 특히 왕과 귀족의 자손 가운데서, 4 몸에 흠이 없고, 용모가 잘생기고, 모든 일을 지혜롭게 처리할 수 있으며, 지식이 있고, 통찰력이 있고, 왕궁에서 왕을 모실 능력이 있는 소년들을 데려오게 하여서, 그들에게 바빌로니아의 언어와 문

성전 기물이란(2절) 어떤 물건들입니까? 느부갓네살은 무슨 속셈으로 기물들을, 그나마 전부도 아니고 일부만 가져다 보물 창고에 보관한 걸까요? 성전에는 금 촛대와 빵을 올려두는 상, 제물을 잡는 제단을 비롯해 솥과 부삽, 부집게, 놋으로 만든 대야, 여러 잔과 화로, 등잔대, 물을 담아두는 놋바다 등 여러 물건들이 있습니다. 다니엘서는 여호야김 3년에 벌어진 느부갓네살의 침공을 언급하는데, 바빌로니아의 침공은 그 이후로도 연이어 일어났습니다. 결국 유다는 그로부터 20년이 조금 못 되어 바빌로니아에 완전히 멸망당하고, 바빌로니아의 느부갓네살은 성전의 모든 기물을 약탈합니다(렘 52:17-23). 결국 전부 약탈하지만, 처음에는 일부만 약탈해갔습니다. 아마도 가장 값져 보이는 것들을 먼저 가져갔을 것입니다. 여러 번에 걸쳐 진행된 약탈은 자신들이 마음먹으면 언제든지 가져갈 수 있다는 오만한 태도를 드러내면서, 그야말로 식민지 백성들을 압도하고 그들의 정신까지도 완전히 장악하려는 의도에서 비롯되었다고 짐작할 수 있습니다.

학을 가르치게 하였다. 5 또한 왕은 왕궁에서 날마다 일정한 양을 정해서 음식과 포도주를 그들에게 공급하도록 해주면서, 삼 년 동안 교육시킨 뒤에, 왕을 모시도록 하였다. 6 그들 가운데는 유다 사람인 다니엘과 하나냐와 미사엘과 아사랴가 있었다. 7 환관장이 그들에게 이름을 새로 지어주었는데, 다니엘은 벨드사살이라고 하고, 하나냐는 사드락이라고 하고, 미사엘은 메삭이라고 하고, 아사랴는 아벳느고라고 하였다.

8 ○ 다니엘은 왕이 내린 음식과 포도주로 자기를 더럽히지 않겠다고 마음을 먹고, 환관장에게 자기를 더럽히지 않을 수 있도록 해달라고 간청하였다. 9 하나님은 다니엘이 환관장에게서 호의와 동정을 받도록 해주셨다. 10 환관장이 다니엘에게 말하였다. "너희가 먹고 마실 것을 정해주신 분은 나의 상전이신 임금님이시다. 임금님께서, 너희의 얼굴이 너희와 같은 나이의 젊은이들보다 더 상해 있는 것을 보시게 될까 두렵다. 그렇게 되면, 너희 때문에 내 목숨이 임금님 앞에서 위태

2절의 주어가 어색합니다. '성전 기물'을 내어준 건 유다의 관리들일 텐데, '주님께서' 그리하셨다고 설명하는 이유는 무엇입니까? 다니엘서를 비롯해 구약성경에 포함된 책들은 북이스라엘과 남유다의 멸망을 하나님께서 그들의 죄악으로 인해 내리신 심판으로 해석합니다. 국가의 멸망을 단지 약한 국력이나 불운한 탓으로 돌리는 것이 아니라, 주 하나님의 백성이 하나님의 명령과 계명, 규례에 순종하지 않고 도리어 헛된 우상을 섬기며 악을 행했기에 온 세상의 주가 되시는 하나님께서 그들을 심판하셨다는 것입니다. 그래서 구약성경은 그들의 하나님께서 바빌로니아의 느부갓네살까지도 그의 뜻대로 주관하신다고 증언합니다. 그렇기에 바빌로니아에 포로로 끌려간 이스라엘 백성은 그곳에서 자신들을 지배하는 강력한 제국을 떠받들거나 그 힘에 압도되지 않고, 어디서든 하나님을 신뢰하고 섬기며 살아갔습니다. 자신들이 처한 상황에 대한 이러한 신앙적 해석이 멸망 이후에도 고대 이스라엘을 사라지지 않고 존속하게 했습니다.

다니엘서

롭게 될 것이다."

11 ○ 다니엘은 감독관에게로 갔다. 그 감독관은 환관장이 임
명한 사람으로서, 다니엘과 하나냐와 미사엘과 아사랴를 감
독하는 일을 맡은 사람이다. 다니엘이 그 감독관에게 요청하
였다. 12 "부디 이 종들을 열흘 동안만 시험하여보시기 바랍
니다. 우리에게 채소를 주어 먹게 하고, 물을 주어 마시게 하
여보시기 바랍니다. 13 그런 다음에, 우리의 얼굴빛과 왕이
내린 음식을 먹는 젊은이들의 얼굴빛을 비교하여보시고, 이
종들의 요청을 처리하여주시기 바랍니다."

14 ○ 그래서 감독관은 그 말을 따라서, 열흘 동안 시험해보
았다. 15 열흘이 지났을 때에 보니, 그들의 얼굴빛이 왕이 내
린 음식을 먹은 젊은이들의 얼굴빛보다 좋고 건강하여 보였
다. 16 감독관은 그들에게 지정된 음식과 마실 포도주를 주지
않고, 채소를 계속 주어서 먹게 하였다.

다니엘은 어째서 왕이 내린 음식이 자신을 더럽힌다고(8절) 생각합니까? 구약성
경 레위기 11장 같은 본문은 돼지를 비롯해 여러 부정한 음식이 있다고 증언하지만,
포도주를 부정하다고 언급하는 성경 본문은 찾아볼 수 없습니다. 이후 본문에서 다
니엘이 3주 동안 좋은 음식을 삼가고, 고기와 포도주를 입에 대지 않았다고 이야기
한 점을 고려하면(단 10:3), 오히려 평소에 그는 고기도 먹고 포도주도 마셨던 것으
로 보입니다. 그 점에서도 그가 왕이 내린 음식을 거부한 것은 제사법 때문이 아니
었음을 알 수 있습니다. 그렇다면 다니엘이 왕궁의 음식이 자신을 더럽힌다 여긴
것은 바빌로니아가 제공하는 풍요로움에 대한 거부라고 이해하는 것이 더 자연스
럽습니다. '음식'을 꾸며주는 말에 '왕이 내린'이라는 표현이 번번이 함께 쓰인 것을
볼 때도(1:8, 10, 13, 15), 음식 자체의 문제보다는 '왕이 내린 음식', 그러니까 바빌로
니아의 풍요와 왕이 내린 음식의 호화로움에 대한 거부라 볼 수 있습니다. 다니엘
과 그의 친구들은 비록 낯선 땅에서 포로로 살아가지만 그 풍요에도 불구하고 정신
적으로 굴복하지 않겠다고 마음먹었고, 그것이 왕이 내린 음식과 포도주에 대한 거
부로 나타난 것입니다.

17 ㅇ 하나님은 이 네 젊은이들이 지식을 얻게 하시고, 문학과 학문에 능통하게 하셨다. 그 밖에도 다니엘에게는 환상과 온갖 꿈을 해석하는 능력까지 주셨다.

18 ㅇ 왕이 정하여놓은 삼 년 동안의 교육이 끝나는 날, 환관장은 교육을 받은 젊은이들을 모두 느부갓네살 앞으로 데리고 갔다. 19 왕이 그들과 말하여보니, 그들 가운데서 다니엘과 하나냐와 미사엘과 아사랴가 가장 뛰어났으므로, 그들로 왕을 모시게 하였다. 20 왕은 그들에게 온갖 지혜나 지식에 관한 문제를 물어보고서, 그들이 전국에 있는 어떤 마술사나 주술가보다도, 열 배는 더 낫다는 것을 알았다. 21 다니엘은 고레스 왕 일 년까지 왕궁에 머물러 있었다.

적개심을 감추고 있을 법한 피정복 국가의 청년들을 데려다 최고위 엘리트 과정을 밟게 한(17절) 느부갓네살의 의도는 무엇입니까? 느부갓네살과 바빌로니아는 유다를 비롯한 점령지에서 끌고 온 젊은이들을 강력하고 혹독하게 다루어 그들의 생각을 바꾸기보다는, 바빌로니아라는 강대국이 제공할 수 있는 넉넉함과 풍요로움을 맛보고 누리게 하는 정책을 취했습니다. 바빌로니아의 풍요에 젖어들다 보면 피정복 국가의 청년들이 3년이면 충분히 바뀔 것이라 여겼을 것입니다. 지난날 우리나라가 어려웠던 시절에 미국 유학을 가고 미국의 풍요로운 문화를 접하며 그들의 호의를 경험했던 이들 거의 대부분이 '미국 친화적', '미국 중심적' 사고를 보여주는 것과 마찬가지입니다. 그 점에서 느부갓네살과 바빌로니아의 조치는 강대국이 가진 여유와 자신감에서 비롯되었다고 할 수 있습니다. 다니엘과 그의 세 친구는 바빌로니아가 제공하는 풍요로움과 기름짐은 단호하게 거부하되, 바빌로니아의 학문은 열심히 익혔습니다. 한마디로 '밥상은 거부하되 책상은 받은' 셈입니다. 이 역시 '낯선 땅을 살아가는 하나님 백성의 삶'의 한 모습입니다.

{ 제2장 }

느부갓네살의 꿈

1 느부갓네살은 왕위에 오른 지 이 년이 되는 해에, 꿈을 꾸고서, 마음이 답답하여 잠을 이루지 못하였다. 2 그래서 왕은 꾼 꿈을 알아내려고 마술사와 주술가와 점쟁이와 점성가들을 불러들이라고 명령하니, 그들이 와서 왕 앞에 섰다. 3 왕이 그들에게 말하였다. "내가 꿈을 하나 꾸었는데, 그 꿈을 알 수 없어서 마음이 답답하다."

4 ○ 점성가들이 아람 말로 왕에게 아뢰었다. "임금님의 만수무강을 빕니다. 그 꿈을 종들에게 말씀하여주시면, 해몽하여 드리겠습니다."

5 ○ 그러자 왕이 점성가들에게 말하였다. "나의 명령은 확고하다. 너희가 그 꿈의 내용과 해몽을 나에게 말해주지 못하

'아람 말'은(4절) 어느 지역, 어느 민족이 사용하던 언어입니까? 아람어는 히브리어, 아랍어와 더불어 고대 셈어 계열에 속하는 언어입니다. 이 언어는 주전 1,000년경부터 중동 지역의 아람족이 사용하던 언어로, 점차 확산되어 앗시리아 제국 시대에 국제 공용어가 되었습니다. 이후 바빌로니아와 페르시아 역시 아람 말을 공용어로 사용했습니다. 남북 이스라엘이 멸망한 후에 팔레스타인 지역이나 바빌로니아 지역에 살던 유대인들은 아람어를 사용했으며, 히브리어는 점차 쓰지 않게 되었습니다. 그래서 바빌로니아 포로에서 해방되어 팔레스타인 땅으로 돌아온 이후에도 일상 언어는 히브리어가 아닌 아람어가 되었습니다. 주전 5세기 후반 에스라가 히브리어로 기록된 율법을 낭독했을 때, 곳곳에 배치된 레위인들이 이를 아람어로 번역하고 해설해서 온 백성들에게 전했고, 백성들은 비로소 에스라가 전한 율법을 이해할 수 있었습니다(라 8:7-8). 구약성경에서는 다니엘서 2장 4절 중간부터 7장 마지막까지 내용, 에스라기 4장 8절부터 6장 18절, 7장 12-26절 역시 아람어로 기록되었습니다.

면, 너희의 몸은 토막이 날 것이며, 너희의 집은 쓰레기 더미가 될 것이다. 6 그러나 너희가 그 꿈의 내용과 해몽을 말해주면, 내가 너희에게 선물과 상과 큰 명예를 주겠다. 그러니 그 꿈과 그 해몽을 나에게 말하여라.”

7 ○ 그들이 다시 아뢰었다. “임금님께서 그 꿈을 종들에게 말씀하여주시면, 해몽해드리겠습니다.”

8 ○ 왕이 호령하였다. “과연 내가 생각한 대로구나! 나의 명령이 확고한 것을 알고서, 너희는 지금 시간을 벌려고 한다. 9 너희가 그 꿈을 나에게 말해주지 못하면, 너희는 모두 같은 벌을 받게 될 것이다. 너희가 시간이 지나면 사태가 바뀌겠거니 하면서, 내 앞에서 터무니없는 거짓말을 하기로 함께 모의한 줄을, 내가 모를 듯싶으냐? 이제 그 꿈을 나에게 말하여라. 그러면 너희가 나에게 해몽도 하여 알려줄 수 있을 것으로 알겠다.”

10 ○ 점성가들이 왕에게 아뢰었다. “임금님께서 아시고자

꿈조차 알려주지 않고 해몽을 내놓으라고(9절) 닦달하는 건 누가 봐도 억지입니다. 느부갓네살은 왜 이런 억지를 부리는 걸까요? 다니엘서 1–6장에는 거의 모든 장마다 다니엘과 세 친구들이 바빌로니아나 페르시아 관리들과 경쟁하는 내용이 등장합니다. 다니엘서는 이방 땅에서도 하나님을 경외하며 살아갈 때 하나님께서 그들에게 지혜와 탁월함을 주셨다고 증언합니다. 2장에 등장한 왕의 꿈에 대한 해석 역시 이를 위한 중요한 소재입니다. 꿈의 내용을 알려준 다음에 그 해몽을 요구하는 것이 당연한데(4장에서 그런 전개를 볼 수 있습니다), 2장의 이방 왕은 아예 꿈의 내용까지도 알려달라고 하니 그야말로 터무니없는 요구입니다. 그에 대해 바빌론의 점성가들은 자신들은 할 수 없고, 오직 신들만이 알 수 있다고 답합니다. 왕의 터무니없는 요구는 이후 꿈과 해몽을 모두 말할 수 있는 다니엘을 더욱 빛나게 하는 복선으로 기능합니다. 아울러 이 장면을 통해 왕이라는 존재가 얼마나 폭력적이며 말도 안 되는 횡포를 제멋대로 휘두르는지 은근히 폭로하기도 합니다.

하시는 그 일을 임금님께 알려드릴 수 있는 사람은 세상에 아무도 없습니다. 일찍이 그 어떤 위대한 왕이나 통치자도 마술사나 주술가나 점성가들에게, 이와 같은 일을 물어본 적이 없습니다. 11 임금님께서 물으신 것은 너무 어려워서, 육체를 가진 사람과 함께 살지 않는 신들이라면 몰라도, 아무도 그 일을 임금님께 알려드릴 수 없습니다."

12 ○ 이 말을 듣자, 왕은 성이 나서, 크게 화를 내며, 바빌론의 지혜자를 모두 죽이라는 명령을 내렸다. 13 명령이 공포되니, 지혜자들이 죽게 되었다. 사람들은 다니엘과 그의 친구들도 지혜자들과 함께 죽이려고 찾았다.

하나님이 다니엘에게 꿈을 일러주시다

14 ○ 다니엘은 바빌론의 지혜자들을 죽이려고 나온 왕의 시위대 장관 아리옥에게 가서, 슬기로운 말로 조심스럽게 15 물

'지혜자'(12절)란 어떤 인물들입니까? 점쟁이나 주술사가 아니었던 다니엘까지 죽이려는 이유는 무엇입니까? 점성가들이 왕이 요구한 꿈과 해몽을 알려주지 않자, 왕은 '지혜자'를 모두 죽이라고 합니다. 그런 점에서 '지혜자'라는 범주 안에 마술사, 주술가, 점쟁이, 점성가 등이 전부 포함된다는 것을 알 수 있습니다. 또한 이 명령으로 다니엘과 세 친구도 죽을 위기에 처한다는 내용은 다니엘 역시 이러한 '지혜자' 집단에 속한다는 것을 보여줍니다. 훗날 다니엘이 왕의 요구를 해결했을 때, 왕이 그를 바빌론의 모든 지혜자의 어른으로 삼았다는 점 또한 다니엘과 친구들이 지혜자 집단에 속한다는 것을 확인시켜줍니다. 오늘날 우리는 마술사, 주술가, 점쟁이, 점성가 같은 이들을 허황된 방식으로 점을 치는 사람 정도로 이해하지만, 고대 세계에서 이들은 주로 하늘의 별이나 자연현상을 통해 다가올 미래를 예측하는 사람이었습니다. 그렇기에 이들을 가리키는 명칭이 '지혜자'였던 것입니다. 오늘로 비교하자면 일종의 '미래학자'라고 할 수 있습니다.

어보았다. "임금님의 명령이 어찌 그렇게 가혹합니까?" 아리옥이 다니엘에게 그 일을 설명해주었다.

16 ○ 다니엘이 곧 왕에게로 가서 아뢰었다. "임금님께 임금님의 꿈을 해몽해드릴 수 있는 시간을 저에게 주십시오." 17 그 다음에 다니엘은 집으로 돌아가서, 자기의 친구 하나냐와 미사엘과 아사랴에게 그 사실을 알려주고, 18 그 친구들에게 말하였다. "너희와 나는 다른 바빌론의 지혜자들과 함께 죽지 않도록, 하늘의 하나님이 긍휼을 베풀어주셔서 이 비밀을 알게 해주시기를 간구하자." 19 바로 그날 밤에 다니엘은 환상을 보고, 그 비밀을 밝히 알게 되었다. 다니엘은 하늘의 하나님을 찬송하였다. 20 다니엘은 다음과 같이 찬송하였다. "지혜와 권능이 하나님의 것이니, 영원부터 영원까지 하나님의 이름을 찬송하여라. 21 때와 계절을 바뀌게 하시고 왕들을 폐하기도 하시고, 세우기도 하신다. 지혜자들에게 지혜를 주시고, 총명한 사람들에게 지식을 주신다. 22 심오한 것과 비밀을 드러내

다니엘은 '환상'을 보고 비밀을 알게 되었습니다(19절). 하나님은 지금도 종종 크리스천들에게 꿈과 환상을 통해 소통합니까? 오늘날에는 꿈과 환상을 통해 하나님께서 뜻을 알리시는 경우가 매우 드뭅니다. 그렇다고 해서 그런 일이 전혀 일어나지 않는다고 단정할 수는 없습니다. 그것은 전적으로 하나님의 뜻에 달린 일이기 때문입니다. 다만 다니엘서의 배경이 되는 시대와 비교하면 오늘날에는 글로 기록된 성경이 있다는 점에서 고대와는 확연히 다릅니다. 그래서 오늘날 우리는 우리에게 주어진 성경을 올바르게 읽고 그 뜻을 바르게 깨닫도록 구하는 것이 더 적절하다 생각됩니다. 그런데 다니엘은 위기에 직면했을 때, 오직 하나님께서 그 비밀을 알려주시기를, 그래서 자신만이 아니라 바빌론의 지혜자들까지 살릴 수 있기를 기도했습니다. 중요한 것은 자신과 자신의 친구들만이 아니라, 바빌론의 지혜자들까지 살리고자 하나님께 구했다는 점입니다. 따라서 오늘 우리 또한 세상의 모든 힘겹고 위태로운 이들이 살아갈 수 있도록 하나님의 도우심을 구해야 합니다.

시고, 어둠 속에 감추어진 것도 아신다. 그분은 빛으로 둘러싸인 분이시다. 23 나의 조상을 돌보신 하나님, 나에게 지혜와 힘을 주시며 주님께 간구한 것을 들어주시며 왕이 명령한 것을 알게 해주셨으니, 주님께 감사하며 찬양을 드립니다."

다니엘이 꿈을 해몽하다

24 ○ 그런 다음에, 다니엘은 아리옥에게로 갔다. 그는 바빌론의 지혜자들을 죽이라는 왕의 명령을 받은 사람이다. 다니엘이 그에게 이렇게 말하였다. "바빌론의 지혜자들을 죽이지 마시고, 나를 임금님께 데려다주십시오. 임금님께 꿈을 해몽해드리겠습니다."

25 ○ 아리옥은 다니엘을 왕 앞으로 급히 데리고 가서, 왕에게 이렇게 아뢰었다. "유다 포로 가운데서, 임금님께 꿈을 해몽해드릴 사람을 찾았습니다."

26 ○ 그러자 왕이 벨드사살이라고도 하고 달리 다니엘이라

꿈풀이를 재촉하는 임금 앞에서 거푸 하나님을 언급하는(27-29절) 다니엘의 의도는 무엇입니까? 왕에게 꿈의 내용과 그 의미를 알릴 수 있었던 것은 다니엘이 믿고 신뢰하는 하나님께서 그렇게 알려주셨기 때문입니다. 즉 이 일은 오직 하나님의 도우심으로 가능했던 것입니다. 그런데 이를 마치 자신의 실력 때문인 것처럼 포장하고 착각한다면, 다음에는 하나님께서 다니엘에게 아무것도 알리지 않으실 것입니다. 다니엘은 이방 땅을 살아가는 이스라엘 백성들에게 어떤 상황에 처하든 우리의 능력은 하나님께 있음을 강력하게 일깨우고자 합니다. 그래서 이방 왕이라 할지라도 이스라엘의 하나님을 인정하고 높이게 될 것이라 전합니다. 이러한 내용을 통해 '능력주의', 곧 자신의 노력이나 능력으로 지금의 자리에 이르렀다고 자랑하는 사고방식을 깨뜨립니다. 다니엘의 태도는 언제나 오직 하나님의 능력을 신뢰하며, 스스로의 약함에 매이지 말고 용기 있게 살아갈 것을 증언합니다.

고도 하는 그에게 물었다. "너는 내가 꾼 꿈을 말하고 해몽까지 할 수 있느냐?"

27 ○ 다니엘이 왕에게 대답하였다. "임금님이 물으신 비밀은, 어떤 지혜자나 주술가나 마술사나 점성가도 임금님께 알려드릴 수 없습니다. 28 비밀을 알려주시는 분은 오직 하늘에 계시는 하나님뿐이십니다. 하나님은 느부갓네살 임금님께 앞으로 일어날 일이 무엇이라는 것을 알려주셨습니다. 임금님의 꿈, 곧 임금님께서 침대에 누워 있을 때에 머릿속에 나타난 환상은 이러합니다.

29 ○ 임금님, 임금님이 잠자리에 드셔서 앞날의 일을 생각하고 계실 때에, 비밀을 밝히시는 분께서 임금님께 앞으로 일어날 일을 알려주신 것입니다. 30 저에게 이 비밀을 드러내신 것은, 제가 다른 사람보다 지혜가 더 있어서가 아니라, 임금님께 그 꿈을 해몽해드려서, 임금님의 마음속에 있는 생각들을 임금님께서 아시도록 하시려는 것입니다.

31 ○ 임금님, 임금님은 어떤 거대한 신상을 보셨습니다. 그

30절이 무슨 소린지 모르겠습니다. 자기 생각은 자신이 가장 잘 아는 법인데, 임금의 마음속에 있는 생각을 누가 알려준단 말입니까? 우리도 우리 속에 있는 생각을 온전히 알지 못할 때가 종종 있습니다. 또 다른 사람들이 우리에 대해 말하는 것을 듣고서야, 내면 깊은 곳에 있는 생각이나 궁리를 새삼 발견하는 경우도 있습니다. 사람을 지으신 하나님이시라면 당연히 우리의 마음 깊은 곳을 우리보다 더 잘 아실 것입니다. 29절을 보면 왕은 자신의 나라와 그 나라의 장래에 대해 이런저런 깊은 생각에 잠겨 있었고, 그로 인해 하나님께서는 그에게 장차 일어날 일을 보여주는 꿈을 꾸게 하셨습니다. 왕은 자신의 나라가 영원하기를 바라겠지만, 사람의 나라는 결코 영원할 수 없습니다. 지금은 순금처럼 눈부신 시기지만, 곧 다른 나라들로 바뀔 것이며, 그 나라들 역시 모두 사라지는 시간이 올 것입니다. 그래서 아무리 강력한 나라를 가졌다 할지라도 결코 오만하거나 교만해서는 안 된다는 교훈을 전합니다.

신상이 임금님 앞에 서 있는데, 그것은 크고, 그 빛이 아주 찬란하며, 그 모습이 무시무시하였습니다. 32 그 신상의 머리는 순금이고, 가슴과 팔은 은이고, 배와 넓적다리는 놋쇠이고, 33 그 무릎 아래는 쇠이고, 발은 일부는 쇠이고 일부는 진흙이었습니다. 34 또 임금님이 보고 계시는 동안에, 아무도 돌을 떠내지 않는데, 돌 하나가 난데없이 날아들어 와서, 쇠와 진흙으로 된 그 신상의 발을 쳐서 부서뜨렸습니다. 35 그때에 쇠와 진흙과 놋쇠와 은과 금이 다 부서졌으며, 여름 타작마당의 겨와 같이 바람에 날려가서 흔적도 찾아볼 수 없게 되었습니다. 그러나 그 신상을 친 돌은 큰 산이 되어, 온 땅에 가득 찼습니다.

36 ㅇ 이것이 그 꿈인데, 우리가 그것을 풀이하여 임금님께 말씀드리겠습니다. 37 임금님, 임금님은 왕들 가운데서도 으뜸가는 왕이십니다. 하늘의 하나님이 임금님께 나라와 권세와 힘과 영광을 주셨습니다. 38 사람과 들의 짐승과 공중의 새를, 그들이 어디에 있든지 임금님의 손에 넘겨주시고, 이 모두를 다스리는 통치자로 세우셨습니다. 임금님은 바로 그 금으로 된 머리이십니다. 39 임금님 뒤에는 임금님의 나라보

다니엘의 장담대로(45절) 임금의 꿈은 역사적인 현실이 되었습니까? 둘째, 셋째, 넷째 나라는 각각 어떤 국가를 가리킵니까? 다니엘서 2장과 7장은 잇달아 등장하는 4개의 나라로 이루어지는 역사의 흐름을 보여줍니다. 다니엘서에 등장하는 나라들은 바빌로니아, 메대, 페르시아, 그리고 알렉산더가 이룬 헬라 제국 등 이렇게 네 나라입니다. 그래서 본문은 순금으로 상징되는 바빌로니아, 은으로 상징되는 메대, 놋으로 상징되는 페르시아, 그리고 철로 상징되는 헬라 제국을 가리킵니다. 헬라 제국은 철과 흙이 뒤섞였다는 표현에서 보듯, 훗날 서로 융합될 수 없는 여러 개의 나라로 쪼개질 것입니다. 다니엘서 내용은 일차적으로 이러한 4개의 제국을 가

다 못한 다른 나라가 일어날 것입니다. 그 뒤에 놋쇠로 된 셋째 나라가 온 땅을 다스릴 것입니다. 40 넷째 나라는 쇠처럼 강할 것입니다. 쇠는 모든 것을 으깨고 박살 냅니다. 쇠가 모든 것을 부서뜨리는 것처럼, 그 나라는 뭇 나라를 으깨고 부서뜨릴 것입니다. 41 임금님이 보신 발과 발가락의 일부는 토기장이의 진흙이고 일부는 쇠였던 것같이, 그 나라는 나누어질 것입니다. 그러나 임금님이 진흙과 쇠가 함께 있는 것을 보신 것같이, 그 나라는 쇠처럼 강한 면도 있을 것입니다. 42 그 발가락의 일부가 쇠이고 일부가 진흙인 것같이, 그 나라의 일부는 강하고 일부는 쉽게 부서질 것입니다. 43 임금님께서 진흙과 쇠가 함께 있는 것을 보신 것같이, 그들이 다른 인종과 함께 살 것이지만, 쇠와 진흙이 서로 결합되지 못하는 것처럼, 그들이 결합되지 못할 것입니다. 44 이 왕들의 시대에, 하늘의 하나님이 한 나라를 세우실 터인데, 그 나라는 영원히 망하지 않을 것이며, 다른 백성에게 넘어가지 않을 것입니다. 그 나라가 도리어 다른 모든 나라를 쳐서 멸망시키고, 영원히 설 것입니다. 45 아무도 돌을 떠내지 않았는데, 돌 하나가 난데없이 날아들어 와서 쇠와 놋쇠와 진흙과 은과 금을 으깨는

리키지만, 이러한 성경 본문이 늘 그렇듯, 이후로 등장하는 온갖 제국을 상징하는 것으로 해석되기도 합니다. 특히 넷째 나라가 역사의 마지막 단계라는 점 때문에, 각 시대의 사람들은 당대에 가장 강대했던 제국의 흥망과 연관해 네 번째 나라를 해석하곤 했습니다. 당연히 로마 제국이 넷째 나라라고 해석하기도 했고, 이슬람이 유럽으로 진격하던 시기에는 이슬람에 기반을 둔 투르크 제국이 넷째 나라로 해석되었으며, 냉전 시대에는 소련을 넷째 나라라고 해석하기도 했습니다. 짐작할 수 있듯이, 이러한 해석은 매우 주관적이며 자의적이기도 합니다.

것을 임금님이 보신 것은, 위대하신 하나님이 앞으로 일어날 일을 임금님께 알려주신 것입니다. 이 꿈은 그대로 이루어질 것이고, 이 해몽도 틀림없습니다."

왕이 다니엘을 높이다

46 ○ 느부갓네살 왕이 엎드려서 다니엘에게 절하고, 예물과 향품을 그에게 주도록 명령을 내렸다. 47 왕이 다니엘에게 말하였다. "그대들의 하나님은 참으로 모든 신 가운데서 으뜸가는 신이시요, 모든 왕 가운데서 으뜸가는 군주이시다. 그대가 이 비밀을 드러낼 수 있었으니, 과연 그대의 하나님은 비밀을 드러내는 분이시다." 48 왕은 다니엘의 지위를 높이고, 귀한 선물을 많이 주며, 그를 바빌론 지역의 통치자와 바빌론 모든 지혜자의 어른으로 삼았다. 49 또 왕은 다니엘의 요구를 받아들여서, 사드락과 메삭과 아벳느고를 세워, 바빌론 지방의 일을 맡아서 다스리게 하였다. 다니엘은 왕의 궁전에 머물렀다.

느부갓네살의 꿈 이야기가 21세기를 살아가는 우리에게 전하는 메시지는 무엇입니까? 느부갓네살의 꿈에 등장하는 역사는 네 번째 나라에 초점이 맞춰져 있습니다. 넷째 나라의 시대에 이르면 쇠로 상징되는 강력한 나라가 지배하지만, 곧 서로 연합할 수 없는 여러 나라로 갈라질 것입니다. 그리고 마침내 사람이 손으로 뜨지 않은 돌이 날아와 그 쇠와 흙의 나라를 부수고, 모든 나라의 역사를 완전히 무너뜨릴 것입니다. 이를 통해 다니엘서는 그 어떤 대단한 제국이라도, 제아무리 영화를 누리고 위세가 드높은 제국이라도, 결코 오래 지속될 수 없음을 선포합니다. 마침내 온 세상에 가득 차 영원히 존재하는 것은 세상의 제국들을 전부 부수어버린 큰 돌로 상징되는 하나님께서 세우시는 나라, 곧 하나님의 나라입니다. 현실의 어려움과 고통 속에서도 마침내 하나님께서 세우실 나라가 있음을 소망하며, 체념하거나 굴복하지 않고 믿음으로 살아가는 것, 그것이 다니엘서가 한결같이 증언하는 메시지입니다.

{ 제3장 }

금 신상 숭배

1 느부갓네살 왕이 금으로 신상을 만들어서, 바빌론 지방의 두라 평지에 세웠는데, 그 신상은 높이가 예순 자, 너비가 여섯 자였다. 2 느부갓네살 왕이 전령들을 보내서, 지방장관들과 대신들과 총독들과 고문관들과 재무관들과 판사들과 법률가들과 지방 모든 관리들을 느부갓네살 왕이 세운 신상의 제막식에 참석하게 하였다. 3 그래서 지방장관들과 대신들과 총독들과 고문관들과 재무관들과 판사들과 법률가들과 지방 모든 관리들이 느부갓네살 왕이 세운 신상의 제막식에 모여서, 느부갓네살 왕이 세운 그 신상 앞에 섰다. 4 그때에 전령이 큰 소리로 외쳤다. "민족과 언어가 다른 뭇 백성들은 들으시오. 뭇 백성에게 하달되는 명령이오. 5 나팔과 피리와 거문

점성가들이 제출한 고발장에는 세 친구의 이름뿐입니다(12절). 다니엘은 어디로 갔습니까? 1장과 2장에는 다니엘과 세 친구가 모두 나오지만, 3장에는 세 친구들, 4-6장에는 오직 다니엘만 등장합니다. 다니엘의 역할이 주로 지혜자로서 왕에게 장래와 관련된 내용을 풀어주는 것이라면, 3장에서 세 친구의 역할은 바빌로니아에서 지방 관리로서 어떻게 살아가는지를 보여주는 것입니다. 다니엘서의 구성은 이처럼 다니엘과 세 친구의 역할과 활동을 의도적으로 분리함으로써, 낯선 땅에서 벌어지는 여러 상황과 국면에서 어떻게 신앙을 지키며 살아갈지를 드러내고자 한 것으로 볼 수 있습니다. 특히 다니엘이 왕의 측근에 있는 중앙 관리였다면, 세 친구는 바빌로니아의 지방 업무를 담당하는 관리로 소개되었습니다(단 2:49; 3:12). 그리고 왕이 거대한 신상을 세운 장소가 '바빌론 지방의 두라 평지'이며(3:1), 이 신상 제막식에 참여하라고 명령을 받은 대상이 '지방장관들'을 비롯한 '지방 모든 관리'라는 점에서(3:2), 지방 관리로 일하는 세 친구가 이 사건에 연루되었을 것입니다.

고와 사현금과 칠현금과 풍수 등 갖가지 악기 소리가 나면, 느부갓네살 왕이 세운 금 신상 앞에 엎드려서 절을 하시오. 6 누구든지, 엎드려서 절을 하지 않는 사람은, 그 즉시 불타는 화덕 속에 던져 넣을 것이오." 7 그리하여 민족과 언어가 다른 뭇 백성들은, 나팔과 피리와 거문고와 사현금과 칠현금과 풍수 등 갖가지 악기 소리가 울려 퍼지자, 느부갓네살 왕이 세운 금 신상 앞에 엎드려서 절을 하였다.

다니엘의 세 친구

8 ○ 그때에 이 일과 관련하여, 어떤 점성가들이 나서서, 유다 사람들을 고발하였다. 9 그들이 느부갓네살 왕에게 일러바쳤다. "임금님, 만수무강하시기를 바랍니다. 10 임금님, 임금님이 명령을 내리시기를, 나팔과 피리와 거문고와 사현금과 칠현금과 풍수 등 갖가지 악기 소리가 나면, 누구나 금 신상 앞에 엎드려서 절을 하라고 하셨고, 11 엎드려서 절을 하지 않는 사람은 누구나 불타는 화덕 속에 던져 넣을 것이라

세 친구의 처신에 융통성이 없습니다. 절 한 번이 무슨 대수라고 생사가 오가는 사달을 일으킨단 말입니까?(16-18절) 3장의 주요 특징은 표현의 반복입니다. 왕이 세운 신상에 절하는 이들의 목록이 반복되고(2, 3절), 이때 연주되는 악기들의 목록도 반복해 등장합니다(5, 7, 10절). '민족과 언어가 다른 뭇 백성'이라는 표현도 반복됩니다(4, 7절). 왕이 세운 신상은 높이가 대략 27m, 폭이 2.7m로, 사실상 기둥에 가깝습니다. 왕이 이 신상을 세워 백성들에게 절하도록 한 행위는 사실상 자신을 경배하게 만드는 것과 마찬가지입니다. '내가 만든 신상'(15절)이라는 표현은 거대한 신상이 사실은 왕의 권력과 위세를 드러내는 수단임을 보여줍니다. 다니엘서는 이렇게 신상에 절하라는 터무니없는 요구에 온갖 벼슬아치들, 그리고 민족과 언어가 다른 뭇 백성들까지 아무도 문제를 제기하지 않는 장면을 풍자적으로 보여줍

고 하셨습니다. 12 임금님께서는 유다 사람인 사드락과 메삭과 아벳느고를 임명하여, 바빌론 지방의 행정을 관리하도록 하셨습니다. 임금님, 그런데 그들은 임금님께 경의를 표하지 않으며, 임금님의 신들을 섬기지도 않고, 임금님이 세우신 그 신상에게 절을 하지도 않습니다."

13 ○ 이 말을 듣고서 느부갓네살 왕은 노하여 사드락과 메삭과 아벳느고를 데려오라고 명령하니, 그들이 왕 앞에 붙들려 왔다. 14 느부갓네살 왕이 그들에게 물었다. "사드락과 메삭과 아벳느고는 들어라. 너희가 참으로 나의 신을 섬기지 않고, 내가 세운 금 신상에게 절을 하지 않았느냐? 15 지금이라도 너희가 나팔과 피리와 거문고와 사현금과 칠현금과 풍수 등 갖가지 악기 소리가 날 때에, 내가 만든 신상에게 엎드려 절을 할 마음이 되어 있으면 괜찮다. 그러나 그렇지 않으면, 즉시 불타는 용광로 속에 던져 넣을 것이다. 어느 신이 너희를 내 손에서 구해낼 수 있겠느냐?"

16 ○ 사드락과 메삭과 아벳느고가 왕에게 대답하여 아뢰었다. "굽어살펴주십시오. 이 일을 두고서는, 우리가 임금님께

니다. 눈 한번 감고 지나가면 그만인 일일 수도 있지만, 권력의 오만과 교만은 절대 단 한 번으로 끝나지 않고 끝없이 사람들에게 권력 앞에 굴복하고 신처럼 떠받들라고 요구할 것입니다. 다니엘과 세 친구의 이름은 모두 바빌로니아 신들의 이름을 따라 변경되었으나(단 4:8), 이들은 그에 개의치 않았습니다. 그러나 이 순간을 모면하고 살기 위해 왕이 세운 신상에 절하는 것만큼은 단호하게 거부합니다. '우상숭배'는 단지 겉으로 보이는 이방 신이 문제가 아니라, 권력에 굴복하며 자신들의 삶을 이어가는 태도와 깊이 연관되어 있습니다. 다니엘서는 낯선 땅에서도 오직 주 하나님 한 분만 경배하고 절대 이방 신에게 굴복하지 말라고, 그 땅을 살아가는 이스라엘 백성들에게 권면하며 격려합니다. 세 친구는 낯선 땅을 살아가는 모든 이스라엘 백성의 상징이자 모범입니다.

대답할 필요가 없는 줄 압니다. 17 불 속에 던져져도, 임금님, 우리를 지키시는 우리 하나님이 우리를 활활 타는 화덕 속에서 구해주시고, 임금님의 손에서도 구해주실 것입니다. 18 비록 그렇게 되지 않더라도, 우리는 임금님의 신들은 섬기지도 않고, 임금님이 세우신 금 신상에게 절을 하지도 않을 것입니다. 굽어살펴주십시오."

세 친구가 사형선고를 받다

19 ○ 그러자 느부갓네살 왕은 잔뜩 화가 나서, 사드락과 메삭과 아벳느고를 보고 얼굴빛이 달라져, 화덕을 보통 때보다 일곱 배나 더 뜨겁게 하라고 명령하였다. 20 그리고 그의 군대에서 힘센 군인 몇 사람에게, 사드락과 메삭과 아벳느고를 묶어서 불타는 화덕 속에 던져 넣으라고 명령하였다. 21 그러자 사람들은 그들을, 바지와 속옷 등 옷을 입고 관을 쓴 채로 묶어서, 불타는 화덕 속에 던졌다. 22 왕의 명령이 그만큼 급

"신의 아들과 같다!"(25절)는 느부갓네살의 표현이 이채롭습니다. 그냥 신과 같다고 하면 될 텐데 왜 굳이 '아들'을 덧붙였을까요? 이러한 표현은 고대 중동의 표현 방식입니다. 히브리어에서는 '사람'을 가리킬 때 대개 '사람의 아들'이라는 표현을 쓰곤 합니다(예, 창 11:5; 민 23:19; 신 32:8; 욥 16:21; 시 8:4; 14:2 등). 그에 대응해서, 하늘 영역에 존재하는 존재인 '천사'를 '하나님의 아들'이라 표현하기도 합니다(창 6:2; 욥 1:6). 다니엘 본문에 쓰인 '신의 아들' 역시 천상 존재를 가리키는 명칭으로 볼 수 있습니다. 화덕 불 속에 4명의 사람이 있는데 자세히 들여다보니 그 가운데 한 명은 보통 사람과는 다른, 천사처럼 보였다는 것이 25절의 의미입니다. 아마도 3명을 제외한 한 명은 사람과는 다른 모습이었을 것입니다. 이사야서는 '스랍'이라 불리는 천상 존재를 소개하는데, 그의 등에는 날개 3쌍이 있었습니다(사 6:2). 에스겔서에 등장하는 '그룹'은 네 얼굴과 2쌍의 날개를 지니고 있었습니다(겔 1:6).

하였다. 화덕은 매우 뜨거웠으므로, 사드락과 메삭과 아벳느 고를 붙든 사람들도 그 불꽃에 타서 죽었다. 23 사드락과 메삭과 아벳느고 세 사람은 묶인 채로, 맹렬히 타는 화덕 속으로 떨어졌다.

24 ○ 그때에 느부갓네살 왕이 놀라서 급히 일어나, 모사들에게 물었다. "우리가 묶어서 화덕 불 속에 던진 사람은, 셋이 아니더냐?" 그들이 왕에게 대답하였다. "그러합니다, 임금님." 25 왕이 말을 이었다. "보아라, 내가 보기에는 네 사람이다. 모두 결박이 풀린 채로 화덕 안에서 걷고 있고, 그들에게 아무런 상처도 없다! 더욱이 넷째 사람의 모습은 신의 아들과 같다!"

세 친구가 풀려나다

26 ○ 느부갓네살 왕이 활활 타는 화덕 어귀로 가까이 가서 소리쳐 말하였다. "가장 높으신 하나님의 종 사드락과 메삭과

"이와 같은 신은 없다"(29절)면서도 '저희의 하나님'(28절)이라고 부르며 선을 긋는 느부갓네살의 속내는 무엇입니까? 고대 세계에서는 굳이 '개종'이라는 절차를 거치지 않는 것이 일반적이었습니다. 어느 한 신만 섬기는 것이 아니라, 각 지역마다 여러 신들이 있어서 그 지역의 신들을 존중하는 것이 일종의 상식이자 교양이었습니다. 한 나라가 다른 나라를 정복하면 정복 국가는 피정복 국가의 신을 존중했고, 때론 그 신이 자신을 선택했다고 선언하기도 했습니다. 이렇게 정복당한 나라의 신과 종교 체계는 강대국의 종교 체계 안으로 흡수되곤 했습니다. 느부갓네살이 세 친구가 경배하고 섬기는 신을 인정하고 찬양했다고 해서 그가 그 신을 섬기는 자로 '개종'했다고 볼 수는 없습니다. 이 본문과 이후의 사건 전개는 세 친구의 신앙을 통해 이방의 강력한 권세를 지닌 임금까지도 이스라엘의 하나님을 인정하고 존중한다는 것을 드러내는 데 목적이 있습니다.

아벳느고는 이리로 나오너라!" 그러자 사드락과 메삭과 아벳느고가 불 가운데서 나왔다. 27 지방장관들과 대신들과 총독들과 왕의 측근들이 모여서 이 사람들을 보니, 그 몸이 불에 상하지 않고, 머리털도 그을리지 않고, 바지 색깔도 변하지 않고, 그들에게서 불에 탄 냄새도 나지 않았다.

28 ○ 느부갓네살 왕이 말하였다. "사드락과 메삭과 아벳느고를 돌보신 하나님을 찬송하여라. 그는 천사를 보내서 그의 종들을 구하셨다. 이 종들은 저희의 하나님을 의뢰하여, 저희의 몸을 바치면서까지 왕의 명령을 거역하고, 저희의 하나님 말고는, 다른 어떤 신도 절하여 섬기지 않았다.

29 ○ 그러므로 내가 이제 조서를 내린다. 민족과 언어가 다른 뭇 백성은, 사드락과 메삭과 아벳느고의 하나님을 두고서

하나님은 불의한 권력에 맞서는 크리스천들을 늘 이렇게 지켜줍니까? 보호받지 못하고 스러져간 이들은 어떻게 평가해야 합니까? 다니엘서 2–6장에 등장하는 이방 왕들은 모두 자신의 권력과 권세를 멋대로 휘두르는, 오만하기 이를 데 없는 존재로 그려집니다. 그렇다고 해서 다니엘과 세 친구가 그 왕을 몰아내는 일에 앞장서거나 이스라엘의 독립을 위해 싸우지는 않습니다. 다니엘서는 이방 땅이라는 낯선 환경에서도 그들의 하나님에 대한 신앙을 결코 포기하지 말 것을, 이방 왕을 섬기되 하나님을 부정하게 하는 부당한 요구에는 굴복하지 말 것을 동포들에게 격려하고 권면합니다. 세 친구들은 놀라운 기적으로 살아났지만, 타오르는 불구덩이 앞에서 그들은 하나님께서 그들을 살리지 않으실지라도 결코 신상에 절하지 않겠다고 고백합니다(18절). 이 표현은 신앙을 지키다가 무참하게 죽어간 이들의 현실을 반영합니다. 다니엘과 세 친구는 위기 때마다 살아났지만, 끝내 살아나지 못한 이들이 훨씬 더 많습니다. 그 뜨거운 불 속에 있는 네 번째 존재는 천사이면서 동시에 하나님을 상징합니다. 따라서 본문이 증언하는 내용은 하나님께서 반드시 살리실 것이라는 보장이 아니라, 화덕 불과 같은 뜨겁고 고통스러운 현실 한가운데서 고난받는 이들과 하나님께서 함께하신다는 사실입니다. 하나님께서는 승리자의 곁이 아니라, 화덕 불 속에서 고통받는 이들과 함께 거하십니다.

경솔히 말하는 일이 없도록 하여라. 이 명령을 어겼다가는 그 몸이 조각날 것이며, 집이 쓰레기 더미가 될 것이다. 이와 같이 자기를 믿는 사람을 구원할 수 있는 신은 다시 없을 것이다."

30 ○ 왕은 사드락과 메삭과 아벳느고를, 바빌론 지방에서 번영을 누리면서 살게 하였다.

{ 제4장 }

느부갓네살 왕의 두 번째 꿈

1 느부갓네살 왕이 전국에 사는, 민족과 언어가 다른 뭇 백성에게 다음과 같은 조서를 내렸다.

○ "백성에게 평강이 넘치기를 바란다. 2 가장 높으신 하나님이 나에게 보이신 표적과 기적을 백성에게 기꺼이 알리고자 한다. 3 크도다, 그 이적이여! 능하도다, 그 기사여! 그 나라 영원하고, 그 통치 대대에 이를 것이다.

4 ○ 나 느부갓네살이 집에서 편히 쉬며 궁에서 평화를 누릴 때에, 5 꿈을 꾸었는데, 그 꿈이 나를 두렵게 하였다. 침대에 누워 있어도 생각이 번거로웠고, 머릿속에 받은 환상 때문에 나는 번민하였다. 6 그래서 나는 그 꿈의 해몽을 들어보려고, 바빌론의 모든 지혜자를 다 내 앞으로 불러오도록 명령을 내렸다. 7 마술사들과 주술가들과 점성가들과 점쟁이들이 나에게로 왔을 때에, 내가 그들에게 꿈 이야기를 하였으나, 그들

성경은 무슨 의도로 이교도 임금의 꿈과 꿈풀이 이야기를(4-27절) 거푸 다룹니까? 다니엘서를 비롯한 성경에서 다루는 꿈은 장차 이루어질 일을 누군가에게 미리 보여주는 역할을 합니다. 오늘날의 점치는 이들은 다가올 재앙을 피하기 위해 부적을 간직하거나 몸에 글자를 쓰는 등의 어리석은 행동을 하게 만들지만, 성경은 지금이라도 어리석고 악한 행실을 버리고 올바른 삶을 살라고 촉구합니다. 즉 성경은 이방 왕이 꾼 꿈과 그 해몽을 통해 어리석은 길, 교만한 길에서 돌이켜 재앙을 피하라고 경고합니다. 아울러 이방 왕의 꿈을 둘러싼 내용의 의도 중 하나는 이방 왕과 그의 현재와 미래 또한 이스라엘의 하나님께서 주관하고 다스리신다는 것을 증언하는 데 있습니다. 이스라엘의 하나님은 이스라엘만의 하나님이 아닌, 온 땅의 하나님입니다.

은 나에게 그 꿈을 해몽해주지 못하였다. 8 마침내 다니엘이 내 앞에 나타났는데, 그는 내 신의 이름을 따라서 이름을 벨드사살이라고 고친 사람이다. 그는 거룩한 신들의 영을 지닌 사람이어서, 내가 꾼 꿈을 그에게 말해주었다.

9 ㅇ "마술사의 우두머리인 벨드사살아, 네 안에는 거룩한 신들의 영이 있으니, 어떤 비밀도 네게는 어렵지 않을 줄을 내가 안다. 내가 꾼 꿈을 해몽하여보아라.

10 ㅇ 내가 침대에 누워 있을 때에, 나의 머릿속에 나타난 환상은 이러하다. 내가 보니, 땅의 한가운데 아주 높고 큰 나무가 하나 있는데, 11 그 나무가 점점 자라서 튼튼하게 되고, 그 높이가 하늘에 닿으니, 땅끝에서도 그 나무를 볼 수 있었다. 12 나무는 잎이 무성하여 아름답고, 열매는 온 세상이 먹고도 남을 만큼 풍성하였다. 들짐승이 그 그늘 아래에서 쉬고, 그 큰 나무의 가지에는 하늘의 새들이 깃들며, 모든 생물이 그 나무에서 먹이를 얻었다.

13 ㅇ 내가 침대 위에서 나의 머릿속에 나타난 환상을 또 보니, 거룩한 감시자가 하늘로부터 내려와서, 14 큰 소리로 외

느부갓네살은 왜 하늘에서 내려온 존재를 '거룩한 감시자'(13절)라고 부릅니까? '거룩'이라는 말은 '구별되었음'을 의미합니다. 하늘에서 내려온 존재, 즉 하나님께서 보내신 존재이기에 이 존재는 사람과는 다른 구별된 존재이며, 그래서 '거룩'이라는 수식어가 붙습니다. '감시자'라고 옮겨진 표현은 '깨우는 존재', '살피는 존재'를 의미합니다. 하나님께서 보내신 존재이기에 이들은 말 그대로 '천사'(天使)라고 할 수 있습니다. 다니엘서가 기록되던 시기의 유대인들은 이렇게 하나님께서 보내신 존재를 '감시자'(watcher)라고 불렀음을 당대의 문헌에서 볼 수 있습니다. '천사'라는 표현이 그저 '하늘이 보낸 존재'를 의미한다면, '감시자'라는 표현은 이들이 해야 하는 역할을 강조한 명칭이라 할 수 있습니다.

치며 이렇게 명령하였다. '이 나무를 베고서 가지를 꺾고, 잎사귀를 떨고서 열매를 헤쳐라. 나무 밑에 있는 짐승들을 쫓아버리고, 가지에 깃든 새들을 쫓아내어라. 15 다만, 그 뿌리의 그루터기만 땅에 남겨두고, 쇠줄과 놋줄로 동이고 들풀 속에 버려두어라. 하늘의 이슬에 젖게 하고, 땅의 풀 가운데서 들짐승과 함께 어울리게 하여라. 16 또 그의 마음은 변하여서 사람의 마음과 같지 않고, 짐승의 마음을 가지고서 일곱 때를 지낼 것이다. 17 이것은 감시자들이 명령한 것이며, 거룩한 이들이 말한 것이다. 이것은 가장 높으신 분이 인간의 나라를 지배하신다는 것과, 뜻에 맞는 사람에게 나라를 주신다는 것과, 가장 낮은 사람을 그 위에 세우신다는 것을, 사람들이 알도록 하려는 것이다.'

18 ○ 나 느부갓네살 왕이 이런 꿈을 꾸었으니, 너 벨드사살은 이 꿈을 해몽하여라. 내 나라의 모든 지혜자가 그 꿈을 해몽하여 나에게 알려주지 못하였으나, 너는 네 안에 거룩한 신들의 영이 있으니, 할 수 있을 것이다."

'일곱 때'란(16, 22절) 어느 정도의 기간을 말합니까? '일 년'을 의미하는 단어가 아니라 '시간' 혹은 '때'를 의미하는 단어를 굳이 사용했다는 점에서, '일곱 때'는 기본적으로 '7년'을 뜻하면서 동시에 상징적인 시간을 가리킨다고 할 수 있습니다. 7일 동안의 창조, 일곱 번째 날인 안식일 등에서 보듯, 성경에서 숫자 7은 하나님의 온전하심과 충만하심을 상징합니다. 그래서 느부갓네살 왕이 일곱 때 동안 완전히 쫓겨나서 짐승의 마음으로 살게 된다는 것은, 그가 자신의 처지와 하늘의 뜻을 충분히 깨닫고 알게 될 때까지 완전히 낮아질 것을 의미한다고 볼 수 있습니다. 그의 낮아짐은 우연이나 불운이 아니라, 하늘의 하나님으로 말미암은 것임을 이 같은 표현이 분명하게 말해줍니다.

다니엘의 꿈 해몽

19 ○ 왕의 말이 끝났을 때에, 일명 벨드사살이라고 하는 다니엘은 한동안 놀라서 몹시 당황하였다. 왕이 그에게 말하였다. "벨드사살아, 이 꿈과 그 해몽이 어떠하든지 번민하지 말아라." ○ 벨드사살이 아뢰었다. "임금님, 이 꿈은 임금님의 원수들이 꾸었더라면 좋았을 뻔했습니다. 해몽도 임금님의 원수들에게나 해줄 수 있으면 좋겠습니다. 20 임금님이 보신 그 나무는 점점 자라서 튼튼해지고, 그 높이가 하늘에까지 닿아서, 땅끝 어디에서나 그 나무를 볼 수 있었고, 21 그 잎이 무성하여 아름답고, 그 열매가 아주 많아서, 온 세상 피조물의 먹거리가 되었고, 그 나무 아래에서 들짐승이 쉬었으며, 그 가지에는 하늘의 새들이 깃들었다고 하셨습니다.

22 ○ 임금님, 그 나무는 바로 임금님이십니다. 임금님은 강대해지셨습니다. 임금님의 강대함이 하늘에 닿았고, 임금님

다니엘은 공의와 자비를 행해 속죄하라고 조언합니다(27절). 공의와 자비를 행하는 게 속죄와 무슨 상관입니까? 왕이 꾼 꿈의 핵심 가르침은 사람이 스스로 권세를 누리는 것이 아니라 하늘의 하나님께서 세우신다는 것을 깨달아야 한다는 것입니다. 그래서 이 장 마지막 절에 있는 대로 하나님께서는 '교만한 이를 낮추십니다'. 결국 왕의 꿈은 왕에게 교만하지 말고, 자신이 이 모든 것을 다 이루었다 생각하지 말라는 경고입니다. 그렇기에 다니엘이 왕에게 주는 권면은 당연히 "교만하지 말고, 왕 위에 하늘이 있음을, 하나님께서 당신을 세우셨음을 명심하시오"일 것입니다. 이것을 다니엘은 "가난한 자를 돌아보는 공의와 정의를 행하시오"라고 표현했습니다. 권세와 영광을 누리는 왕이 교만하지 않고 겸손하다는 것은 가난한 자를 위해 존재하는 왕으로 표현된다는 뜻입니다. 그렇기에 가난한 자를 위한 공의와 자비야말로 왕이 지금까지 저지른 죄악을 해결합니다. 다니엘의 조언은 자신의 교만을 진정으로 회개했다면 그것은 가난한 이를 위한 자비로 표현되어야 한다는 점을 강조한 것입니다.

의 통치가 땅끝까지 이르렀습니다. 23 임금님이 보시니, 거룩한 감시자가 하늘로부터 내려와서, 이렇게 말하였습니다. '이 나무를 베어 없애되, 다만 뿌리의 그루터기는 땅에 남겨 두고, 쇠줄과 놋줄로 동여서 들풀 속에 버려두고, 하늘에서 내리는 이슬에 젖게 하고, 들짐승과 함께 어울리게 하여라. 이렇게 일곱 때를 지내도록 하여라.'

24 ○ 임금님, 그 해몽은 이러합니다. 가장 높으신 분이 내리신 명령이, 임금님께 미칠 것입니다. 25 임금님은 사람에게서 쫓겨나셔서, 들짐승과 함께 사시며, 소처럼 풀을 뜯고, 하늘에서 내리는 이슬에 젖으실 것입니다. 이렇게 일곱 때가 지나간 뒤에, 임금님은 비로소, 가장 높으신 분이 인간의 나라를 다스리신다는 것과, 누구든지 그의 뜻에 맞는 사람에게 나라를 주신다는 것을 깨달으실 것입니다. 26 또 나무뿌리의 그루터기를 남겨두라고 명령하신 것은, 하나님이 세상을 다스리신다는 것을 임금님이 깨달으신 다음에야, 임금님의 나라가 굳게 선다는 뜻입니다. 27 그러니 임금님은 저의 조언을 받아주시기를 바랍니다. 공의를 행하셔서 임금님의 죄를 속하시고, 가난한 백성에게 자비를 베푸셔서 죄를 속하시기 바

제왕이 갑자기 짐승처럼 변했다는 이야기를(33절) 어디까지 실제 사건으로 봐야 할까요? 느부갓네살에게 도대체 무슨 일이 일어난 겁니까? 성경이든 다른 고대 문헌이든 꿈이나 환상은 대개 매우 상징적인 표현으로 기록되어 있습니다. 느부갓 네살의 꿈 역시 온통 상징으로 가득합니다. 사람 사는 세상에서 쫓겨나 들짐승과 함께 살고 소처럼 풀을 먹으며 짐승의 마음을 가지고 일곱 때를 지낸다는 묘사는, 대단한 위세를 누리던 왕이 완전하고도 철저하게 몰락해 마치 짐승처럼 지내게 될 것임을 의미합니다. 왕은 자신의 보좌에서 내려와 가장 밑바닥으로 떨어질 것이며, 그 기간은 왕이 자신의 어리석음과 교만을 깨닫게 되는 때까지, 곧 일곱 때로 표현

랍니다. 그렇게 하시면 임금님의 영화가 지속될 수 있을지도 모릅니다."

28 ○ 이 모든 일이 다 느부갓네살 왕에게 그대로 일어났다. 29 열두 달이 지난 뒤에, 어느 날, 왕이 바빌론 왕궁 옥상에서 거닐면서 30 혼자 중얼거렸다. "내가 세운 이 도성, 이 거대한 바빌론을 보아라! 나의 권세와 능력과 나의 영화와 위엄이 그대로 나타나 있지 않느냐!"

31 ○ 이 말이 왕의 입에서 채 떨어지기도 전에, 하늘로부터 내려오는 말소리가 들렸다. "느부갓네살 왕아, 너에게 선언한다. 왕권이 너에게서 떠났다. 32 너는 사람 사는 세상에서 쫓겨나서 들짐승과 함께 살면서 소처럼 풀을 뜯어먹을 것이다. 이와 같이 일곱 때를 지낸 다음에야, 너는 가장 높으신 분이 인간의 나라를 다스리신다는 것과, 그의 뜻에 맞는 사람에게 나라를 주신다는 것을 알게 될 것이다."

33 ○ 바로 그 순간에 이 말이 느부갓네살 왕에게 이루어져서, 그가 사람 사는 세상에서 쫓겨나서, 소처럼 풀을 뜯어먹었으며, 몸은 하늘에서 내리는 이슬에 젖었고, 머리카락은 독수리의 깃털처럼 자랐으며, 손톱은 새의 발톱같이 자랐다.

된 시간일 것입니다. 실제로는 다른 사람이나 세력에 의해 쿠데타가 일어나 몰락했을 수도 있고, 심각한 병에 걸려 완전히 비참한 지경에 처했을 수도 있습니다. 그 기간 역시 1년일 수도 있고, 그보다 더 짧을 수도 있습니다. 말하고자 하는 핵심은 가장 높은 권력을 지닌 임금도 완전하게 몰락할 수 있으며, 그 과정을 통해 권력의 근원이 하나님이심을 깨닫게 된다는 것입니다.

느부갓네살 왕의 하나님 찬양

34 ○ "정해진 기간이 다 되어, 나 느부갓네살은 하늘을 우러러보고서 정신을 되찾았고, 그리고 가장 높으신 분을 찬송하고, 영원하신 분을 찬양하며, 그에게 영광을 돌렸다. 그의 통치 영원하고 그의 나라 대대로 이어진다. 35 그는 땅의 모든 거민을 없는 것같이 여기시며 하늘의 군대와 이 땅의 모든 거민에게 뜻대로 하시지만, 아무도 그가 하시는 일을 막지 못하고, 무슨 일을 이렇게 하셨느냐고 그에게 물을 사람이 없다.

36 ○ 내가 정신을 되찾았을 때에, 나의 명예와 위엄과 나라의 영화가 회복되었고, 나의 고문관들과 대신들이 나를 찾아왔으며, 나는 이전보다 더 큰 영예를 받으면서 왕위를 회복하였다. 37 이제 나 느부갓네살은 하늘의 왕을 찬양하고 높이며, 그분에게 영광을 돌리는 바이다. 과연 그가 하시는 일은 모두 참되며, 그의 모든 길은 공의로우니, 그는 교만한 이를 낮추신다."

느부갓네살의 찬양에는(34-37절) '여호와'라는 이름이 없습니다. 정신을 되찾은 임금은 과연 다니엘의 하나님을 찬양하고 있는 걸까요? 다니엘서에는 다니엘이 자신의 하나님께 자기 민족의 역사를 언급하며 아뢰는 기도문(단 9:4-19) 외에는 '여호와'라는 이름이 전혀 언급되지 않습니다. '하나님'은 고대 중동의 모든 민족이 하늘에 계신 높은 존재를 가리키는 공통된 명칭이었다면, '여호와'는 이스라엘 백성이 그들의 하나님을 가리키는 고유한 이름입니다. 다니엘서는 이방 땅에서 이방 왕과 그 백성들과 함께 살아가는 하나님의 백성들을 다루는 책이기에 보편적인 용어인 '하나님'을 사용합니다. 또한 다니엘서는 이방이 섬기는 신과 혼동될 수 있는 가능성에 대해 전혀 개의치 않습니다. 오히려 다니엘이 섬기는 분이 온 세상을 통치하시는 분임을 이방 왕의 입을 통해 선포합니다. 일반적이고 보편적인 용어인 '하나님' 혹은 '하늘'이라 표현하면서 그 하나님이 어떤 분이며 어떻게 행하시는지를 보여주는 것입니다.

{ 제5장 }

벨사살 왕이 잔치를 베풀다

1 벨사살 왕이 귀한 손님 천 명을 불러서 큰 잔치를 베풀고, 그 천 명과 더불어 술을 마셨다. 2 벨사살 왕은 술을 마시면서 명령을 내려서, 그의 아버지 느부갓네살 왕이 예루살렘 성전에서 가져온 금그릇과 은그릇들을 가져오게 하였다. 왕과 귀한 손님과 왕비들과 후궁들이 모두 그것으로 술을 마시게 할 참이었다. 3 그래서 예루살렘에 있는 하나님의 집 성전에서 가져온 금그릇들을 꺼내서, 왕과 귀한 손님과 왕비들과 후궁들이 그것으로 술을 마셨다. 4 그들은 술을 마시고서, 금과 은과 동과 철과 나무와 돌로 만든 신들을 찬양하였다.

5 ○ 그런데 바로 그때에 갑자기 사람의 손이 나타나더니, 촛

굳이 '예루살렘 성전에서 가져온'(2절) 금그릇, 은그릇을 꺼내오게 한 속내는 무엇입니까? 벨사살 왕은 금과 은과 동과 철과 나무와 돌로 만든 신을 찬양했습니다 (4절). 그가 굳이 예루살렘에서 가져온 그릇을 꺼내 사용하는 까닭은 예루살렘 성전의 하나님, 이스라엘의 하나님을 비웃고 조롱하려는 의도로 볼 수 있습니다. 벨사살의 행동은 금과 은, 나무 등 그 재료가 무엇이든 눈에 보이는 신상으로 만들어진 신을 섬기는 자신들의 종교의 우월함을 과시하려는 의도입니다. 신상으로 가시화된 신과 그렇게 형상으로 표현할 수 없는 신을 비교하며 자랑하는 것입니다. 이러한 오만함은 이스라엘을 정복한 바빌로니아의 압도적인 우위에서 비롯되었을 것입니다. 힘 있고 부유한 사람이나 나라가 그렇지 못한 나라나 사람을 모욕하고 멸시하며 짓밟는 행태는 동서고금을 막론하고 빈번하게 나타나는 현상입니다. 그러나 진리는 눈에 보이는 세력으로 전부 판단할 수 없습니다. 다니엘서 5장은 이 왕이 무시하던 그 하나님께서 이 왕의 강대했던 나라를 단번에 멸망시키실 것이라 선언합니다. 그래서 이 본문과 다니엘서는 약하고 힘없는 이들을 함부로 대하는 강자들과 강대국에 대한 강력한 경고이기도 합니다.

대 앞에 있는 왕궁 석고 벽 위에다가 글을 쓰기 시작하였다. 왕은 그 손가락이 글을 쓰는 것을 보고 있었다. 6 그러다가 왕의 얼굴빛이 창백해지더니, 공포에 사로잡혀서, 넓적다리의 힘을 잃고 무릎을 서로 부딪치며 떨었다. 7 왕은 큰 소리로 외쳐서, 주술가들과 점성술가들과 점성가들을 불러오게 하였다. 그들이 들어왔을 때에, 그는 바빌론의 지혜자들에게 말하였다. "누구든지 이 글자를 읽고서, 그 뜻을 나에게 알려 주는 사람은 자색 옷을 입히고, 금목걸이를 목에 걸어주며, 이 나라에서 셋째 가는 통치자로 삼겠다." 8 왕궁 지혜자들이 모두 나왔으나, 아무도 그 글자를 읽는 사람이 없었고, 그 뜻을 왕에게 알려주는 사람도 없었다. 9 벨사살 왕은 크게 낙심하여 얼굴빛이 변하였고, 손님들도 당황하였다.

10 ○ 왕과 귀한 손님들의 고함 소리를 듣고서, 왕의 어머니가 연회장으로 들어왔다. 왕의 어머니가 왕에게 말하였다. "임금님, 임금님의 만수무강을 빕니다. 임금님은 너무 번민하지 마시고, 얼굴에서 근심을 떨쳐버리시기 바랍니다. 11 임금님의 나라에 거룩한 신들의 영을 받은 한 사람이 있습니다. 그는 임금님의 아버지 때에, 명철과 총명과 신들의 지혜와 같

'벨드사살'(12절)과 '벨사살'이란 이름이 세 글자나 겹칠 만큼 비슷합니다. '벨'이란 말에 무슨 특별한 뜻이 담겨 있습니까? 다니엘에게 주어진 이름 벨드사살에 대해 다니엘서 4장 8절은 느부갓네살의 신의 이름을 따라 지은 것이라고 설명합니다. 바빌로니아 최고의 신은 마르둑입니다. 마르둑의 또 다른 이름이 '벨'인데, '바알'처럼 '주'를 의미하는 단어입니다. 바빌로니아의 주신인 벨의 이름은 구약성경 다른 곳에도 등장하고(사 46:1; 렘 50:2; 51:44), 마르둑이라는 이름은 '므로닥'으로 언급되기도 합니다(렘 50:2). 다니엘이라는 이름은 "하나님이 나의 재판장"이라는 뜻을 담고 있는데, 그런 그에게 이처럼 이방 신의 이름이 포함된 새 이름이 주어졌다는

은 지혜를 가진 사람으로 알려진 인물입니다. 임금님의 아버지 느부갓네살 왕께서는 그 사람을 마술사들과 주술가들과 점성술가들과 점성가들의 우두머리로 세우셨습니다. 12 그의 이름은 다니엘입니다. 그에게는 탁월한 정신과 지식과 꿈을 해몽하는 총명이 있어서, 수수께끼도 풀었고, 어려운 문제도 해결했습니다. 느부갓네살 왕은 그의 이름을 벨드사살이라고 부르셨습니다. 이제 다니엘을 불러보십시오. 그러면 그가 그 글자를 풀어서, 임금님께 알려드릴 것입니다."

다니엘이 글자를 해독하다

13 ○ 다니엘이 왕 앞에 나아오니, 왕이 다니엘에게 물었다. "그대가 바로 나의 부왕께서 유다에서 데려온 유다 포로 가운데 하나인 그 다니엘이란 사람이오? 14 나는 그대의 이야기를 들었소. 그대에게는 신들의 영이 있고, 명철과 총명과 탁월한 지혜가 있다고 들었소. 15 내가 지혜자들과 주술가들을 이리로 불러와서, 이 글자를 읽고서 내 앞에서 그 뜻을 알아내라고 하였으나, 그들이 이 글자의 뜻을 나에게 풀이하여주

점은 놀랍습니다. 어떻게 그 이름을 감내했을까 싶지만, 다니엘서에서 다니엘이나 세 친구들은 이를 개의치 않는 것으로 보입니다. 이집트 땅에 팔려갔던 요셉에게 사브낫바네아라는 이집트식 이름이 주어지듯, 다니엘의 새 이름 '벨드사살'은 이제 그가 낯선 땅에서 새로운 삶을 살아가야 한다는 것을 알리는 표시로 이해할 수 있습니다. 이후 헬레니즘 시대에 많은 유대인들이 그리스식 이름을 사용했던 것 역시 같은 맥락이라 할 수 있습니다. 그런 점에서 일제강점기 말엽의 창씨개명과는 확연히 다릅니다. 창씨개명은 조선의 고유한 모든 것을 말살하고 완전히 일본에 통합시키려는 제국주의적 의도 아래 단행된 강제 조치이기 때문입니다.

지 못하였소. 16 그러나 나는, 그대가 글자를 해석할 수 있고, 어려운 문제도 풀 수 있다고 들었소. 지금 그대가 이 글자를 읽고, 나에게 뜻을 풀이하여주면, 그대에게 자색 옷을 입히고, 목에 금목걸이를 걸어주고, 이 나라에서 셋째 가는 통치자로 삼겠소."

17 ○ 다니엘이 왕 앞에서 아뢰었다. "임금님이 주시겠다는 선물은 거두시고, 임금님이 내리실 상급은 다른 사람에게 주시기 바랍니다. 그럴지라도 저는 이 글자를 읽고서, 그 뜻을 풀이하여 임금님께 알려드리겠습니다.

18 ○ 임금님, 가장 높으신 하나님이 임금님의 아버지 느부갓네살 왕께 나라와 큰 권세와 영광과 위엄을 주셨습니다. 19 하나님이 그에게 큰 권세를 주셨으므로, 민족과 언어가 다른 뭇 백성들이 그 앞에서 떨면서 무서워하였으며, 부친께서는 마음대로 사람을 죽이기도 하고, 마음대로 사람을 살리기도 하고, 마음대로 사람을 높이기도 하고, 마음대로 사람을 낮추기도 하셨습니다. 20 그러나 부친께서 마음이 높아지고 생각이 거만해지셔서, 교만하게 행동을 하시다가, 왕위에서 쫓겨나

벨사살이 내건 자색 옷과 금목걸이는(7절) 엄청난 사건의 의미를 풀이한 대가치고 너무 소박해 보입니다. 자주색 옷은 존귀함과 왕권을 상징합니다. 그래서 왕이 누군가를 특별하게 치하하고자 할 때 자주색 옷을 입히는 것을 흔히 볼 수 있습니다. 금사슬 역시 왕이 부여할 수 있는 최고의 영예를 상징하는 것으로 이해할 수 있습니다. 이집트 왕은 요셉을 이집트 전역의 총리로 세울 때 그에게 금사슬을 내렸습니다(창 41:42). 구약성경 에스더기에서도 페르시아의 왕이 모르드개를 발탁해 높이 세웠을 때, 모르드개는 큰 금관을 쓰고 자주색 옷을 입었습니다(더 8:15). 자주색 옷과 금사슬은 그 나라에서 지극히 높은 지위를 상징합니다. 요셉이나 모르드개는 그 나라에서 왕 다음가는 위치에 올랐고(창 41:40-42; 더 10:3), 다니엘서에서 벨사살은 다니엘에게 그 나라에서 세 번째로 높은 통치자의 지위를 약속합니다.

셔서, 명예를 잃으신 일이 있었습니다. 21 사람 사는 세상에서 쫓겨나시더니, 그의 마음은 들짐승처럼 되었고, 들나귀와 함께 사셨으며, 소처럼 풀을 뜯으셨고, 몸은 하늘에서 내리는 이슬로 젖으셨습니다. 그때에야 비로소 부친께서는, 가장 높으신 하나님이 인간의 나라를 다스리시고, 하나님의 뜻에 맞는 사람을 그 자리에 세우시는 줄을 깨닫게 되셨습니다.

22 ○ 느부갓네살의 아드님이신 벨사살 임금님은 이 모든 일을 아시면서도, 마음을 겸손하게 낮추지 않으시고, 23 하늘의 임금님이시요 주님이신 분을 거역하시고, 스스로를 높이시며, 하나님의 성전에 있던 그릇들을 가져오게 하셔서, 임금님과 귀한 손님과 왕비들과 후궁들이 그것으로 술을 마시게 하셨습니다. 그리고 임금님은 보거나 듣거나 알지도 못하는, 금과 은과 동과 쇠와 나무와 돌로 만든 신들은 찬양하시면서도, 임금님의 호흡과 모든 길을 주장하시는 하나님께는, 영광

느부갓네살이 "바빌론 지역의 통치자와 어른으로"(2:48) 삼을 만큼 명망이 높았던 다니엘을 벨사살은 어떻게 기억조차 못 할 수가 있습니까? 느부갓네살은 바빌로니아의 전성기 때의 왕이었다면, 벨사살은 왕국의 가장 마지막 왕입니다. 시간적 간격 자체는 그리 길지 않지만, 벨사살의 시대는 이전 시대를 쉽게 잊어버린 것처럼 보입니다. 벨사살 앞에 선 다니엘 역시 느부갓네살이 교만함으로 인해 겪었던 일들을 다시 환기시킵니다. 이렇게 과거를 손쉽게 잊는 것 자체가 기울어가는 나라, 곧 망국의 본질적 특징일 것입니다. 아울러 다니엘과 세 친구의 지위는 아무리 높아져도 극도로 불안정했음을 볼 수 있습니다. 1장에서 느부갓네살이 그들을 높이 평가했지만, 2장에서는 전혀 기억하지 못합니다. 이후 그들을 다시금 높은 지위에 올렸지만, 3장에서 세 친구는 삽시간에 불타는 화덕에 던져지는 신세가 됩니다. 4장에서 다니엘은 왕의 꿈을 풀이해 엄청난 찬사를 들었지만, 5장에서는 왕족들 가운데 일부의 기억 속에만 남아 있는 인물일 따름입니다. 그래서 1–6장은 믿음으로 살면 높은 지위에 오른다는 교훈을 주는 본문이 아니라, 식민지 백성은 아무리 높아져도 단번에 죽음 가까이 내몰릴 수 있는 현실을 보여줍니다.

을 돌리지 않으셨습니다.

24 ○ 그러므로 하나님이 손을 보내셔서, 이 글자를 쓰게 하신 것입니다. 25 기록된 글자는 바로 '메네 메네 데겔'과 '바르신'입니다. 26 그 글자를 해석하면, 이러합니다. '메네'는 하나님이 이미 임금님의 나라의 시대를 계산하셔서, 그것이 끝나게 하셨다는 것이고, 27 '데겔'은, 임금님이 저울에 달리셨는데, 무게가 부족함이 드러났다는 것이고, 28 '바르신'은 임금님의 왕국이 둘로 나뉘어서 메대와 페르시아 사람에게 넘어갔다는 뜻입니다."

29 ○ 벨사살이 곧 명령을 내려서, 다니엘에게 자색 옷을 입히고 그의 목에 금목걸이를 걸어주었으며, 그를 그 나라에서 셋째 가는 통치자로 삼았다.

30 ○ 바로 그날 밤에 바빌로니아의 벨사살 왕은 살해되었고, 31 메대 사람 다리우스가 그 나라를 차지하였다. 다리우스의 나이는 예순두 살이었다.

"메네 메네 데겔 바르신"(26절)은 어느 나라의 말입니까? 이 표현은 아람어입니다. 당시 바빌로니아의 공용어는 아람어였기 때문에 다른 이들이 이 글을 읽지도 못했다는 점은 좀 이상합니다. 아마도 그들에게는 완전히 낯선. 그러나 다니엘은 알고 있는 오래된 방식으로 이 아람어를 표기했을 가능성이 있습니다. 일단 아람어로 '메네'는 화폐 단위인 '미나'를, '데겔' 역시 화폐 단위인 '세겔'을 가리키고, '바르신'은 '페레스'의 복수형으로 '절반의 미나들'을 의미합니다. 그래도 여전히 의미를 이해하기는 쉽지 않은데, 다니엘은 화폐 단위를 나열한 이 어려운 표현을 읽고 해석해냈습니다. '메네 메네 데겔'을 '세었다, 재었다'로, '바르신'은 '절반들'에서 '둘로 갈라졌다'로 풀이했습니다. 그래서 "하나님께서 왕을 세었고, 하나님의 잣대로 재셨으니, 그 결과 당신의 나라를 둘로 쪼개 메대와 페르시아에게 넘기셨습니다"라고 해석했습니다. 특히, '절반의 미나'를 의미하는 '페레스', '둘로 쪼개다'를 의미하는 동사 '페라스', '페르시아'를 의미하는 '파라스'는 모두 비슷한 발음이라 '말놀이'(word-play)의 요소도 담겨 있습니다.

{ 제6장 }

사자 굴 속의 다니엘

1 다리우스는 자기의 뜻대로 나라 안에 지방장관 백스무 명을 세워서, 나라를 다스리게 하였다. 2 또 그들 위에 정승 세 사람을 세웠는데, 다니엘도 그 가운데 한 사람이었다. 그리고 지방장관들이 정승들에게 업무를 보고하게 하여, 왕에게 피해를 끼치는 일이 없도록 하였다. 3 그런데 다니엘이 다른 정승들이나 지방장관들보다 더 우수하였으므로, 왕이 그를 나라의 통치자로 임명하고자 하였다. 4 그러자 다른 정승들과 지방장관들이, 다니엘이 나라 일을 잘못 처리한 것을 찾아내려 하였다. 그러나 그들은 그에게서 아무런 실책이나 허물을 발견하지 못하였다. 다니엘이 임무에 충실하여, 아무런 실책이나 허물이 없었기 때문이다. 5 그래서 그들은 서로 말하였다. "다니엘이라는 자는 그가 믿는 신의 법을 문제 삼지 않고

다니엘의 신분 상승 과정이 수상합니다. 포로 출신으로 멸망한 바빌로니아의 관리였는데, 어떻게 새 나라 페르시아의 고위직이 될(2절) 수 있습니까? 바빌로니아나 페르시아처럼 넓은 영토를 가진 강력한 제국이 다른 나라를 정복했을 때 얻을 수 있는 유익은 단순히 피정복지의 영토나 물적 재산에 국한되지 않고 인적 자원까지 포함됩니다. 피정복민을 등용하는 일은 제국의 통합을 이루는 데도 기여하기에 꺼릴 이유가 없었습니다. 다만, 아무리 높은 지위에 오르더라도 그들이 순수 자국민 출신이 아니라는 사실은 사라지지 않았을 것입니다. 6장에서의 다니엘은 포로로 끌려온 지 이미 50년이 넘었음에도 여전히 '유다에서 잡혀온 자'라는 꼬리표가 붙어 있습니다(13절). 아무리 높은 지위에 올라도 단번에 가장 밑바닥으로 떨어질 수 있는 존재였습니다. 그것이 제국이 베푸는 한계 있는 등용일 것입니다. 사실 오늘날에도 이러한 현실은 크게 다르지 않습니다.

는, 고발할 근거를 찾을 수 없다."

6 ○ 그리하여 총리들과 방백들은 왕에게로 나아가서 아뢰었다. "다리우스 임금님, 만수무강하시기를 빕니다. 7 이 나라 정승들과 대신들과 지방장관들과 고문관들과 총독들이 모두 의논한 바가 있습니다. 임금님이 법을 한 가지 만드셔서, 금령으로 내려주시도록 요청하기로 하였습니다. 그 법은, 앞으로 삼십 일 동안에, 임금님 말고, 다른 신이나 사람에게 무엇을 간구하는 사람은, 누구든지 사자 굴에 집어넣기로 한다는 것입니다. 8 바라옵기는, 임금님이 이제 금령을 세우시고, 그 문서에 임금님의 도장을 찍으셔서, 메대와 페르시아의 고치지 못하는 법을 따라서, 그것을 다시 고치지 못하게 하시기를 바랍니다." 9 그리하여 다리우스 왕은 금령의 문서에 왕의 도장을 찍었다. 10 다니엘은, 왕이 금령 문서에 도장을 찍은 것을 알고도, 자기의 집으로 돌아가서, 다락방으로 올라갔다. 그 다락방은 예루살렘 쪽으로 창문이 나 있었다. 그는 늘 하듯이, 하루에 세 번씩 그의 하나님께 무릎을 꿇고 기도하며, 감사를 드렸다.

11 ○ 그때에 다니엘을 모함하는 사람들이 들이닥쳐, 다니엘

위험을 알면서도(10절) 한사코 원칙에 매달리는 행동이 꼭 칭찬받을 일일까요? 숨어서 기도하는 융통성을 발휘할 수도 있지 않습니까? 다니엘이 자신의 집에서 기도했기에 아무리 숨기려 해도 결국에는 알려질 수밖에 없었습니다. 줄기차게 거짓말을 하지 않는 한, 막을 수 없는 상황이었을 것입니다. 포로로 끌려왔던 다니엘의 근본적인 정체성은 살아계신 하나님을 섬기는 사람입니다. 그렇기에 다니엘이 이것을 숨기며 살 수는 없었을 것입니다. 차라리 높은 지위의 관리로 살아가기를 포기하는 것이 더 타당한 결정일 것입니다. 어디에서든 하나님을 경외하며 살아가는 것이 중요할 뿐, 높은 지위에 있어야 더 영향력이 생기는 것은 결코 아니기 때문입니다. 다니엘서는 이러한 다니엘의 모습을 보여주면서, 이방 땅을 살아가는 동포들에게 어떤 순간이나 어떤 상황에서든 믿음을 지키며 살자고 격려합니다.

이 그의 하나님께 기도하며 간구하는 것을 목격하였다. 12 그들이 왕에게로 나아가서, 다니엘을 고발하려고, 왕에게 금령을 상기시켰다. "임금님, 임금님이 금령에 도장을 찍으시고, 앞으로 삼십 일 동안, 임금님 외에, 다른 신이나 사람에게 무엇을 간구하는 사람은, 누구든지 사자 굴에 던지기로 하지 않으셨습니까?" 왕이 대답하였다. "그 일은 고칠 수 없다. 그것은 메대와 페르시아의 법을 따라 확정된 것이다."

13 ○ 그들이 왕에게 아뢰었다. "임금님, 유다에서 잡혀온 다니엘이 임금님을 무시하고, 또 임금님의 도장이 찍힌 금령을 무시하여, 하루에 세 번씩 기도를 드리고 있습니다."

14 ○ 왕은 이 고발을 듣고 몹시 괴로워하고, 다니엘을 구원하려고 마음을 쓰며, 해가 질 때까지 온갖 노력을 다하였다.

15 그때에 이 사람들이 왕에게 다가와서 말하였다. "임금님, 메대와 페르시아의 법은 임금님이 한 번 금령이나 법률을 세우시면, 그것을 바꾸실 수 없다는 사실을 기억하시기 바랍니다."

16 ○ 그래서 왕이 명령을 내리니, 그들이 다니엘을 끌어다가 사자 굴에 던져 넣었다. 왕이 다니엘에게 말하였다. "그대가 늘

돌로 막고 봉인까지 하는 건(16절) 신경과민처럼 보입니다. 정적들에게는 다니엘이 살아나올지도 모른다는 의구심이 있었던 걸까요? 누구도 사자 굴 속의 다니엘을 도와서는 안 된다는 점을 확실히 하기 위해 왕은 자신의 도장과 귀족들의 도장을 찍었을 것입니다. 이처럼 돌로 굴을 막고 봉인하는 행위는 신약성경에서도 볼 수 있습니다(마 27:66). 그러나 이 철저한 조치는 도리어 다니엘에게 일어난 놀라운 일을 입증하는 수단이 되었습니다. 외부에서 침입한 흔적이 전혀 없어 굴을 막은 돌도, 봉인도 그대로지만, 굴 속의 다니엘은 조금도 상하지 않았기 때문입니다. 마찬가지로 봉인된 굴 속에 뉘였던 예수님의 시체도 더 이상 무덤 안에 없어서, 하나님께서 행하신 놀라운 부활을 증언합니다. 다니엘에게 닥친 극심한 어려움은 도리어 다니엘을 도우시는 하나님을 드러내는 계기가 됩니다.

섬기는 그대의 하나님이 그대를 구하여주시기를 비오." 17 사람들이 돌 하나를 굴려다가 어귀를 막았고, 왕이 그 위에 자기의 도장과 귀인들의 도장을 찍어서 봉하였다. 이렇게 하여서 다니엘에게 내린 조치를 변경할 수 없게 하였다. 18 그 뒤에 왕은 궁전으로 돌아가서, 그날 밤을 뜬 눈으로 지새우며, 먹지도 마시지도 않고, 즐거운 일은 아무것도 하지 못하게 하였다.

19 ○ 이튿날 동이 틀 때에, 왕은 일어나는 길로 곧 사자 굴로 갔다. 20 그 굴 가까이에 이르러서, 왕은 슬픈 목소리로 외치며, 다니엘에게 말하였다. "살아계신 하나님의 종 다니엘은 들으시오, 그대가 늘 섬기는 그대의 하나님이 그대를 사자들로부터 구해주셨소?"

21 ○ 다니엘이 왕에게 아뢰었다. "임금님의 만수무강을 빕니다. 22 나의 하나님이 천사를 보내셔서 사자들의 입을 막으셨으므로, 사자들이 나를 해치지 못하였습니다. 그것은, 하나님 앞에서 나에게는 죄가 없다는 사실이 드러났기 때문입니다. 임금님, 나는 임금님께도 죄를 짓지 않았습니다."

23 ○ 왕이 매우 기뻐하면서, 다니엘을 굴에서 끌어올리도록

23절은 다니엘이 무사할 수 있었던 이유를 하나님에 대한 '신뢰'로 설명합니다. 하나님이 살려주리라는 믿음을 말합니까? 믿기만 하면 무슨 어려움에서도 살아남을 수 있습니까? 다니엘과 세 친구는 끊임없이 위태로운 지경에 처했습니다. 그러나 다니엘서는 위기 때마다 다니엘과 세 친구의 하나님께서 그들과 함께하셨으며, 그들의 기도를 들으셨고, 그들을 곤경으로부터 지키셨다고 증언합니다. 한 사람이 이렇게 번번이 위기에 처하고 거듭해서 놀라운 구원을 경험하는 사례는 다른 곳에서는 거의 찾아볼 수 없습니다. 사실 이렇게 살아나는 경우보다는, 꼼짝없이 죽음을 맞이한 이들이 훨씬 많았을 것입니다. 주후 1-2세기의 기독교인들 역시 신앙 때문

명령하니, 사람들이 다니엘을 굴에서 끌어올렸다. 그가 자기 하나님을 신뢰하였기 때문에, 그에게서는 아무런 상처도 찾아볼 수 없었다. 24 왕이 명령을 내려서, 다니엘을 헐뜯은 사람들을 데려오게 하고, 그들과 그 자식들과 아내들을 사자 굴에 던져 넣으니, 그들이 굴 밑바닥에 닿기도 전에 사자들이 그들을 움켜서, 그 뼈까지 부서뜨렸다.

25 ○ 그때에 다리우스 왕은 전국에 사는 민족과 언어가 다른 뭇 백성에게 조서를 내렸다.

○ "내 백성에게 평화가 넘치기를 바란다. 26 내가 다음과 같이 법령을 공포한다. 내 나라에서 나의 통치를 받는 모든 백성은 반드시 다니엘이 섬기는 하나님을 공경하고, 두려워하여야 한다. 살아계신 하나님이 영원히 다스리신다. 그 나라는 멸망하지 않으며, 그의 권세 무궁하다. 27 그는 구원하기도 하시고 건져내기도 하시며, 하늘과 땅에서 표적과 기적을 행하시는 분, 다니엘을 사자의 입에서 구하여주셨다."

28 ○ 바로 이 사람 다니엘은 다리우스 왕이 다스리는 동안과 페르시아의 고레스 왕이 다스리는 동안 잘 살았다.

에 로마제국에 의해 사자 굴에 던져지고 죽임을 당했습니다. 그러나 이들은 그 위협 앞에서도 믿음을 포기하지 않고 죽음을 맞았습니다. 사자 굴에 던져 누구도 왕의 명령에 거역하지 못하게 하려는 의도였지만, 오히려 초기 기독교인들은 무수히 죽임을 당해도 신앙을 포기하지 않았고, 결국 로마는 기독교 신앙을 인정할 수밖에 없었습니다. 죽음을 맞이했으나 그들의 믿음은 살아남았다고 할 수 있습니다. 다니엘서는 죽임당한 사람들의 사례를 모른 체하며 헛된 희망을 전하는 책이 아닙니다. 오히려 죽음이 닥쳐올지라도 하늘에 계신 하나님과 하나님께서 주실 생명을 신뢰하며 믿음으로 걸어가자고 권면하며 격려합니다.

{ 제7장 }

네 마리 짐승 환상

1 벨사살이 바빌론 왕이 된 첫해에, 다니엘은 잠자리에서 꿈을 꾸면서, 머릿속으로 환상을 보고, 그 꿈을 적었다. 그가 적은 내용의 줄거리는 다음과 같다. 2 다음은 다니엘이 한 말이다.

ㅇ 내가 밤에 환상을 보았는데, 동서남북 사방에서, 하늘로부터 바람이 큰 바다에 불어닥쳤다. 3 그러자 바다에서 모양이 서로 다르게 생긴 큰 짐승 네 마리가 올라왔다. 4 첫째 짐승은 사자와 같이 보였으나, 독수리의 날개를 가지고 있었다. 내가 살펴보고 있는 동안에, 그 날개들이 뽑혔다. 그 짐승은 몸을 일으키더니, 사람처럼 발을 땅에 디디고 섰는데, 사람의 마음까지 지니고 있었다. 5 또 살펴보니, 다른 짐승 곧 둘째 짐승은 곰과 같았는데, 뒷발로 서 있었다. 그 짐승은 갈빗대 세 개를 물고 있었는데, 누군가가 그에게 이렇게 말하였다. '일어나서 고기를 많이 먹어라.'

6 ㅇ 그 뒤에 내가 또 살펴보고 있는데, 또 다른 짐승이 나왔

2장에 나오는 느부갓네살의 꿈과 7장의 다니엘의 환상이 비슷한 맥락으로 흘러갑니다. 둘의 꿈과 환상 사이에 어떤 유사성과 차이가 있습니까? 비슷한 부분은 역사의 전개 과정을 모두 4개의 나라를 중심으로 풀어간다는 점입니다. 그리고 두 본문 모두 첫 번째 나라를 두드러지게 표현하지만 실제 초점은 마지막 넷째 나라에 있다는 점 역시 비슷합니다. 첫째 금속과 첫째 짐승은 모두 느부갓네살의 바빌로니아를 가리키며, 바빌로니아의 특별함을 강조하는 표현입니다. 넷째 나라는 서로 합칠 수 없는 분열을 맞는다는 점 역시 두 본문에서 공통적으로 드러납니다. 차이점은 마지막 넷째 나라에 대한 표현과 내용에 있습니다. 7장의 환상은 2장에 비할 수

다. 그것은 표범처럼 생겼으나, 등에는 새의 날개가 네 개나 있었고, 머리도 네 개나 달려 있었으며, 아주 권위가 있어 보였다.

7 ○ 그 뒤에 내가 밤의 환상을 계속 살펴보고 있는데, 넷째 짐승이 나왔다. 그것은 사납고 무섭게 생겼으며, 힘이 아주 세었다. 이 짐승은 쇠로 된 큰 이빨을 가지고 있어서, 그것으로 먹이를 잡아먹고, 으스러뜨리며, 먹고 남은 것은 발로 짓밟아버렸다. 이 짐승은 앞에서 말한 짐승들과는 달리, 뿔을 열 개나 달고 있었다. 8 내가 그 뿔을 유심히 살펴보고 있자니, 다른 작은 뿔 하나가 그 뿔들 사이에서 돋아났다. 먼저 나온 뿔 가운데서 셋이 새로 돋아난 그 뿔에 밀려서 뿌리째 뽑혔다. 새로 돋아난 뿔은 사람의 눈과 같은 눈을 가지고 있었고, 입이 있어서 거만하게 떠들었다.

영원하신 분

9 내가 바라보니, 옥좌들이 놓이고, 한 옥좌에 옛적부터 계신 분이 앉으셨는데, 옷은 눈과 같이 희고, 머리카락은 양털과

없게 확장되고 세부적으로 서술되며, 넷째 나라를 훨씬 더 강력하고 공포스러우며 난폭한 존재로 묘사합니다. 특히 2장과 달리, 7장의 환상은 넷째 나라의 시기에 성도들이 겪을 고난과 환난을 반복적으로 강조합니다. 그리고 마침내 하나님으로 말미암아 모든 것이 바로잡히고, 모든 나라와 권세가 하나님의 백성, 곧 성도들에게 돌아간다는 점을 명시적으로 표현한 것 역시 7장의 독특한 특징입니다. 이러한 특징은 이후 8–11장까지 반복됩니다.

같이 깨끗하였다. 옥좌에서는 불꽃이 일고, 옥좌의 바퀴에서는 불길이 치솟았으며, 10 불길이 강물처럼 그에게서 흘러나왔다. 수종 드는 사람이 수천이요, 모시고 서 있는 사람이 수만이었다. 심판이 시작되는데, 책들이 펴져 있었다.

11 ○ 내가 보고 있는 동안에, 작은 뿔이 크게 떠드는 소리를 들을 수 있었다. 내가 살펴보니, 넷째 짐승이 살해되고, 그 시체가 뭉그러져서, 타는 불에 던져졌다. 12 그리고 그 나머지 짐승들은 그들의 권세를 빼앗겼으나, 그 생명은 얼마 동안 연장되었다. 13 내가 밤에 이러한 환상을 보고 있을 때에 인자 같은 이가 오는데, 하늘 구름을 타고 와서, 옛적부터 계신 분에게로 나아가, 그 앞에 섰다. 14 예부터 계신 분이 그에게 권세와 영광과 나라를 주셔서, 민족과 언어가 다른 뭇 백성이 그를 경배하게 하셨다. 그 권세는 영원한 권세여서, 옮겨가지 않을 것이며, 그 나라가 멸망하지 않을 것이다.

'심판'(10절)은 무엇, 또는 누구에 대한 심판입니까? 또 책의 내용은 무엇입니까? 2장의 꿈이나 4장과 5장의 환상은 모두 역사의 최종 심판자는 하나님이심을 명확하게 증언합니다. 7장 이후에 나타나는 여러 환상 또한 역사를 주관하시는 분은 하나님이며, 하나님께서 모든 역사를 최종적으로 판단하시는 때가 곧 올 것임을 반복적으로 설명하며 강조합니다. 7장은 하나님의 이러한 심판을, 모든 것이 기록된 책과 연관해 표현합니다. 이 책에는 지금까지 역사에 존재한 모든 존재에 관한 내용이 기록되어 있으며, 그들의 행위에 따라 옛적부터 계신 분, 곧 가장 처음부터 계신 분인 하나님께서 심판하실 것입니다. 하나님의 최종 심판을 표현하면서 '책'을 언급하는 것은 하나님의 심판이 갑자기 이루어지는 것이 아닌, 이미 오래전에 하나님께서 계획하고 정하신 뜻에 따라 이루어지는 것임을 보여줍니다. 바빌로니아를 비롯한 강력한 나라, 곧 짐승으로 묘사되는 강대국들이 있지만, 역사는 그들의 뜻이 아닌, 모든 것을 주재하시는 하나님의 뜻대로 이루어진다는 점을 다니엘서는 명확하게 증언하며 선포합니다.

환상 해석

15 ○ "나 다니엘은 마음속이 괴롭고, 머리의 환상들이 나를 번민하게 해서, 16 거기에 서 있는 천사들 가운데 하나에게 가까이 가서, 이 모든 일을 두고 참 뜻을 물었다. 그가 나에게 설명하면서, 그 일을 풀이하여 알려주었다. 17 '이 큰 짐승 네 마리는 앞으로 땅에서 일어날 네 왕이다. 18 그러나 가장 높으신 분의 성도들이 나라를 얻을 것이며, 영원히 영원히 영원히 그것을 누릴 것이다.'

19 ○ 그때에 나는 넷째 짐승의 참 뜻을 더 알고 싶었다. 이 짐승은 다른 모든 짐승과 달랐으며, 매우 사납고, 쇠 이빨과 놋쇠 발톱으로 먹이를 잡아먹고, 으스러뜨리고, 그 나머지 짐승들을 발로 짓밟아버렸다. 20 나는 또 그 짐승의 머리에 있던 열 뿔과, 새로 돋아난 다른 뿔 하나도 알고 싶었다. 그 다른

'인자 같은 이'(13절)란 누구를 가리키는 말입니까? '인자'는 '사람'을 가리키는 구약성경 특유의 표현입니다. 하늘 구름을 타고 오는 존재가 분명 천사일 것 같았는데, 막상 보니 '인자 같은 이', 즉 사람처럼 보였습니다. 하늘의 존재일 거라 예상했는데 실상은 사람이었다는 의미입니다. 환상에 따르면 이 사람에게 권세와 영광과 나라가 주어집니다(14절). 그런데 이후의 해석에 따르면, 권세와 영광과 나라는 '성도들'에게 주어집니다(22, 27절). 그러므로 '인자 같은 이'는 마침내 승리해서 온 세상을 다스리게 될 성도들, 곧 하나님의 백성들을 가리킵니다. 세상을 장악한 것 같은 강력한 나라들이 '짐승'으로 표현되는 데 비해, 마침내 승리하게 될 성도들은 '사람'으로 표현된다는 점에서 대조적입니다. 왠지 짐승이 이길 것 같고, 이런 세상을 끝내기 위해서는 짐승보다 더 강한 존재, 곧 초인이 필요할 것 같지만, 승리는 보잘 것없고 약하다 여겨지는 '사람'에게 돌아갑니다. 짐승이 판을 치는 시대에 필요한 것은 더 강한 힘이 아니라, 사람으로 살아가는 것입니다. 그렇기에 하나님이신 예수님께서는 하늘 보좌를 버리고 낮고 낮은 사람으로 이 땅에 오셨습니다.

뿔 앞에서 세 뿔이 빠졌다. 그 뿔에는 눈들이 있고, 크게 떠드는 입이 있었으며, 그 모습이 다른 뿔들보다 강하게 보였다.

21 ○ 내가 보고 있을 때에, 새로 돋은 그 뿔이 성도들에 맞서서 전쟁을 일으키고, 그들을 이겼으나, 22 옛적부터 계신 분이 오셔서, 가장 높으신 분의 성도들의 권리를 찾아주셔서, 마침내 성도들이 나라를 되찾았다. 23 그 천사가 이렇게 말하였다. '넷째 짐승은 땅 위에 일어날 넷째 나라로서, 다른 모든 나라와 다르고, 온 땅을 삼키며 짓밟고 으스러뜨릴 것이다. 24 그 열 뿔은 이 나라에서 일어날 열 왕이다. 그 뒤에 또 다른 왕이 일어날 것인데, 그 왕은 먼저 있던 왕들과 다르고, 또 전에 있던 세 왕을 굴복시킬 것이다. 25 그가 가장 높으신 분께 대항하여 말하며, 가장 높으신 분의 성도들을 괴롭히며, 정해진 때와 법을 바꾸려고 할 것이다. 성도들은 한 때와 두 때와 반 때까지 그의 권세 아래에 놓일 것이다. 26 그러나 심판이 내려서, 그는 권세를 빼앗기고, 멸망하여 없어질 것이다. 27 나라와 권세와 온 천하 열국의 위력이 가장 높으신 분

이 환상은 세계 질서의 변화를(17절) 예고합니다. 큰 짐승 4마리에 구체적인 나라들을 대입해 해석할 수 있습니까? 2장과 마찬가지로 7장 역시 네 나라의 전개를 다룬다는 점에서 바빌로니아 – 메대 – 페르시아 – 헬라 제국에 이 네 짐승을 각각 대응시킬 수 있습니다. 특히 마지막 헬라 제국의 시대에 여러 나라로 분열되고 작은 뿔 하나가 나머지 세 뿔을 무찌른다는 내용은 알렉산더 사후 그의 제국이 넷으로 쪼개지고, 그중 셀레우코스 왕조가 득세하는 역사와 일치합니다. 주전 2세기 초중반, 셀레우코스 왕조의 안티오코스 에피파네스 임금은 예루살렘을 짓밟았고, 하나님을 믿는 신앙을 탄압하고 박해하며 무수한 이들을 죽였습니다. 에피파네스의 박해가 7장에서 언급하는 넷째 짐승의 시대 성도들이 겪는 어려움(21, 25절)을 가리킨다고 볼 수 있습니다. 안티오코스 에피파네스의 박해는 다니엘서 7장뿐 아니라 8–12장의 가장 중요한 역사적 배경이기도 합니다.

의 거룩한 백성에게로 돌아갈 것이다. 그의 나라는 영원한 나라다. 권세를 가진 모든 통치자가 그를 섬기며 복종할 것이다.'

28 ○ 이것이 그 환상의 끝이다. 나 다니엘은 이 생각 때문에 고민하여, 얼굴색이 변하였지만, 이 일을 마음에 간직하였다."

'가장 높으신 분의 성도들'(18절)은 누구를 염두에 둔 말입니까? 현실 국가, 이스라엘의 회복을 이야기합니까? 넷째 짐승의 박해 시기, 곧 안티오코스 에피파네스의 극심한 박해 시기에 하나님에 대한 신앙으로 인해 무수히 죽임당한 이들, 그리고 이 참혹한 현실 속에서도 하나님을 굳게 붙잡고 믿음을 포기하지 않았던 이들을 가리키는 표현이 '가장 높으신 분의 성도들'입니다. 실제 역사 속에서 이들은 탄압에도 불구하고 신앙을 지켰고, 이들로부터 이어지는 나라가 현대 이스라엘이니, 겉으로는 현실의 이스라엘을 가리킨다고 말할 수 있습니다. 그러나 다니엘서가 단순히 현실 국가인 이스라엘을 말하는 책이라면 오늘날 전 세계의 사람들이 굳이 이 책을 읽을 필요는 없을 것입니다. 다니엘서가 지금까지 읽히고 또 읽히는 까닭은 이 '성도들'이 현실 이스라엘뿐만 아니라, 살아계신 하나님을 신뢰하며 폭력적인 국가나 세력의 거칠고 야만스러운 탄압에도 양심과 신앙을 포기하지 않은 모든 이들을 가리킨다고 받아들여지기 때문입니다. 그리고 현실의 이스라엘이 자주 다른 나라를 침략하기도 하고, 팔레스타인 사람을 괴롭히기도 한다는 점에서는, 도리어 현실의 이스라엘 국가가 7장의 넷째 짐승에 대응될 수도 있습니다.

{ 제8장 }

숫양과 숫염소의 환상

1 벨사살이 왕위에 오른 지 삼 년이 되는 해에, 나 다니엘은 처음 본 것에 이어 두 번째로 환상을 보았다. 2 환상 속에서 보니, 나는 엘람 지방 수산 성 을래강 가에 서 있었다. 3 내가 눈을 들어 보니, 숫양 한 마리가 강가에 서 있는데, 그 숫양에게는 뿔이 둘 있고, 그 뿔이 둘 다 길었는데, 한 뿔은 다른 뿔보다 더 길었다. 그 긴 것이 나중에 나온 것이다. 4 내가 보니, 그 숫양이 서쪽과 북쪽과 남쪽으로 들이받는데도, 아무 짐승도 그 앞에서 대항하지 못했으며, 그 손에서 구해낼 수 있는 이가 아무도 없었다. 그 숫양은 자기 마음대로 하며 더욱 강해졌다.

5 ○ 이것이 무엇을 뜻하는지 알아보려고 생각에 잠겨 있을 때에, 숫염소 한 마리가 서쪽으로부터 올라와서 땅에 두루 다

다니엘이 환상의 뜻을 파악하기 위해 '골똘히 생각한다는' 말이(5절) 어색합니다. 하나님의 뜻을 직관적으로 파악하게 되는 게 아니라 공부해서 알아낸다는 뜻인가요? 다니엘서 전체에 걸쳐 제시되는 꿈이나 환상은 모두 직접적인 메시지가 아니라, 금속이나 나무, 짐승과 같은 상징으로 나타납니다. 상징으로 제시된다는 것은 그 의미를 파악하는 데 일정한 해석 작업, 즉 상징을 설명하는 일관된 해석이 필요함을 뜻합니다. 만일 하나님께서 하나님의 뜻을 완전히 명료하게 전달하신다면, 사실 사람은 녹음기나 받아쓰기 기계에 불과할 것입니다. 사람이 하나님을 닮았다면, 사람 역시 이해하고 해석하고 설명하며 풀이하는 능력을 하나님께 받았음이 분명합니다. 흥미롭게도 1~6장의 다니엘은 모든 환상과 꿈을 척척 이해하고 풀이하지만, 7~12장의 다니엘은 자신에게 제시되는 환상의 거의 대부분을 이해하지 못하며, 천사가 그 의미를 알려줘도 잘 깨닫지 못합니다. 이러한 특징 역시 다니엘이 단순히 하나님께서 알려주시면 전부 아는 기계 같은 존재가 아님을 드러냅니다.

니는데, 얼마나 빨리 달리는지, 발이 땅에 닿지 않았다. 두 눈 사이에는 뿔 하나가 뚜렷이 보였다. 6 이 숫염소가 두 뿔을 가진 숫양, 곧 내가 강가에 서 있는 것을 본 그 숫양에게 다가가서, 성난 힘으로 달려들었다. 7 내가 보니, 그 숫염소가 숫양에게 가까이 가서 몹시 성을 내며, 그 숫양을 쳐서 두 뿔을 부수어버렸다. 그 숫양은 숫염소와 맞서서 싸울 힘이 없었다. 숫염소가 숫양을 땅에 집어 던지고 짓밟았으나, 그 손에서 숫양을 구해낼 사람이 없었다.

8 ○ 숫염소가 매우 강해지고 힘이 세어졌을 때에, 그 큰 뿔이 부러지고, 그 자리에 뚜렷하게 보이는 뿔 넷이 하늘 사방으로 뻗으면서 돋아났다. 9 그 가운데의 하나에서 또 다른 뿔 하나가 작게 돋기 시작하였으나 남쪽과 동쪽과 영광스러운 땅 쪽으로 크게 뻗어나갔다. 10 그것이 하늘 군대에 미칠 만큼 강해지더니, 그 군대와 별 가운데서 몇을 땅에 떨어뜨리고 짓밟았다. 11 그것이 마치 하늘 군대를 주관하시는 분만큼이나 강해진 듯하더니, 그분에게 매일 드리는 제사마저 없애버리고, 그분의 성전도 파괴하였다. 12 반역 때문에 성도들의

성전이 파괴되고 제사가 없어진 것은 '숫염소의 뿔'로 상징되는 세력 때문인데 (9-10절), 왜 '반역 때문'(12절)이라고 합니까? '반역'으로 옮겨진 히브리어는 '거역' 혹은 단순히 '죄악'으로 번역할 수도 있습니다. 숫염소의 뿔로 상징되는 존재가 하나님께 드리는 제사를 폐지하고 성전까지 파괴했으니, 그의 행동은 그야말로 하나님에 대한 '거역'이라 표현할 수 있습니다. 예로부터 동서양을 막론하고 막대한 권력과 세력을 장악한 임금들은 스스로를 신이라 칭하며 내세우는 경우가 허다했습니다. 자신의 권력에 취해 오만하게 행하는 임금들은 신전을 파괴하고 그곳을 자신이나 자신이 중요하게 여기는 신을 위한 예배 장소로 바꿔버리기도 했습니다. 그런 점에서 '강력한 임금'과 '강력한 나라'는 근본적으로 하나님을 거역하고 반역하는 상징으로 이해할 수 있습니다.

군대와 매일 드리는 제사가 그 뿔에게로 넘어갔다. 그 뿔은 하는 일마다 형통하였고, 진리는 땅에 떨어졌다.

13 ○ 내가 들으니, 어떤 거룩한 천사가 말하는데, 또 다른 거룩한 천사가 먼저 말한 그 거룩한 천사에게 물었다. "환상 속에서 본 이 일들이 언제까지나 계속될까? 언제까지나 계속해서, 매일 드리는 제사가 폐지되고, 파멸을 불러올 반역이 자행되고, 성소를 빼앗기고, 백성이 짓밟힐까?" 14 다른 천사가 나에게 말하였다. "밤낮 이천삼백 일이 지나야 성소가 깨끗하게 될 것이다."

가브리엘 천사가 환상을 풀이하다

15 ○ 나 다니엘이 그 환상을 보고 그 뜻을 이해하려고 하는데, 내 앞에 사람 모습을 한 것 같은 이가 서 있었다. 16 그때에 내가 을래강의 두 언덕 사이에서 사람이 외치는 소리를

'밤낮 2,300일'(14절)은 실질적인 날수입니까? 상징적인 표현이라면 어떤 의미를 갖는 숫자입니까? 이 숫자에 대한 해석은 여러 의견이 있어서 단정하기 어렵습니다. '밤낮 2,300일'은 밤낮을 하루로 볼 때 1,150일이 되며, 대략 3년 반에 조금 못 미치는 기간입니다. 그래서 다니엘서 후반부에서 여러 번 언급되는 '한 때 두 때 반 때'(단 7:25; 9:27; 12:7)를 가리킨다고 볼 수 있습니다. 특히 이 해석은 매일 드리는 제사가 폐지된 때부터 성소가 다시 정결하게 되기까지의 기간이라는 점에서 실제 역사와도 거의 부합합니다. 주전 167년 안티오코스 에피파네스는 성전을 짓밟고 유대교 신앙을 폐지했으며, 그로부터 3년 동안 유다 마카비가 이끄는 저항 세력이 왕에게 맞서 싸웠고, 마침내 주전 164년 성전을 탈환해 재봉헌했습니다. 그렇다 해도 '한 때 두 때 반 때'와 더불어 '밤낮 2,300일'은 다니엘서와 같은 묵시문학 특유의 상징 표현으로 이해하는 것이 적절합니다. 이러한 숫자들은 현재 공동체에 닥친 재앙과 비극이 절대 영원하지 않고 일시적임을 단호하게 증언합니다.

들었다. "가브리엘아, 이 사람에게 그 환상을 알려주어라."
17 그러자 그는, 내가 서 있는 곳으로 가까이 왔는데, 그가 올
때에 나는 무서워서 엎드렸다.

ㅇ 그가 나에게 말하였다. "이 사람아, 그 환상은 세상 끝에
관한 것임을 알아라." 18 그가 나에게 말할 때에, 나는 얼굴을
땅에 대고 깊이 잠이 들었다. 그러나 그는 나를 어루만지면서
일으켜 세웠다. 19 그리고 그는 말하였다. "보아라, 하나님의
분노가 마지막 때에 어떻게 일어날 것인가를, 내가 너에게 알
려주겠다. 이 환상은 끝 날의 정한 때에 일어날 일에 관한 것
이다.

20 ㅇ 네가 본 숫양의 두 뿔은 메대와 페르시아의 왕들이다.
21 그 숫염소는 그리스 왕이고, 눈 사이에 있던 큰 뿔은 그 첫
째 왕이다. 22 그 뿔이 꺾이고 그 자리에서 생긴 네 뿔은, 그
나라가 분열되어 일어날 네 나라다. 그 네 나라의 힘은 첫 번
째 나라와 같지는 않을 것이다. 23 그들의 통치가 종말에 이

막강하고 흉악한 임금을 이야기하면서 '제 힘이' 아니며, '사람이 손을 대지 않고' 멸
망한다고(24-25절) 합니다. 그럼 어떤 힘이 그를 세웠다가 쓰러뜨린다는 말입니까?
"그의 힘이 강하지만 자신의 힘은 아니다"라는 24절의 표현은 매우 역설적입니다.
마치 자신이 온 세상의 왕이라도 되는 듯 제멋대로 행하며 하나님의 성전을 짓밟고
'만왕의 왕'이신 하나님까지 대적하지만, 그 힘은 그의 것이 아닙니다. 즉, 그는 결코
오래 존속할 수 없고 곧 망할 것입니다. 안티오코스의 죽음에 대해서는 여러 이야기
가 전해집니다. 마카베오상에 따르면 그는 페르시아 원정을 갔다가 유대인들의 성전
재탈환 소식을 전해 듣고 큰 충격을 받았고, 그로 인해 병에 걸려 죽었습니다(1마카
6:1-17). 또 다른 기록에 따르면, 페르시아 원정 실패 후 수치스럽게 퇴각하던 중 예
루살렘을 다시 짓밟을 계획을 세우다가 하나님께서 그에게 극심한 질병을 내리셨고,
결국 이국땅에서 비참하게 죽었습니다(2마카 9:1-29). 질병에 걸려 죽었다는 점에서
"사람이 손을 대지 않고 망했다"는 다니엘서의 표현이 정확하게 성취되었습니다.

를 때에, 그들의 죄악이 극도에 이를 때에, 뻔뻔스런 임금, 흉계에 능숙한 임금이 일어날 것이다. 24 그는 힘이 점점 세어질 터인데, 그 힘은 제 힘이 아니다. 그가 놀라운 힘으로 파괴하고, 하는 일마다 형통하며, 강한 사람과 거룩한 백성을 파멸시킬 것이다. 25 그는 음흉하여서 매사에 속이는 데 능숙하고, 마음이 방자하여서 평화롭게 사는 사람을 많이 죽이며, 만왕의 왕을 대적할 것이다. 그러나 사람이 손을 대지 않아도, 그는 끝내 망할 것이다. 26 내가 너에게 설명한 아침과 저녁 제사 환상은, 반드시 이루어진다. 그러나 아직 멀었으니, 너는 환상의 비밀을 잘 간직해두어라.

27 ○ 그때에 나 다니엘은 몹시 지쳐서, 여러 날 동안을 앓았다. 얼마 뒤에 일어나서, 왕이 맡긴 일을 계속하였으나, 내가 본 그 환상 때문에 나는 몹시 놀랐고, 그 뜻을 이해하지 못하였다.

하나님이 다니엘에게 이런 환상을 보여주는 의도는 무엇입니까? 8장 역시 7장과 거의 비슷한 역사적 전개를 환상과 상징으로 보여줍니다. 같은 내용의 환상이 거듭 등장하는 것은 하나님께서 이를 확정하셨고 반드시 이루어질 일임을 의미합니다(창 41:32). 숫양이 메대와 페르시아를 상징한다면, 숫염소와 처음의 큰 뿔은 알렉산더가 이룩한 헬라 제국을 가리킵니다. 알렉산더 사후에 그의 나라는 넷으로 분열되었고, 그중 하나가 셀레우코스 왕국입니다. 특히 나중에 돋아난 작은 뿔은 셀레우코스 왕국의 안티오코스 에피파네스 왕을 가리킵니다. 이집트를 다스렸던 프톨레마이오스 왕국을 공격하러 원정에 나섰다가 로마의 간섭으로 실패한 안티오코스는 예루살렘에 쳐들어가 완전히 짓밟고 하나님을 향한 예배를 전부 폐지해버립니다. 그로 인해 무수히 많은 유대인들이 죽임을 당했습니다. 다니엘서는 이 시기를 살아가는 동포들을 향해, 안티오코스의 시대가 결코 오래 지속되지 않을 것이라고 전합니다. 하나님께서 반드시 그를 심판하실 것이니, 체념하거나 굴복하지 말고 주하나님 신앙을 굳게 지키라고 격려하는 것, 그것이 다니엘서 같은 묵시 문헌의 목적이며 초점입니다.

{ 제9장 }

다니엘의 기도

1 메대 족속 아하수에로의 아들 다리우스가 바빌로니아 나라의 왕이 된 첫해, 2 곧 그가 통치한 첫해에, 나 다니엘은 거룩한 책들을 공부하면서, 주님께서 예레미야 예언자에게 하신 말씀, 곧 예루살렘이 칠십 년 동안 황폐한 상태로 있을 것을 생각하여보았다. 3 응답을 들으려고, 나는 금식을 하면서, 베옷을 걸치고, 재를 깔고 앉아서, 하나님께 기도를 드리면서 간구하였다. 4 나는 주 나의 하나님께 기도하면서, 백성의 죄를 고백하고 아뢰었다.

○ "위대하시고 두려우신 주 하나님, 하나님을 사랑하며 하나님의 계명을 지키는 사람들에게 언약과 인자를 베푸시는 하나님!

5 ○ 우리가 죄를 짓고 잘못을 저질렀습니다. 악한 일을 저

다리우스 통치 첫해는(1절) 이스라엘 포로들에게 어떤 의미가 있는 시점입니까? 하나님이 '예레미야에게 하신 말씀'(2절)과는 무슨 관련이 있습니까? 다리우스 왕에 대한 언급은 5장 마지막에 처음 나옵니다. 벨사살의 시대가 끝나고 메대 사람 다리우스가 나라를 얻을 것이라 다니엘이 전했던 대로, 다리우스의 시대가 도래했습니다. 9장 1절이 굳이 다리우스의 이름을 언급한다는 점을 고려하면, 다니엘은 벨사살에서 다리우스로의 변화가 그대로 이루어진 현실을 보면서 하나님의 행하심이 임박했다고 생각했을 수 있습니다. 그때 그에게 떠올랐던 또 한 가지는 예레미야를 통해 선포된 말씀입니다. 예레미야서 25장 11-12절에 따르면 바빌로니아의 세계 지배는 70년이 지나면 끝날 것이며, 29장 10절은 바빌로니아에서의 포로 생활 역시 70년이 지나면 종료되어 포로가 귀환할 것이라고 전합니다. 다리우스 시대의 도래를 보면서 다니엘은 하나님께서 행하실 새로운 시대를 기대했을 것입니다.

지르며, 반역하며, 주님의 계명과 명령을 떠나서 살았습니다. 6 우리는, 주님의 종 예언자들이 주님의 이름으로 우리의 왕과 지도자와 조상과 모든 백성에게 말하는 것을 듣지 않았습니다. 7 주님, 주님께서는 언제나 의로우십니다. 그러나 우리는 오늘처럼 낯 뜨거운 수치를 당합니다. 유다에 사는 사람이나 예루살렘에 사는 주민이나, 가까운 데나 먼 데, 곧 이스라엘 사람으로서 흩어져 사는 사람이, 주님께서 쫓아내신 그 모든 땅에서 수치를 당하고 있습니다. 이것은 그들이 주님께 죄를 지었기 때문입니다. 8 주님, 우리와 우리의 왕과 지도자와 조상이 낯 뜨거운 수치를 당한 것은 우리가 주님께 죄를 지었기 때문입니다. 9 주 우리 하나님은 우리를 긍휼히 여겨주시고 용서하여주셨으나, 우리는 하나님께 반역하였습니다. 10 우리가 우리 주 하나님께 순종하지도 않고, 하나님의 종 예언자들을 시키셔서 우리에게 말씀하여주신 율법도 따르지 않았습니다. 11 참으로 온 이스라엘이 주님께 순종하지 않고, 주님의 율법을 어기고 벗어났으므로, 하나님의 종 모세의

'간직'(14절)이라는 표현이 눈에 띕니다. 하나님이 재앙을 유예한 까닭은 무엇입니까? 이스라엘의 불순종과 거역은 이미 오래전부터 계속되고 있었으나, 하나님께서는 곧바로 재앙을 내리지 않으셨습니다. 이스라엘의 죄악이 가벼워서가 아니라, 하나님께서 그 백성을 긍휼히 여기시기 때문입니다(9절). 그러나 이스라엘은 하나님의 긍휼을 생각하지 않고 돌이킴 없이 악을 지속했고, 마침내 하나님께서는 준비했던 재앙을 내리셨습니다. 그런데 이렇게 재앙을 내리실 때도 하나님께서는 모세의 율법에 기록된 대로 행하셨습니다. 그것은 현재 벌어진 참상이 우연이라거나 불운의 결과가 아니라, 하나님께서 그들을 책망하고 심판하시는 것임을 하나님의 백성이 깨닫기 원하시기 때문입니다. 그래서 언제라도 그들이 불순종으로 인해 재앙이 임했음을 깨닫고 인정하며 하나님께로 돌이킨다면, 하나님께서는 그들을 다시금 회복시키십니다.

율법에 기록된 벌과 저주가 우리에게 내렸습니다. 이것은 우리가 주님께 죄를 지었기 때문입니다. 12 주님은 우리에게 큰 재앙을 내리셔서, 우리와 우리를 다스리는 통치자들에게 하신 말씀들을 이루셨습니다. 예루살렘에 내린 것과 같은 재앙은 하늘 아래 그 어느 곳에서도 없던 것입니다. 13 모세의 율법에 기록된 대로 이 모든 재앙이 우리에게 미쳤습니다. 그런데 아직도 우리는 죄의 길에서 돌아서지 않았습니다. 하나님의 진리를 따라 살지 않았습니다. 이렇게 우리는 주 우리 하나님께 은혜를 구하려 하지 않습니다. 14 주님께서 재앙을 간직해두셨다가 우리에게 미치게 하신 것은, 주 우리 하나님이 하시는 모든 일은 의로우신데, 우리가 말씀에 순종하지 않은 까닭입니다.

15 ○ 강한 손으로 주님의 백성을 이집트 땅에서 인도하여내시고, 오늘과 같은 명성을 얻으신 주 우리 하나님, 우리가 죄를 짓고, 악한 일을 저질렀습니다. 16 주님, 주님께서 지난날

다니엘은 어째서 성전을 복구해달라고(17절) 기도합니까? 포로 생활의 청산이나 나라를 되찾게 해달라고 기도하는 게 정상 아닙니까? 다니엘서는 이스라엘이 이방 땅에서 살아가는 처지임에도 불구하고 '포로의 청산', '포로 신세로부터의 귀환'에 대해 전혀 이야기하지 않는다는 점에서 특이합니다. 특히 7-12장은 포로 신세로부터의 귀환을 전혀 언급하지 않고, 오직 성전의 회복만을 위해 기도합니다. 이 때문에 7-12장은 이 내용을 보고 듣는 이들이 이미 예루살렘에 살고 있음을 전제로 한다고 볼 수 있습니다. 바빌로니아에 포로로 끌려간 다니엘의 입을 통해 다니엘서 7-12장, 특히 9장은 황폐해진 예루살렘의 재앙이 자신들의 죄악 때문임을 고백하면서, 이 재앙이 언제 끝나고 성전이 언제 회복될지를 전합니다. 그래서 9장은 주전 2세기 중반 안티오코스 에피파네스의 가혹한 박해 아래 살아가던 청중들의 의문과 간절한 기도를 반영한다고 볼 수 있습니다. 안티오코스의 박해라는 지금의 현실을 어떻게 해석하고 견뎌낼 것인가라는 질문에 9장은 하나의 답을 제시합니다.

에 우리를 구하여주셨으니, 이제 주님의 성 예루살렘 곧 주님의 거룩한 산으로부터 주님의 분노를 떠나게 해주십시오. 우리의 죄와 우리 조상의 죄악 때문에, 예루살렘과 주님의 백성이 우리 주위에 있는 민족들에게 멸시를 받습니다. 17 우리의 하나님, 이제 주님의 종의 기도와 간구를 들어주십시오. 무너진 주님의 성전을 복구하여주십시오. 성전을 복구하셔서, 주님만이 하나님이시라는 것을 모두가 알게 해주십시오. 18 나의 하나님, 귀를 기울이시고 들어주십시오. 눈을 크게 뜨시고, 우리가 황폐해진 것과 주님의 이름을 빛내던 이 도성의 고통을 굽어보아주십시오. 우리가 이렇게 주님께 간구하는 것은, 우리가 잘나서가 아니고, 주님께서 자비하시기 때문입니다. 19 주님, 들어주십시오. 주님, 용서하여주십시오. 주님께서 들어주시고, 이루어주십시오. 나의 하나님, 만민이 주님께서 하나님이심을 알아야 하니, 지체하지 마십시오. 이 도성과 이 백성이 주님의 것이기 때문입니다."

'저녁 제사'(21절)란 무얼 말합니까? 포로 생활을 하는 다니엘은 어떻게 꼬박꼬박 제사를 지낼 수 있습니까? 바빌론 땅에서 포로로 살았던 이들은 예루살렘에서 드리던 제사 시간을 기억하며 기도했습니다. 성전에서는 매일 아침과 저녁, 두 번의 제사를 드렸습니다(출 29:38-42; 민 28:3-8; 왕상 18:29, 36; 왕하 16:15; 라 9:4-5). 그러나 성전이 존재하지 않는 땅에서는 더 이상 제사를 드릴 수 없었고, 그곳에서 살아야 하는 이스라엘 백성은 매일 드리는 제사의 시간, 특히 저녁 제사 시간에 맞춰 기도를 드렸습니다. 시편 141편 2절은 기도가 저녁 제사같이 되기를 하나님께 구하기도 합니다. 다니엘서 역시 이러한 제사 시간에 맞춰 기도 행위가 이루어졌음을 보여줍니다. 포로기를 거치면서 이스라엘은 제사 자체를 드릴 수 없는 상황이 되었으나, 이 시간을 하나님께 기도하는 시간으로 활용하면서 새로운 시대에 맞는 새로운 신앙 행위를 정립해갈 수 있었습니다. 겉으로 드러난 제도는 달라졌지만, '하나님께 나아가 자신을 드림'이라는 그 본질적인 의미는 이어간 것입니다.

가브리엘이 예언을 설명하다

20 ○ 내가 아직 아뢰어 기도하면서, 나의 죄와 이 백성 이스라엘의 죄를 자백하고, 나의 하나님의 거룩한 산 성전을 다시 회복시켜주시기를 주 나의 하나님께 간구할 때에, 21 내가 이렇게 기도드리면서 아뢸 때에, 지난번에 환상에서 본 가브리엘이, 내가 있는 곳으로 급히 날아왔다. 저녁 제사를 드릴 때였다. 22 그가 나에게 와서 설명해주었다. "다니엘아, 내가 이제 너에게 지혜와 통찰력을 주려고 한다. 23 네가 간구하자마자, 곧 응답이 있었다. 그 응답을 이제 내가 너에게 알려주려고 왔다. 네가 크게 사랑을 받고 있기 때문이다. 그러므로 그 말씀을 잘 생각하고, 그 환상의 뜻을 깨닫도록 하여라. 24 ○ 하나님께서 너의 백성과 거룩한 도성에 일흔 이레의 기한을 정하셨다. 이 기간이 지나가야, 반역이 그치고, 죄가 끝나고, 속죄가 이루어지고, 하나님이 영원한 의를 세우시고,

'일흔 이레'(24절)란 정확히 어느 기간을 말합니까? 이레가 7일이니 일주일이 70번 있다는 뜻입니까? 기본적으로 '이레'라는 단어는 '7일'을 의미합니다(레 12:5; 신 16:9). 그러나 다니엘서의 70이레를 '일흔 번의 일주일'로 해석하면 문맥상 의미가 잘 통하지 않습니다. '이레'를 '7년'으로 이해할 수도 있는데, 구약성경 다른 본문에서는 그런 예가 없지만 다니엘서 9장은 그런 해석이 잘 어울립니다. 그래서 본문의 70이레는 일흔 번의 7년, 즉 490년을 의미합니다. 그러나 구약성경에서 숫자 7이 '하나님의 온전하심'을 의미하는 상징적 숫자인 것을 생각하면, 70이레는 단순히 490년을 가리킨다기보다는 '하나님께서 정하신 꽉 찬 시간'으로 이해하는 편이 더 적절합니다. 9장 24-26절은 70이레를 마지막까지 남은 역사의 기간으로 풀이합니다. 첫 일곱 이레는 포로기를 끝맺고 예루살렘이 회복되는 기간, 그다음 62이레는 이스라엘이 회복되고 예루살렘이 재건되는 기간입니다. 마지막 한 이레는 이스라엘에 극심한 고통이 닥쳐오는 기간이며, 그 이후에 하나님께서 정하신 끝이 도래합니다.

환상에서 보이신 것과 예언의 말씀을 이루시고, 가장 거룩한 곳에 기름을 부으며, 거룩하게 구별하실 것이다. 25 그러므로 너는 다음과 같은 사실을 깨달아 알아야 한다. 예루살렘을 보수하고 재건하라는 말씀이 내린 때로부터 기름을 부어서 세운 왕이 오기까지는 일곱 이레가 지나갈 것이다. 그리고 예순두 이레 동안 예루살렘이 재건되어서, 거리와 성곽이 완성될 것이나, 이 기간은 괴로운 기간일 것이다. 26 예순두 이레가 지난 다음에, 기름을 부어서 세운 왕이 부당하게 살해되고, 아무도 그의 임무를 이어받지 못할 것이다. 한 통치자의 군대가 침략해 들어와서, 성읍과 성전을 파괴할 것이다. 홍수에 침몰되듯 성읍이 종말을 맞을 것이다. 피할 수 없는 전쟁이 끝까지 계속되어, 성읍이 황폐하게 될 것이다. 27 침략하여 들어온 그 통치자는 뭇 백성과 더불어, 한 이레 동안의 굳은 언약을 맺을 것이다. 그리고 한 이레의 반이 지날 때에, 그 통치자는 희생제사와 예물 드리는 일을 금할 것이다. 그 대신에 성전의 가장 높은 곳에 흉측한 우상을 세울 것인데, 그것

예루살렘과 성전을 재건하는 것은 다니엘과 포로들의 오랜 희망이었을 텐데, 어째서 '괴로운 기간'(25절)이 되는지 모르겠습니다. 이스라엘은 멸망하면서 완전히 황폐해졌지만, 하나님의 은혜로 다시 돌아올 수 있었고, 페르시아의 지배 아래에서 유다와 예루살렘은 차근차근 다시 회복의 과정을 거치게 됩니다. 구약성경의 에스라기, 느헤미야기, 학개서, 스가랴서, 말라기서 등이 이 시기를 다루는데, 이 책들은 모두 이 회복의 시기가 단번에 쉽게 이루어지는 것이 아님을 보여줍니다. 오히려 공동체 전체가 함께 애쓰고 수고하며 내외부의 적들에 맞서면서 회복을 이루어갑니다. 기도했다고 해서 모든 일이 척척 순조롭게 다 이루어지는 것은 아닙니다. 하나님께서 도우시되 스스로 눈물 흘리며, 체념하지 않고 변화를 만들어가야 했던 시간이었습니다. 재건이 삽시간에 이루어지지 않고 결코 짧지 않은 시간이 걸렸다는 점에서, 이 시기를 '괴로운 기간'이라 표현했다고 볼 수 있습니다.

을 거기에 세운 사람이 하나님이 정하신 끝 날을 맞이할 때까지, 그것이 거기에 서 있을 것이다."

다시 지은 예루살렘과 성전이 도로 무너질 거란 예언은(26~27절) 참 허무합니다. 그렇다면 굳이 재건할 필요가 무엇이란 말입니까? 회복과 재건에 소요된 기간이 69이레였다면, 마지막 한 이레는 무척이나 고통스럽고 힘겨운 시간이 될 것입니다. 그동안 이룬 모든 회복과 재건이 다시금 삽시간에 무로 돌아가고, 극심한 박해가 밀어닥쳤기 때문입니다. 하나님께서 세우신 이가 살해된다는 구절은 주전 2세기 초반 대제사장이던 오니아스 3세가 피살된 사건을 가리키는 것으로 보입니다. 그 이후 안티오코스 왕의 포악하고 거센 박해가 예루살렘과 유다 전역에 밀어닥쳐 곳곳의 성읍이 파괴되었으며, 무엇보다도 성전이 이 세력에 의해 짓밟히고 말았습니다. 예루살렘이 회복되고 성전이 재건되었지만, 안티오코스의 진격으로 인해 그 모든 회복의 결실이 한순간에 전부 파괴된 것입니다. 그뿐만 아니라 안티오코스는 앗시리아나 바빌로니아 시대에는 하지 않았던 짓, 즉 하나님께 드리는 제사와 예물을 파괴하고 변질시켰으며, 성전에는 흉측한 우상까지 세웠습니다. 마지막 한 이레는 엄청난 재앙과 극심한 박해의 시대였습니다.

{ 제10장 }

티그리스강 변에서의 환상

1 페르시아의 고레스 왕 제삼 년에, 일명 벨드사살이라고 하는 다니엘이 계시로 말씀을 받았다. 그 말씀은 참된 것이었는데, 환상을 보는 가운데, 심한 고생 끝에 겨우 그 뜻을 깨달았다.

2 ○ 그때에 나 다니엘은 세 이레 동안 고행하였다. 3 세 이레 내내 좋은 음식을 삼가고, 고기와 포도주도 입에 대지 않았으며, 몸에 기름을 전혀 바르지 않았다.

4 ○ 첫째 달 스무나흗날에 나는 큰 강 티그리스강 둑에 와 있었다. 5 그때에 내가 눈을 떠서 보니, 한 사람이 모시옷을 입고 우바스의 금으로 만든 띠로 허리를 동이고 있었다. 6 그의 몸은 녹주석같이 빛나고, 그의 얼굴은 번갯불같이 환하고, 눈은 횃불같이 이글거리고, 팔과 발은 빛나는 놋쇠처럼 뻔쩍였으며, 목소리는 큰 무리가 지르는 소리와도 같았다.

7 ○ 나 다니엘만 이 환상을 보고, 나와 같이 있는 다른 사람

4-6절은 하나님 자신, 천사, 사람 가운데 누구를 염두에 두고 읽는 게 좋습니까? 다니엘은 세 이레의 날들, 즉 삼 주 동안 좋은 음식을 삼가며 하나님께 마음을 쏟았습니다. 그때 하나님께서는 다니엘에게 하나님의 뜻을 알리는 환상을 보게 하셨습니다. 5절부터 그 환상의 내용이 기록되어 있습니다. 5-6절은 다니엘이 환상 속에서 본 하늘의 존재를 묘사합니다. 눈앞에 선 존재의 색깔, 밝기, 소리, 촉감 등을 세밀하게 표현해, 다니엘이 본 환상이 단순한 망상이 아니라 실재임을 강조합니다. 추후 전개되는 내용으로 볼 때 이 존재는 하나님께서 보내신 천사, 아마도 가브리엘일 것으로 추측됩니다. 그러나 본문은 굳이 그를 밝히지 않습니다. 이러한 환상 속에 등장하는 천사는 하나님께서 보내신 이로 하나님과 구별되는 존재지만, 하나님의 뜻을 전한다는 점에서 사실상 하나님을 대표하고 상징하기도 합니다.

들은 그 환상을 보지 못하였다. 그들은 두려워하며, 도망쳐서 숨었으므로, 8 나 혼자만 남아서, 그 큰 환상을 보았다. 그때에 나는 힘이 빠지고, 얼굴이 죽은 것처럼 변하였으며, 힘을 쓸 수 없었다. 9 나는, 그가 말하는 소리를 들었는데, 그의 말소리를 들었을 때에, 나는 정신을 잃고 땅에 쓰러졌다.

10 ○ 그런데 갑자기 한 손이 나를 어루만지면서, 떨리는 손과 무릎을 일으켰다. 11 그가 내게 말하였다. "하나님께 큰 사랑을 받은 사람 다니엘아, 이제 내가 네게 하는 말을 주의해서 들어라. 너는 일어서라. 지금 나를 네게로 보내셔서 이렇게 왔다." 그가 내게 이 말을 할 때에, 나는 일어섰으나 여전히 떨렸다.

12 ○ 그가 내게 말하였다. "다니엘아, 두려워하지 말아라. 네가 이 일을 깨달으려고 하나님 앞에서 스스로 겸손하여지기로 결심한 그 첫날부터, 하나님은 네가 간구하는 말을 들으셨다. 네가 간구하는 말에 응답하려고 내가 왔다. 13 그러나 페르시아 왕국의 천사장이 스무하루 동안 내 앞을 막았다. 내가

페르시아의 천사장과(13절) 그리스의 천사장은(20절) 어떤 존재들입니까? 본문대로 보자면, 페르시아를 지키는 천사장이 있고, 이스라엘을 지키는 천사장, 그리고 그리스를 지키는 천사장이 있다고 여겨집니다. 신명기의 한 구절은 하나님께서 각 민족에게 배정하신 나름의 신들이 있다고 표현합니다(신 29:26). 다니엘이 활동하던 페르시아 제국의 종교는 조로아스터교로, 선한 신과 악한 신이 대립하면서 온 세상을 주관한다는 '이원론적 세계관'을 지녔습니다. 이러한 이원론은 페르시아 시대 이래 이스라엘에도 영향을 미쳤고, 다니엘서 10장 역시 그 영향이 반영되었다고 볼 수도 있습니다. 그러나 이 본문을 두고 각 나라마다 그들을 돕고 지키는 천사들이 있다고 단언하기는 어렵습니다. 본문의 핵심은 땅에서의 곤란함과 어려움, 재앙은 하늘 영역에서 전개되는 싸움의 반영이라는 것, 그리고 하나님께서 반드시 하늘에서 승리하실 것이며 땅에서도 그 백성을 지키고 회복하실 것이라는 사실입니다.

페르시아에 홀로 남아 있었으므로, 천사장 가운데 하나인 미가엘이 나를 도와주었다. 14 이제 내가 마지막 때에 네 백성에게 일어날 일을 깨닫게 해주려고 왔다. 이 환상은 앞으로 일어날 일을 보여주는 것이다."

15 ○ 그가 내게 이런 말을 할 때에, 나는 얼굴을 땅에 대고, 벙어리처럼 엎드려 있었다. 16 그런데 갑자기 사람처럼 생긴 이가 나의 입술을 어루만졌다. 내가 입을 열어서, 내 앞에 서 있는 이에게 말하였다. "천사님, 제가 환상을 보고 충격을 받고, 맥이 모두 빠져버렸습니다. 17 이제 힘이 다 빠져버리고, 숨도 막힐 지경인데, 천사님의 종인 제가 감히 어떻게 천사님께 말씀을 드리겠습니까?"

18 ○ 사람처럼 생긴 이가 다시 나를 어루만지시며, 나를 강하게 하였다. 19 그리고 그가 말하였다. "하나님이 사랑하는 사람아, 두려워하지 말아라. 평안하여라. 강건하고 강건하여라."

○ 그가 내게 하는 말을 들을 때에, 내게 힘이 솟았다. 내가

사람이면 사람, 천사면 천사라고 하면 될 것을 '사람처럼 생긴 이'(16절)라고 애매하게 표현한 까닭은 무엇입니까? 이 표현은 다니엘서 특유의 표현이라 할 수 있습니다. 하늘에서 내려온 존재이며 하나님께서 보내신 영적 존재임이 분명한데, 그가 지닌 모습은 완전히 사람과 같았기에 이처럼 '사람처럼 생긴 이'라고 표현한 것입니다. 8장 15절은 가브리엘을 두고 같은 표현을 사용했습니다. 10장 16절과 18절의 표현 역시 가브리엘을 가리키는 것으로 보입니다. 하나님께서 당신의 뜻을 알리고 사람을 격려하기 위해 천사를 보내시되, 다니엘 같은 사람들과 대화하고 도울 수 있도록 사람의 모습으로 나타나게 하셨습니다. 반면 7장 13절에서도 구름을 타고 온 존재를 '사람 같은 이'라 표현하는데, 이 경우는 이후 제시되는 풀이를 볼 때 하나님의 백성 이스라엘을 가리키므로 말 그대로 '사람'을 뜻합니다. 구름을 타고 나타나서 천사일 줄 알았는데, 실제로는 사람이었다는 것입니다.

말하였다. "천사님이 나를 강하게 해주셨으니, 이제 내게 하실 말씀을 해주시기 바랍니다."

20 ○ 그가 말하였다. "너는, 내가 왜 네게 왔는지 아느냐? 나는 이제 돌아가서, 페르시아의 천사장과 싸워야 한다. 내가 나간 다음에, 그리스의 천사장이 올 것이다. 21 나는 '진리의 책'에 기록된 것을 네게 알려주려고 한다. (너희의 천사장 미가엘 외에는, 아무도 나를 도와서 그들을 대적할 이가 없다.

'진리의 책'(21절)이란 무얼 가리킵니까? 성경책입니까? 다니엘서에는 하나님과 연관해 종종 '책'이 언급됩니다. 7장에서는 하나님께서 온 세상을 심판하시는 장면에서 그 앞에 '책들'이 펼쳐져 있었다고 전합니다(단 7:10). 12장에서도 다가올 마지막 재앙의 날에 재앙으로부터 보호받을 하나님의 백성이 기록된 책이 등장합니다(12:1). 이처럼 심판, 구원과 연관해 언급되는 '책'은 이제부터 하나님께서 행하실 일이 이미 정해져 있음을 상징합니다. 책에 기록되어 있어서 그대로 이루어질 것이므로, 장차 벌어질 일을 보고 놀라거나 이상히 여기지 말라는 뜻입니다. 또한 아무리 큰 환난과 어려움이 있다 해도 하나님께서 그분의 백성을 이미 기록해두신 대로 반드시 건지고 구원하실 것이니, 두려워할 것 없다는 의미이기도 합니다. 10장 마지막 구절에 등장한 '진리의 책' 또한, 이어지는 11장에서 예고되는 일들이 무척이나 혼란스럽고 힘겨울 수 있지만, 하나님께서 이미 다 알고 미리 정하신 일이라는 사실을 강조합니다. '책'이라는 소재는 이처럼 하나님께서 행하실 일의 확실함과 확고함을 증언합니다.

{ 제11장 }

1 내가 메대 사람 다리우스 일 년에, 그를 강하게 하고 보호하려고 일어섰다.)"

이집트와 시리아

2 ○ "이제 내가 진실을 너에게 말하겠다. 보아라, 페르시아에 또 세 왕이 일어날 것이며, 그 뒤에 넷째는 다른 누구보다 큰 재물을 모을 것이다. 그가 재물을 모으고 권세를 쥐게 되면, 모든 사람을 격동시켜서 그리스를 칠 것이다.

3 ○ 그러나 그리스에서는 용감한 왕이 일어나서, 큰 권력을 쥐고 다스리면서, 자기 마음대로 할 것이다. 4 그러나 그의 권세가 끝날 때가 되면, 그의 나라가 깨어져서, 천하 사방으로 나뉠 것이다. 그의 자손도 그 나라를 물려받지 못한다. 그의 자손은 그가 누리던 권세도 누리지 못할 것이다. 그의 나

괄호가 10장 끄트머리에서 시작해 11장 앞머리에서 끝납니다. 왜 편집이 이렇게 어수선한 걸까요? 무슨 특별한 사연이 있습니까? 1절의 '메대 사람 다리우스 일 년에' 같은 표현은 새로운 장을 시작하는 첫 구절에 어울립니다(예, 단 1:1; 2:1; 7:1; 9:1; 10:1 등). 아마도 이러한 이유로 어느 시기엔가 1절이 새로운 장의 시작으로 자리 잡았을 것입니다. 그러나 실제 내용 자체는 10장 21절과 자연스럽게 이어집니다. 그리고 10장 21절 전반절과 11장 2절은 모두 '진실 혹은 진리'를 다니엘에게 알려주겠다는 표현이 있어서 서로 연결됩니다. 이런 점에서 10장 21절 후반절과 11장 1절의 내용은 서로 이어지는 흐름 속에 삽입된 것처럼 보입니다. 이 때문에 새번역 성경은 이 부분을 괄호로 처리해서 한데 묶었습니다. 물론 히브리어 본문에는 괄호 같은 것이 존재하지 않지만, 번역 성경에서 이 같은 괄호 표기는 10장 21절과 11장 2절을 연결해서 읽도록 돕습니다.

라가 뽑혀서, 그의 자손이 아닌 다른 사람들에게 넘어갈 것이기 때문이다.

5 ○ 남쪽 왕이 강해질 것이나, 그의 장군 가운데 하나가 그보다 더 강해져서, 더 큰 나라를 다스릴 것이며, 그의 권세는 매우 클 것이다. 6 몇 년 뒤에 그들은 동맹을 맺을 것이며, 남쪽 왕은 자기 딸을 북쪽 왕과 결혼시켜서, 서로 화친할 것이다. 그러나 그 여인은 아무런 권세도 쥐지 못하고, 왕자를 낳아도 세자가 되지 못할 것이다. 그 여인과, 그 여인을 호위하여 온 이들과, 그 여인을 낳은 이와, 그 여인을 편들어 돕던 모든 사람이, 다 버림을 받을 것이다. 7 그러나 그 여인의 뿌리에서 난 자손 가운데서 한 사람이 왕의 자리를 이어받을 것이다. 그가 북쪽 왕의 군대를 공격할 것이며, 요새에 들어가 그들을 쳐서 이길 것이다. 8 그가 그들의 신들과 그들이 부어서 만든 신상들과 귀중한 은그릇과 금그릇들을 노획하여, 이집트로 가져갈 것이다. 평화가 몇 해 동안 이어간 다음에, 9 북쪽 왕이 남쪽 왕의 나라를 치겠지만, 결국 자기의 땅으로 후퇴할 것이다.

적이 섬기는 신상까지 가져가는(8절) 의도는 무엇입니까? 추종자를 보호해주지도 못하는 신을 데려다 어디다 쓴답니까? 고대 중동 세계에서는 거의 모든 나라가 하나의 신만을 섬기는 것이 아니라, 여러 신을 섬기는 것이 교양이자 상식이었습니다. 한 나라가 다른 나라에게 승리했다는 것은 패배한 나라의 신들이 승리한 나라의 왕을 인정하고 새로운 통치자로 세웠다는 의미로 해석되었습니다. 그래서 남쪽 왕, 즉 이집트를 다스리던 프톨레마이오스 왕조의 왕은 시리아 지역에 기반을 둔 셀레우코스 왕조를 물리치고 신상을 비롯해 온갖 귀중한 것들을 노획했습니다. 이렇게 신전의 모든 것이 약탈당하는 일은 바빌로니아가 유다를 정복했을 때도 벌어졌던 일입니다(단 1:1-2). 프톨레마이오스 왕은 이러한 행동을 통해 자신의 승리를 만방에 확실하게 드러내고자 했을 것입니다.

10 ○ 북쪽 왕의 아들들이 전쟁을 준비하면서, 많은 병력을 모을 것이다. 그들 가운데 하나가 물밀듯이 내려가서, 남쪽 왕의 요새를 쳐부술 것이다. 11 남쪽 왕이 크게 격분하여, 나아가서 북쪽 왕과 싸울 것이다. 이때에 북쪽 왕이 많은 군대를 일으킬 것이나, 그 큰 군대는 남쪽 왕의 손에 넘어가 포로가 될 것이다. 12 남쪽 왕이 그 큰 군대를 사로잡을 때에, 그의 마음이 교만해져서, 수많은 사람을 쓰러뜨리고도 승리는 차지하지 못할 것이다.

13 ○ 북쪽 왕은 돌아가서, 처음보다 더 많은 군대를 일으킬 것이며, 몇 해가 지난 다음에, 큰 군대와 장비를 이끌고 갈 것이다. 14 그때에 많은 사람이 일어나서, 남쪽 왕을 칠 것이다. 너희 백성 가운데서도, 난폭한 사람들이 나서서 환상에서 본 대로 이루려고 하겠지만, 그들은 실패할 것이다. 15 그때에 북쪽 왕이 와서 흙 언덕을 쌓고, 요새화된 성읍을 빼앗을 것이다. 남쪽 군대는 북쪽 군대를 당해낼 수 없을 것이다. 남쪽

'난폭한 사람들'(14절)은 어떤 이들입니까? 이들은 어떤 환상을 보았습니까? 10절부터 20절까지는 셀레우코스 왕조의 안티오코스 3세 시대를 다룹니다. 안티오코스 3세는 대단한 능력을 발휘해, 알렉산더 사후 100년 동안 이집트의 프톨레마이오스 왕조에게 지배당하던 팔레스타인 전역을 주전 200년에 벌어진 전투에서 최종적으로 프톨레마이오스로부터 빼앗아 차지했습니다. 이후 거의 100년에 이르는 동안 유대를 포함한 팔레스타인은 셀레우코스 왕가의 영향권 아래 놓이게 됩니다. 14절이 언급하는 '난폭한 사람들'은 안티오코스 3세와 결탁해 자신의 욕심을 이루려는 '친시리아파' 유대인들을 가리키는 것으로 보입니다. 여기서 말하는 '환상'이 다니엘서 8장 같은 본문이 언급하는 '환상'을 가리키는지, 아니면 이렇게 셀레우코스 세력에 영합한 유대인들의 행동을 정당화하는 어떤 환상을 가리키는지는 불확실합니다. 아마도 이방 세력에 영합한 무리들의 득세 역시 다니엘이 보았던 환상이 실현돼가는 과정일 뿐이라는 의미로 볼 수 있습니다.

의 정예부대도 북쪽 군대를 당해낼 힘이 없을 것이다. 16 북쪽 침략자들은 남쪽 사람들을 자기들의 뜻대로 억압할 것이나, 아무도 그들을 당해내지 못할 것이다. 그들은 영광스러운 땅, 약속의 땅에 우뚝 설 것이며, 그 땅을 완전히 장악할 것이다.

17 ○ 북쪽 왕은 자기 나라의 군사력을 이용하여 남쪽 왕과 화친할 것이며, 남쪽 왕에게 딸을 주어 그 왕국을 멸망시키려고 할 것이다. 그러나 그 일은 이루어지지 않고 그에게 도움도 되지 못할 것이다. 18 그 뒤에 그는 해변 땅 쪽으로 방향을 돌려서, 많은 곳을 점령할 것이다. 그러나 한 장군이 나타나 그를 꺾어버려서 그가 더 이상 행패를 부리지 못하게 하고, 오히려 북쪽 왕이 부리던 행패가 자신에게로 되돌아가게 할 것이다. 19 그 뒤에 그가 자기의 땅에 있는 요새지로 돌아가겠지만, 비틀거리다가 넘어져서, 사라지고 말 것이다.

20 ○ 다른 왕이 그의 뒤를 이어서 왕이 될 것이다. 새 왕은 백성을 억압하는 세금 징수원들을 전국 각 지방에 보내고, 세금을 많이 거두어서 나라의 영화를 유지하려고 하겠지만, 얼마 안 가서, 아무도 모르게 살해되고 말 것이다."

딸을 주는 게 어떻게 적국을 멸망시키는 비책이(17절) 될 수 있습니까? 이 딸은 누구입니까? 안티오코스 3세는 이집트를 완전히 정복해 지배하는 일이 혹시라도 로마를 비롯한 주변국들의 반대와 개입을 불러올 수 있다고 판단하고, 적절한 선에서 화친을 맺습니다. 그리고 딸 클레오파트라를 프톨레마이오스 왕조의 프톨레마이오스 5세와 결혼시킵니다. 아마도 딸을 통해 이집트에 대한 영향력을 강화하려 했을 것입니다. 고대에나 지금에나 결혼 동맹은 언제나 특정한 이들이 권력을 유지하고 상대방을 은연중에 지배하기 위해 사용되는 일상적이면서도 매우 중요한 수단입니다. 그러나 안티오코스 3세의 의도와는 달리 클레오파트라는 자신의 남편과 그 나라에 더욱 헌신했고, 결국 안티오코스의 계획은 무산되었습니다.

시리아의 악한 왕

21 ○ "뒤를 이어 어떤 비열한 사람이 왕이 될 것이다. 그는 왕이 될 권리도 없는 악한 사람인데도, 왕위를 차지할 것이다. 그는 은밀하게 술책을 써서, 왕권을 잡을 것이다. 22 홍수와 같은 힘을 가진 군의 세력도 그의 앞에서는 패하여 깨질 것이며, 동맹을 맺고 왕위에 오른 왕도 그렇게 될 것이다. 23 다른 나라들과 동맹을 맺으나, 끝내는 그 나라들을 속이고, 비록 그가 소수의 백성을 다스리는 통치자이지만, 점점 세력을 확장하여 패권자로 군림하게 될 것이다. 24 그는 선전포고도 하지 않고 부유한 지방을 침략하여, 그의 조상이나 그 조상의 조상도 하지 못한 일을 할 것이다. 그가 추종자들에게 전리품과 노략물과 재물을 나누어주고, 요새지역을 공격할 음모를 계획할 것인데, 그의 통치 기간은 얼마 되지 않을 것이다.

25 ○ 그는 남쪽 왕을 치려고, 용기를 내서 큰 군대를 일으

28절과 30절에 거푸 등장하는 '거룩한 언약'은 어떤 약속을 가리킵니까? 21절부터 마지막 45절까지는 안티오코스 4세 에피파네스의 시대를 다룹니다. 다니엘서는 그를 두고 '비열한 사람', '은밀하게 술책을 부려 왕권을 잡은 이' 등으로 표현하면서 강한 적개심을 드러냅니다. 안티오코스 4세는 두 차례에 걸쳐 이집트를 침공합니다(25, 29절). 두 번째 침공에서는 이집트를 거의 장악하였으나, '서쪽 해안의 배들'(30절)로 표현된 로마의 개입으로 인해 결국 빈손으로 물러날 수밖에 없었습니다. 시리아 지역에 기반을 둔 그의 군대가 이집트를 침공하고 돌아갈 때는 반드시 팔레스타인을 지나게 됩니다. 그래서 그는 두 번의 침공으로 예루살렘에 큰 피해를 입혔는데, 특히 두 번째 원정 실패 후 돌아가는 길에는 예루살렘을 그야말로 초토화시켰습니다. 예루살렘에서 그에 대한 반란이 일어났다는 소문을 듣고는 성전을 짓밟고 성전 기물을 약탈했으며, 무수한 이들을 죽인 것입니다. 28절과 30절에서 말하는 '거룩한 언약'은 이러한 맥락에서 '하나님과 언약을 맺고 하나님의 규례를 따라 살아가는 하나님의 언약 백성'을 가리킨다고 볼 수 있습니다.

킬 것이다. 남쪽 왕도 매우 크고 강한 군대를 일으켜서 맞서서 싸우지만, 대항하지 못할 것이다. 북쪽 왕이 음모를 꾸며서 남쪽 왕을 칠 것이기 때문이다. 26 남쪽 왕과 함께 왕실 음식을 먹는 사람들이 왕을 멸망시킬 것이다. 그의 군대가 패할 것이고, 많은 군인이 쓰러져 살해될 것이다. 27 그때에 그 두 왕이 함께 먹으려고 한 식탁에 앉지만, 그 동기가 악하므로, 서로 거짓말을 주고받을 것이다. 그러나 하나님께서 정하신 때가 오지 않았으므로, 그들은 원하는 바를 얻지 못할 것이다. 28 북쪽 왕은 전리품을 많이 가지고 그의 본토로 돌아갈 것이다. 그러나 그에게는 거룩한 언약을 거역하려는 마음이 있어서, 자기 마음대로 하고서야 그의 땅으로 돌아갈 것이다. 29 ○ 정한 때에 그가 다시 남쪽으로 내려가서 이집트를 치지만, 그때에는 전번과 다를 것이다. 30 서쪽 해안의 배들이 그를 치러 올 것이고, 그 때문에 그는 낙심할 것이다.

○ 그는 퇴각하는 길에, 거룩한 언약을 맺은 사람들에게 분풀

'성전의 요새 지역'(31절)이라는 말뜻을 모르겠습니다. 성전 안에 따로 요새가 있었다는 얘긴 처음 듣습니다. 28-35절은 주전 167년 이래 안티오코스 4세가 유대와 예루살렘에 자행한 극심한 박해를 묘사합니다. 안티오코스의 명을 따라 진격한 셀레우코스 군대가 짓밟은 가장 중요한 장소는 당연히 예루살렘 성전이었습니다. 그들은 성전에서 매일 드리는 제사를 금지했고, 그 자리에는 '흉측한 파괴자의 우상'을 세웠습니다. '성전의 요새 지역'이라는 표현은 '성전, 곧 요새'라고 옮길 수도 있습니다. 성전은 외부의 공격을 막는 공간이기도 했고, 하나님께서 거하며 하나님의 백성을 돌보시는 곳이라는 점에서 상징적으로 '요새'라고 불릴 수도 있었을 것입니다. 그러나 이후 성전 바로 곁에 실제 요새가 세워졌다는 점을 고려하면, 셀레우코스 군대가 성전 지역을 장악한 후 그곳에 군대가 주둔할 수 있는 '요새'를 건립했다는 의미로 해석하는 것이 더 적절해 보입니다. '아크라'라고 불리는 이 요새는 이후 두고두고 유대인들을 괴롭히는 근거지가 되었고, 마침내 20여 년이 지나 시몬 마카비가 이곳을 다시 탈환합니다.

이를 할 것이고, 자기 나라로 돌아가서는, 거룩한 언약을 저버린 사람을 뽑아서 높이 앉힐 것이다. 31 그의 군대가 성전의 요새 지역을 더럽힐 것이며, 날마다 드리는 제사를 없애고, 흉측한 파괴자의 우상을 그곳에 세울 것이다. 32 그는 속임수를 써서, 언약을 거역하여 악한 짓을 하는 자들의 지지를 받을 것이지만, 하나님을 아는 백성은 용기 있게 버티어나갈 것이다. 33 백성 가운데서 지혜 있는 지도자들이 많은 사람을 깨우칠 것인데, 얼마 동안은, 그 지혜 있는 지도자들 가운데 얼마가 칼에 쓰러지고, 화형을 당하고, 사로잡히고, 약탈을 당할 것이다. 34 학살이 계속되는 동안에, 하나님의 백성이 조금은 도움을 받을 것이나, 많은 사람은 술책을 쓰며 적군과 한패가 될 것이다. 35 또한 지혜 있는 지도자들 가운데 얼마가 학살을 당할 것인데, 이 일로 백성은 단련을 받고, 순결하게 되며, 끝까지 깨끗하게 남을 것이다. 하나님이 정하신 그 끝 날이 올 때까지, 이런 일이 계속될 것이다.

36 ○ 북쪽 왕은 자기 좋을 대로 하며, 스스로를 높이고, 모든 신보다 자기를 크다고 하며, 괴상한 말로, 가장 높으신 하나님을 대적할 것이다. 하나님의 진노가 끝날 때까지는, 그가

글쓴이는 북쪽 왕의 특성과 통치를 다루면서 '신격화 의지'를 설명하는 데 상당 부분을 할애합니다. 이 글을 기록한 기자는 무얼 강조하고 싶었던 걸까요? 안티오코스 4세는 자신의 이름으로 '에피파네스'를 사용했습니다. 이 이름은 '신의 현현'을 의미한다는 점에서, 다니엘서의 저자는 그를 하나님의 자리에 오르려 한 어리석고 비열한 사람으로 묘사합니다. 그는 자신을 높여 모든 신보다 크다고 하고, 지극히 높으신 이스라엘의 주 하나님을 대적할 뿐 아니라, 어느 신도 섬기지 않는다고 합니다. 그러나 실제로는 '요새를 지키는 신'을 섬겼습니다(38절). 여기서 말하는 '요새를 지키는 신'은 결국 '강함에 대한 숭배'라고 할 수 있습니다. 다니엘서의 저자는

형통할 것이다. 하나님은 정하신 것을 반드시 이루시기 때문이다. 37 그는 자기 조상이 섬기던 신들이나, 여자들이 사모하는 신들을 섬기지 않으며, 그 밖에 어느 신도 섬기지 않을 것이다. 자신을 그 모든 것보다 더 높이기 때문이다. 38 그러나 그 대신에 그는 요새를 지키는 신을 공경할 것이요, 그의 조상이 알지 못하던 신을, 금과 은과 보석과 진귀한 것들을 바치면서 섬길 것이다. 39 그는 요새를 수비하려고, 이방 신을 섬기는 사람들을 용병으로 쓸 것이다. 자기를 통치자로 받아들이는 사람을 크게 예우하여서, 높은 관직을 주고, 토지도 보상으로 나누어줄 것이다.

40 ○ 북쪽 왕의 마지막 때가 올 무렵에, 남쪽 왕이 그를 공격할 것이다. 그러면 북쪽 왕은, 병거와 기마병과 수많은 해군을 동원하여, 홍수처럼 그를 칠 것이며, 여러 지역으로 쳐들어가서, 휩쓸고 지나갈 것이다. 41 그 바람에 그는 영광스러운 땅, 곧 약속의 땅까지 쳐들어와서, 수많은 사람을 죽일 것이다. 그러나 에돔과 모압과 암몬 백성의 지도자들은, 그의 손에서 피할 것이다. 42 그가 그의 손을 뻗어 이처럼 여러 나라를 치면, 이집트도 피하지 못할 것이다. 43 그는 이집트의

이 왕이 오로지 힘과 권력을 떠받드는 인물이었음을 드러내고 고발합니다. 사실 이미 다니엘서는 제국의 왕들을 묘사할 때 그들이 "자기 마음대로 행한다"고 여러 차례 표현했습니다(단 8:4, 12; 11:3, 16, 28, 36). 다니엘서에 따르면 세상 모든 권력은 본질적으로 '제 마음대로 행하는 자'이며, 그것은 사실상 하나님을 대적하고 스스로를 신격화하는 행위와 다르지 않습니다. 다니엘서는 제국 자체가 근본적으로 우상숭배임을 명확히 드러냅니다.

금과 은이 있는 보물 창고와 모든 귀한 것을 탈취할 것이며, 리비아와 에티오피아도 정복할 것이다. 44 그러나 그때에 동쪽과 북쪽에서 들려온 소식이 그를 당황하게 할 것이다. 그러므로 그가 크게 노하여, 많은 사람을 죽이고 멸망시킬 것이다. 45 그가 자기의 왕실 장막을, 바다와 거룩하고 아름다운 산 사이에 세울 것이다. 그러나 그의 끝이 이를 것이니, 그를 도와줄 사람이 없을 것이다."

페르시아, 그리스, 이집트의 역사와 11장의 내용과 딱딱 들어맞습니다. 혹시 앞날을 예언한 게 아니라 흘러간 역사를 기록한 건 아닐까요? 환상을 통해 역사를 다루던 이전 장들과 달리, 11장은 실제 역사에서 벌어진 일을 매우 구체적으로 서술합니다. 페르시아 왕조부터 시작해 알렉산더의 등장, 그의 사후 이집트의 프톨레마이오스 왕조와 시리아의 셀레우코스 왕조 사이의 대립을 차례로 다루는데, 이 모든 진술은 셀레우코스의 안티오코스 4세가 예루살렘을 짓밟고 신앙을 박해한 사건에 초점을 맞추고 있습니다. 11장의 내용은 다가올 미래에 대한 예고 형식으로 제시되지만, 다니엘서 연구자들은 실제 역사가 전개된 이후에 본문이 기록되었다고 봅니다. 이미 일어난 역사를 마치 이전에 하나님께서 미리 알려주신 것처럼 예고 형식으로 표현한 까닭은 모든 역사가 우연이 아니라, 하나님의 뜻과 계획 가운데 진행되고 있음을 말하기 위해서입니다. 11장에서 다룬 사건 대부분은 실제 일어난 일 이후의 기록이지만, 마지막 44-45절에 기록된 안티오코스 4세의 몰락은 아직 실현되지 않은 미래에 대한 예고입니다. 그리고 7장부터 12장까지의 거의 모든 내용이 안티오코스에 의한 신앙 박해를 다루지만, 마침내 그 박해가 끝나고 하나님께서 승리를 주실 것이라는 선포는 아직 도래하지 않은 앞날에 대한 전망입니다. 따라서 다니엘서 7-12장은 극심한 박해의 한복판에서, 현재의 참상이 갑작스러운 일이 아니라 하나님의 계획 가운데 있음을 선포합니다. 그리고 현재의 박해에 절대 굴복하지 말고, 하나님께서 마침내 이루실 승리를 신뢰하며 믿음으로 살아갈 것을 촉구하고 격려합니다.

{ 제12장 }

세상 끝 날

1 "그때에 너의 백성을 지키는 위대한 천사장 미가엘이 나타날 것이다. 그리고 나라가 생긴 뒤로 그때까지 없던 어려운 때가 올 것이다. 그러나 그때에 그 책에 기록된 너의 백성은 모두 피하게 될 것이다. 2 그리고 땅속 티끌 가운데서 잠자는 사람 가운데서도, 많은 사람이 깨어날 것이다. 그들 가운데서, 어떤 사람은 영원한 생명을 얻을 것이며, 또 어떤 사람은 수치와 함께 영원히 모욕을 받을 것이다. 3 지혜 있는 사람은 하늘의 밝은 빛처럼 빛날 것이요, 많은 사람을 옳은 길로 인도한 사람은 별처럼 영원히 빛날 것이다.

4 ○ 그러나 너 다니엘아, 너는 마지막 때까지 이 말씀을 은밀히 간직하고, 이 책을 봉하여두어라. 많은 사람이 이러한 지식을 얻으려고 왔다 갔다 할 것이다."

2절은 무슨 말입니까? 죽었던 이들이 다 살아난다는 뜻입니까? '영원한 모욕'은 무얼 가리킵니까? '땅속 티끌 가운데 잠자는 사람'은 죽은 자를 가리킵니다. 1절에서 언급한 전례 없는 대대적인 박해로 많은 이들이 죽임을 당하겠지만, 그것이 끝이 아니라 마침내 죽은 자들이 다시 살아날 것입니다. 다니엘서 12장 2절은 구약성경 전체에서 죽은 자의 부활을 명시적으로 이야기하는 대표적인 본문입니다. 이 말씀에 따르면, 의롭고 지혜로운 이들만이 아니라 악을 행한 이들 역시 죽었다가 다시 살아나게 됩니다. 그리고 그렇게 부활한 이들은 최종 심판을 받습니다. 어떤 이들은 영원한 생명을 얻을 것이고, 다른 이들은 수치와 영원한 모욕을 당할 것입니다. '영원한 모욕'의 구체적인 내용은 제시되어 있지 않지만, '영원한 생명'과 대조되는 표현임을 알 수 있습니다. 살아 있는 동안 악을 행하고 믿음을 저버린 이들이기에, 그들을 기다리는 것은 한마디로 '영원한 수치', '영원한 모욕'입니다.

5 ○ 그때에 나 다니엘이 보니, 다른 두 사람이 서 있는데, 한 사람은 강 이쪽 언덕에 서 있고, 다른 한 사람은 강 저쪽 언덕에 서 있었다. 6 한 사람이, 모시옷을 입은 사람 곧 강물 위쪽에 서 있는 사람에게 말하였다. "이런 놀라운 일들이 끝나기까지, 얼마나 더 오래 있어야 합니까?"

7 ○ 내가 들으니, 모시옷을 입고 강물 위쪽에 있는 사람이, 그의 오른손과 왼손을 하늘로 쳐들고, 영원히 살아계신 분에게 맹세하면서 말하였다. "한 때와 두 때와 반 때가 지나야 한다. 거룩한 백성이 받는 핍박이 끝날 때에, 이 모든 일이 다 이루어질 것이다."

8 ○ 나는, 듣기는 하였으나, 이해할 수가 없어서 물었다. "천사님, 이 모든 일의 결과가 어떠하겠습니까?"

9 ○ 그가 말하였다. "다니엘아, 가거라. 이 말씀은 마지막이

'한 때와 두 때와 반 때'(7절)란 어떤 기간을 말합니까? 7~12장은 하나님의 백성인 성도들에게 극심한 박해와 어려움이 닥쳐올 것임을 일관되게 예고합니다. 이 박해는 넷째 짐승에게서 돋아난 뿔(단 7:8, 23~25), 혹은 숫양의 머리에서 돋아난 뿔(8:9~12)로 표현된 왕에 의해 자행됩니다. 이 상징적인 존재는 주전 167년부터 164년까지 예루살렘을 괴롭힌 안티오코스 에피파네스로, 그는 성전을 모독하고 제사와 예물을 금지하며 하나님의 백성들을 짓밟을 것입니다(9:26~27; 11:31~33). 이때는 워낙 극심한 박해의 시기라 많은 이들이 쓰러지고 넘어질 것입니다. 이 고통스럽고 두려운 상황에 놓인 이들을 향해 다니엘서는 그 박해의 시기가 정해져 있다고 강조합니다. '한 때, 두 때, 반 때'는 기본적으로 3년 6개월을 뜻하지만, 상징적으로는 하나님의 시간이라는 '일곱 때'의 절반을 가리킵니다. 그래서 이 숫자는 "반드시 환난의 시간이 있다. 그러나 그 시간은 하나님께서 행하실 영광의 날에 비하면 절반이며, 반드시 그 끝이 있을 것이다"라는 의미를 담고 있습니다. 12장 마지막 부분에 언급된 1,290일과 1,335일(12:11, 12) 또한 대략 3년 6개월의 기간을 가리킵니다. 이러한 구체적인 숫자를 통해 환난의 때가 반드시 다가오겠지만, 그것이 영원하거나 오래가지 않고 일시적인 시간임을 증언합니다.

올 때까지 은밀하게 간직되고 감추어질 것이다. 10 많은 사람이 깨끗해질 것이다. 그러나 악한 사람들은 이해하지 못하고, 계속 악해질 것이다. 지혜 있는 사람들만이 이해할 것이다.

11 ○ 날마다 드리는 제사가 없어지고, 혐오감을 주는 흉측한 것이 세워질 때부터, 천이백구십 일이 지나갈 것이다. 12 천삼백삼십오 일이 지나가기까지, 기다리면서 참는 사람은 복이 있을 것이다.

13 ○ 너, 다니엘아, 너는 끝까지 신실하여라. 너는 죽겠지만, 끝 날에는 네가 일어나서, 네게 돌아올 보상을 받을 것이다."

'은밀하게 간직되고 감추어질 것'(9절)이라는 말뜻을 이해하지 못하겠습니다. 예언은 널리 알려져 경계하고 조심하게 하는 데 의미가 있지 않을까요? '은밀하게 간직되고 감추어질 것'이라 했지만, 정작 이 내용은 다니엘서 마지막에 기록되어 다니엘서를 듣고 읽는 이들이라면 누구나 다 듣고 알게 되었습니다. 그런 점에서 이 구절은 '역설적인 표현'이라 할 수 있습니다. 말 그대로 감추어진 진리라기보다는, 누가 듣더라도 선뜻 믿기 어려운 소식이라는 의미입니다. 다니엘 또한 "듣기는 하였으나 이해하지 못했다"(8절)라고 하지 않았습니까? 아울러 이렇게 '간직되고 감추어진다'는 표현은 앞으로 벌어질 일이 갑작스럽고 예기치 못한 상황이 아니라, 이미 주 하나님께서 알고 예비하신 일, 하나님의 뜻과 계획 가운데 진행되는 일임을 증언합니다. 그러므로 다가올 일들로 인해 두려워하지 말고, 그 어떤 환난에도 체념하거나 절망하지 말고, 이미 하나님의 계획이 있으니 하나님을 신뢰하며 끝까지 걸어가라는 것, 이것이 다니엘서의 핵심 메시지입니다.

창세기 우주와 세상 만물, 시간, 인류가 어디서 비롯되었으며 어떻게 존재하게 되었는지 설명한다. 한편으로는 하나님께서 손수 인간을 빚어 만드신 뜻은 무엇이며, 그 하나하나와 어떤 관계를 맺고 싶어 하시는지, 인류를 향해 어떤 계획과 기대를 가지고 있으며 또 무얼 약속하시는지, 그 약속이 어떻게 한 세대에서 다음 세대로 꿋꿋이 흘러내려 갔는지 그려낸다. 천지창조의 파노라마에서 출발해서, 약속을 간직한 야곱 일가가 기근을 피해 이집트로 내려가 정착한 내력으로 마감된다.

출애굽기 이집트에서 종살이를 하던 이스라엘 백성의 탈출기. 하나님은 모세라는 지도자를 내세워 가혹한 착취와 노역에 시달리던 이스라엘 백성을 건져내 약속의 땅으로 안내하신다. 끝까지 거부하고 버티는 파라오에게 내린 열 가지 엄청난 재앙, 바다가 갈라져 길이 열리는 사건을 비롯해 하나님께서 이스라엘 백성에게 베푸신 갖가지 기적 등 흥미진진한 이야기들이 실려 있다. 두고두고 지키도록 하나님께서 직접 정해주신 여러 절기와 예배의식, 법률 제도 등도 볼 수 있다.

레위기 이스라엘 백성이 지켜야 할 규칙을 모은 법률서. 언약을 품은 백성이 깨끗한 삶과 마음으로 하나님과 친밀한 관계를 맺으며 살아갈 여러 방법을 구체적으로 제시한다. 하나님께 드리는 제사와 제물의 종류, 제사장의 자격과 권위, 정결한 짐승과 부정한 짐승, 성적인 규례, 결혼과 가정을 둘러싼 제도, 사형으로 다스려야 할 범죄, 땅의 소유권, 안식년과 희년 제도 등을 자세히 다룬다.

민수기 두 차례의 인구조사 기록을 밑그림으로 이스라엘 백성의 광야 생활을 따라간다. 종살이에서 풀려난 감격은 어느 결에 사라지고 불평과 불만이 이스라엘 백성 가운데 자리 잡는다. 원망은 모세와 그 가족, 그리고 실질적으로는 하나님을 향하기에 이르고, 마침내 온 백성이 불순종의 대가를 치르게 된다. 이집트에서 출발한 첫 세대는 영영 약속의 땅에 들어가지 못하고 광야에서 스러지고 만다.

신명기 약속의 땅을 코앞에 두고, 모세가 이스라엘 백성에게 남긴 마지막 당부. 모세는 이집트의 손아귀에서 벗어난 뒤로 40년에 걸쳐 광야를 떠돌았던 세월을 되짚는다. 하나님을 외면하고 우상을 숭배했던 죄를 지적하는 한편, 그럼에도 불구하고 조금도 부족함 없이 먹이고 입힌 하나님의 돌보심을 일깨운다. 이어서 율법의 가르침을 일일이 꼽아가며 하나님 앞에서 거룩하게 사는 일이 얼마나 중요한지 강조한다. 하나님의 법에 따르는 이가 누릴 축복과 거부하는 이에게 향하는 저주를 낱낱이 열거한다. 모세가 눈을 감으면서 이스라엘 역사도 새로운 국면으로 넘어간다.

여호수아기 새로운 지도자 여호수아를 따라 요단강을 건넌 이스라엘 백성의 가나안 정복기. 하나님의 능력에 힘입어 견고하기 이를 데 없는 여리고 성을 무너뜨리면서 시작된 정복 전쟁은 치열한 공방을 거듭하며 길게 이어진다. 하나님께서 알려주신 전투 원칙에 충실했을 때는 어김없이 승리를 거뒀지만, 자만해서 또는 속임수에 넘어가 명령을 어겼을 때는 막대한 피해를 입었다. 여호수아는 싸워 얻은 땅들을 각 지파에 나눠 주고, 끝까지 하나님께 충실하겠다는 백성의 다짐을 받는다.

사사기 모세와 여호수아 이후, 이스라엘에 임금이 나오기 전까지 긴 세월 동안 백성을 다스렸던 숱한 지도자(사사)들의 이야기. 약속의 땅에 자리를 잡았지만, 이스라엘 백성은 누가 자신들의 참 하나님인지를 이내 잊고 말았다. 신앙은 흐트러지고, 우상숭배가 만연했다. 세상은 거칠어졌고, 틈만 나면 뭇 민족들의 침략과 압제에 시달렸다. 하나님은 그때마다 사사들을 세워 백성을 구출하고, 그분과 맺은 약속을 소중히 여기라고 요구하신다.

룻기 사사 시대에 살았던 룻이라는 여인의 일대기. 독특하게도 주인공 룻은 히브리인이 아니었다. 멸시의 대상이었던 이방인, 그것도 이스라엘과 적대지간인 모압의 여인이 어떻게 히브리 역사의 한 장을 차지하게 되었을까? 남편과 사별하고, 먹고살 길조차 막막했던 이방 여인이 율법이 정한 의무를 충실히 이행하려는 진실한 사내와 만나 건강하고 안정된 삶을 회복하는 이 단순한 이야기가 오늘을 사는 우리에게 전하는 메시지는 무엇일까?

사무엘기상 사사의 시대가 마무리되고 왕의 통치가 시작되는 시기의 거대한 역사 드라마. 주요 등장인물은 사무엘, 사울, 다윗이다. 일찌감치 제사장 손에 맡겨져 성전에서 살았던 사무엘은 곧바른 사사로 성장하고, 이스라엘의 왕정을 여는 중책을 맡는다. 첫 왕 사울은 뛰어난 자질을 가졌지만 제 힘과 능력을 과신한 탓에 서서히 몰락의 길을 걷는다. 하나님의 명령에 따라 사무엘은 다시 다윗에게 기름을 붓고 왕위를 넘긴다. 저 유명한 '다윗과 골리앗'의 한판 승부 이야기도 여기서 볼 수 있다.

사무엘기하 이스라엘 역사를 통틀어 가장 위대한 임금으로 꼽는 다윗의 통치와 추락을 그린다. 난국을 진정시키고 왕위에 오른 그는 주변 국가들을 잇달아 굴복시키고 빼앗겼던 법궤를 되찾았으며, 영토를 크게 넓혀 강국으로 성장할 토대를 놓는다. 하지만 간통을 저지르고 충직한 부하를 사지에 내몰아 죽게 하는 치명적인 범죄를 저지르면서 단번에 추락하고 만다. 이윽고 사랑했던 아들이 반란을 일으키고, 함께 사지를 넘나들었던 신하들이 갈라져 서로 죽이는 비극적인 사태가 벌어진다.

열왕기상 솔로몬과 그 이후에 등장한 왕들, 그리고 걸출한 예언자들의 행적을 기록한 책. 왕위 다툼의 최종 승자가 된 솔로몬은 통치 초기, 대대적인 제사를 드리고 웅장한 성전을 건축하는 등 하나님을 향한 진심을 드러낸다. 하지만 명성과 권력이 드높아지자 초심을 잃고 백성에게 높은 세금과 힘든 노역을 강요하는 한편, 끝없는 정략결혼으로 동맹을 늘려간다. 결국 솔로몬이 눈을 감기 무섭게 왕국은 이스라엘과 유다로 갈라진다. 두 나라는 제각기 왕위를 이어가며 끝없이 부대낀다. 하나님은 엘리야를 통해 권능을 드러내 보이며 거룩한 약속을 상기시키고 회개를 촉구하신다.

열왕기하 이스라엘과 유다 왕국이 차례로 무너져 내리는 쇠락의 역사를 다룬다. 하나님은 예언자들을 숱하게 보내 멸망을 경고하고 바른길로 돌아서길 요구하시지만, 두 나라의 대다수 임금들은 귀를 단단히 틀어막고 거룩하지 못한 삶으로 오르지한다. 예언자 엘리야의 뒤를 이은 엘리사는 수없이 많은 기적들을 일으키고 개혁을 부르짖었지만, 보람을 얻지 못한다. 결국 북쪽 이스라엘은 앗시리아에, 남쪽 유다는 바빌론에 차례로 멸망당하고 만다.

역대지상 아담부터 다윗에 이르는 이스라엘의 방대한 족보, 그리고 다윗이 통치하던 시절의 역사를 기록한 책. 족보는 포로로 끌려갔다 간신히 고향으로 돌아온 이스라엘 백성에게 민족의 정체성을 확인시키고 궁극적으로 되돌아가야 할 지점이 어디인지 가리켜 보여준다. 족보를 상세하게 소개한 뒤에는 언약궤를 되찾고 성전 지을 준비를 완벽하게 갖춰놓았던 다윗 임금에 초점을 맞춘다. 다윗 왕국은 영광스러운 역사의 첫 줄이었고, 성전은 하나님과 맺은 약속의 상징이었기 때문이다.

역대지하 역대지는 솔로몬 왕국으로 시선을 돌린다. 솔로몬이 지은 성전이 얼마나 화려하고 웅장했는지, 그 안에 들어가는 기구 하나하나까지 상세히 그려가며 소개한다. 아울러 솔로몬의 부귀와 영화가 얼마나 대단했으며 지혜가 얼마나 탁월했는지 낱낱이 되새김질한다. 뒤를 이은 임금들의 발자취를 따라가며 이스라엘이 몰락하고 포로 신세가 되었음을 알리지만, 끝머리에는 고레스가 내린 해방 명령을 실어 또 다른 시대가 열릴 것임을 예고한다.

에스라기 페르시아로 끌려갔다가 풀려난 이스라엘 백성의 귀향, 그리고 성전과 성벽을 다시 세우는 힘겨운 씨름, 무너진 이스라엘 백성의 신앙을 되세우려는 선지자 에스라의 분투를 다룬다. 기적처럼 포로 신세에서 벗어나 고향으로 돌아온 백성은 감격 속에 제사를 드리고 성전과 성읍 재건에 나서지만, 완공을 보기까지는 악랄하고도 치밀한 적들의 방해 공작에 시달려야 했다. 뒤늦게 2진을 이끌고 이스라엘에 돌아온 에스라는 신앙이 형편없이 흐트러진 동포들의 모습에 경악하고 곧장 회복운동에 나선다.

느헤미야기 에스라와 비슷한 시대를 살았던 느헤미야가 고향으로 돌아와 펼친 개혁운동을 담고 있다. 바빌론에서 임금을 모시는 관리로 일하던 느헤미야는 재건 공사가 지지부진하다는 고국 소식에 귀환을 결심한다. 고향에 돌아온 느헤미야는 적대 세력의 압박을 뿌리치고 여러 가문과 힘을 모아 재건 공사를 마무리한다. 마침내 공사가 끝나자, 이스라엘 백성은 한데 모여 율법을 낭독하고, 죄를 뉘우치고, 예배를 드리고, 삶의 자세를 가다듬었다.

에스더기 페르시아의 임금 아하수에로의 왕비가 된 유대 여인 에스더의 파란만장 일대기. 에스더가 포로의 처지에서 단번에 왕비가 되었을 즈음, 유대인들은 총체적인 난국을 맞는다. 임금의 총애를 받는 고관 하만이 자신에게 고분고분 고개를 숙이지 않는 유대인들을 모조리 말살하기로 작정하고 실행에 들어간 까닭이다. 에스더는 제 목숨을 내놓고 동족을 살리는 데 앞장선다.

욥기 더없이 풍요롭고 행복한 삶을 누리던 이가 하루아침에 가진 걸 다 잃어버리고 고통의 수렁에 빠진다면, 그의 뇌리엔 어떤 생각들이 오갈까? 나무랄 데 없이 선한 성품, 풍요로운 삶, 화목한 가정까지 무엇 하나 모자람 없던 욥은 거대한 불행에 휩쓸려 고통의 바다 깊숙이 가라앉고 만다. 친구들은 잘못한 게 있으니 벌을 받는 게 아니냐고 하지만, 욥으로선 불행의 원인을 도무지 가늠할 수 없다. 토론이 이어지고 목소리가 높아지지만, 결론은 나지 않는다. 이제 하나님의 답을 들어볼 차례다. 그분은 무어라 하시는가?

시편 하나님의 백성이 부르는 노래 모음. 다윗과 솔로몬을 비롯해 여러 시인들의 노래를 모았다. 하나님의 됨됨이와 이루신 일들을 높이고 찬양하는 노래가 많지만, 그것이 전부는 아니다. 더러는 베풀어주신 은혜에 감격하기도 하고, 괴로움을 호소하며 도움을 구하기도 하고, 허물을 고백하고 용서를 구하기도 하고, 하나님께서 주신 약속을 되새기기도 하며, 예배의 즐거움을 노래하기도 한다.

잠언 하나님을 임금으로 삼고 사는 백성의 눈으로 어떻게 세상을 살아야 할지 간결하게 정리한 글 모음. 지혜가 얼마나 소중한 보물인지 누누이 설명한 뒤, 좋은 친구를 사귀고, 슬기로운 말을 하고, 게으름과 성적인 유혹을 피하는 법 등 다양한 주제를 다룬다. 흔히 보는 교훈집이나 금언서와는 출발이 다르다. 잠언은 지혜의 근원을 하나님에 두는 까닭이다.

전도서 땅에 코를 박고 사는 이들에게 삶의 본질을 가리켜 보이며 고개를 들어 하늘을 올려다보라고 가르치는 책. "헛되고 헛되다. 모든 것이 헛되다"라는 선언에서 출발해 무슨 일이든 때가 있는 법임을 일깨운다. 인생은 불공평하며 한 치 앞도 알 수 없지만, 조바심칠 게 아니라 오늘을 살며 하나님을 바라보라고 권한다.

아가 두 연인이 나누는 사랑 노래. 낯빛이 까만 여인과 왕이기도 하고 목자이기도 한 사내는 끝없이 연모하고, 사랑을 나누며, 혼인의 즐거움을 만끽하고, 더불어 춤을 춘다. 둘이 서로를 그리워하며 쏟아내는 고백은 다정하고, 안타까우며, 사랑스럽고, 더러 에로틱하기까지 하다.

이사야서 네 임금의 치세와 흥망성쇠를 지켜본 선지자 이사야는 유다와 예루살렘에 관한 환상을 보고 백성에게 하나님이 주신 메시지를 선포한다. 하나님께 등을 돌린 '죄지은 민족, 허물이 많은 백성, 흉악한 종자, 타락한 자식들'을 향해 심판이 코앞에 닥쳤음을 경고하는 반면, 다른 한편으로는 그럼에도 불구하고 더없이 큰 권세로 구원하시는 하나님의 사랑을 선포한다.

예레미야서 유다가 막바지를 향해 치닫던 시절에 활동했던 예언자 예레미야가 전하는 하나님의 메시지. 멸망이 코앞에 닥쳤으니 당장 뉘우치고 돌아서라 외쳤기에 백성의 격렬한 반발을 샀다. 임금과 백성의 비위를 맞추기에 급급한 사이비 예언자들의 모욕을 감수해야 했고, 옥에 갇히기도 했다. 하지만 예레미야는 암울한 미래를 예고하는 데 그치지 않고 하나님의 약속이 회복되는 궁극적인 미래를 가리켜 보인다.

예레미야 애가 유다의 참담한 미래를 내다보고 탄식하며 눈물짓는 예언자의 노래. 백성은 사로잡혀 사방팔방으로 뿔뿔이 흩어지고, 거룩한 성 예루살렘은 황폐해져 적막이 감돈다. 예언자는 이 모두가 마땅히 치러야 할 죗값임을 지적하고, 고아의 처지가 된 백성을 기억해주시길 하나님께 호소한다.

에스겔서 포로로 끌려간 바빌론에서 예언자로 활동했던 에스겔의 메시지. 앞선 책의 예언자들처럼 유다와 뭇 나라들에 쏟아질 하나님의 심판을 선포하고, 예루살렘의 회복과 축복을 예고하며, 하나님께서 더없이 가까이 함께해주실 미래를 소망한다. 책을 가득 채운 기이하고 기묘한 행적과 환상들은 이런 메시지들을 생생하게 전달하고 깊이 각인시킨다.

다니엘서 포로의 처지로 바빌론 왕궁에 살며 집중 관리를 받았던 유다 청년 다니엘이 하나님을 향한 순수한 마음을 지키기 위해 벌였던 씨름, 그리고 그이가 꿈에 보았던 놀라운 환상을 기록한 책. 한결같은 신앙을 가졌던 까닭에 다니엘은 일생일대의 위기를 겪지만, 하나님의 극적인 개입으로 목숨을 건진다. 후반부에는 다니엘이 보았던 기이한 환상과 상징들이 파노라마처럼 펼쳐진다.

호세아서 신앙적으로 한없이 타락하고 우상숭배가 극성을 부리던 이스라엘 땅에서 활동했던 예언자 호세아의 입을 통해 전하는 하나님의 메시지. 바람기 가득한 아내를 결코 포기하지 않고 줄곧 사랑을 이어가는 삶을 통해 하나님의 사랑이 얼마나 극진한지 한눈에 보여준다.

요엘서 유다와 예루살렘에 닥친 엄청난 자연재해를 소재로 예언자 요엘이 전한 하나님의 메시지. 예언자는 메뚜기 떼의 습격을 이민족의 침입에 빗대어 설명한 뒤, 뉘우치고 돌아오기를 기대하는 하나님의 마음을 전한다. 하나님은 진심으로 회개하면 재앙을 거두기도 하는 분임을 강조하며, 즉각적이고 전폭적인 회개를 촉구한다.

아모스서 종교적인 타락과 위선, 무너진 정의, 부패한 사회를 매섭게 비판했던 예언자 아모스가 전한 하나님의 메시지. 다마스쿠스와 모압을 비롯해 숱한 주변 국가들을 향한 하나님의 진노와 징계를 선포하고 이스라엘의 멸망을 예언하지만, 거룩한 질서가 회복된 미래에 대한 예고도 빼놓지 않는다.

오바댜서 예언자 오바댜의 입을 통해 에돔을 향한 노여움과 심판을 예고하시는 하나님의 메시지. 유다가 바빌론에 시달리는 모습을 지켜보며 돕기는커녕 도리어 웃음 짓던 오만한 에돔은 하나님의 손에 무너지고, 거룩한 백성이 승리를 거둘 것을 예고한다.

요나서 예언자 요나는 강대국 니느웨에 가서 죄를 꾸짖고 심판이 임박했음을 알리라는 하나님의 명령을 받지만, 순종 대신 도망을 택한다. 이후에 벌어지는 사건들은 속속들이 죄에 물든 인간일지라도 돌이키기만 하면 얼마든지 용서하시겠다는 하나님의 속내를 여실히 보여준다.

미가서 정의는 무너지고 죄악이 차고 넘치는 유다와 이스라엘을 꾸짖고, 거룩한 뜻과 질서가 지배하는 새로운 세상을 그려 보이며, 하나님께서 진정으로 원하시는 바가 무엇인지를 명쾌하게 제시한다.

나훔서 나훔이 선포한 하나님의 메시지로 '피의 도성, 거짓말과 강포가 가득하며 노략질을 그치지 않는 도성' 니느웨의 멸망을 예고한다. 하나님이 얼마나 크고 강하며 사랑이 가득한 분인지 설명하고, 그 권세가 어떻게 니느웨를 파멸에 이르게 할지 그림처럼 선명하게 보여준다.

하박국서 정의와 심판에 대한. 예언자 하박국과 하나님의 질의응답. 하박국은 세상에 이토록 불의가 가득한데 하나님은 어째서 짐짓 모른 체하시는가 따져 묻고, 하나님께서는 지체 없이 단호한 답변을 내놓으신다. 하박국은 "주 하나님은 나의 힘"이라는 고백으로 긴 대화를 마무리한다. 하나님은 과연 어떤 답을 주셨을까?

스바냐서 예언자 스바냐가 전하는 하나님의 메시지. 유다와 열방의 죄상을 통렬하게 지적하고 시시각각 다가오는 심판을 예고하는 한편, 징벌이 그치는 '그날이 오면' 축제 같은 즐거움이 가득하리라고 가르친다.

학개서 바빌론 포로 생활에서 풀려나 고국에 돌아온 뒤, 성전을 다시 세우기 위해 안간힘을 썼던 예언자 학개가 전하는 하나님의 메시지. 재건 작업이 지지부진한 현실 앞에서 성전을 다시 세우는 행위가 갖는 의미를 설파하고, "언약이 아직도 변함이 없고, 나의 영이 너희 가운데 머물러 있으니, 너희는 두려워하지 말라"는 거룩한 음성을 전달한다.

스가랴서 뿔과 대장장이, 측량줄, 대제사장 여호수아, 순금 등잔대와 두 올리브나무, 날아다니는 두루마리, 곡식 넣는 뒤주, 병거 네 대 등 기이하고 다양한 환상들을 기록하고, 선택한 백성을 향한 하나님의 구원 계획을 소개하는 예언자 스가랴의 글.

말라기서 구약성경의 마지막 책. 진실한 예배가 사라지고 말라비틀어진 형식만 남은 세상, 약자들이 억압받고 소외되는 불의한 사회를 고발하고, 하나님께서 '특사'를 보내셔서 온갖 불순한 동기와 행위들을 정결하게 하며 굽은 정의를 바로 세우시는 날이 기필코 오리라고 단언한다.

〈교양인을 위한 성경〉 **시리즈**는 〈성경전서 새번역〉 본문과 해제로 구성해 각 책별로 발간하고 있다. 구약은 김근주 교수(기독연구원 느헤미야), 신약은 권연경 교수(숭실대 기독교학과)가 성경을 읽어가는 재미와 정보의 길안내를 맡았다. 〈교양인을 위한 성경〉 시리즈는, 성경을 읽기 쉽고 보기 좋게 편집해, 페이지마다 궁금해할 만한 부분에 해제를 달았다. 언제 어디서나 들고 다니며 읽기 편하게 일반 단행본 모양으로 한 권씩 묶었다.

구약

마음의 끝에서 부르는
새 노래

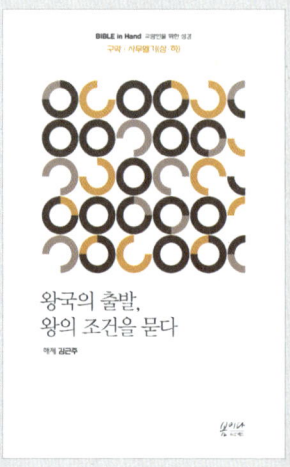

왕국의 출발,
왕의 조건을 묻다

하나님 없는 세상에서
하나님과 함께 살아가기

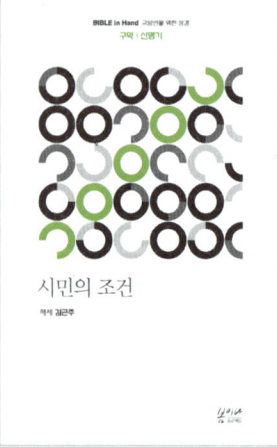

시민의 조건

신약

BIBLE in Hand 곁에만을 위한 성경
신약 : 마태복음서

성취된 약속,
왕으로 온 메시아

해석 김연경

BIBLE in Hand 곁에만을 위한 성경
신약 : 마가복음서

너희는
나를 누구라고
하느냐?

해석 김연경

BIBLE in Hand 곁에만을 위한 성경
신약 : 누가복음서

예수 연대기:
말구유에서 빈 무덤 너머까지

해석 김연경

BIBLE in Hand 곁에만을 위한 성경
신약 : 요한복음서

검은 현실을 부수는
빛의 소리

해석 김연경

히브리어로 쓰여진 구약성경 + 헬라어로 쓰여진 신약성경,
원어에 담긴 뜻을 새롭게 발견하는 시간!

생각을 깨우는 히브리어 365

김근주 지음 / 23,000원 / 396쪽

히브리어 단어를 알고 그 의미에 대해 알게 되는 일은, 우리의 상상의 넓이와 깊이를 확장시킨다. 배우고 알게 되는 기쁨, 그리고 그 단어의 의미를 알고 그 단어가 속한 구절을 읽을 때 좀 더 조곤조곤 음미하게 되는 즐거움이 생겨난다.

히브리어를 전혀 몰라도 이 책을 읽으며 히브리어 단어와 그 문맥 안에서의 의미를 나름대로 묵상할 수 있다. 한 번에 여러 단어를 휙 읽어버릴 수도 있지만, 하루 한 단어씩 읽어가도 좋을 것이다. 당장 쓸모 있는 공부, 당장 삶을 변화시키는 공부는 아니지만, 생각이 깊어지고 배움의 기쁨을 누리게 되는 공부다.

_〈생각을 깨우는 히브리어 365〉 저자 **김근주** 교수

김근주 | 기독연구원 느헤미야 연구위원

서울대학교 경제학과를 졸업하고, 장로회신학대학교 신학대학원에서 목회학 석사(M.Div.)와 신학 석사(Th. M.) 학위를 받은 후, 영국 옥스퍼드대학교에서 칠십인역 이사야서의 신학적 특징을 다룬 논문(The Identity of the Jewish Diaspora in the Septuagint Isaiah)으로 박사(D.Phil.) 학위를 받았다. 기독연구원 느헤미야 연구위원이며, 일산은혜교회 협동목사로 섬기고 있다. 봄이다 프로젝트가 펴내는 교양인을 위한 성경 시리즈 중 구약편 해제를 집필했다.

생각을 깨우는 헬라어 365

김성희 지음 / 23,000원 / 384쪽

신약성경을 읽을 때 헬라어 단어를 알고 그 단어 구성의 배경을 알게 되면 우리는 "아하!" 하고 깨닫는 순간을 더 자주 맛볼 수 있다. 이 책은 헬라어를 전혀 몰라도 헬라어에 대한 쉬운 접근으로 신약성경의 구절들을 좀 더 깊이 이해할 수 있도록 구성되었다.

신약성경 본문 365개 구절은 우리에게 가장 익숙하고, 가장 많이 사랑받는 구절들로 선택했다. 그리고 그 구절 안에서 대표적인 헬라어를 소개했고, 헬라어의 원뜻이 성경 구절 안에서 어떤 의미로 기능하고 있는지 함께 설명했다. 이 책을 읽으며 하나님을 알아가는 지식이 더 깊어질 수 있기를, 그것이 우리를 새롭게 하고 날마다 변화시켜 하나님께서 원하시는 하나님나라의 자녀다운 성숙함에 다다를 수 있기를.

_ 〈생각을 깨우는 헬라어 365〉 저자 **김성희** 교수

김성희 | 기독연구원 느헤미야 연구위원

이화여대 기독교학과와 동 대학원에서 수학하고, 미국 듀크대학(Duke Divinity School)에서 M.Div.를, 드류 대학교(Drew Univ.)에서 Ph.D.를 받았다. 미국 감리교에서 목사 안수 과정을 시작해 한국 기독교대한감리회로 이전하여 안수를 받았다. 이화여대, 연세대, 감신대, 협성대, 목원대, 한세대 등 여러 대학에서 신약신학을 가르쳐왔고, 2023년부터 기독연구원 느헤미야 연구위원을 맡고 있다.

BIBLE in Hand 교양인을 위한 성경

마른 뼈들의 꿈 :
생명 강을 건너 새벽별까지

구약 | **에스겔서·다니엘서**

1쇄 발행일 2026년 3월 5일

펴낸이 최종훈
펴낸곳 봄이다 프로젝트
등록 2017-000003
주소 경기도 양평군 서종면 황순원로 414-58 (우편번호 12504)
전화 02-733-7223
이메일 hoon_bom@naver.com

책임편집 이나경 박준숙
디자인 designGo
표지 이미지 shutterstock
인쇄 SP

ISBN 979-11-92240-39-8
값 22,000원